高职高专物流管理专业
教育教学改革项目推荐教材

国际货运代理实务

主　编　何　柳
副主编　孙　霞　高冰蕊
主　审　陈　琳

人民交通出版社

内 容 提 要

本书从国际货运代理的基本概念和相关知识出发，分为货代基础知识上篇和货代实务下篇。主要介绍了海运、陆运、空运和快递、多式联运等多种货物运输方式及货运代理的相关理论与实务技能，包括班轮和集装箱运输操作流程、所涉及的货运单证；租船业务的执行程序、租船合同的条款；提单与提单业务；国际多式联运的主要业务与流程、多式联运提单等；各种运输方式事故处理等主要知识点及具体实务操作方法。

本书遵循“够用、实用”的原则，并与相关货代企业合作，结合企业实际需要来开发编写教材；与职业资格考试的内容要求相结合，体现高等职业教育的特色。每章章首设置“能力目标、知识目标、学习要求与关键概念”，主要描述本章内容面向的实际岗位涉及到哪些具体工作，这些工作对知识掌握有哪些具体要求，通过本章的学习能达到什么样的目标和“职业资格证书”考试对本章内容的要求。章后练习题与“职业资格证书”考试的题型范围、内容和要求相结合，特别是在实践训练环节上，每章都编写设计了实训练习题，以增强学生动手操作、解决实际问题的能力。本书充分体现了内容新颖、重点突出、结构合理、通俗易懂、注重实务操作的特点。

本书可作为高职高专院校物流管理、国际商务、国际经济与贸易等专业的教材，也可供物流及货运代理从业人员参考。

高职高专物流管理专业
教育教学改革项目推荐教材

编委会 BIAN WEI HUI

前言 QIAN YAN

加入 WTO 后，我国的国际货运代理业面临着更为激烈的市场竞争。在国际贸易活动中，国际货运代理扮演着重要角色。目前，国际货运代理人所从事的业务已超越了原来狭义的概念范围，大量的国际货运代理人开始从事第三方物流业务。国际货运代理业务已成为国际贸易活动运输业务中的重要组成部分，国际货运代理人也被称为"国际贸易运输的设计师和执行人"。

我国国际货运代理行业的迅猛发展，迫切需要一大批基层和业务第一线具有高级技术的应用型专门人才，而高等职业教育的培养目标即是适应货代行业发展的需要。本书既可作为高等职业院校物流管理、国际商务、国际经济与贸易等专业的教材，也可作为国际物流及货代从业人员的参考用书。本书的授课学时可根据实际情况设置为 64～72 学时。

在教材编写上，力求突出货代实务的内容重点、强调其特色和适用范围；体现高职高专培养岗位第一线所需要的能够直接上岗操作、技能型兼应用型人才的目标，以提高学生整体素质为基础，以能力为本位，兼顾知识教育、技能教育和能力教育；与高职院校学历教育和职业资格培训相结合，适应"双证制"，侧重物流师、货代员、报关员、报检员和单证员等职业资格考试的内容和要求。在编写过程中，力求体现以下特色：

一、体例合理，注重实用

本教材分成上、下两篇，上篇为国际货运代理基础知识，主要内容为货代人员必须了解掌握的货代基本常识和法律法规，回答"货代是什么"的问题。下篇为国际货运代理实务，是本教材的重点，主要内容是货代人员必须掌握的实务操作方法和技能，回答"货代怎么做"的问题。

二、体现知识点、技能点和能力点

各章章首设置"能力目标、知识目标、学习要求与关键概念"内容，主要描述本章内容所面向的实际岗位中涉及哪些具体工作，这些工作对知识掌握有哪些具体要求，通过本章的学习能达到什么样的目标；明确本章的重点、难点；同时介绍"职业资格证书"考试对本章内容的要求。根据教学需要设置"小知识"、"小思考"、"小案例"、"附样"、"附录资料"和"实训练习"等。

三、内容新颖简明，重点突出

教材内容强调新理论、新知识、新技术、新方法、新案例，着重学科发展和现实应用，侧重可操作性。

各章节内容和章后练习题与职业资格证书考试的题型范围、内容和要求相结合，做到一本教材解决一份职业。

四、注重实践训练

在每章练习部分的实践训练环节上，都编写设计了实训练习题，训练学生动手操作、解决实际问题的能力。

本书由辽宁商贸职业学院技术经济系、国际货运代理教研室主任何柳副教授担任主编，负责拟定大纲，并对全书进行修改、统稿和定稿。编写具体分工为：何柳（第一、四、五章、第九章第二节）并提供全书大部分的习题案例、附样和附录，渤海大学高职院高冰蕊（第六、七章），营口职业技术学院孙霞（第三章），沈阳工业大学管理学院李传博（第二章），辽宁商贸职业学院商贸系杨涛（第七章第三节，第九章第一节），广东松山职业技术学院朱春平（第八章，第九章第三、四节）。

在本书编写过程中，特邀沈阳鑫航运国际货运代理有限公司的齐翔总经理及张晶经理，参与本书的大纲审阅、审稿、提供建设性建议、实例和相关资料，从而确保教材内容符合企业需求；并得到了上海第二工业大学中外运国际物流学院黄中鼎教授的大力支持与帮助；同时也参考、吸收、采用了部分专著、教材、网站的有关资料，恕不一一注明，在此一并表示衷心的感谢！

由于作者水平有限，书中不妥之处在所难免，敬请同行专家和广大读者批评指正！

编者

2007 年 8 月

目录 MU LU

上篇 国际货运代理基础知识

下篇 国际货运代理实务

上篇　国际货运代理基础知识

第一章　国际货运代理概述

能力目标

1. 熟悉货运代理业务范围及提供服务的种类；

2. 明确作为货运代理从业人员应具备的知识技能和综合业务素质。

知识目标

1. 了解国内外国际货运代理业的发展的历史和现状，理解当今国际货运代理业的发展趋势，我国国际货运代理发展现状、存在的问题及其对策；

2. 掌握国际货运代理人的概念、性质和类型，明确国际货运代理人、无船承运人、第三方物流经营人之间的异同点；

3. 熟悉国际货运代理的业务范围及应具备的业务素质，熟悉国际货运代理相关行业组织及行业管理。

学习要求

结合全国国际货运代理从业资格考试和物流师职业资格考试的要求，重点掌握国际货运代理人的概念、性质和类型，货运代理的作用、业务范围及提供服务的种类；熟悉国际货运代理相关行业组织及主要职能；我国货运代理行业管理体制和机构，行业分类，各级货运代理行业主管部门的基本职能。除上述内容外，本章重点难点还有国际货运代理人、无船承运人、第三方物流经营人之间的异同。

关键概念

国际货运代理　无船承运人　第三方物流经营人　FIATA　IATA　CIFA

第一节 国际货运代理业的现状及发展趋势

一、国际货运代理行业的发展历程及趋势

1. 发展历程

国际货运代理是伴随着社会生产、国与国之间的商品交换的发展和社会分工的细化而产生的。一般来说，贸易和运输两者结合在一起进行国际间商品交换。随着公共仓库在港口和城市的建立，尤其是海上贸易的扩大，运输逐渐从国际贸易中分离出来，成为一个独立的行业。国际贸易和国际运输的进一步发展对社会分工又提出一个新的要求，那就是在贸易行业和运输业之间需要有中间人，以便为国际贸易商探听运输信息，选择承运人和运输工具，为其组织安排货物运输并办理相应的业务手续。因此，从公元10世纪起，国际货运代理开始在欧洲出现，最初是作为佣金代理，依附于进出口贸易商，代表进出口贸易商进行货物的装卸、储存、运输、收取货款等日常业务工作。以后，逐步发展成现在我们所熟悉的、中间人性质的独立行业，并渐渐停止了收取货款和其他财务管理，这些业务转为商业银行办理。

20世纪40年代，出现了定期的航班空运业务，逐步形成世界航空运输网。航空公司为了集中精力搞好空运组织与运输，往往将有关地面运输业务的货物取送、报关、保管、包装等委托其他部门办理，由此产生了航空货运代理业。目前，各国空运代理都致力于开展集运业务、包机业务、快递业务及航空联运业务，约80%的空运货物由空运代理掌握。

20世纪50年代以来，公路运输有了空前规模的发展。国际货运代理在发展公路运输中起了一定作用，它不仅提供设备，如托盘、折叠式集装箱等，而且在货物合理装运方面作出了许多努力。20世纪60年代以来，集装箱化运输已成为国际贸易的显著特征。随着国际贸易中集装箱运输的增长，为国际货运代理提供了拓展业务的机会，即拼箱、拆箱服务。由于部分发货人的货物不能单独装满一个集装箱，因此国际货运代理可以利用自己拥有的或租赁的集装箱货运站将运往同一目的地但属于不同发货人的货物拼装于一个集装箱内，然后以整箱货的运价交给船公司陆运，从中既可赚取拼箱货与整箱货之间的运费差价，又可赚取货的拼箱及拆箱费用。国际货运代理在提供这种服务中所扮演的角色发生了变化，已开始突破作为一个代理人的传统作用范围，实际上担负起一个委托人（当事人）的作用。国际货运代理开始签发自己的提单，直接承担在运输途中货物损坏或灭失的责任，成为无船承运人。目前，拆拼箱业务已成为国际货运代理的最主要的业务。

20世纪70年代到80年代，随着国际集装箱运输的进一步发展，国际贸易与国际运输随之发生了深刻的变化，单一的海运或陆运或空运的方式已远不能满足时代

的需要，越来越多的国家在大力发展和促进本国的国际多式联运，并放松运输管制，从而使一些有能力的国际货运代理突破单一运输方式的限制，介入国际多式联运。这时的国际货运代理充当了总承运人，承担组织在一个单一合同下，通过多种运输方式，进行门到门的货物运输业务。

20 世纪 90 年代，计算机网络、通讯和信息技术革命，因特网在全球的普及，为大型跨国公司提供了全新的市场环境。随着现代物流向专业化服务方向发展，企业开始产生了对“第三方物流服务”的需求。为适应这一发展趋势，第三方物流服务业应运而生，并以其服务专业化、高效化、一体化给全球经济的发展带来了强大的推动力。近期 10 年来，国外一些大型国际货运代理适应企业发展的需要，积极开展全球性现代物流服务，已出现了不仅与大型生产企业建立合作关系，而且与其他有物流服务需求的组织合作的趋势。为此，已有一些国际货运代理提出了除传统点到点运输以外的其他服务项目，包括进出口货物运输、仓储、包装、拼货、选货、装配、产品测试、库存管理、门到门服务等。

当前，世界国际货运代理业务为经济发达国家的公司所控制。经济发达国家的国际货运代理发展水平较高，尤其是西欧，联邦德国约有 4500 家，法国约有 2000 家。这些公司的规模、业务范围、管理水平差别很大。一些大的货运代理公司，拥有大量的卡车、拖车、集装箱及仓库货场、集装箱中转站、商品出厂后销售前的加工整理的设备及其场所，并且已经实现现代化管理；在全球设有多家分支机构，实现计算机联网管理，并同海关、港口、客户等联网，从而做到随时监控货物的流转进度，并根据客户要求进行分拨，提供门到门服务。在现代社会中，生产高速发展，专业化程度越来越高，社会分工越来越细，国际货运代理作为一个行业，对社会生产、生活提供越来越广泛的服务，并将向更高级、更科学和更现代化的方向发展。对小型货运代理公司而言，要么依据自身所提供的特色服务求得生存，要么退出货代市场的竞争。

2. 发展趋势

当今国际货代业的发展体现如下几个方面的趋势：

(1)向集约化、协同化方向发展。由于世界上各行业大型企业之间的并购浪潮和网上贸易的迅速发展，使得国际贸易的货物流动加速向全球化方向前进。为适应这一发展趋势，一些大型货代公司跨越国境，展开大规模并购、联合或重组，组成新的跨国公司或物流联合企业，以充分发挥网络优势，调动其在世界各地的物流网点，构筑起本公司全球一体化的物流网络，节省时间和费用，为货主提供优质服务；同时也为企业争取更大的市场份额，以绝对优势战胜竞争对手。最具代表性的成功例子是“德国邮政”。该企业从 1990 年之前的传统邮政企业，通过资产重组、改制上市、专业经营等一系列举措，一跃成为年销售额达 290 亿美元的全球最大货代企业和上市物流企业，其业务覆盖信函、快递、物流、金融等四大板块。

(2)向高技术、信息化、智能化物流业发展。从美国、欧洲、日本等发达国家和地区的情况来看,现代国际货代的发展趋势是向高技术、信息化、自动化、智能化、集成化方向发展。企业技术装备已达到相当高的水平,形成以信息技术为核心,以运输技术、配送技术、装卸搬运技术、自动化仓储技术、库存控制技术、包装技术等专业技术为支撑的现代化物流装备技术格局;广泛采用无线互联网、卫星定位技术(GPS),地理信息系统(GIS)和射频标识技术(RF),条形码条码管理系统,以及电子识别和电子跟踪技术,智能交通与运输系统(ITS),甚至是自动引导小车(AGV)技术和搬运机器人(Robot System)技术;集信息化、机械化、自动化和智能化于一体。

(3)向第三方、第四方物流拓展。第三方物流(3PL)是指由买卖双方之外的第三方来完成物流服务的一种运作方式。与顾客自我服务的"自给自足"型的第一方物流和由供应商提供服务的第二方物流形式相比,第三方物流是一种高效率的现代物流社会化服务模式。它不仅能够提供一般国际货运代理所提供的仓储、报价、报关、运输、分拨等初级服务,而且能够提供信息通讯、包装、人员培训、物品配送等更高层次的服务。而向前三方提供供应链管理、物流咨询等系统解决方案的企业被称之为第四方物流(4PL),它通常包括由第三方物流直接孵生的物流公司。与第三方物流相比,第四方物流的服务内容更多,覆盖地区更广,运作效率更高。不仅有供应链管理功能,即管理从货主或托运人到用户或顾客的供应全过程;还有运输一体化功能,即负责管理运输公司、物流公司之间在业务操作上的衔接与协调问题;更有供应链再造功能,即根据货主或托运人在供应链战略上的要求,及时改变或调整战略战术,使产品能够"更快、更好、更廉"地送到需求者手中。

二、我国国际货运代理的发展历史及现状

新中国成立以后,全面实行对外贸易管制制度,适应外贸垄断体制的国际货运代理业务也实行由中国对外贸易运输总公司独家垄断经营,所有的进出口货物都要通过该公司统一组织办理托运。1984 年以后,国际货运代理企业由一家经营变为中国对外贸易运输总公司和中国远洋运输总公司两家经营。1988 年以后,随着对外贸易的发展和国际海上运输多家经营的发展,中国政府允许国际货运代理业务,逐步放开实行多家经营。1992 年以后,中国政府也允许外商包括我国港、澳、台地区以合资、合作的形式在我国经营国际货运代理业务,从而使我国的国际货运代理业得到较快的发展。

我国国际货代业正处于从传统的货代服务形式向现代物流社会化转换过程的起步阶段,第三方物流的服务模式所占比重较小,而第四方物流服务模式尚处于理论研究和宣传阶段。中国物资储运协会内的 200 多家物流服务企业中,能够提供综合性全程物流服务的企业还不足总体需求的 5%,我国已经上市的 26 户物流企业也只有

3家能够提供物流综合性服务业务。我国的货代企业大多还停留在功能单一的中介业务上，从事着“货运代理”和“无船承运”业务。

1.服务单一，缺乏核心竞争力

目前，我国多数货代企业服务范围仍局限于提供揽货、订舱、报关、报检等中介劳务服务，只停留在代理概念上，尚不具备独立的增值服务能力，差价和订舱佣金仍然是其主要收入来源。相当一部分货代企业是以皮包公司的形式存在的，对资金、人力、物力的投入严重不足，服务缺乏特色，难以形成自身的核心竞争优势。尤其是一部分国资性质的货主性货代企业，虽在全国不乏分支机构，但母公司没有从战略上将其作为一个产业来经营，导致硬件投入不足，软件条件又有限，经营十分惨淡。面对一些大的货主、船公司，以及铁路、港务等部门，利用其自身的货源和垄断优势，纷纷设立货代公司，采用船、货代一体化的捆绑式服务等形势，传统货代产业的生存基础受到了前所未有的动摇。

2.规模偏小，缺乏国际性服务网络

我国货代企业普遍规模较小，综合化程度较低，尚未形成完整的国内、国际服务网络。这一定程度上是由于长期以来受计划经济制度因素和管理模式的影响，在规划和管理上仍处于条块分割状态，各地区、各部门之间的权利和责任交叉和重复，难以有效协调，资源得不到合理配置。这些严重制约在全社会范围内物流统筹和规划的经济性、合理性，制约电子商务的进一步推广，妨碍物流业的社会化进程，致使我国多数国际货运代理商缺乏网点依托，无法形成规模效应，而拥有国外自有网络的公司更是少而又少，无法提供全程的国际货运服务。

3.技术落后，缺乏快速反应机制

在国际上，电子商务技术已被广泛应用于物流行业的各个环节。而在我国，物流服务的内容还停留在仓储、运输上，信息的收集、加工、运用能力和物流的策划、管理能力都明显不足。我国货代企业电子技术应用程度低，无论是硬件还是软件，都与现代物流服务的差距甚远。据有关资料显示，我国有80%以上的货代企业缺乏IT产品，有85%的中小型货代企业对IT的应用只停留在单机商务应用上，如进行单证制作、网上获取信息等。多数货代公司缺乏对信息技术的投资，导致企业的计算机网络水平不高，信息管理方式落后，大多数还只停留在电话加传真的方式上，货物追踪等其他基于互联网技术的服务及快速反应的机制更显苍白。

4.高素质人才匮乏，管理水平亟待提高

现代国际物流是一项技术新、综合性强、起点高的生产方式，而我国的从业人员中缺乏复合型人才，员工队伍的综合素质亦比较低。据报道，我国现有货运代理从业人员大约30万，但这些人员当中，经过正式培训的却寥寥无几；我国目前有80%以上的货代企业缺乏专门的IT人员；而高质量的物流基础设施建设要求的是具有较高素质的操作人员，介入高附加值货物的供应链还需要具备较高外语水平的管理和作业人员。这些都是我国货代企业目前较为欠缺的。

5. 兑现入世承诺，外国压力增大

我国加入 WTO，承诺三年之后全面开放国内物流市场。从 2002 年底开始，中外合资企业的外方可以控股，2004 年底可以独资经营。当前，国际物流企业和电子商务公司以各种形式涌入，国内物流企业正面临着市场国际化的竞争。目前，三九株式会社、嘉里物流、UPS、TNT 等大批国际著名物流企业，已经于 2001 在上海、深圳、天津、重庆等地开始登陆我国市场。这些跨国货代企业在海外客户、指定货源、全球网络和信息系统等方面远远优于国内货代企业。2005 年后，市场完全放开，允许其独资经营以货代为核心的物流业务，这些实力雄厚的跨国公司对处于竞争劣势的国内货运代理业将带来巨大冲击，其结果很可能是过渡期结束后，国内一部分势单力薄的中小企业被淘汰出局。这是我国货代业目前面临的一个巨大现实问题。

对于我国的国际货运代理，特别是传统的国有货代企业来说，服务创新已经成为一个至关重要的问题。因为，随着市场的发展，在传统的外贸运输领域，国际货运代理的经营空间已经越来越窄，经营理念的创新和服务产品的创新已经成为其进一步生存与发展的关键。针对客户对运输和物流的需求具有多样性的特点，我国国际货运代理企业必须拓展服务范围，突出服务特色，向服务多元化方向发展。根据客户的实际需要，为其提供有针对性的、“量体裁衣”式的个性化服务，特别是当前我国的私营企业和工贸企业逐步获得外贸经营权，但国际贸易和运输方面的经验不足。在此种情形下，货代公司若能提供贸运结合式的物流服务方式必将具有广阔的市场前景。这样不仅能培育新的客户群、创造新的利润增长点，而且能培养企业自身的核心竞争力，在激烈、残酷的市场竞争中谋得一席之地。

改变传统经营模式，努力发展第三方物流。事实证明，传统的货代服务已经难以满足市场竞争的需要。因此，我国国际货代企业必须转变观念，摒弃传统的“中间人”身份，进行体制改造，整合现有资源，改变经营模式，以全新的第三方物流理念发展国际货代业。针对我国货代企业目前尚处于低层次的经营状态，系统组织能力较低，难以解决全面的物流管理服务等因素，我国货代业可采取循序渐进的步骤。一方面，根据自身的条件和资源，发挥区域优势及仓储优势，结合劳动力成本低等便利条件，大力开发以基本的流通服务和提高劳务附加值为主的基础物流服务，抢占物流的第一市场。另一方面，努力朝着高科技、多功能、全方位的高层次物流服务业方向发展，将我国的货代业融入到全球物流大体系中去。不断地推出自己的新产品，不断地创新服务，要敢于从事当事人业务，开展国际多式联运业务，以国际多式联运为中心进行延伸服务，大力开展第三方物流服务，做到有个性、有特色、有优势，才能胜人一筹。

第二节 国际货运代理人及其业务

一、国际货运代理人的概念、性质和类型

1. 国际货运人的基本概念

国际货运代理(简称货运代理)来自于英文"The Freight Forwarder",本意就是为他人安排运输的人。目前,国际上对于货运代理没有一个统一的称谓,有的国家称之为"通关代理人"或"清关代理人"。国际货运代理协会联合会FIATA(简称菲亚塔)的有关文件将其定义为:"根据客户的指示,并为客户的利益而揽取货物运输的人,其本身不是承运人。"

世界各国和各地区都根据各自的需要对"货运代理人"赋予不同的内容和形式各异的解释,即使使用货运代理人的名称,不仅在经营范围、内容上有相当大的区别,其法律地位和责任也有本质差别。

目前,对货运代理人的定义基本上可以划分成两大类:一类是仍将货运代理人限定在纯粹代理人的范畴,即货运代理人只能作为代理人以委托人的名义代办货物运输及其相关业务;另一类是突破货运代理人只能作为代理有的界限,允许货运代理人作为独立经营人,开展当事人业务,从而使货运代理人具有多重属性。

根据我国1995年6月29日外经贸部颁布的《中华人民共和国国际货物运输代理业管理规定》(以下简称《货代管理规定》)可知,我国对国际货运代理的定义显然是后一类的。《货代管理规定》第2条:"国际货物运输代理,是指接受进出口货物收货人、发货人的委托,以委托人的名义或者以自己的名义,为委托人办理国际货物运输及相关业务并收取服务报酬的行业。"货运代理管理规定对货运代理所下的定义是比较符合我国货运代理业的发展状况的,指出了货运代理可能以委托人的名义,也可能以自己的名义开展相关业务。

外经贸部又于1998年1月26日公布了《中华人民共和国国际货物运输代理业管理规定实施细则(试行)》,其中第2条第(1)款规定:"国际货物运输代理企业可以作为进出口货物收货人、发货人的代理人,也可以作为独立经营人,从事国际货运代理业务。"

2. 国际货运代理人的性质及类型

国际货运代理本质上属于货物运输关系人的代理,是联系发货人、收货人和承运人的货物运输中介人,既代表货方、保护货方的利益,又协调承运人进行承运工作。也就是说,国际货运代理在以发货人和收货人为一方,承运人为另一方的两者之间起着桥梁作用。

基于不同的角度,国际货运代理人可划分为不同的类型,按法律特征的不同,国

际货运代理可以分为以下三种类型：

(1)中间人型。

这种类型的货运代理的特点是其经营收入来源为佣金，即作为中间人，根据委托人的指示和要求，向委托人提供订约的机会或进行订约的介绍活动，在成功促成双方达成交易后，有权收取相应的佣金。这种类型的企业一般规模较小，业务品种较单一。

(2)代理人型。

这种类型的货运代理的特点是其经营收入来源为代理费。根据代理人开展业务活动中是否披露委托人身份，可再细分为以下两种类型：

a.披露委托人身份的代理人，即代理人以委托人名义与第三方发生业务关系。传统意义下的代理人即属于此种类型，在英美法系国家，这类代理通常称为直接代理或显名代理。

b.未披露委托人身份的代理人，即代理人以自己名义与第三方发生业务关系。在英美法系国家，这类代理通常称为间接代理或隐名代理；在德国、法国、日本等大陆法系国家，这类代理通常被称为行纪人。在《中华人民共和国合同法》委托合同一章中，吸收了英美法系有关这类代理的相关规定。

(3)当事人型。

当事人型，也称委托人型或独立经营人型。这种类型的货运代理的特点是其经营收入的来源为运费或仓储费差价，即已突破传统代理人的界限，成为独立经营人，具有了承运人或场站经营人的功能。这种类型的货运代理既有仅局限于某一种运输方式领域，如海运中的无船承运人，也有从事多式运输方式和运输组织的多式联运经营人，以及提供包括货物的运输、保管、装卸、包装、流通所需要的加工、分拨、配送、包装物和废品回收等，提供与之相关的信息服务的物流经营人。

在实际业务中，根据需要与可能，国际货运代理，尤其是大型国际货运代理，总是力图同时兼有中间人、代理人和当事人等多种功能，以便能向委托人提供全方位的服务。因此，现代国际货运代理人大多具有多重角色。

二、无船承运人

1.无船承运人的基本含义

无船承运人(NVOCC，Non-Vessel Operating Common Carrier)，一般认为，这个概念起源于美国，是美国的称谓。1984 年，美国航运法对无船承运人的定义是：“无船承运人是指不经营提供远洋运输的船舶的公共承运人。其与远洋公共承运人的关系是托运人。”我国 2002 年 1 月 1 日正式颁布实施的《中华人民共和国国际海运条例》(简称《条例》)对无船承运也下了定义，《条例》规定：“无船承运是指无船承运业务的经营者以承运人的身份接受托运人的货载，签发自己的提单或其他运输单证，向托运人收取运费，通过国际船舶运输经营者（即实际承运人）完成国际海上货物运输，承担承运人责任的海上运输经营活动。”

2. 无船承运人的类型

目前，无船承运人的类型主要有：承运人型、转运人型、经营人型三种，后两种出现的主要原因是由于国际多式联运发展。

（1）承运人型。

所谓承运人型系指以自己制定的运输路线开展运输活动，其特点是接受货物托运人的货物并签发提单，对运输过程的货物灭失、损害负有责任。这与普通货物运输下承运人的概念没有什么区别，但前者的定义范围要广得多。例如，《海牙规则》下的承运人系指：“船舶所有人和租船人”；而集装箱运输下的承运人系指：“凡有权签发提单，并对运输负有责任的人”，无船承运人则属这一范畴。在实际业务中，无船承运人是契约承运人，因为他与货物托运费订有运输合同，而实际上并非由自己完成货物运输，只是将货物交由拥有运输工具的承运人，即实际承运人完成货物运输。根据这一特点，契约承运人对全程运输负责，实际承运人对自已运输区段负责。这种规定，丝毫不会影响契约承运人与实际承运人之间的任何追偿关系。

（2）转运人型。

所谓转运人型是专门从事运输的转运人，并签发本公司的提单。转运人在中转地或目的地拥有自己的办事处或代理，并由他们安排运输、中转、发货。与承运人型相比较，他们可利用最合适的承运人进行运输，并选择最佳运输路线。

随着集装箱运输特别是多式联运的发展，转运人发展很快，其根本原因是即使船公司已从单纯的运输业逐渐渗透到其他行业，但在揽货方面却在较大程度上依赖于转运人。

转运人在揽货、转运的同时，也积极参加运输。他们这样做的目的并不是想成为承运人而直接参加运输，而是作为承运人的代理人开展业务，并获得相关收益，如经办货物运输的手续费，发货、收货的代理费，装箱、拆箱费及运费差额等。他们将这些收入的增加看作是经营范围扩大的目的。

（3）经营人型。

无船承运人充当经营人是近年出现的一种运输服务形式，原则上，他们不直接对货主提供运输方式，而是采用一种“批发”的方法，即由转运人签发提单，并由其提供经营人的运输方式。经营人本人不从事对货主运输方式的提供及报关业务，而只注重货物运输方式的选择和服务的改善。作为从事国际货物运输的人来说，必须具备“软件”、“硬件”两个方面的条件。所谓“软件”，是指人才、经营管理的方法经验等。所谓“硬件”，是指物力（运输工具、设备等）。而无船承运人在一定程度上只具备“软件”条件。无船承运人可根据货主提出的条件提供多种运输服务，但在经济条件方面无法与航运公司和一些大的货主相比较。因此，这也带来一些问题，如信用、货源、人才、担保等。在一定条件下，货主在选择无船承运人时首先考虑的是对方的经济实力，在遇到有关风险时能否承担得起责任。作为拥有运输工具的承运人在与无船承运人洽谈具体业务时也会就无船承运人的经济实力、业务范围等方面决定是否与其合作。

3. 无船承运人申请设立的条件和业务范围

按照规定，成立货运代理企业实行审批制，对注册资金问题也作出了严格的要求。其中，经营海上国际货物运输代理业务的，注册资本最低限额为500万元人民币；经营航空国际货物运输代理业务的，注册资本最低限额为300万元人民币；经营陆路国际货运代理业务或者国际快递业务的，注册资本最低限额为200万元人民币；(经营前面其中两项以上业务的，注册资本最低限额为其中最高一项的限额)。如果国际货物运输代理企业要设立分支机构，则每设立一个分支机构，应当增加注册资本50万元。然而，按照2002年1月1日正式颁布实施的《中华人民共和国海运条例》的规定，对于无船承运企业实行的是登记制，而不是审批制，并且只需要交纳80万元人民币的保证金，每设立一个分支机构只需增加20万元保证金。从以上的规定可以看出，成立无船承运业务经营者的条件比国际货运运输代理企业条件要容易得多，主要是没有注册资本最低额的限制。

根据交通部2003年3月1日起实施的《中华人民共和国海运条例实施细则》第3条第(4)款规定，"无船承运业务"包括下列活动：

(1)以承运人身份与托运人订立国际货物运输合同；

(2)以承运人身份接收货物、交付货物；

(3)签发提单或者其他运输单证；

(4)收取运费及其他服务报酬；

(5)向国际船舶运输经营者或者其他运输方式经营者为所承运的货物订舱和办理托运；

(6)支付港到港运费或者其他运输费用；

(7)集装箱拆箱、拼箱业务；

(8)其他相关的业务。

值得注意的是，以上仅是无船承运人经营资格所赋予的业务范围。实际上，根据该法规的规定，只有拥有提单的国际货运代理企业和国际集装箱多式联运企业才有权申请经营无船承运业务，即申请设立的无船承运业务的必要条件是已取得了国际货运代理经营许可证或国际集装箱多式联运经营许可证。这说明，无船承运企业既可以经营以上业务，也可以经营货代业务或多式联运业务。

三、国际货运代理人充当第三方物流经营人

国际货运代理人从事的业务是第三方物流业务中的一个部分，货运代理企业发

展为第三方物流经营人，具有天然的基础和近水楼台之利。货运代理转型升级为第三方物流的优势很明显，例如，拥有运力、仓储、代理网络、进出口货运代理操作系统；具备地面服务的基本设施，如装卸设备、运输车辆、仓库堆场；此外还有运输方式的选择、航线配载、配送线路，与港航、海关、商检关系密切等优势。现实中，大多数第三方物流服务公司都是以传统的“类物流”业为起点发展起来的，常见的有仓储业、运输业、空运、海运、货运代理和企业内的物流部等。所以说，货运代理只是众多涌向第三方物流这个行业的一个支流。货运代理是第三方物流的一个重要来源，第三方物流是货运代理的一个发展方向。

第三方物流是生产企业与运输企业利润融合的最佳渠道，是生产企业与运输企业间商业活动相互有机衔接所必需的系统综合和对总成本的控制，它为货运代理拓展了利润来源，扩大了市场份额，加强了市场竞争力。货运代理以其自身所拥有的运力、仓储和代理网络为其开展第三方物流服务提供支持力量，通过为客户提供全程的物流服务，从中获得自身发展所需的商业利润和市场空间。因此，第三方物流服务的拓展必将成为货运代理今后发展的一个重要增长点。

第三方物流业务的操作模式强调的是系统化的设计，是一项系统工程。这是第三方物流与国际货运代理的本质区别之一。系统工程是一项管理软技术，它运用系统的思想、现代化的科学管理方法和最新手段，将分散的、各自为政的局部利益，巧妙地连接成一个有机整体，使其发挥最大的效果，从而纠正了过去只注意局部和部分的设计，而对总体设计草率从事的缺点。而且这种系统化不是一个渐进的过程，而是在一开始就着眼于“系统”的创造和应用。第三方物流业务在方案的准备阶段，各项具体业务已经纳入系统化的考虑，在时间、地点、方式上都已有所确定，且随着业务的展开，方案自身的反馈与修订体系会对业务适时地进行调整和改进。而传统的货运代理业务，也许是做同样的几件事，最后的结果也是相同的，但其过程可能大相径庭，所耗费的各种资源也会有很大的差异。此外，真正的第三方物流业务强调向客户提供个性化的、全面的物流解决方案，根据客户的需求充分利用自有资源、配合采购外部的资源；而且成功的第三方物流商往往需要站在客户的角度为客户将来的发展考虑，并非仅局限于眼前利益。只有这样，才能牢牢地将自己的利益与客户的利益捆绑在一起，达到双赢的目标。而货运代理则没有能力也没有意识去为客户做如此周到的考虑，提供全面、个性、长远的方案，其目光往往是比较局限的。这也是二者的一个显著区别。

在法律适用方面，无论是货运代理还是物流业迄今尚无专门的国内法律和国际公约。二者均根据各自所从事的业务范围适用不同的法律。单一的业务范围适用单独的法律，例如，海运适用《中华人民共和国海商法》、《海牙规则》等；空运适用《中华人民共和国民用航空法》、《华沙条约》、《蒙特利尔公约》等。多项业务范围，则分别适用各项业务范围所对应的法律，例如，多式联运可能会涉及到海陆空业务，则海运、陆运、空运的法律都会适用，或因其某一两个环节的纠纷而适用与之相对应的法律。在第三方物流一站式的服务中，涉及的法律更广。除货运代理所适用的法律外，还会因其业务范围的扩大，而涉及更多的法律关系，诸如委托合同关系、运输合同关系、加工合同关系、贸易合同关系、包装合同关系和仓储合同关系等，而且通常会在一个大合同中同时适用诸多法律。与货运代理相比，第三方物流涉及的法律关系和适用的法律法规更复杂、更广泛。

当国际货运代理作为独立的当事人时，主要有两种表现形式：一是无船承运人；二是多式联运经营人。除这两种情况外，货运代理也有可能以当事人身份出现。例如，拥有自己车队的货运代理为货主提供短途的运输服务，但这种当事人的身份往往与代理人的身份同时存在，货运代理处于一种混合的身份状态下，并非单独地仅以当事人的面目出现。简单地讲，货运代理充当无船承运人时，对货主即托运人而言，便是承运人，须依据运输合同签发自己无船承运的提单。货物在运输过程中遭到的损失，除属于免责范围内的，均由无船承运人先行向实际托运人赔偿，然后再自行向实际承运人追偿；对于实际承运人而言，无船承运人的身份是托运人，实际承运人须向其签发自己的海运提单，而实际承运人和实际托运人之间没有直接的合同关系。总之，无船承运人须向实际托运人承担法律规定的承运人责任，并享有相应的责任限制。货运代理充当多式联运经营人时，须与货主签订一份多式联运合同，并签发多式联运提单，不管货物在哪个区段内遭受损失，均由其先行向货主承担赔偿责任。对于货主而言，这种承担责任的方式比较简便，易于追偿损失，多式联运经营人提供的是高效益的、一站式的“门到门”服务。

第三方物流经营人与客户签订的是一个综合的物流服务合同，在合同约定的范围内，提供一站式服务，不管最终的、具体的物流作业由谁完成(可能利用自身的物质力量完成，也可能与其他专业公司签订合同，由后者实际操作)，均须第三方物流经营人先对货主承担责任，之后再向真正的过错方追偿，然而第三方物流经营人能否追偿到及追回多少损失都与货主无关。这样看来，第三方物流经营人身上的责任不是减小了，而是加大了，其承担的风险远远大于货运代理。第三方物流经营人的出现和发展，很重要的一个原因是由于原有的物流服务范围渐渐不能满足货主们的需要。传统的物流提供者只能完成企业所需的部分服务要求。货主为了获得其所需的全部物流服务，需要与不同的物流提供者签订多个合同，造成很大的不便，浪费了货主的资源和时间。同时，他们所承担的责任则要视其法律地位而定，如果只是代理人，货主还要自己去找真正的责任方追偿。第三方物流的出现弥补了这种缺陷，货主只需与第三方物流经营人签订一个综合物流服务合同，合同项下的所有物流服务都由第三方物流经营人来完成，发生理赔时货主直接找第三方物流经营人。除非合同中约定了免责事由及赔偿限额，否则第三方物流经营人应对货主的损失先作出赔偿。在实践中，第三方物流合同有的采取的是统一责任制，即第三方物流经营人要对全程运输负责，并且无论货物的灭失或损坏发生在何种运输区段及运输方式下，均按照统一的责任制度和责任限制承担赔偿责任。在统一责任制下，即使货方不清楚全程运输中各区段法规的内容，也能追究第三方物流经营人的责任；而且对于隐藏损失、逐渐发生的货损货差及延迟交付等问题，也有一个明确的处理办法。有的采取的是网状责任制，虽然也是对全程负责，但将根据不同的运输方式与不同的合同性质，对其产生的责任与损失适用其不同的法律。也有的只是规定对全程负责，至于如何负责没有任何规定。可见，无论何种情况，第三方物流经营人的责任是变大了，风险也增加了。第三方物流经营人作为物流全程服务的组织者和指挥者，对货物从运输到仓储等各个环节都要负责，所以涉及的合同关系复杂，责任重大。第三方物流经营人涉及的法律关系主要可以分为两种：第三方物流经营人与客户之间的物流服务总合同关系和第三方物流经营人与分包商之间的分合同关系。物流流通环节众多，分属不同传统行业和部门，各自有相应的法律规范，这就有可能出现在与不同行业或部门签订的合同中享有不同的责任限制，导致第三方物流经营人在向货主赔偿后，不能全部从责任人处追回。所以，意欲从事或者业已开展第三方物流业务的货运代理企业应当明白，该业务的风险比传统的货运代理业务要大得多，应具备相应的风险防范意识和风险控制能力。在法律责任方面，尚存在一个问题即依据什么法律追究第三方物流经营人的责任。因为我国尚无一部专门针对第三方物流的单行法，立法司法都处于起步阶段。目前，在实践中有以下处理方法：

(1)区分物流合同的性质并明确其法律关系；

(2)根据物流合同条款，找出违约的物流环节所在，分析判断第三方物流经营人在此环节中所处的角色和地位；

(3)决定其所应适用的法律规范；

(4)认定第三方物流经营人有无责任及责任的大小。

以上这种做法在实践中具有较强的可操作性，从某种程度上能较客观地、公正地解决问题。

虽然我国货运代理行业处于朝阳行业，仍有发展空间，但也要清楚地看到，不少传统货运代理处于业务利润逐渐下滑、生存余地渐小的困境中。有的货运代理应着眼提升传统货运代理业务的竞争力，有的货运代理则应向第三方物流业转变，寻找新的生存发展空间。众多货运代理企业必须意识到第三方物流业务与其传统货运代理业务的区别，正视自身的局限，从而最终找到适合自己发展的方向。如果货运代理企业只是从形式上改头换面，实质上却拒绝理念和技术升级，只能被第三方物流的浪潮所淘汰。

为了对第三方物流业中国际货运代理人、无船承运人、第三方物流经营人之间的异同点有更好的了解，现将其列表加以比较，参见表 1-1 所示。

国际货运代理、无船承运人和第三方物流经营人的比较 表 1-1

主要内容	国际货运代理人	无船承运人	第三方物流经营人
与托运人关系	委托方被委托方	托运人与承运人	委托人与经营人
与收货人关系	不存在任何关系	提单签发人与持有人	根据是否订立合同或是否签发有关单证而定
法律地位确定	委托方代理	承运人	经营人
相关费用计收	佣金	收运费或赚取差价	根据服务动态收费
提单拥有	不拥有自己的提单	拥有自己的提单	根据经营的业务和法律地位确定
服务动态	软件服务	软件服务	软件或硬件服务或软硬件服务
信息系统	比较独立	比较独立	综合网络系统
业务范围	进出口货运相关业务	进出口货运相关业务和承担运输责任	根据客户要求所能承担的服务而定
买卖合同	不订立买卖合同本人不拥有货物	不订立买卖合同本人不拥有货物	不订立买卖合同本人不拥有货物
运输合同	代表委托方订立	与托运人订立	根据是否承担运输责任而定
业务行为	服务动态	服务动态	服务动态
法规适用	货运法规	货运和运输法规	根据所从事的业务适用相关法规
法律关系	委托关系	双重身份	多重身份

四、国际货运代理的业务范围及应具备的业务素质

1. 国际货运代理的业务范围

根据《中华人民共和国国际货物运输代理业管理规定》及其实施细则的规定，我国国际货运代理人的业务范围是相当广泛的，至于具体某个国际货运代理人的经营范围，应以其经营许可证上核准的业务范围为准。从各国国际货运代理人业务经营

来看,国际货运代理业务范围主要包括以下几个方面:

(1)以居间人、代理人或当事人身份从事海陆空货物的租船、订舱代理及运输组织等业务;

(2)以代理人身份从事海陆空进出口货物的报关报检代理及保险等业务;

(3)以多式联运经营人或无船承运人身份与货主签订多式联运合同,作为当事人必须对全程运输负总的责任,有权签发自己的提单或其他运输单证,向托运人收取运费,通过国际船舶运输经营者来完成国际海上货物运输;

(4)以第三方物流经营人身份从事物流服务业务。

2. 国际货运代理的具体业务

货运代理人接受委托后可以代办下列部分或者全部业务:

(1)货物的监装、监卸;

(2)集装箱拼装拆箱;

(3)货物的交接、调拨、转运;

(4)货物的包装;

(5)订舱、仓储;

(6)国际多式联运;

(7)国际快递(私人信函除外);

(8)报关、报检、报验、保险;

(9)缮制有关单证,并付运费,结算、交付杂费;

(10)代办揽货,燃物料供应等与运输相关的业务;

(11)咨询及其他国际货运代理业务。

3. 国际货运代理人应具备的业务素质

国际货运代理作为承托双方之间的桥梁,既要考虑委托人的利益,也要考虑承运人的利益。作为货运代理不仅要对委托的客户讲信用,更应对各种运输方式及运输工具的特点、常见货物、有关的承运人、场站经营人、经营航线、挂靠港站、运价、结算、有关法律法规等方面的知识有全面的了解,才能充分发挥出自己的优势与特长。

(1)具备良好的资信。

资信包括资本和信誉两方面。目前,按有无资产划分,国际货运代理可分非资产型和资产型两种。其中,非资产型班轮代理,主要以提供单证服务、劳务服务、业务管理、专业技能和物流技术服务为主;而资产型班轮代理,则以拥有的仓储设施与集疏运工具为依托向客户提供全方位的物流服务。但无论哪种类型的国际货运代理,都必须拥有一定的专业知识和技能,以及信息与业务关系网络,并本着平等互利的原则,处理好与委托人的关系,树立为客户服务的思想,接待热情,有问必答,不断提高服务质量。

(2)了解有关法律法规与政策。

由于各国政治、法律、金融货币制度不同，政策、法令、规定各异，贸易、运输习惯和经营做法也有差别，很多国家对外贸易政策受政治、经济和自然条件的影响，对进出口货物有着不同的规定。因此，国际货运代理应对此有所了解。

(3)精通国际货运业务知识。

以国际海运班轮代理为例，国际海运班轮代理应做到以下“六知”：

①了解国际班轮航线现状与构成，即“知线”。目前，大多数航线有定期的班轮航行，暂无直达航线的港口可以通过一程船或支线船运至中国香港或日本、新加坡、韩国等中转港口进行转船运输。作为海运货运代理，需要熟悉各卸货港的所属航线，掌握主要定期班轮的航线情况。

②了解装、卸口情况，即“知港”。各航线都有基本港和非基本港之分，一般基本港口都是一些条件较好的大港口，船舶班次多。因此，为了避免货主成交需要二次转船，且装卸条件差、船舶拥挤的港口，货运代理特别是外销员，要掌握各航线的基本港口并适时向货主提供咨询意见。对于非基本港口的货运，货运代理在接受委托前，需要与有关方面预先联系，并应建议货主在购销合同上订明“允许转船和允许分批装运”的条款。

③了解船舶情况，即“知船”。货运代理要了解各主要班轮公司所属船舶的基本状况，包括国籍、船龄、载重量、舱容及服务质量等。

④了解货物对运输的要求，即“知货”。货运代理应对普通杂货、集装箱货物、特种货物对运输的要求有一定的了解。

⑤了解运价市场，即“知价”。货运代理有义务为货主精打细算节约运费，这就要求在订舱租船前从不同的承运人、不同的运输方式和不同的运输途径着手进行比价工作，以减少运费支出。

⑥了解业务操作规程，即“知规程”。货运代理除了精通本公司的业务流程外，还应对其他有关部门，如货主、一关三检、码头、船公司等业务流程及其特殊规定予以全面的掌握，才能有效地开展业务活动。

第三节　国际货运代理相关行业组织及行业管理

【小知识 1-1】　世界各国货代管理扫描

新加坡。新加坡的航运管理被置于贸易工业部和交通部的管理之下。交通部下设海运和港口局(MPA)，负责处理港口和海运方面的管理和技术问题。贸易工业部发展委员会(TDB)，负责处理航运的商贸问题，其中货代方面的管理也被包括在内。

韩国。1997 年 7 月以前，韩国的货运代理和航运企业由海运港湾厅管理，空运由交通部管理。各行业都有各自的行业协会，负责本行业的监督管理，规范运作。

1997年7月之后，韩国政府进行了机构改革。其中，国际货代和空运货代合并为一体统一由城市建设交通部管理，航运企业归属海洋渔业水产部管理（原来的海运港湾厅归属到海洋渔业水产部）。由于国际集装箱多式联运与国际货代没有区别，在韩国只要有货代营业执照，均可以从事国际集装箱多式联运，签发全程联运提单。

日本。日本的货代业与航运业均由运输省管辖。日本的运输省是一个综合性部门，内设有铁道局、航空局、海上交通局、运输政策局等，各局之间是相互独立的单位。其中，航运业由海上交通局管理，货代业由运输政策局管理。在日本设有货代协会（JIFFA），有240多家会员，负责信息收集、市场调查方面的工作。1990年，日本实施了专门的货代法，成为日本货代业管理的法律依据。

德国。德国经营货代业务或船公司要在市商会和驻地管辖派出所登记，没有具体的部门进行行业管理，主要由行业协会负责。如汉堡有汉堡货代联合会（VHS），其颁布的货代章程和有关规定，对所有货代企业具有约束力。在船代方面则有VHSS。以上两个组织均是按法律注册的组织。

加拿大。加拿大的贸易运输是全面放开的，在海运业务方面，政府只负责制定基本规则，不进行具体管理。其中，货代、船代业务都由私人经营，依据普通的商业和税收政策管理。运输部门只负责海、陆、空及干线国道运输的安全，和全国交通运输设施的宏观管理，不干预商业操作。

比利时。比利时是个小国，货运代理、海运、空运、铁路运输、公路运输、集装箱运输等事务都由运输部管理。行业协会纯属于自律性质，没有实际管理权限。

值得说明的是，上述国家对货代业的管理是在充分的市场机制上进行的，且货代企业绝大多数是私营企业，行业管理手段也只是制定必要的法律法规，实行宏观管理，值得我国货代业参考。

一、国际货运代理相关的行业组织

1. 国际货运代理协会联合会（FIATA）

国际货运代理联合会，英文为“International Federation of Freight Forwarders Associations”，缩写为“FIATA”，并作为国际货运代理协会联合会的标识。协会于1926年5月31日在奥地利的维也纳成立，是一个非政府和非盈利性的国际货运代理行业组织，具有广泛的国际影响，总部设在瑞士的苏黎世，在各大洲设有办事处。其中，亚洲和太平洋地区办事处设在印度的孟买。国际货运代理协会联合会的最高权力机构是会员代表大会，下设代表大会主席团，对外代表FIATA，对内负责FIATA的日常管理。国际货运代理协会联合会的会员分为一般会员、团体会员、联系会员和名誉会员四类。联合会拥有来自86个国家和地区的96个一般会员，分布于150个国家和地区的2700多家联系会员。中国对外贸易运输总公司于1985年以一般会员的身份正式加入该组织。目前，国际货运代理协会联合会拥有中国国际货运代理协会和台湾地区、香港特别行政区的货运代理协会三个一般会员，166 个联系会员，其中，内地拥有 13 个，台湾拥有 48 个，香港拥有 105 个。

国际货运代理协会联合会的宗旨是保障和提高国际货运代理在全球的利益。主要任务是：提供各国立法参考的《国际货运代理示范法》；推荐各国国际代理企业采用的《国际货运代理标准交易条件》；制定各种单证格式范本。此外，FIATA 与国际航空运输协会(IATA)合作，在 11 个国家中推行空运培训计划。中国的国际航空公司、东方航空公司、南方航空公司及中国民航协会的培训中心已经取得 IATA 代理人培训资格。培训课程分为入门课程和高等课程，经考试合格后，由 IATA/FIATA 授予毕业文凭和证书，如 IATA/FIATA 高级证书，包括国际空运货物定价证书及国际危险品和特殊货物运输代理证书。

2. 国际航空运输协会(IATA)

国际航空运输协会，英文为“International Air Transport Association”，缩写为“IATA”。协会的前身是由 6 家航空公司组成的国际航空交通协会，1945 年改名为国际航空运输协会，总部设在加拿大的蒙特利尔，协会在纽约、巴黎、伦敦和新加坡设有分支机构。协会的最高权力机构为每年召开的全体会议，大会的执行委员主持日常工作。协会成员必须是持有国际民用航空组织成员国政府颁发定期航班许可证的航空公司。协会的主要任务是：协商议定运段；协商制定国际航空客货运价；协议规定承运人的责任和义务；统一结算各会员间及会员与非会员间联运业务账目；开展业务代理等。

目前，中国内地共有中国国际航空公司、中国东方航空公司、中国南方航空公司等 13 家航空公司成为国际航协会员公司。

3. 中国国际货运代理协会(CIFA)

中国国际货运代理协会，英文为“China International Freight Forwarders Association”，缩写为“CIFA”，成立于 2000 年 9 月 6 日。该协会是中华人民共和国境内注册的国际货运代理企业自愿组成的非盈利性质的行业协会，接受商务部的业务指导和民政部的监督管理。它的主要任务是：协助政府部门加强对我国国际货运代理行业的管理；维护国际货运代理业的经营秩序；推动会员企业间的横向交流与合作；依法维护本行业利益；保护会员企业的合法权益；开展行业市场调研编制行业统计；组织行业培训及行业发展研究；为会员企业提供信息咨询服务；代表全行业加入国际货运代理协会联合会，开展同业国际间的交流；促进对外贸易和国际货运代理业的发展。

此外，为支持中国货代协会积极开展工作，商务部办公厅 2005 年 3 月 23 日下发文件《关于委托中国国际货运代理协会组织实施货代企业业务备案有关事宜的通知》，决定由中国国际货运代理协会负责国际货运代理企业业务备案的具体组织实施工作。

4. 我国各地区国际货运代理协会

随着我国对外贸易迅速增长，国际货运代理行业蓬勃发展，迫切需要有一个行业组织来协调企业与政府、企业与市场的关系。上海在 1992 年率先成立了国际货运代理的行业协会，随后各地区的国际货运代理行业协会也纷纷成立。目前，全国已在 21 个省、市、自治区建立了地方国际货代协会。这些行业协会都是由国际货运代理企业自愿组成的、非盈利性的行业组织，接受地区外贸主管部门和民政部门的监督管理。其主要任务是：服务政府和会员企业，通过服务增强行业组织的凝聚力；协助政府部门对本地区国际货代企业实施行业行业管理，运用法律法规指导督促企业依法经营，维护国际货代行业的经营秩序，促进行业的健康发展；与政府有关部门建立沟通协商机制反映涉及会员集体利益的意见和建议，依法维护本行业利益；负责本行业业务培训；组织会员国内外业务考察，推动会员企业间的横向交流与合作；向会员企业提供各种有关行业信息，以及承担行业调查、行业统计、公信证明等职能。

二、国际货运代理的行业管理

根据 1995 年颁布的《中华人民共和国国际货物运输代理业管理规定》及其实施细则的有关规定，国务院商务主管部门（商务部）是我国国际货运代理业和主管部门，负责对全国国际货运代理业实施监督管理。

省、自治区、直辖市、经济特区、计划单列市人民政府商务主管部门在商务部的授权下，负责对本行政区域内的国际货运代理业实施监督管理。

在商务部和地方商务主管部门的监督和指导下，中国国际货运代理协会根据协会章程开展活动，推动会员企业相互协作，监督会员依法经营、规范竞争，维护会员的合法权益，协助政府有关部门加强行业管理，促进行业的健康有序发展。因此，商务部、地方商务主管部门和中国国际货运代理协会都在不同程度上行使着对国际货运代理业进行管理的职能。

2004 年 7 月 1 日，《中华人民共和国行政许可法》正式实施，国务院在“关于第三批取消和调整行政审批项目的决定”国发[2004]16 号文件中就我国国际货运代理行业的审批等问题作出规定，正式取消了国际货运代理行业原来的市场准入行政审批制度，即取消了政府主管部门对国际货运代理企业经营资格的前置审批。目前，我国国际货运代理行业的市场准入已改为工商注册登记制度。

对于我国的国际货运代理行业而言，市场准入制度采取工商注册登记较以前的行政主管部门审批制度更为合理有效，是关系国际货运代理行业整体发展的重大改革，进一步改善了我国国际货运代理行业的发展环境，同时也对国际货运代理行业如何良性发展提出了新的要求。商务部作为国际货运代理行业的主管部门，在 2004 年 7 月 1 日以前负责货代行业市场准入审批，新制度实施后，货代企业在工商注册登记后，可以在商务部进行备案登记。

今后,作为国际货运代理行业主管部门的商务部,主要工作应该是加强对货代行业市场行为的规范化管理,制定符合行业发展和市场状况的可操作性的规则,并加强对违规行为的调查和处罚力度。而货代行业协会在取消审批制度后,就成为实施行业自律的重要主体之一。市场准入条件的放宽和注册登记资金的减少,也使从事国际货运代理业务的企业及与其打交道的企业风险增加,这就应该要求国际货运代理企业投保责任险。这项工作已经在进行之中,但是还需要有关各方,包括行业协会的积极参与才能顺利实施。另外,国际货运代理企业只有在成为行业协会的会员以后才能受理货主委托的货运业务,这是一种正常的市场运作模式。所以,在未来正常的市场运作中,成为行业协会的会员将应该是国际货运代理企业自己要求和追求的基本目标。这样,就可以有效发挥行业协会行业自律的作用。行业协会应该研究自身组织和作用等问题,制定符合各方当事人的行业标准交易条件、行业自律规则,使国际货运代理行业不断健康发展。

第四节　国际货运代理企业的类型及业务范围

一、中国货运代理企业的类型

根据《中华人民共和国国际货物运输代理业管理规定》、《中华人民共和国国际货物运输代理业管理规定实施细则(试行)》,国际货运代理企业必须依法取得中华人民共和国企业法人资格,其名称、标志应当符合国家有关法律、法规和规章,与业务性质、范围相符合,并能体现行业特点。其中,名称中应当含有“货运代理”、“运输服务”、“集运”或“物流”等相关字样。

目前,我国国际货运代理企业的组织形式仍限于有限责任公司或股份有限公司,尚不允许采取合伙企业等组织形式。

1. 以投资主体、所有制形式为标准分类

(1)全民所有制国际货运代理企业。是指由全民所有制单位单独或与其他全民所有制单位共同投资设立的国际货运代理企业,即国有国际货运代理企业。如国有独资的中国对外贸易运输(集团)总公司、中国租船公司、中国速递服务公司,国有企业共同投资设立的中国国际展览运输有限公司、民航快递有限责任公司等。这类国际货运代理企业约占我国国际货运代理企业总数的70%。

(2)集体所有制国际货运代理企业。是指由集体所有制单位投资设立的国际货运代理企业。如上海国际航空服务公司、大连华南国际货运代理有限公司等。由于国家政策的限制,目前我国这类国际货运代理企业数量很少。

(3)私人所有制国际货运代理企业。是指由私营企业或个人投资设立的国际货运代理企业,即私营国际货运代理企业。由于我国现行有关政策不允许私人和个体户经营国际货运代理业务，目前我国尚无合法存在的私营国际货运代理企业。

(4)股份制国际货运代理企业。是指由不同所有制成分的多个投资主体共同投资设立的混合所有制国际货运代理企业。如中外运空运发展股份有限公司、大连锦程国际货运股份有限公司等。

(5)外商投资国际货运代理企业。是指由境外投资者以中外合资、中外合作或外商独资形式设立的国际货运代理企业。如大通国际运输有限公司、大田—联邦快递有限公司、金鹰国际货运代理有限公司等。这类企业约占我国国际货运代理企业总数的30%。

2.以企业的成立背景和经营特点为标准分类

(1)以外运公司为背景的货代企业。

我国最大的有权威性的货运代理公司——中国对外贸易运输(集团)总公司，简称中国外运，是经国务院批准的百家大型试点企业集团之一，是一个以外贸运输为主业，运贸、运工、运技相结合，并实行跨行业、跨地区、跨国经营的法人经济实体，是专业化、多功能、综合性的大型企业集团。它有悠久的发展历史、健全的组织机构、完善的基础设施、广泛的业务范围和良好的发展前景。中国外运是我国最大的、分支机构及其控股公司或合资企业遍布国内外各大港口城市的专业化、网络化、规模化程度较高的国际货运代理企业。

其经营特点如下：

①一业为主，多种经营；

②拥有一个四通八达的运输网络，为参与国际分工创造了条件；

③资产雄厚，有实力参加市场竞争；

④人力资源丰厚，有一大批精通业务的专门人才。

(2)以航运公司、航空公司和铁路为背景的货代企业。

此类货代企业中具有代表性的有中远国际货运有限公司，天津海运集团控股的天海，天新等货代公司，上海海运集团所属的上海海兴国际货运有限公司，山东省海丰国际货运集团所属的山东省海丰货运代理有限公司，中国民航客货运输销售代理公司，中国铁路对外服务总公司等。其经营特点如下：

a.在销售运价、方便货主方面有竞争力；

b.在捕捉与反馈航运信息上有优势。

(3)以外贸专业公司、工贸公司的报运部门为背景所组建的货代企业。

这类公司的前身一般是各总公司履行发货、定舱、仓储等职能的储运部。如中国粮油食品(集团)有限公司、中国五矿集团公司、中成集团、中国中纺集团公司等系统的所属国际货运有限公司。其经营特点如下：

①在货源、审核信用证、缮制货运单证和向银行办理议付结汇等方面较其他具有

明显优势；

②规模都较小，服务功能欠完善，缺乏网络化的经营条件；

③专业人才缺乏，市场开拓能力差。

(4)以仓储为背景的货代企业。

这类公司原本是以办理仓储等运输相关业务见长，基于增加利润来源、更好如为货主服务的目的，经审核批准，取得了国际货运代理的资格。这类货代中有天津渤海石油运输公司、上海国际展览运输有限公司、北京华协国际珍品货运服务公司等。其经营特点是：以其从事仓储业的丰富经验，在承办特种货物方面的独有专长，并能借此揽取货源，深得货主信任。

(5)中外合资经营的货代企业。

由国外一些船公司、货代行、实业公司与国内大型外贸、运输公司联手合资创办。目前已有400多家，占我国货代总数的1/3。其经营特点如下：

①资本雄厚，规模化经营显著；

②网络化经营具有一定水平；

③人员素质和管理水平较高，服务具有竞争力。

二、国际货运代理企业的主要业务范围

国际货代企业可以作为进出口货物收货人、发货人的代理人，也可以作为独立经营人，从事国际货运代理业务。国际货代企业作为代理人从事国际货运代理业务，是指国际货运代理企业接受进出口货物收货人、发货人或其代理人的委托，以委托人的名义或以自己的名义办理有关业务，收取代理费或佣金的行为。国际货代企业作为独立经营人从事国际货代业务，是指国际货代企业接受进出口货物收货人、发货人或其代理人的委托，签发运输单证，履行运输合同并收取运费及服务费的行为。

根据《中华人民共和国国际货物运输代理业管理规定》、《中华人民共和国外商投资国际货运代理业管理办法》和《中华人民共和国国际货物运输代理业管理规定实施细则(试行)》的有关规定，国际货运代理企业可以接受委托，作为代理人或独立经营人从事下列全部或部分经营活动：

(1)以外贸代理、保险兼业代理、报关代理、报验代理等身份开展相关代理服务；

(2)以经纪人、代理人等身份从事租船、订舱、拆装箱等海、陆、空货运代理业务；

(3)以无船承运人、多式联运经营人等身份从事无船承运与多式联运业务；

(4)以代理人或当事人身份从事国际快递、国际展品运输、危险品运输、冷藏品运输、过境运输等特殊货运服务；

(5)以第三方物流经营人身份从事国际物流业务。

【小知识1-2】 中国国际货运代理企业新百强出炉

货代成为目前中国最成型的国际物流行业。

2005 年 7 月 6 日，由国际商报社和中国国际货运代理协会主办、24 家各省市货代协会协办的 2004 中国国际货运代理企业百强排名活动在北京国际会议中心举行揭榜大会。本次排名活动共设立一个主榜——2004 年度中国国际货运代理百强排名榜，五个副榜——海运 50 强、空运 50 强、陆运 15 强、民营 15 强、新锐 15 强。共有 110 家企业荣登各排名榜。

中国对外贸易运输（集团）总公司、中远国际货运有限公司、五矿国际货运有限公司居于百强总营业额前三名；中远国际货运有限公司成为海运排名榜首；中国对外贸易运输（集团）总公司获得空运和陆运排名第一；锦程国际物流集团股份有限公司以营业额 53.29 亿元，排名中国国际货代民营企业第一；上海东浩外服国际物流有限公司成为中国国际货代新锐第一。

进入 2004 百强企业的营业额门槛大幅度抬高。2003 年度货代百强第 100 名的营业额为 5482 万元；而 2004 年度第 100 名百强企业的营业额猛增至 11434 万元，增幅达 108.6%；今年百强入榜企业的平均营业额同比增长了 41.5%；海运 50 强企业的平均营业额同比增长 48.6%；空运 50 强企业的平均营业额同比增长更是达到 77.1%。货代百强企业的平均营业额从 2003 年度的 10.832 亿元增至 2004 年度的 15.323亿元。

据了解，进入 2003 年百强排名的企业产生了很好的品牌效应。百强排名活动的开展，使中国货代企业能够比较客观地了解行业的现状及自身所处的位置，也使国内外同行和货主企业对中国国际货代行业有更深刻的认识，得到了业界和社会的广泛关注。国际货运代理业在我国拥有广阔的市场，已成为我国目前最成型的国际物流行业之一。据商务部的数据显示，2004 年 7 月 1 日之前，全国经审批的货代企业已达 5012 家，其中法人企业 2555 家，分支机构 2457 家。自 2005 年 4 月 1 日实施货代企业备案制度以来，截至 7 月 5 日，全国各备案机关共为 3967 家国际货代企业办理了备案手续，其中法人企业和分支机构 3217 家；业务备案 750 家。

目前，全国外商投资的国际货运代理企业已超过 1000 家。根据中国加入 WTO 的承诺，货运代理服务将于 2005 年 12 月 11 日起，允许外资设立独资公司。中国货代行业将进入一个放开经营、公平竞争的时代。

（国际商报/2005 年/7 月/7 日/第 001 版）

S 本章小结

本章初步介绍了国内外国际货运代理业的发展历史、现状及其发展趋势，国际货运代理人的含义、性质、类型及其作用、业务范围和提供服务的种类，比较了国际货运代理人、无船承运人、第三方物流经营人三者的异同；介绍了我国国际货运代理业的管理模式、特点以及行业分类，国际货运代理相关行业组织及基本职能；并对货运代理从业人员应具备的知识技能和综合业务素质做了相应介绍。为了更好地掌握本章内容,建议自学我国政府关于国际货运代理行业管理的相关法规。

E 练习题

(一)填空

1. 国际货运代理分为________、________和________类型。

2. 我国的货运代理企业还没有向________转型,将影响他们提供深层次的服务。

3.《国际货运代理企业备案(暂行)办法》规定,凡经________依法注册登记的国际货物运输代理企业及其分支机构应向________或________办理备案。

4. 国际货运代理协会的英文缩写为________。

5. 区分国际货运代理人是充当代理人,还是________,首先取决于各国对代理制度的规定。

(二)单项选择

1. 根据《中华人民共和国国际海运条例》的规定,国际货运代理企业经营无船承运业务,应当向(　　)办理提单登记并交纳保证金。

A. 交通主管部门　　B. 商务部
C. 国际货运代理协会联合会　　D. 中国国际货运代理协会

2. 货运代理企业为客户提供的产品是(　　)。

A. 货物运输服务　　B. 货物运输能力
C. 舱位　　D. 货运总量

3. 大中型国际货运代理企业转型方向是(　　)。

A. 第一方物流　　B. 第二方物流　　C. 船代　　D. 第三方物流

4. 一般认为,货运代理是指接受(　　)委托,代表货主办理有关货物交接、包装、报关、检验、仓储、调拨、转运、订舱等有关运输业务的法人或个人。

A. 货主　　B. 船东　　C. 船舶代理人　　D. 海事法院

5. 我国在1984年以前,货运代理业务是由(　　)独家经营的。

A. 中国对外贸易运输总公司　　B. 中远集团
C. 中海集团　　D. 中外运集团

(三)判断题

1. 国际货运代理协会联合会是一个盈利性的国际货运代理行业组织,其宗旨是保障和提高国际货运代理在全球的利益。(　　)

2. 由于货运服务提供者个体的差异,必然导致货运服务质量的差异。(　　)

3. 国际代理人以独立运输经营人或承运人名义签发B/L时是无船承运人。(　　)

4. 目前我国国际货运代理行业的市场准入为工商注册登记制度。(　　)

5. 经营海上国际货物运输代理业务的，注册资本最低限额为 300 万元人民币。如果国际货物运输代理企业要设立分支机构，则每设立一个分支机构，应当增加注册资本 50 万元。(　　)

(四)简答题

1. 国际货运代理人在国际货物运输中发挥着重要作用。请简要回答国际货运代理人对委托人而言发挥着哪些作用。

2. 根据《中华人民共和国国际货物运输代理业管理规定》，简述国际货代企业的经营范围有哪些。

3. 试比较国际货运代理人、无船承运人及第三方物流经营人三者的异同。

4. 简述作为国际货运代理从业人员应具备的业务素质。

【案例分析题】

某货运代理作为进口商的代理人，负责从 A 港接受一批艺术作品，在 100 海里外的 B 港交货。该批作品用于国际展览，要求货运代理在规定的日期之前于 B 港交付全部货物。货运代理在 A 港接收货物后，通过定期货运卡车将大部分货物陆运到 B 港。由于定期货运卡车出现季节性短缺，一小部分货物无法及时运抵。于是货运代理在卡车市场雇佣了一辆货运车，要求其于指定日期之前抵达 B 港。而后，该承载货物的货车连同货物一起下落不明。

试分析：货运车造成的损失，是否应由货运代理负责？

【实训练习题】

1. 实训项目名称：国际货运代理的业务范围及提供服务的种类

2. 实训内容：上网查找中国排名前 10 位的国际货运代理企业

3. 实训目的：熟悉国际货运代理企业的类型、业务范围及提供服务的种类等

4. 实训资料：微机实训室

5. 实训要求：要求学生分成若干小组，每组 4～6 人，以组为单位将查找到的资料内容进行分类整理，形成报告，各小组间进行讨论交流

6. 实训方法：实训室上机操作，讨论交流

7. 课时安排：2 学时

第二章　国际货运代理责任与责任险

能力目标

1. 国际货运代理如何投保责任险；
2. 国际货运代理责任风险的应对防范措施。

知识目标

1. 掌握国际货运代理人的法律地位及责任；
2. 熟悉国际货运代理责任风险的防范措施；
3. 了解国际货运代理责任险的内容及保险方式。

学习要求

结合全国国际货运代理从业资格考试和物流师职业资格考试的要求，重点掌握国际货运代理人的法律地位和责任，国际货运代理责任险的内容，保险的方式及渠道；熟悉国际货运代理责任的风险防范措施。特别是作为将来要从事货代业务的人员来说，通过对国际货运代理责任与风险的学习，能进一步明确自身的责任，增强责任风险防范意识。

关键概念

国际货运代理除外责任　国际货运代理责任险　AGF

第一节　国际货运代理人的法律地位和责任

一、国际货运代理人的法律地位

按一般法律概念去理解国际货运代理人的基本法律性质是较容易的，这一代理关系是由委托人和货运代理人两方组成的，因为代理关系的成立必须由一方提出委托，经另一方接受后才算正式成立，这种关系一经确定后，委托方与货运代理人之间的关系则成为委托与被除数委托的关系，有关双方的责任、义务则应根据双方订立的代理协议或代理合同办理。在办理业务过程中，货运代理人作为委托方的代表对委托方负责，但货运代理人所从事的业务活动仅限于授权范围内。从目前国际货运代理人所承办业务的做法看，对委托方所委托的业务，有的是由货运代理人自己承办，也有的以中间人的身份为委托方与第三方促成交易，事实上，这种货运代理人业已成为经纪人。通常对货运代理人产生的关系有以下三种。

(1)委托方与货运代理人的关系。这种关系由委托协议或合同来确定。

(2)委托方与第三方的关系。此种关系由货运代理人与第三方订立的合同来确定。

(3)货运代理人与第三方的关系。此种关系由货运代理人与第三方订立的合同来确定。

上述第 3 种关系，根据有关法律的习惯做法是，一旦货运代理人与第三方发生关系时，可以不向第三方说明其代表的身份，因此，从第三方面军的角度看，此时的货运代理人的性质和地位有以下三种。

①货运代理人不公开委托人，而以自己的名义与第三方订立合同，此时货运代理人代表的是未公开的委托人。在这种情况下，第三方只能向货运代理人起诉。如证据确凿，并能说明货运代理人所代表的委托人，在这种情况下也可选择向委托人起诉。

②货运代理人说明自己的身份是委托方的代表，而并不说明委托方是谁，在与第三方订立的合同上说明“仅作为代表”的字样。此时，货运代理人代表的是隐名的委托人。在这种情况下，第三方只能向委托方起诉，对货运代理人来说，他不负个人责任，但如货运代理人不愿意公开委托人是谁，则第三方也可先向货运代理人起诉。

③货运代理人既公开他是代表委托人，又说明其委托人是谁，在订立的合同上加注“×××授权”，同时又加注“仅以代表身份”的字样。此时，有关责任纠纷处理可与上述第 2 种情况同样对待。

二、国际货运代理的责任

1. 国际货运代理从事传统业务责任及其责任分类

(1)国际货运代理从事传统业务和责任。

目前，由于各国法律对国际货运代理的相关规定有所不同，导致国际货运代理的责任范围也不相同，一般分为以下三种情况：

①国际货运代理仅对自己的错误和疏忽负责；

②国际货运代理不仅对自己的错误和疏忽负责，还应承担承运人的责任和造成第三人损失的责任；

③国际货运代理的责任取决于合同条款的规定和所选择的运输工具等。

(2)我国国际货运代理从事传统业务的责任分类。

参照国际惯例，并根据我国有关法律法规及其具体实践，我国国际货运代理的责任通常被划分为以下几种：

①纯粹代理身份的责任：国际货运代理经被代理授权，在该授权范围内，以被代理的名义从事代理行为，所产生的法律后果由被代理承担。被代理可直接向负有责任的承运人或其他第三方索赔。如果货运代理在货物文件或数据上出现错误、造成损失，则要承担相应的法律责任。所以，一旦发现文件或数据有误，货运代理应立即通知有关方面，尽可能减少由此造成的损失。

②当事人身份的责任：国际货运代理以自己的名义与第三人签订合同，或者在安排储运时使用自己的仓库或运输工具，或者在安排运输、拼箱、集运时收取差价，往往被认定为当事人并承担当事人的责任。在这种情况下，对托运人来说，国际货运代理被视为承运人，应承担承运人的责任。

③多式联运经营人身份的责任：当国际货运代理负责多式联运并签发提单时，便成了多式联运经营人，被视为法律上的承运人。作为收取全部运费的合同当事人，将承担履行多式联运合同、保证货物抵达目的地的全部责任。他对发货人、收货人承担货损货差的责任，除非他能证明为了避免货损货差或延期交货已经采取了所有适当的措施。

④“混合”身份的责任：货运代理在从事不同的业务以不同身份出现时，其所承担的法律责任是不同的，有时须承担代理的责任，有时视同当事人须承担当事人的责任。

⑤合同责任：国际货运代理是根据客户的指示和为了客户的利益履行货物运输的责任，其本身并不是承运人，对货物的灭失或残损、对第三方造成的直接或间接损失均不承担责任。除非货物在其保管下，由于他的疏忽或过失或其雇员的失职造成的直接损失，其余均不承担责任。国际货运代理对延迟交货及承运人的行为或错误一般也不承担责任，除非在合同条款中有明文规定。

2. 国际货运代理从事第三方物流责任及其责任分类

(1)第三方物流的责任。

第三方物流与传统货运代理的业务有较大区别，它不仅提供仓储和运输服务，同时还提供集运、存货管理、分拨服务、属地交货、分类包装等增值服务，更重要的是按照客户的经营战略策划物流解决方案。国际货运代理在提供第三方物流服务时，所承担的责任与风险无疑是增加了。

(2)第三方物流的责任分类。

一般来讲，货运代理从事第三方物流时，绝大多数都处于当事人的法律地位，仅在极少数情况下处于代理的法律地位。其责任可概括为合同责任、第三者的法律责任及与合同有关的其他责任。

①合同责任。

a. 与客户的合同责任。物流商与客户之间的法律责任主要体现于双方所签订的合同。目前，在这类合同中，物流商所承担的责任有时很大，从接收货物到最终将货物交付给客户，物流商要对全程负责，只要货物发生问题，均由物流商承担赔偿责任。同时，第三方物流对时间和质量的要求极为严格，物流商必须做到在正确的时间将完整无缺的货物以精确的数量送到准确的地点。对此，一般合同中都以明确的条款加以规定。此外，第三方物流服务的协议通常为长期协议，而且定有明确的条款。如果物流商能力有限，切不可轻易承诺，以免承担较大的责任风险。

b. 与分包人的合同责任。在与分包人合作，即物流运作的全过程中，如果客户发生损失，无论是物流商自身的过失还是分包人的过失，都要由物流商承担对外赔偿责任。

c. 与信息系统供应商的合同责任。物流商与信息系统供应商签订合同时，必须明确双方的责任及信息系统供应商在特定情况下承担责任程度，以利于日后纠纷的解决。

②第三者的法律责任。

物流商除基于上述三种合同关系需承担责任外，还基于侵权行为需承担第三者法律责任。例如，物流商用自己的船舶承运客户的货物，一旦发生海事，作为承运人的物流商若无法免责时，不但要承担船舶所载货物之货损货差的赔偿责任，而且如果对第三者造成损害，也需承担相应的法律责任。

③其他责任与风险。

a. 投资的责任风险。第三方物流服务为智能型、管理型产业，现代化程度较高，需要投入巨额资金，例如，组建或改建自动化、功能性的配送中心，建立信息网络的软件配套升级等，均面临着很大的投资风险。如遇到对方提前终止合同或倒闭，将使设备及仓库闲置，造成物流商的巨大损失。因此，决策前应对客户的资信及合作程度心中有数，合同中要订有保护性条款。

b. 方案设计的责任风险。一些物流商或物流咨询公司专门针对客户的原有流程、经营管理及今后的发展规划进行分析研究，提出设计方案，且收费较高。如果日后的实践证明，该方案达不到预期的要求，甚至有严重错误，物流商对其设计的方案承担法律责任。

c. 金融服务的责任风险。目前，物流商提供的金融服务形式多种多样，如以托运人的应收账款冲抵物流费用；将一个长期合同的费用化整为零，多次支付等。这些服务虽然在一定程度上为物流商争取了客户，但同时也使之面临着风险，因为需要此类服务的客户很有可能是金融信誉较低的公司。

d. 特殊商品的责任风险。商品的特性与物流商所承担的责任有着密切的关系，因为商品的特性直接关系到商品的受损几率及随之而来的索赔。此外，物流商提供特殊货物的运输服务，如展览品、演出道具、艺术品或珍藏品等，其责任和风险也相当大。

e. 责任范围加大的责任风险。第三方物流为一站式的全程服务，需要配套操作，强调科学合理的衔接。这样，物流商的责任范围无形中加大了。此外，第三方物流服务对因电脑系统出问题而造成的影响和损失也要负责。

(3)国际货运代理的除外责任。

除外责任又称免责，是指根据国家法律、国际公约、运输合同的有关规定，责任人免于承担责任的理由。

①一般情况下的除外责任。

国际货运代理的除外责任通常规定在国际货运代理标准交易条件或与客户签订的合同中，归纳起来包括：客户的过失或疏忽所致；客户或其代理在搬运、装卸、存储和其他处理中所致；货物包装不良所致；货物的自然特性或固有的缺陷所致；货物的内容申报不详所致；货物的标识不良或地址有误所致；不可抗力所致。

②特殊情况下的除外责任。

客户不得让其国际货运代理对由于下列事实产生的后果负责：

a. 有关货物的描述不正确、不清楚、不全面；

b. 货物包装、刷唛和申报不当；

c. 货物在卡车、车厢、平板车或集装箱的装载不当；

d. 国际货运代理不能合理预见到的货物内在危险。

如果国际货运代理受客户委托须向海运承运人支付与客户货物有关的共同海损分摊或由于上述情况涉及第三人责任，客户应使国际货运代理免除此类索赔和责任。此外，国际货运代理征询有关业务或处理意见时，委托人必须予以答复，并且对要求国际货运代理所做的工作及时给予各种明确的指示，如因指示不及时或不当而造成的损失，国际货运代理不承担任何责任。凡因此项委托引起的一切费用，除另有约定，均应按合同规定及时支付。

第二节　国际货运代理责任风险的防范

防止或减少国际货运代理的责任风险最好办法之一是投保责任险，从而将风险事先进行转移。除此之外，货运代理尚需采取其他的必要措施，以尽量避免损失的发生、降低其责任风险。

一、预防性措施

采取一些预防性措施，可以有效降低风险。例如：加强对人员的培训，使他们熟悉有关国际货运代理的标准交易条件、提单条款及相关行业术语等，并能处理索赔和进行迅速有效的追偿；在使用单证时，确保单证使用正确、规范，字迹清楚；保证在国际货运代理协会标准交易条件下，其经营能够被客户及其分包人所理解和接受；雇佣的分包人、船舶所有人、仓库保管人、公路运输经营人等应为能胜任职务和可靠的，国际货运代理应通知他们投保足够的和全部的责任保险；如果是经营仓储业、汽车运输业，还应做好防止偷窃、失火等安全工作。

二、挽救性措施

挽救性措施分为：

(1)拒绝索赔并通知客户向货物保险人索赔。

(2)在协定期限内通知分包人或对他们采取行动。

(3)在征得保险人同意后，只要可能，与货主谈判，友好地进行和解。

(4)及时向保险人通知对国际货运代理的索赔或可能产生索赔的任何事故。如有可能造成损失时，应及时将每一事故或事件以书面形式通知保险公司，即使当时尚未发生索赔。如国际货运代理发现做了不该做之事，或该做而未做之事时，必须告诉保险公司或向其提供下述资料：

①事故或事件发生的时间与地点；

②有关被保险人的姓名；

③发生或未发生的事情，今后可能提出何种索赔；

④事故或事件可能造成的损失金额；

⑤日后可能会成为索赔人的姓名与地址；

⑥有关交易的文件副本，包括：事故或事件发生前所收到的指示内容，服务条款与条件，及(或)此笔交易中所使用的提单。

(5)及时、适当地通知有关的空运、海运、驳运、陆运承运人，包括其他的货运代理、货物拼装人、报关人及与事故或事件有关的保险公司，并及时提供法律上所要求的事故通知书。

(6)立即将双方有关要求与答复的书面材料的副本抄送保险人，尚需将索赔人提出的口头要求的记录，或双方口头联系的记录，提供给保险人。

(7)必须与保险人及其法律代表协商、调查或诉讼中充分合作，遇到货物灭失或损坏时，与保险人联系检验事宜，向保险人提供单证和资料，收集支持案件的证据。

(8)没有保险人的允许，既不承认责任也不处理索赔。

(9)不得在没有得到保险人特别的书面同意的情况下，予以诉讼时效的延期。

三、补偿性措施

关于补偿性措施，我们这里分析一下国际货运代理如何向保险人进行索赔，其中哪些损失会得到赔偿，哪些损失则无法从保险人处获得赔偿。

1. 承保范围内的责任，从保险公司得到赔偿

(1)承保范围内的责任保险公司予以赔偿。若造成本案错运的责任完全在承保范围之内，则保险公司应给予全额赔偿。

(2)保险公司扣除了免赔额。投保时，保单中一般都会有免赔额条款，如果索赔金额未达到免赔额，则保险公司免赔，即损失会全部由投保人自己承担；如果索赔金额超过免赔额，则保险公司赔偿超过免赔额部分的损失。

(3)货物错运后，被保险人采取的补救措施一定要及时、合理，既不可不采取任何措施，使损失继续扩大，也不可采取不合理措施，使费用增大。被保险人在采取措施之前，最好征得保险公司的意见，尤其是在改变运输方式、加大费用支出的情况下，以免事后向保险公司索赔时产生纠纷或得不到全部赔偿。

2. 货运代理过失，责任保险人给予赔偿

某货运代理作为无船承运人承运一批货物，从新加坡运抵伦敦，并签发了提单，该提单符合信用证的要求。货运代理将实际承运人签发的海运提单交给伦敦代理人，并指示其一定要凭无船承运人的提单换海运提单。但由于该代理人的过失，在未收到无船承运人提单的情况下，就将海运提单交给厂收货人。结果收货人提货后，拒付运费和货款。于是发货人为索赔货物价值同无船承运人起诉，作为无船承运人的货运代理则通知其责任保险人赔偿。

本案无船承运人的伦敦代理人未按其指示行事，如果这一行为确属偶然，即是由“疏忽或过失”所致，则在查清责任之后责任保险人应予受理。即使代理人的行为带有欺诈性质且为故意，只要无船承运人能证明他自己并非为欺诈的一方，责任保险人就应接受该赔偿。

3. 集装箱货物短少，属责任保险赔偿范围

发货人将500包书委托伦敦一经营联运业务的货运代理，货物自伦敦运抵曼谷。该批货物被装入集装箱，且为货运代理自行装箱，然后委托某船公司承运。承运人接管货物后签发了清洁提单。货物运抵目的港曼谷时，铅封完好，但箱内100包书却不见了。发货人向货运代理起诉，诉其短交货物。

从本案的索赔性质分析，应该说属于责任险范围。作为多式联运经营人的货运代理应对货物运输的全程负责，也就是说，自接受委托、从发货人手中接收货物起，直至如数交给收货人的全程负责，更何况货物是由其自行装箱。

四、国际货运代理从事第三方物流责任风险的防范

货运代理在从事第三方物流业务中，除应采取适用于传统货运代理业务的防范措施外，还应增加以下措施：

1. 制定特别法律

尽早制定有关第三方物流的特别法律，将有利于加强该行业的监督管理，有利于明确有关各方的权利义务，使解决纠纷有法可依。

2. 建立行业管理

尽快成立一个物流行业协会来协调和统一物流商的活动，营造一个正常有序的物流市场，使之规范经营、合理竞争，降低物流商的经营风险。

3. 建立评估机构

开拓第三方物流业务应该建立评估机构，并作出客观公正的“风险评估报告”，同时建立起风险预警机制。

4. 制定管理程序

根据实际情况制定一套风险管理程序，并严格按照这个程序进行操作。同时，不断地进行风险管理的培训，增强大家的风险意识，尤其是各级领导的风险管理观念与知识，以克服风险管理的短期行为，实现风险管理的标准化、程序化、规范化。此外，风险管理还需发挥团队精神，只有这样才能从根本上提高企业抵抗风险的能力。

5. 采取必要的防范措施

(1)防范措施要从源头抓起。

一定要与资信好、业务操作规范的客户进行合作，这是物流业风险防范的起点。选择这样的客户，即使出现问题，也能较快、较好地协商解决。

(2)签订合同须注意的问题。

①不误导客户：物流商不要为了争取客户而使其产生误解，认为物流商就是“灵丹妙药”，因为没有一个物流方案能够解决企业的所有问题。

②避免操之过急：许多企业在尚未做好准备的情况下，就去寻求物流商的帮助，并对物流商寄予过高的期望而匆忙签约，这样做的结果往往是忙中出错。

③所签合同要合理：所签合同要考虑双方的利益，达到双赢的目标。

④所签合同要完善：签订合同要考虑周全，尤其在签约时，一定要确定合同的执行标准和衡量标准。

⑤合同要具有可行性：签约前，应分析企业生产、管理中的特殊性、特殊要求及特别需要注意的问题，对经过努力仍无法做到的方面，不要轻易承诺。

⑥条款具有可塑性：物流商应将合同定为中间性的、可改进的方案，而非最终方案，以便今后调整改进。合同中应加列免责条款和责任限额的条款，使提供的服务与所得成正比。

⑦服务范围要明确：明确服务的具体内容、服务程度及服务期限、相关货物的物理特征，以及信息流和物流过程中的每一个细节等。

⑧服务具有经济性：通过物流商的服务，使客户降低成本，提高经济效益和市场竞争力。

(3)投保责任险进入市场理赔。

从事第三方物流的物流商应慎重考虑投保自己的责任险，将其责任风险事先予以转移才是上策。值得注意的是，适用的法律越少，物流商在合同中规定的免责条款越少，赔偿责任限额越小，保费越高；而物流商集团集中投保，营业额越高，保费越低。保费高低还受公司资信情况、人员素质、管理水平、运输方式等因素的影响。

(4)成立应急中心处理突发事件。

在加强风险的预防和控制的基础上，成立处理“突发事件”的应急中心，建立起风险发生的应急管理机制。

(5)高度重视商品的特殊性。

对于特殊商品，如贵重物品及危险品或客户要求苛刻(如在运送时间方面要求严格)的物品等，要给予高度重视；当信息系统发生故障，对于特殊商品更要有一套应急机制与处理办法。

(6)风险发生后要尽快采取有效补救措施。

风险发生后，应尽早向上级报告，防止损失的扩大。

第三节　国际货运代理责任险

国际货运代理的责任保险，通常是为了弥补国际货物运输方面所带来的风险。这种风险不仅来源于运输本身，而且来源于完成运输的许多环节当中，如运输合同、仓储合同、保险合同的签订、操作、报关、管货、向承运人索赔和保留索赔权的合理程序、签发单证、付款手续等。上述这些经营项目一般都是由国际货运代理来履行的。一个错误的指示、一个错误的地址，往往都会给国际货运代理带来非常严重的后果和巨大的经济损失。因此，国际货运代理有必要投保自己的责任险。另外，当国际货运代理以承运人身份出现时，不仅有权要求合理的责任限制，而且其经营风险还可通过投保责任险而获得赔偿。

一、国际货运代理责任险的产生

国际货运代理所承担的责任风险主要产生于以下三种情况：

(1)国际货运代理本身的过失。国际货运代理未能履行代理义务，或在使用自有运输工具进行运输出现事故的情况下，无权向任何人追索。

(2)分包人的过失。在“背对背”签约的情况下，责任的产生往往是由于分包人的行为或遗漏，而国际货运代理没有任何过错。此时，从理论上讲，国际货运代理有充分的追索权，但复杂的实际情况却使其无法全部甚至部分地从责任人处得到补偿，如海运(或陆运)承运人破产等。

(3)保险责任不合理。在“不同情况的保险”责任下，单证不是“背对背”的，而是规定了不同的责任限制，从而使分包人责任小于国际货运代理或免责。

上述三种情况所涉及的风险，国际货运代理都可以通过投保责任险，从不同的渠道得到保险的赔偿。

二、国际货运代理责任险的内容

国际货运代理投保责任险的内容，取决于因其过失或疏忽所导致的风险损失。

1. 错误与遗漏

虽有货主指示但未能投保或投保类别有误；迟延报关或报关单内容缮制有误；发运到错误的目的地；选择运输工具有误；选择承运人有误；再次出口未输退还关税和其他税务的必要手续；保留向船方、港方、国内储运部门、承运单位及有关部门追偿权的遗漏；不顾保单有关说明而产生的遗漏；所交货物违反保单说明等。

2. 仓库保管中的疏忽

在港门或外地中转库(包括货运代理自己拥有的仓库或租用、委托暂存其他单位的仓库、场地)监卸、监装和储存保管工作中代运的疏忽过失。

3. 货损货差责任不清

在与港门储运部门或内地收货单位各方接交货物时，数量短少、残损责任不清，最后由国际货运代理承担的责任。

4. 迟延或未授权发货

部分货物未发运；港口提货不及时；未及时通知收货人提货；违反指示交货或未经授权发货；交货但未收取货款(以交货付款条件成交时)。

5. 货物的损坏及灭失

当国际货运代理从事第三方物流时，在享受责任限制的情况下，对存放货物的短少及灭失均予以承保。若其不享受责任限制，则不享受部分不予承保，或需额外支付保费方予以承保。

6. 错误与疏忽的责任

物流商由于需要处理大量的资讯及文件，故对员工的专业能力要求非常高，一旦在这一过程中有疏忽遗漏，就可能会对物流商重大损失。保险人对物流商因其员工过错造成的损失和承担的责任予以承保。

7. 罚款与关税

物流商在货物通关过程中报关失误、违反出口条例等所产生的罚款，保险人可予以承保。甚至由于疏忽、违反反恐条例而遭受的政府罚款，保险人亦可予以承保。

8. 律师与检验费

由于上述险种所产生的律师费用和检验费用等均可由保险人承保。

9. 物流合同

对于物流商的风险承保，最主要仍为对物流合同的特殊批准及承保。值得一提的是，现实中很多物流合同均会有一些非常苛刻的条款(如保证在特定时间到达指定地点的规定及违约责任)，这些条款往往都是保险人所不能承保的。

三、国际货运代理责任险的除外责任

除外责任适用于各种保险，包括在责任险的保单中。除外的条款和限制通常有以下几种：

(1)承保期间以外发生的风险或事故；

(2)索赔时间超过承保条例或法律规定的时效；

(3)保险合同或保险人条例中所规定的除外条款及不在承保范围内的国际货运代理的损失等；

(4)违法行为造成的后果；

(5)蓄意或故意行为，如倒签提单、预借提单引起的损失；

(6)战争、外敌入侵、敌对行为(不论是否宣战)、内战、反叛、革命、起义、军事或武装侵占、罢工、停业、暴动、骚乱、戒严和没收、充公、征购等的任何后果，以及为执行任何政府、公众或地方权威的指令而造成的任何损失或损害；

(7)任何由核燃料或核燃料爆炸及核废料产生的离子辐射或放射性污染所导致、引起或可归咎于此的任何财产灭失、摧毁、毁坏或损失及费用，不论直接或间接，还是作为其后果损失；

(8)超出保险合同关于赔偿限额规定的部分；

(9)事先未征求保险人的意见，擅自赔付对方，则可能从保险人处得不到赔偿或得不到全部赔偿。

四、国际货运代理责任保险的方式

国际货运代理投保责任险时，主要有以下四种方式供选择，即有限责任保险、完全法律责任保险、最高责任保险、集体保险制度。国际货运代理根据自己的情况，选择适合自己的方式进行投保。

1. 国际货运代理的有限责任保险

国际货运代理仅按其本身规定的责任范围对其有限责任投保，国际货运代理的有限责任保险主要分以下三种类型：

(1)根据国际货运代理协会标准交易条件确定的国际货运代理责任范围，国际货运代理可选择只对其有限责任投保。

(2)国际货运代理也可接受保险公司的免赔额，这将意味着免赔额部分的损失须由国际货运代理承担。保单中订立免赔额条款的目的：一方面，使投保人在增强责任心、减少事故发生的同时，从中享受到缴纳较低保险费的好处；另一方面，保险人可避免处理大量的小额赔款案件，节省双方的保险理赔费用，这对双方均有益。免赔部分越大，保险险费越低，但对投保人来说却存在下述风险，即对低于免赔额的索赔，均由国际货运代理支付，这样当他面对多起小额索赔时，就会承担总额非常大的损失，而且有可能根本无法从保险人处得到赔偿。

(3)国际货运代理还可通过缩小保险范围来降低其保险费，只要过去的理赔处理经验证明这是合理的。但意料之外的、超出范围的大额索赔可能会使其蒙受巨大损失。

2. 国际货运代理的完全法律责任保险

国际货运代理按其所从事的业务范围、应承担的法律责任进行投保。根据国际货运代理协会标准交易条件确定的国际货运代理责任范围，国际货运代理可以选择有限责任投保，也可以选择完全责任投保，但有的国家法院对国际货运代理协会标准交易条件中有关责任的规定不予认定。所以，国际货运代理进行完全法律责任保险是十分必要的。

3. 国际货运代理的最高责任保险

在某些欧洲国家，一种被称为 SVS 和 AREX 的特种国际货运代理责任保险体制被广泛采用。在这种体制下，对于超过确定范围以外的责任，国际货运代理必须为客户提供“最高”保险，即向货物保险人支付一笔额外的保险费用。这种体制尽管对国际货运代理及客户都有利，但目前仅在欧洲流行。

4. 国际货运代理的集体保险制度

在某些国家，国际货运代理协会设立了集体保险制度，向其会员组织提供责任保险。其优点是使该协会能够代表其成员协商而得到一个有利的保险费率，并使该协会避免要求其成员进行一个标准的、最小限度的保险，并依此标准进行规范的文档记录。这种制度的缺点是一旦推行一个标准的保险费率，就等于高效率的国际货运代理对其低效率的同行进行补贴，从而影响其改进风险管理、索赔控制的积极性；同时使其成员失去协会的内部信息，而该信息可能为竞争者所利用。所以，这种集体保险制度既有利也有弊。

五、国际货运代理投保责任险的主要渠道

(1)所有西方国家和某些东方国家的商业保险公司，可以办理国际货运代理责任险。

(2)伦敦的劳埃德保险公司,通过辛迪加体制,每个公司均承担一个分保险,虽然该公司相当专业但市场仍分为海事与非海事,并且只能通过其保险经纪人获得保险。

(3)互保协会也可以投保责任险。这是一个具有共同利益的运输经纪人,为满足其特殊需要而组成的集体性机构。还可以通过保险经纪人(其自身并不能提供保险),可为国际货运代理选择可承保责任险的保险公司,并能代表国际货运代理与保险人进行谈判,还可提供损失预防、风险管理、索赔程度等方面的咨询,并根据国际货运代理协会标准交易条件来解决国际货运代理的经济、货运、保险及法律等问题。

【小知识 2-1】 世界上最大的运输保险人——AGF

AGF-CAMAT(简利;AGF)创立于1811年,其注册资本约5000万美元,财政稳健,被标准普尔评为“AAA级”。他是世界上最大的运输保险人,其承保业务的市场占有率为:货物险5%,责任险6%,船壳险6%,航空险11%。

随着运输险与责任险两种投保业务量的日益增长,市场对专门提供这方面保险的需求越来越大,该公司为适应市场发展,于1994年成立了专门承保运输险及责任险的专业保险公司,负责货物和集装箱运输行业及其责任的承保业务。1998年,该公司又与Allianz合并,成为欧洲最大的保险公司,亦是全世界非人寿险生意最大的保险公司,其保险金额超过10亿美元,营运于59个国家。AGF还加入了“CESAM”,这是一家法国保险人的中央索赔局,其经营形式非常类似劳埃德代理的全球网络,已在200多个国家设立了代表处。AGF所属的运输及责任险有限公司也有自己的网络,并在150多个国家设立了代表处。

该公司提供的AGF多式保险保单的特点是:该保单由保单细表、附表及总保单两部分组成配套使用的多式保单。其附表为运输服务行业附表、集装箱/拖车附表、港口及码头经营人责任附表、第二人责任附表、船舶代理附表、租船人责任附表和运费及抗辩费用附表等7个。

S 本章小结

本章首先介绍了国际货运代理人的法律地位及责任;然后介绍了国际货运代理责任风险的防范措施;最后介绍了国际货运代理责任险的产生原因、责任险的内涵、保险的方式和保险的渠道。

E 练习题

(一)单选题

1. 国际货运代理的责任,主要是指当国际货运代理作为(　　)和当事人两种情况时的责任。

A. 代理人　　B. 本人　　C. 被代理人　　D. 第三人

2. 有关国际货运代理的(　　)、责任限制及除外责任等内容是非常具体的，他们通常体现在有关的国际公约、标准交易条件(由各国货运代理协会制定)或合同条款之中。

A. 权利　　B. 义务　　C. 风险　　D. 责任

3. 作为代理负责为发货人或货主订舱、保管和安排货物运输、包装、保险等，并代他们支付运费、保险费、包装费、(　　)等。

A. 关税　　B. 海关税　　C. 消费税　　D. 增值税

4. 国际货运代理还应对其经营过程中造成(　　)的财产灭失或损坏或人身伤亡承担责任。

A. 第三人　　B. 本人　　C. 代理人　　D. 当事人

(二)多选题

1. 国际货运代理责任风险的防范措施有(　　)。

A. 预防性措施　　B. 防范性措施

C. 挽救性措施　　D. 回避性措施

2. 国际货运代理所承担的责任风险主要产生于以下三种情况(　　)。

A. 国际货运代理本身的过失　　B. 分包人的过失

C. 合同方面的问题　　D. 保险责任不合理

3. 国际货运代理责任保险的方式有(　　)。

A. 国际货运代理的集体保险制度

B. 国际货运代理的完全法律责任保险

C. 国际货运代理的有限责任保险

D. 国际货运代理的最高责任保险

4. 我国国际货运代理责任的分类包括(　　)。

A. 国际货运代理作为纯粹代理人的责任

B. 国际货运代理作为当事人的责任

C. 国际货运代理人作为多式联运经营人的责任

D. 合同责任

(三)判断题

1. 国际货运代理的责任，是指国际货运代理作为代理人时的责任。(　　)

2. 如果国际货运代理人作为当事人，他与客户接洽的是服务的价格，而不是收取代理手续费。(　　)

3. 国际货运代理的最高责任保险，这种体制尽管对国际货运代理及客户都有利，但目前仅在美国流行。(　　)

(四)简答题

1. 简述国际货运代理人的责任。

2. 简述国际货运代理责任风险的防范措施。

3. 简述国际货运代理责任保险的方式。

【案例分析题】

2003 年 10 月，某货运代理在码头误将一个编号为 CRXU2074783 的 20 英尺集装箱交给某拖车公司运往大陆，并于次日通过海关到达收货人厂房，拆箱后发现不符。经向口岸海关解释并提供有关证据，办理出关手续，将货拖回香港。然后，把真正属于大陆收货人的编号为 YTLU2974783 的 20 英尺集装箱发运给收货人。两个集装箱对调所产生的额外费用为 5 万元人民币。货运代理与拖车公司协商解决，各自承担一半，即 2.5 万元人民币的损失。货运代理赔付后，依据责任险保单条款向保险公司提出索赔。

试分析：本案中造成事故的责任方是谁？货运代理是否可以向保险公司提出索赔？为什么？

【实训练习题】

1. 实训项目名称：保险流程操作及保险单据填写

2. 实训内容：保险操作业务流程及保险单证的填制方法

3. 实训目的：学生利用保险系统可以熟悉保险操作的基本流程及保险单据的填写等

4. 实训资料：提供保险系统软件

5. 实训步骤：保险委托管理：录入保险委托，包括投保单、委托基本信息、货物信息和附加信息等；随附单据管理：管理保险所使用的各种证件；保险单证管理：系统根据保险委托的内容，自动生成投保单和保险单；业务量统计：按照一定条件统计保险业务量；运保费费用管理：录入运保费费用明细；运保费销账管理：对录入的费用进行销账处理；运保费统计：按照一定条件统计运保费结算情况

6. 实训方法：上机模拟操作

7. 课时安排：2～4 学时

第三章 对外贸易基础知识

能力目标

1. 掌握信用证、托收和汇付的支付方式及业务流程；
2. 掌握国际贸易合同缮制的基本技能；
3. 掌握商品检验和通关的内容及基本程序。

知识目标

1. 掌握国际贸易术语的基本知识、了解进出口程序；
2. 熟悉商品合同条款的基本内容和商品检验内容和程序；
3. 重点掌握货物运输保险和国际结算工具和支付方式及海关监管与通关的程序。

学习要求

结合全国国际货运代理从业资格考试和物流师职业资格考试的要求，重点掌握6种常用的国际贸易术语，了解进出口贸易运作程序；熟悉商品的品名、数量、包装条款，商品价格条款、价格佣金与折扣；掌握进出口商品检验的规定、内容及检验程序；重点掌握信用证、托收、汇付的特点、支付方式、国际惯例及业务流程；重点掌握国际货物运输保险的种类和保险的条款险别，海关监管、报关制度及通关的程序。

关键概念

国际贸易术语　FOB　CFR　CIF　共同海损　单独海损　水渍险　托收

第一节　贸易术语与进出口程序

一、国际贸易术语

1. 国际贸易术语的概念

国际贸易术语，又叫“价格术语”、“交货条件”，是在国际贸易实践中逐渐形成的用以确定买卖所标的物的价格、买卖双方各自承担的费用、风险、责任范围的划分，而以英文缩写表示的专门术语。

贸易术语的主要作用在于简化当事人的贸易谈判缔约过程，确定买卖双方当事人权利义务。在实际贸易中，使用价格条款，可以简化交易洽谈内容，提供交易便利，缩短成交过程，节约业务费用。

2. 贸易术语的国际惯例

国际贸易惯例主要有国际商会编纂的《国际贸易术语解释通则》、国际法学协会制定的《1932 年华沙—牛津规则》，以及美国一些商业团体制定的《1941 年美国对外贸易定义修订本》。其中，国际商会于 1999 年修订的《2000 年国际贸易术语解释通则》(International Rule for the Interpretation of Trade Terms)，简称《2000 通则》，是当今世界各国应用最广、影响范围最大的一个。

3.《2000 年国际贸易术语解释通则》的具体内容

《2000 年国际贸易术语解释通则》共有 13 个贸易术语，依次分为 E、F、C、D 四组，主要涉及货物的运输、风险划分、投保义务、交货地点、出口进口结关手续及费用负担、装卸货义务及适用的运输方式等内容。

《2000 年国际贸易术语解释通则》基本内容。

①E 组，专指 EXW(Ex Works，—Named Place)，是指工厂交货(指定地点)。卖方在其所在地或其他指定地点(工厂、工场或仓库等)将货物交付买方处置时，即完成交货。除销售合同另有规定外，卖方不办理出口清关手续或将货物装上任何运输工具，买方必须承担在卖方所在地受领货物之后包括运费、出口关税等在内的全部费用和风险。

②F 组，包括 FCA、FAS、FOB 三个价格术语。

FCA(Free Carrier，—Named Place)，是指货交承运人(指定地点)，即卖方只要将货物在指定的地点交给由买方指定的承运人，并办理了出口清关手续，即完成交货。该术语可用于包括多式联运的各种运输方式。这里“承运人”，是指任何人在运输合同中，承诺通过铁路、公路、空运、海运、内河运输或上述运输的联合方式履行运输或由他人履行运输。术语解释指出，若买方指定承运人以外的人领取货物，则当卖方将货物交给此人时，即视为已履行了交货义务。买方承担交货时起与货物有关的费用、货物从他国过境的费用、进口关税与海关手续费及其风险，卖方负责交货时只与货物有关的费用、货物出口关税和海关手续费及其风险。这术语对1990年版本作了修改。

FAS(Free Alongside Ship,—Named Port of Shipment)，是指船边交货(指定装运港)，即卖方在指定的装运港将货物交到船边，即完成交货。买方必须承担自交货时起货物灭失或损坏的一切风险。术语要求卖方办理出口清关手续，但销售合同明确由买方办理则除外。

FOB(Free on Board,—Named Port of Shipment)，是指船上交货(指定装运港)，即当货物在指定的装运港越过船舷，卖方完成交货。术语要求卖方办理货物出口清关手续。买方承担货物越过船舷之时起与货物有关的费用、进口关税及办理海关手续费及其风险；卖方承担直至货物越过船舷为止与货物有关的费用及其风险。术语仅适用于海运或内河运输，在集装箱货运贸易中无实际意义。

③C组，包括CFR、CIF、CIP、CPT四个贸易价格术语。

CFR(Cost and Freight,—Named Port of Destination)，是指成本加运费(指定目的港)，即在装运港货物越过船舷卖方即完成交货，卖方必须支付将货物运至指定目的港所需的运费和费用。但交货后货物灭失或损坏的风险，以及由于各种事件造成的任何额外费用，立即由卖方转移到买方。术语要求卖方办理出口清关手续。卖方还负责货物交付为止、装船，及运输合同规定运费和其他费用、出口关税与海关手续费及其风险。买方还负责货物在运输途中直至到达目的港为止的费用，包括驳运费和码头费在内的卸货费、进口关税及海关手续费及其风险，除运输合同另有规定外，术语仅适用于海运或内河运输。

CIF(Cost、Insurance and Freight,—Named Port of Destination)，是指成本保险费加运费(指定目的港)，即在装运港当货物越过船舷时卖方即完成交货。卖方必须支付将货物运至指定目的港所需的运费和费用，但交货后货物灭失或损坏的风险及由于各种事件造成的任何额外费用即由卖方转移到买方。CIF条件下，卖方须办理货物出口清关手续、货物的海运保险并支付保险费，但只投保最低限度的保险险别，除非合同另有规定。卖方还须支付交货为止与货物有关的费用、装船费、出口关税及海关手续费等合同规定费用及风险。买方还须支付交货时起至目的港为止费用，驳运费和码头费在内的卸货费、进口税款及海关手续费及其风险，除合同另有规定外，术语适用于海运和内河运输。

CPT(Carriage Paid to,—Named Place of Destination)，是指运费付至指定目的地，即卖方向其指定的承运人交货，但卖方还须支付将货物运至目的地的运费。买方承担交货之后风险和其他风险。术语要求卖方办理出口清关手续。卖方还须支付交货时与货物有关的费用，合同规定的装货费和目的港的卸货费、出口关税与海关手续费及从他国过境的费用；买方还须支付交货之时起与货物有关费用、运输途中及至目的地为止的费用、进口关税与海关手续费等合同规定费用。术语中的承运人，是指任何人在运输合同中承诺通过铁路、公路、空运、海运、内河运输或多式联运或由他人履行运输。在联运条件下，风险自货物交给第一承运人时转移。术语适用于包括多式联运的各种运输方式。

CIP(Carriage and Insurance Paid to,—Named Place of Destination)，是运费和保险费付至指定目的地，即卖方向其指定的承运人交货，但卖方须支付将货物至目的地的运费，买方承担卖方交货之后的风险和额外费用。卖方办理出口清关手续，办理货物海运保险并支付保险费，但只投保最低限度的保险险别，除非合同另有规定。卖方还须支付交货为止包括装船费的费用，出口关税与海关手续费及合同规定在目的地的卸货费等；买方须支付交货之时与货物有关的费用、运输途中及直至约定目的地为止的费用、进口关税与海关手续费，以及合同规定的其他费用。这里，承运人与适用范围同 CPT 术语。

④D 组，包括 DAF、DES、DEQ、DDU、DDP 五个价格术语。

DAF(Delivered at Frontier,—Named Place)，是指边境交货(指定地点)，即当卖方在边境的指定地点和具体交货点，在毗邻国家海关边界前，将仍处于交货的运输工具上尚未卸下的货物交给买方处置，办妥货物出口清关手续但尚未办理进口清关手续时，即完成交货。这里，"边境"指任何边境，包括出口国边境。术语适用于陆地边界交货物有关的费用、出口关税与海关手续费、从他国过境的费用及其风险；买方承担交货时起，包括交货地点卸货费、进口关税与海关手续费等合同规定的费用及其风险。

DES(Delivered Ex Ship,—Named Port of Destination)，是指目的港船上交货(指定目的港)，即在指定的目的港，货物在船上交给买方处置，但不办理货物进口清关手续，卖方即完成交货。卖方须承担货物运至指定的目的港卸货前的风险和费用，以及出口关税与海关手续费等规定费用及其风险；买方承担交货之时起包括目的港卸货费等与货物有关的费用、进口关税与海关手续费及其风险。术语适用于经由海运或内河运输或多式联运在目的港船上交付的货物。

DEQ(Delivered Ex Quay,—Named Port of Destination)，是指目的港码头交货(指定目的港)，即卖方在指定的目的港码头将货物交给买方处置，不办理进口清关手续，即完成交货。卖方须承担在目的港码头交货之前与货物有关的费用，出口关税与海关手续费及其风险；买方须承担在目的港包括搬运和继续运输或人仓或中转站等与货物有关的费用及其风险。术语要求买方办理进口清关手续并支付关税和海关手续费等，若由卖方负担全部或部分进口时需交纳的费用，应在合同中明确。1990 年版本要求卖方办理进口清关手续。术语适用于经由海运、内河运输或多式联运且在目的港码头卸货的运输。

DDU(Delivered Duty Unpaid,—Named Place of Destination)，是指未完税交货

(指定目的地),即卖方在指定的目的地将货物交给买方,不办理进口手续,也不从交货的运输工具上将货物卸下,即完成交货。卖方应承担货物运至指定的目的地的费用与风险,但不包括在目的地国进口应交纳的任何"税费"及责任,还须承担交货之前与货物有关的费用,出口关税与海关手续费及其风险;买方须承担目的地国进口关税与清关手续费及其风险,以及交货时起与货物有关的费用及风险。术语适用于各种运输方式。

DDP(Delivered Duty Paid,—Named Place of Destination),是指完税后交货(指定目的地)即卖方在指定的目的地,办理完进口清关手续,将在交货运输工具上尚未卸下的货物交与买方,完成交货。卖方须承担将货物运至目的地的风险和费用,包括货物出口和目的地进口的关税与海关手续费及其风险;买方须承担交货时起与货物有关一切费用及其风险。若货物进口应支付的一些费用从卖方义务中排除,须在合同中明确。卖方若不能直接或间接地取得进口许可证,不宜使用此术语。术语可用于所有运输方式。

以上13种贸易术语分组对比如表3-1所示。

【小思考3-1】

就卖方承担的费用而言,下列各项中正确的是(　　)。

A. FOB>CFR>CIF　　B. FOB>CIF>CFR

C. CIF>CFR>FOB　　D. CIF>FOB>CFR

答案:C

13种贸易术语分组对比表　　表3-1

分组	贸易术语	交货地点与风险界限	进、出口报关的责任和费用	运输与保险的责任和费用
E组 起运术语	EXW	出口国工厂交货 (并转移风险)	买方负责进、出口报关	运输、保险由买方负责
F组 主运费未付术语	FOB FAS FCA	出口国交货 (并转移风险)	卖方出口报关 买方进口报关	运输、保险由买方负责
C组 主运费已付术语	CFR CIF CPT CIP	出口国交货 (并转移风险)	卖方出口报关 买方进口报关	运输均由卖方负责 CFR、CPT保险买方负责 CIF、CIP保险卖方负责
D组 到达术语	DAF DES DEQ DDU DDP	进口国交货 (并转移风险)	DDP由卖方负责进、出口报关 其余 卖方出口报关 买方进口报关	运输、保险由卖方负责

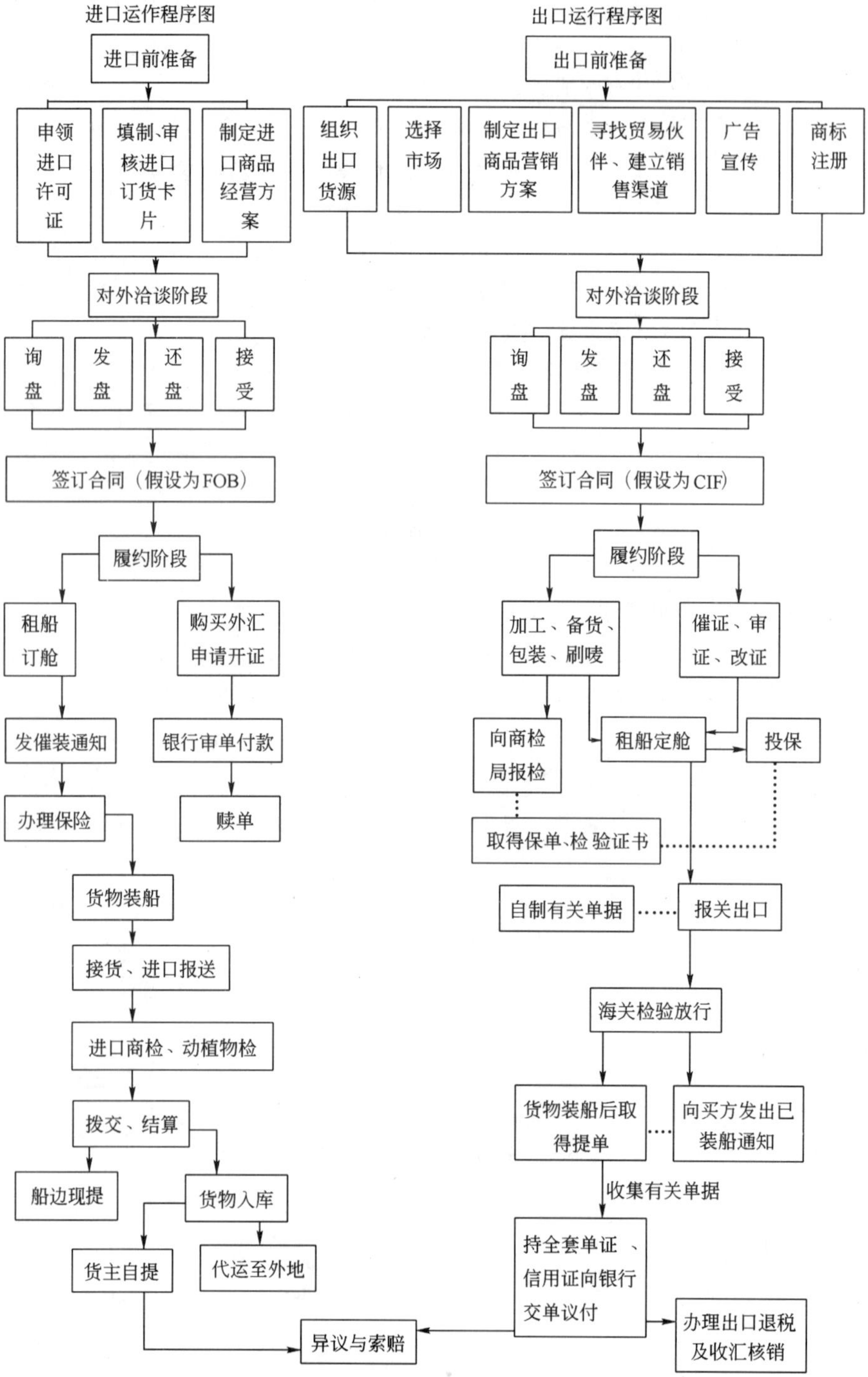

图 3-1　进出口贸易交易程序

二、进出口交易的过程

国际贸易与国内贸易不同，贸易双方相距遥远，双方从磋商到成交、从装运交货到货款支付，在整个贸易过程中包含许多业务环节，要办理各种手续，要与银行海关、运输、保险和检验检疫等部门进行密切配合。在实际业务中，不同的交易有不同的交易条件，其业务环节也不尽相同。在具体工作方面，各个环节又常需要先后交叉进行，或齐头并进。

国际贸易按照商品输入和输出的方向不同分为进口和出口。国际贸易活动总体来说分为四个环节：交易前的准备、交易磋商、合同的签订及合同的履行。如图 3-1 所示为进出口贸易的交易程序。

第二节　进出口商品检验

一、商品检验的意义

国际贸易中，货物检验(Inspection of the Goods)，是指按照合同或有关国家法律规定，对卖方交付的货物按照规定程序进行包装、数量、品质等方面的清点、查验、分析和公证鉴定，并出具相应公证证明，作为交易双方交接货物、支付货款和处理索赔的依据。有时因装载、运输过程中发生的货物残损、短缺，或在处理转运、拆装、分拨时，为清楚货物是否与货运单证所显示的内容相一致，也需要进行检验。进口货品检验，还包括根据进口国法律或行政法规对某些货物进行包括卫生、安全等方面的检验和动植物、病虫害方面的查验。总之，货物检验是对外贸易业务中不可缺少的环节，也是货运代理委托业务的一项基本工作，货运代理人必须了解进出口货物检验的规定、要求、程序与方法，以做好各项代理工作。

二、我国商品检验机构及其主要任务

我国主管质量监督和检验检疫工作的最高行政执法机构是国家质量监督检验检疫总局，简称国家质检总局。其包括以下主要任务：

(1)法定检验。即专业商检机构根据国家法令法规，对进出口货物执行强制性检验或检疫。

(2)监督管理。即商检机构通过行政管理手段对有关部门及认可的检验人员的检验工作进行监督检查，并对其检验的进出口商品实施抽查。

(3)进出口商品鉴定。即鉴定业务是根据对外贸易关系人的申请、外国检验机构的委托或国内外有关单位的委托，对进出口商品进行鉴定，签发鉴定证书。鉴定业务不同于法定检验，不具有强制性。

三、出口货物检验的时间和地点

贸易合同中的检验条款，根据货物交易、运输过程及流转的特点，对检验权、检验或复检的时间、地点，检验机构与证书、检验方法与内容等作了具体规定。对那些重要的货品，如大型和成套设备等，合同中通常还规定，在装运前买方有权派人员自行或委托检验机构或公证行进行预检验、监造或监装等。其中，检验时间与地点，因关系到货物买卖双方的权利与义务、由谁提供检验证书等问题，买卖双方都十分重视。目前，国际上有关进出口货物的检验时间与地点有以下三种做法：

(1)在出口国装运港于装船前对货物离岸品质、数量(重量)进行检验，检验机构经双方约定，并以出具的检验证书作为交货品质、数量(重量)的最后依据。

(2)在进口国目的港(地)卸货后对货物到岸品质、数量(重量)进行检验，检验机构经双方约定，并以出具检验证书作为交货品质、数量(重量)的最后依据。

(3)出口国装运港检验、进口国目的港(地)复检。即出口商(卖方)可以装运地检验机构出具的检验证书作为议付货款的依据。货到目的地后，进口商(买方)对货物享有复检权。买卖双方可以在合同中规定两地检验结果可能出现差异及其争执的解决办法。例如，差异在一定范围内，以装运地检验为准；超出一定范围，由双方协商解决；双方若不能自行解决，可提交第三国检验机构进行仲裁检验。这种做法在国际贸易中普遍使用。

四、货物检验的内容

关于进出口货物的检验内容，主要有品质检验与重量(或数量)检验。品质检验，即据货物不同特性，主要对货品有效成分含量和有害物质限量等的内在质量、色泽、触感、表面处理与加工及缺陷限制等的外观质量，以及物理、化学、机械和使用等性能、外形、包装、尺寸、花色、式样、规格，包括集装箱、件杂货、裸装等各种类型包装的查验与检测。对于如药物、食品等饮食类货物，以及农业、林业、畜牧业、渔业等相关货物的检验，一般由专业部门按国家规定进行查验、检疫与鉴定。重量检验，主要用于大宗干散货、液体散装货物和集装箱及其他普通货物，检验采用的方法有：船舶水尺测量法，容量测量法和流量测量法，衡器测量法等。此外，点数方法主要用于件杂货的数量检验。

五、检验证书

货物检验后，以检验机构出具的检验报告、鉴定报告或检验证书，以表明该货物已经检验机构查点、检验与分析。经检验机构签署的记载检验结果的报告或证书是货物检验的证明文书。业务对象、内容与性质不同，形成的检验报告、证书也不同。该证书的主要作用是：证明货物出口、进口及交接当时的状况，判定进出口货物的品质、数量、包装等是否符合合同的规定。同时，可作为银行议付单证，以及责任追究和索赔的依据。

常见的商检证书有：

(1)品质检验证书。它证明进出口商品的品质、规格、等级等。

(2)重量检验证书。它证明进出口商品的重量。

(3)数量检验证书。它证明进出口商品的数量。

(4)兽医检验证书。它证明进出口动物产品在出口前经过兽医检验，符合检疫要求。

(5)卫生(健康)检验证书。它证明出口供食用的动物产品、食品未受传染、疫病感染，可供食用。

(6)消毒检验证书。它证明出口动物产品已经过消毒。

(7)产地检验证书。证明某些商品的原产地。

(8)价值检验证书。证明商品价值或发票所载商品价值是真实的、正确的。

(9)验残检验证书。证明商品残损情况、残损程度、残损原因，供索赔、理赔之用。

(10)普惠制原产地证书(G. S. P. FormA)。它是申请普惠制时必须填写的，并由商检局签发的一种特殊证书。

除上述证书外，商检机构还可根据申请人的委托申请出具其他检验鉴定证书，如熏蒸证书、验舱证书、货载衡量证书、积载鉴定证书等。

六、进出口商品检验的程序

1. 报验

报验是指出口商品的生产、经营部门、货运代理或进口商品的收货、用货部门或货运代理向商检机构申请检验。它分以下几种情况：

(1)出口检验申请。

凡属法定检验的出口商品，应由发货人(或货代)填写“出口检验申请单”。每份“出口检验申请单”仅限填报一个合同、一份信用证的商品，对同一合同、同一信用证，但标记号码不同者，应分别填写。报检一般在货物发运前7～10天，鲜货则应在发运前3～10天提出。如申请单位不在商检部门所在地，应在发运前的10～15天报检。

(2)进口检验申请。

凡属法定检验的进口商品，收货人(或货代)必须持“进口到货通知单”先向卸货口岸或到达站的商检机构办理登记，由商检机构在进口报关单上加盖“已接受登记”的印章，海关凭报关单上加盖的印章验放。而后，收货人(或货代)必须在规定的检验地点和规定的期限内(一般在货物到达报验地点3天内，最晚不得少于对外索赔有效时间的1/3)，填写“进口检验申请单”办理报检。报检后，如果发现申请单填写有误或客户修改信用证使货物数量、规格有变动时，可提出更改申请，填写“更改申请书”，并填写更改事项和原因。

(3)预先检验申请。

凡经常出口的商品，在尚未对外成交或虽已成交而国外的信用证未开到的情况下，申请人可填写“出口商品预验申请单”办理报验，并应提供必要的检验依据。如经检验合格，由商检机构签发预验结果单，装船前可凭该单换正式商检证书办理出口。对重要的进口商品和大型成套设备实行到货检验已不能适应客观要求，因此应由进口单位根据贸易合同的约定，在出口国装运前进行预验、监造或监装。目前，我国进出口商品检验总公司已同世界上50多个国家和地区的商检机构建立了合作关系，与瑞士、日本、法国、美国、香港的检验机构签有委托检验协议，还在泰国、法国、澳大利亚、孟加拉、香港设立分支机构，负责进口商品装船前的检验。

(4)委托检验申请。

申请人为了扩大货源，挖掘新产品，可填写“委托检验申请单”办理报验，并应自送检验样品，必要时应提供有关检验标准或检验方法。对于委托检验，商检机构只发结果单，且不能凭该单换正式检验证书，结果单一般也不得用作对外成交或作为索赔的依据。

2. 抽样

抽样是检验的基础，除委托检验外，不得由报验人送样，而应由商检机构的抽样员根据有关标准和操作规程规定的方法从整批商品中随机抽取一部分商品作为样品，抽样员抽样后应当场签发“抽样收据”一式两份，其中一份交报验人存查，然后商检机构对所抽取的样品进行检验。

3. 检验

检验是商检机构的中心工作，因此必须做到准确、迅速、证货相符。

4. 签证

商检机构的签证期限，对出口商品一般控制在10个工作日内，对进口商品一般控制在20个工作日内。商检证书是买卖双方交接货物的依据，也是向银行办理议付和对外索赔的重要单据之一。如证书上所列项目或检验结果与信用证或合同上的规定不符，银行将拒绝议付，买方拒收货物，卖方拒赔。因此，证书上的证题要说明严谨，论证周密。

商检证书，一般只签发一份正本，个别情况可签发两份正本，但要在重本上注明“本证书是××号证书正本的重本”。出口检验证书一般用英文，进口检验证书一般使用中英文合并本。商检证书的出证日期应在提单日期之前，最迟应与提单日期相同，但也不能过早于提单上的日期，以防开证行或开证申请人拒付，议付行对于这种情况也不愿受单。对于先放行后出证的，应以放行日作为签证日期。出口商检证书的有效期一般货物为两个月，鲜活类为两个星期。逾期未出口，应申请延期，或由报验人重新报验，并须交回原签发的检验证书或放行单，经商检机构检验或查验合格后重新签发检验证书或放行单。

七、进出口商品的复验

进出口商品的报验人如对商检机构出具的检验结果持有异议，而向原商检机构或者其上级商检机构以至国家商检部门申请重新检验即为复验。

申请复验应在收到检验结果之日起15天内提出并填写复验申请表，还应随附有关单证。同时，报验人须对原商品的包装、铅封、质量、数量、标志保持原检验时的状态，不得动用、更换。受理复验的商检机构应自收到复验申请之日起45天内作出复验结论。报验人如对复验结论仍有异议，可自收到复验结论之日起15天内向国家商检局申请复验，国家商检局应当自收到复验申请之日起60天内作出复验结论。

八、进出口商品的免验

凡列入《种类表》和其他法律、法规规定须经商检机构检验的进出口商品，如具备下列条件之一者，申请人可以申请免验：

(1)在国际上获质量奖未超过三年的商品；

(2)经国家商检部门认可的国际有关组织实施质量认证，并经商检机构检验、质量长期稳定的商品；

(3)连续三年出厂合格率及商检合格率百分之百，且无质量异议的出口商品；

(4)连续三年商检合格率及用户验收合格率百分之百，并获得用户和消费者良好评价的进口商品。

凡要求免验的商品，应由申请人向商检部门提出书面申请，填写免验申请表并提供有关证件。经商检部门批准后发给申请人免验证书并予公布，免验证书有效期一般不超过两年。

【小思考 3-2】

在进出口合同中，有关检验时间和地点最常用的规定方法是(　　)。

A. 在出口国检验　　B. 在出口地检验，在进口地复验

C. 在进口国检验　　D. 出口地检验重量，进口地检验品质

答案：B

第三节　商品的品质、数量包装及价格条款

一、商品的品质条款

品质条款，是货物进出口贸易中基本的和重要的条款之一。货物品质，是货物内在质量与外观形态的综合。

进出口贸易中，货物品质标准由买卖双方协商一致并订明在合同中。例如，出口商交付的货物与合同规定的货物品质不同，进口商有权要求退换或解除合同，并请求赔偿。国际货运代理人，应对委托业务涉及的货物品质有所了解，以便处理相关业务，维护委托人利益和防止代理人自己权益遭受损害。

货物品质表示方法，可以归纳为凭实物样品表示和凭说明表示两大类。

(1)凭实物表示品质的方法。

①看货买卖。

当买卖双方采用看货成交时，则买方或代理人通常先在卖方存放货物的场所验看货物，一旦达成交易，卖方就应按对方验看过的商品交货，只要卖方交付的是验看过的货物，买方就不得对品质提出异议。在国际贸易中，由于交易双方远离两地，交易洽谈多靠函电方式进行，买方到卖方所在地验看货物有诸多不便，即使卖方有现货在手，买方也是由代理人代为验看货物，但看货时也无法逐件查验，所以采用看货成交的有限。这种做法多用于寄售、拍卖和展卖业务中。

②凭样品买卖。

样品通常是从一批商品中抽出来的或由生产、使用部门设计，加工出来的，足以反映和代表整批商品品质的少量实物，凡以样品表示商品品质并以此作为交货依据的，称为“凭样品买卖”(Sale by Sample)。

在国际贸易中，按样品提供者的不同，可分为以下几种：

a. 卖方样品(Seller's Sample)。由卖方提供的样品称为“卖方样品”。凡卖方样品作为交货的品质依据者，称为“卖方样品买卖”。在此情况下，在买卖合同中应订明：“品质以卖方样品为准”(Quality as Per Seller's Sample)。日后，卖方所交正货(Bold)的品质，必须与提供的样品相同。

b. 买方样品(Buyer's Sample)。买方为了使其订购的商品符合自身要求，有时提供样品交由卖方依样承制，如卖方同意按买方提供的样品成交，称为“凭买方样品买卖”。在这种场合，买卖合同中应订明：“品质以买方样品为准”(Quality as Buyer's Sample)。日后，卖方所交正货的品质，必须与买方样品相符。

c. 对等样品(Counter Sample)。在国际贸易中，谨慎的卖方往往不愿意承接凭买方样品交货的交易，以免因交货品质与买方样品不符而招致买方索赔甚至退货的危险。在此情况下，卖方可根据买方提供的样品，加工复制出一个类似的样品交买方确认，这种经确认后的样品，称为“对等样品”或“回样”，也有称之为“确认样品”(Confirming Sample)。当对等样品被买方确认后，则日后卖方所交货物的品质，必须以对等样品为准。

此外，买卖双方为了发展贸易关系和增进彼此对商品的了解，往往采用互相寄送样品的做法，这种以介绍商品为目的而寄出的样品，最好标明“仅供参考”(For Reference Only)字样，以免与标准样品混淆。

(2)凭说明表示品质的方法。

所谓凭说明表示品质,即指用文字、图表、相片等方式来说明成交商品的品质,在这类表示品质方法中,可细分为如下几种:

①凭规格买卖(Sale by Specification)。

商品规格(Specification)是指一些足以反映商品品质的主要指标,如化学成分、含纯度、性能、容量、长短粗细等。在国际贸易中,买卖双方洽谈交易时,对于适于规格买卖的商品,应提供具体规格来说明商品的基本品质状况,并在合同中订明,规格买卖时,说明商品品质的指标因商品不同而异,即使是同一商品,也会因用途不同而不同,而对于规格的要求也就有了差异,由于这种表示品质的方法明确具体,简单易行,故在国际贸易中被广泛的运用。

②凭等级买卖(Sale by Grade)。

商品的等级(Grade Goods)是指同一类商品,按规格上的差异,分为品质优劣各不相同的若干等级。凭等级买卖时,由于不同等级的商品具有不同的规格,为了便于履行合同和避免争议,在品质条款列明等级的同时,最好一并规定每一等级的具体规格。这种表示品质的方法,对简化手续,促进成交和体现按质论价等方面,都有一定的作用。

③凭标准买卖(Sale by Standard)。

商品的标准是指将商品的规格和等级予以标准化。商品的标准,有的由国家或有关政府主管部门规定,也有的由同业公会、交易所或国际性的工商组织规定,有些商品习惯于标准买卖。人们往往使用某种标准作为说明和评定商品品质的依据。

④凭说明书和图样买卖(Sale by Descriptions)。

在国际贸易中,有些机器、电器和仪表等技术密集型产品,因结构复杂,对材料和设计的要求严格,用以说明性能的数据较多,很难用几个简单的指标来表明品质的全貌。而且有些产品即使其名称相同,但由于所使用的材料、设计和制造技术的某些差别,也可能导致功能上的差异。因此,对这类商品的品质,通常以说明书并附以图样,照片、设计图纸、分析表及各种数据来说明具体性能和结构特点。按此方式进行交易,称为凭说明书和图样买卖。

⑤商标或品牌买卖。

当前,国际市场上行销的许许多多商品,尤其是日用消费品、加工食品、耐用消费品等,都标有一定的商标或品牌。一些在国际上久负盛名的名牌产品,都因其品质优良稳定,具有一定的特色并能显示消费者的社会地位。名牌产品的制造者为了维护商标的声誉,对产品都有严格的品质控制规定,以保证其产品品质达到一定的标准。因此,商标或品牌自身实际上是一种品质象征,人们在交易中就可以只凭商标或品牌进行买卖,毋需对品质提出详细要求。但是,如果一种品牌的商品同时有许多种不同型号或规格,为了明确起见,就必须在规定品牌的同时,明确规定型号或规格。

⑥凭产地名称买卖。

在国际货物买卖中，有些产品因产区的自然条件、传统加工工艺等因素，在品质上具有其他产区的产品所不具有的独特风格和特色。对于这类产品，一般也可用产地名称来表示品质。

上述各种表示品质的方法，一般是单独使用，但有时也可酌情将其混合使用。

二、商品数量条款

货物数量，是国际贸易合同的主要条款之一，也是承、托双方货运合同的主要内容。国际贸易合同中的数量条款，通常包含三个方面，即计量单位的选用、重量计算方法与标准及数量弹性变动幅度。

1. 国际贸易中常用的度量衡制度

在国际货物买卖中，除了使用的计量方法、计量单位不同以外，各国使用的度量衡制度也不相同。目前，国际贸易中通常使用的度量衡制度有以下四种：

(1)公制(或米制)(Metric System)；

(2)美制(U. S. System)；

(3)英制(British System)；

(4)国际单位制(International System of Units)。

2. 计量单位

国际贸易中，常用的计量单位有六种：重量(Weight)、个数(Number)、体积(Volume)、长度(Length)、面积(Area)、容量(Capacity)。

3. 国际贸易中常用的重量计算方法

在国际货物买卖中，很多商品采用按重量计量。按重量计量时，计算重量的方法主要有以下几种：

(1)按毛重计。毛重(Gross Weight)是指商品本身的重量加皮重(Tare)，即商品连同包装的重量。有些单位价值不高的商品(如用麻袋包装的大米、蚕豆等农产品)可采用按毛重计量，即以毛重作为计算价格和交付货物的计量基础。这种计量方法在国际贸易中被称为“以毛作净(Gross for Net)”。由于这种计量方法直接关系到价格的计算，因此，在销售上述种类的商品时，不仅在规定数量时需明确“以毛作净”，在规定价格时也应加注此条款。

(2)按净重计。净重(Net Weight)指商品本身的重量，即毛重扣除皮重(包装)的重量。在国际货物买卖中，按重量计量的商品大都采用以净重计量。在国际贸易中去除皮重的方法有以下四种：

①实际皮重(Real Tare or Actual Tare)。将整批商品的包装逐一过秤，算出每一件包装的重量和总重量。

②按平均皮重(Average Tare)。从全部商品中抽取几件，秤其包装的重量，除以

抽取的件数，得出平均数，再以平均每件的皮重乘以总件数，算出全部包装重量。

③按习惯皮重(Customary Tare)。某些商品的包装比较规格化，并已经形成一定的标准，即可按公认的标准单件包装重量乘以商品的总件数，得出全部包装重量。

④按约定皮重(Computed Tare)。买卖双方以事先约定的单件包装重量，乘以商品的总件数，求得该批商品的总皮重。

(3)按公量计重(Conditioned Weight)。在计算货物重量时，使用科学方法，抽去商品中所含水分，再加标准水分重量，求得的重量称为公量。这种计量办法较为复杂、麻烦，主要使用于少数经济价值较高而水分含量极不稳定的商品，如羊毛、生丝、棉花等。

(4)按理论重量计量(Theoretical Weight)。理论重量适用于有固定规格和固定体积的商品。规格一致、体积相同的商品，每件重量也大致相等，根据件数即可算出其总重量，如钢板等。

(5)法定重量(Legal Weight)和净净重(Net Weight)。纯商品的重量加上直接接触商品的包装材料，如内包装等的重量，即为法定重量。法定重量是海关依法征收从量税时，作为征税基础的计量方法。而扣除这部分内包装的重量及其他包含杂物(如水分)的重量，则为净净重，净净重的计量方法主要也为海关征税时使用。

三、商品包装条款

包装条款主要包括包装材料、包装种类、包装费用和运输标志。

(1)包装材料指的是包装的用料，常见的有纸质材料、木质材料、化纤材料、金属材料及塑料等。

(2)包装种类可分为运输包装与销售包装。

①运输包装又称为大包装或外包装，它是为了满足货物运输、装卸和存储的要求对货物进行的包装。

②销售包装又称为内包装或小包装，是指直接接触商品，随商品进入零售市场、与消费者见面的包装。

(3)包装费用一般包括在货价之中，不单独计收。而如果买方要求特殊包装，导致包装费用超过正常的包装费用，使成本增加，则超出的费用应由买方负担，并应在包装条款中具体规定负担的费用及支付方法。

(4)运输标志(Shipping Mark)俗称"唛头"，是指在运输包装上用文字、图形和数字制作的标记，其作用是方便运输过程中识别货物，防止错发错运，便于收货人收货，也利于运输、仓储、检验和海关查验。运输标志一般包括收货人代号、合同号、发票号、目的地名称、件数号码等内容。

四、商品的价格条款

货物的价格，通常是指货物的单价，简称单价（Unit Price）。国际贸易的单价远较国内贸易的单价复杂，一般需由计量单位、单位价格金额、计价货币和贸易术语四项内容组成。

贸易合同中价格条款的主要内容是成交货物价格的确定。货物价格，一般由计价货币币种、货物单位价格金额、价格条款等部分构成。

1. 货物的作价方法

(1)固定作价。

国际货物买卖的作价方法，一般均采用固定作价，即在磋商交易中，把价格确定下来，事后不论发生什么情况均按确定的价格，结算应付货款。

(2)暂不固定价格。

某些货物因其国际市场价格变动频繁，幅度较大，或交货期较远，买卖双方对市场趋势难以预测，但又确有订约的意旨，则可约定有关货物的品质、数量、包装、交货和支付等条件，对价格暂不固定，而约定将来如何确定价格的方法。例如，在合同中规定，以某月某日某地的有关商品交易所该商品的收盘价为准或以此为基础再加(或减)若干美元。

(3)暂定价格。

为避免价格风险，买卖双方在洽谈某些市价变化较大的货物远期交易时，可先在合同中规定一个暂定价格，待日后交货期前的一定时间，再由双方按照当时市价商定最后价格。订有暂定价格的合同有较大的不稳定性。在实际业务中，采用这种做法，应以关系密切信誉可靠的客户为限。

(4)滑动价格。

在国际上，对于某些货物，如成套设备、大型机械等，从合同成立到履行完毕需时较长，可能因原材料、工资等变动而影响生产成本，价格的升降幅度较大。为了避免承担过大的价格风险，保证合同的顺利履行，可采用滑动价格。所谓滑动价格，是指先在合同中规定一个基础价格（Basic Price），交货时或交货前一定时间，按工资、原材料价格变动的指数作相应调整，以确定最后价格。在合同中对如何调整价格的办法，则一并具体订明。

2. 计价货币

在国际货物买卖中，计价货币通常与支付货币为同一种货币，但也可以计价货币是一种货币，而支付货币为另一种甚至另几种货币。这些货币可以是出口国的货币或进口国的货币，也可以是第三国的货币，由买卖双方协商确定。在当前国际金融市场普遍实行浮动汇率制的情况下，买卖双方都将承担一定汇率变化的风险。因此，作为交易的当事人在选择使用何种货币时，一方面不能不考虑货币汇价升降的风险（即外汇风险，或称汇价风险）；另一方面，也要结合企业的经营意图、国际市场供需情况和价格水平等情况，作全面综合的分析，但需避免因单纯考虑外汇风险而影响交易的正常进行。

3. 价格的计算

在磋商交易和计算价格时，有时会涉及佣金和折扣。正确掌握和运用佣金和折扣，可达到扩大销售、增加经济效益的目的。

佣金(Commission)是卖方或买方付给中间商为其对货物的销售或购买提供中介服务的酬金。上述中间商通常为经纪人(Middleman;Broker)或代理人(Agent)。但在实际业务中，凡是为招揽生意、促成交易提供服务的企业或个人，都可能成为佣金的收受者。

折扣(Discount)是卖方按照原价给予买方以一定的减让。在实际业务中，佣金和折扣的名目很多，如销售佣金(Selling)、累计佣金(Accumulative)、数量折扣(Quantity Discount)、特别折扣(Special Discount)等。其中，累计佣金是指按中间商实际销售数量(或金额)给付不同比率的佣金，销售数量(或金额)越多，佣金率越高，从而能更好地促进中间商推销的积极性。

(1)佣金的表示方法。

凡价格中包含佣金的，称为"含佣价"(Price Including Commission)。"含佣价"可用文字表示，如：每公吨 335 美元 CIF 纽约包含佣金 2%(US＄335 per metric ton CIF New York including 2% commission)，也可在贸易术语后面加注"佣金"的英文缩写字母"C"，并注明佣金的百分比来表示，如：每公吨 335 美元 CIFC2%New York (US＄335 per metric ton CIFC2% New York)。

(2)折扣的表示方法。

如价格中允许给予折扣，一般应用文字表示，如：每公吨 300 美元 FOB 上海减折扣 2%(US＄300 per metric ton FOB Shanghai less 2% discount)。一般说来，含佣金或给予折扣的价格，应用文字或简略的方法明白表示出来。除非双方事先另有约定，如有关价格对含佣金或给予折扣未作表示，通常应理解为不含佣金或不给折扣的价格。不包含佣金或不给折扣的价格称为"净价"(Net Price)，即卖方可照价全数收款，不另支付佣金或扣除折扣。有时为了明确起见，特地加列"净价"(Net)字样，如：每公吨 300 美元 FOB 上海净价(US＄300 per metric ton FOB Shanghai net)。

按国际贸易习惯，佣金一般是按交易额(即发票金额)为基础进行计算的。但也可按 FOB 或 FCA 价值作为计算佣金的基础，即如按 CIF 或 CIP 术语成交，计算佣金时要先扣除运费和保险费；或如按 CFR 或 CPT 术语成交，应先扣除运费，然后按 FOB 或 FCA 价值计算佣金。按实际运、保费计算较为复杂，而按商定的估计运、保费(如运费按交易额的 10%估计；保险费按交易额的 1%估计等)计算较为方便。从含佣金价计算净价比较简单，只需扣除佣金(即含佣金价乘佣金率)即可。如果已知净价，要在不降低净收入的基础上给予一定百分率的佣金，则应根据下列公式计算含佣金价：

$$含佣金价=净价/(1-佣金率) \tag{3-1}$$

折扣的计算，较为简单。一般按实际发票金额乘以约定的折扣百分率，即为应减除的折扣金额，而不存在按 FOB 或 FCA 价值还是按 CIF 或 CIP 价值计算的问题。

【小思考 3-3】

凭买方样品买卖时，卖方根据买方来样仿制或从现有货物中选择品质相近的样品提交买方作为交货品质的依据，这种样品称为（　　）。

A. 对等样品　　B. 标准样品　　C. 回样　　D. 复样

答案：AC

第四节　国际货物运输保险

货物运输保险，是指被保险人（Insured）就其货物按一定的金额向保险人亦称承保人（Insurer）投保一定的险别，保险人按投保金额和投保险别的费率收取保险费，并出具保险单证。事后，如所保货物在运输过程中遭受保险责任范围内的损失，保险单证的持有人即可向保险人要求赔偿。国际货物运输保险因运输方式不同可分为海洋运输货物保险、陆上运输货物保险、航空运输货物保险和邮包运输货物保险。由于国际货物买卖大部分通过海洋运输，而且陆运、空运、邮运货物保险都是借鉴海运货物保险的基本原则和做法，并在此基础上发展起来的，故海洋运输货物保险在国际贸易中占有重要地位。

一、海洋货物运输险

1. 海洋货物运输面临的风险、费用和损失

（1）海洋运输货物保险的风险分海上风险和外来风险两类。

①海上风险。

海上风险（Perils of the Sea）又称海难，一般是指船舶或货物在海上运输过程中发生的或随附海上运输所发生的风险，包括自然灾害和意外事故。在保险业务中，海上风险有特定的内容。

a. 自然灾害（Natural Calamity）。自然灾害是指不以人的意志为转移的自然界力量所引起的灾害，如恶劣气候、雷电、海啸、地震、洪水、火山爆发、浪击落海等。这些灾害在保险业务中都有其特定的含义。

b. 意外事故（Fortuitous Accidents）。意外事故是指由于偶然的、难以预料的原因造成的事故，如船舶搁浅、触礁、沉没、焚毁、互撞或遇流冰或其他固体物体，如与码头碰撞及失火、爆炸等原因造成的事故。

需要指出的是，按照国际保险市场的一般解释，海上风险并非局限于海上发生的灾害和事故，那些与海上航行有关的发生在陆上或海陆、海河，或与驳船相连接之处的灾害和事故，如地震、洪水、火灾、爆炸、海轮与驳船或码头碰撞，也属于海上风险。

②外来风险。

外来风险(Extraneous Risks)是指由于海上风险以外的其他外来原因引起的风险。外来风险又可分为一般外来风险和特殊外来风险两种。如雨淋、短量、偷窃、玷污、渗漏、破碎、受潮、受热、串味、锈损和钩损等属于一般外来风险；战争、罢工和交货不到、拒收等则属于特殊外来风险。外来风险的损失则是指海上风险以外的其他外来风险所造成的损失。按不同的原因，又可分为一般外来风险的损失和特殊外来风险的损失。前者是指在运输途中由于偷窃、短量、钩损、碰损、雨淋、玷污等一般外来风险所致的损失；后者是指由于军事、政治、国家政策法令及行政措施，如由于战争、罢工、交货不到，拒收等特殊外来风险所造成的损失。

(2)海上损失和费用。

海上损失和费用是指被保险人因被保险货物在运输途中遭遇海上风险而造成的损失和引发的费用，通常表现为两种形式：一种是货物本身遭到损坏或灭失的损失；另一种是为营救货物而支出的费用。按各国保险业习惯，海上损失和费用，也包括与海运相连接的陆上或内河运输中所发生的损失和费用。运输途中被保险货物本身遭到损坏或灭失的损失，按其损失程度可分为全部损失或部分损失。

①全部损失(Total Loss)。全部损失简称全损，系指整批或不可分割的一批被保险货物在运输途中全部遭受损失。全部损失又分为实际全损和推定全损。

a. 实际全损(Actual Total Loss)。实际全损是指该批被保险货物在运输途中完全灭失，或者受到严重损坏完全失去原有的形体、效用，或者不能再归被保险人所拥有。如载货船舶失踪，经过一定时间(如两个月)后仍没有获知其消息的，视为实际全损。被保险货物在遭到实际全损时，被保险人可按其投保金额获得保险公司全部损失的赔偿。

b. 推定全损(Constructive Total Loss)。推定全损是指被保险货物在运输途中受损后，实际全损已经不可避免，或者为避免发生实际全损所需支付的费用与继续将货物运抵目的地的费用之和超过保险价值，也就是恢复、修复受损货物并将其运送到原订目的地的费用将超过该目的地货物价值。被保险货物发生推定全损时，被保险人可以要求保险人按部分损失补偿，也可以要求按全部损失补偿。如果要求按全部损失补偿，被保险人必须向保险人发出委付通知(Notice of Abandonment)。所谓委付，就是被保险人表示愿意将保险标的的一切权利和义务转移给保险人，并要求保险人按全部损失赔偿的一种行为。委付必须经保险人同意后方能生效，但是保险人应当在合理的时间内将接受委付或不接受委付的决定通知被保险人。委付一经保险人接受，不得撤回。

②部分损失(Partial Loss)。部分损失是指不属于实际全损和推定全损的损失，即没有达到全部损失程度的损失。在保险业务中，按照造成损失的原因不同，部分损失又分为共同海损与单独海损两种。

a. 共同海损(General Average)。共同海损是指在同一海上航程中，船舶、货物和其他财产遭遇共同危险，为了共同安全，有意地合理地采取措施所直接造成的特殊牺牲、支付的特殊费用。构成共同海损，必须具备以下条件：

(a)导致共同海损的危险必须是真实存在的或不可避免的；

(b)船方所采取的措施，必须是为了解除船、货的共同危险，有意识而且是合理的；

(c)所作的牺牲具有特殊性，支出的费用是额外的，是为了解除危险，而不是由危险直接造成的；

(d)牺牲和费用的支出最终必须是有效的，也就是说经过采取某种措施后，船舶和(或)货物的全部或一部分最后安全抵达航程的终点港或目的港，从而避免了船、货同归于尽的局面。

根据惯例，共同海损的牺牲和费用，应由受益方，即船舶、货物和运费三方按最后获救的价值多寡，按比例进行分摊。这种分摊称之为共同海运分摊(General Average Contribution)。

b. 单独海损(Particular Average)。单独海损是指除共同海损以外的部分损失，即被保险货物遭遇海上风险受损后，其损失未到达全损程度，而且该损失应由受损方单独承担的部分损失。

共同海损与单独海损均属部分损失，两者的主要区别为：单独海损是由海上风险直接造成的货物损失，不包括人为因素，而共同海损则是因采取人为的故意的措施而导致的损失；单独海损的损失由受损方自行承担，而共同海损的损失是由各受益方按获救财产价值的多少，按比例共同分摊。如图 3-2 所示为海运损失包括的内容。

- 海运损失(按程度)
  - 全部损失
    - 实际全损(客观上)
    - 推定全损(主观上)
  - 部分损失(按性质)
    - 共同海损(共同利益、分摊)
    - 单独海损(自己承担)

图 3-2　海运损失的内容

(3)费用。海上货运保险的费用是指为营救被保险货物所支出的费用，主要有施救费用(Sue and Labor Expenses)、救助费用(Salvage Charges)。

①施救费用系指保险标的在遭遇保险责任范围内的灾害事故时，被保险人或其代理人、雇佣人员和保险单受让人对保险标的所采取的各种抢救、防止或减少货损的措施而支出的合理费用。保险人对这种施救费用负责赔偿。

②救助费用系指保险标的遭遇保险责任范围内的灾害事故时，由保险人和被保险人以外的第三者采取了救助措施并获得成功而向其支付的报酬。保险人对这种费用也负责赔偿。

2. 海洋货物运输保险条款与险别

如图 3-3 所示为海运险的险别。

- 保险险别
  - 基本险
    - 平安险（不承保自然灾害造成的部分损失）
    - 水渍险（平安险＋自然灾害造成的部分损失）
    - 一切险（水渍险＋一般附加险）
  - 附加险
    - 一般附加险（12 种）
    - 特殊附加险

图 3-3　海运险的险别

(1)三个基本险别。

①平安险（Free from Particular Average，缩写为 F. P. A.）对下列情况负赔偿责任：

a. 由于恶劣气候、雷电、海啸、地震、洪水等自然灾害造成的整批货物的全部损失（实际全损或推定全损）；

b. 由于运输工具搁浅、触礁、沉没、互撞、与流冰或其他物体碰撞及失火、爆炸等意外事故造成货物全部损失或部分损失；

c. 在运输工具发生搁浅、触礁、沉没、焚毁意外事故的情况下，货物在此前后又在海上遭受恶劣气候、雷电、海啸等自然灾害所造成的部分损失；

d. 在装卸或转运时，由于一件或数件货物落海造成的全部或部分损失；

e. 被保险人对遭受承保责任内危险的货物采取抢救、防止或减少货损的措施而支付的合理费用，但以不超过该批被救货物的保险金额为限；

f. 运输工具遭遇海难后，在避难港由于卸货所引起的损失及在中途港、避难港由于卸货、存仓，以及运送货物所产生的特别费用；

g. 共同海损的牺牲、分摊和救助费用；

h. 运输契约订有"船舶互撞责任"条款，根据该条款规定由货方偿还船方的损失。

②水渍险（With Particular Average，缩写为 W. P. A）。除包括上列平安险的各项责任外，还负责被保险货物由于恶劣气候、雷电、海啸、地震、洪水等自然灾害所造成的部分损失。

③一切险（All Risks）。除包括平安险和水渍险的各项责任外，还负责被保险货物在运输途中由于一般外来原因所致的全部或部分损失。

(2)除外责任。

保险公司对于下列损失不负赔偿责任：

①被保险人的故意行为或过失所造成的损失；

②属于发货人的责任所引起的损失；

③在保险责任开始前，被保险货物已存在的品质不良或数量短差所造成的损失；

④被保险货物的自然损耗、本质缺陷、特性，以及市价跌落、运输延迟所引起的损失或费用；

⑤属于战争险和罢工险条款所规定的责任范围和除外责任。

(3)保险责任起迄。

在正常情况下为"仓至仓"(Warehouse to Warehouse，缩写为 W/W)，即自被保货物运离保单上所载明的起运地仓库或储存处所开始，至货物到达保单所载明的目的地收货人的最后仓库或储存处所为止。如因故货物未进入上述仓库或储存处所，则以货物全部卸离海轮后 60 天为止。

(4)附加险别。

投保平安险或水渍险后，货物在运输途中还可能遭受由于外来原因所造成的各种损失，如偷盗、破碎、短量、玷污等。即使投保一切险，保险人也不是对一切外来原因所造成的损失都负责赔偿。例如，因战争、罢工等原因而造成的损失，保险人就不负责赔偿。因此，为了使不同的货物在不同的情况下能得到较为充分的保障，还应在投保上述三种基本险别之一的基础上再加保一种或几种附加险。附加险的种类很多，分为一般附加险和特殊附加险。

①一般附加险。目前，中国人民保险公司承保的有：偷窃、提货不着险、淡水雨淋险、短量险、混杂玷污险、渗漏险、碰损破碎险、串味险、受潮受热险、钩损险、包装破裂险、锈损险 12 种。

②特殊附加险。目前，中国人民保险公司承保的有：交货不到险、进口关税险、舱面险、拒收险、黄曲霉素险、战争险、罢工险、货到港存仓火险责任扩展条款(FREC)8 种。

上述各种附加险均不能单独投保，只能附加于某一基本险别之后。但一切险中包括一般附加险，而不包括特殊附加险。所以，在一切险的基础上只需加保特殊附加险而不必加保一般附加险。另外，根据国际保险业的习惯，罢工险(S. R. C. C.)一般都和战争险同时承保，保险费合并计收。如果已经投保了战争险，事后再加保罢工险，则不必再交保险费，仅需在保险单上加罢工险条款。

(5)海洋运输战争险的责任范围和责任起迄。

①责任范围。包括由于战争、类似战争行为和敌对行为、武装冲突或海盗行为所致的损失和由此而引起的捕获、拘留、扣留、禁制、扣押所造成的损失，或各种常规武器所造成的损失，以及由于上述原因所引起的共同海损的牺牲、分摊和救助费用。但对原子或热核武器所造成的损失不负赔偿责任。

②责任起迄。自被保货物装上保单所载明的起运港的海轮或驳船时开始，至卸离保单所载明的目的港的海轮或驳船时为止。如不卸离海轮或驳船，则保险责任最

长期限以海轮到达目的港的当日午夜起满 15 天为止。如在中途港转船，不论货物在当地卸载与否以海轮到达该港或卸货地点的当日午夜起满 15 天为止，待再装上续运海轮时保险责任继续有效。

3. 保险金额和保险费

保险金额是投保人对货物的投保金额，也是保险人据以计算保险费和办理赔偿时的最高数额。投保人在向保险公司办理保险时，有的是逐笔投保，有的是预约投保。在保险金额上又分定值保险和不定值保险。我国外贸企业对于出口货物都是逐笔向保险公司办理定值保险，其保险金额通常是按 CIF 价格总值加一成（即 10%）投保，最高不得超过三成，所加的成数是作为买方的经营管理费用和预期利润，如买方要求的加成数超过限额，则须征得保险公司的同意，而且所产生的保险费差额应由买方承担才不致在价格上吃亏。

对于进口货物，外贸企业与中国人民保险公司大都签有预约保险合同，即凡按 FOB 或 CFR 价格进口的货物都由中国人民保险公司承保。外贸企业只要收到每批货物的国外装船通知后，将船名、提单号、开船日期、商品名称、数量、装运港、目的港等内容通知保险公司，就算办妥保险，并将每批货物的 FOB 价或 CFR 价换算成 CIF 价作为保险金额而不必加成。

计算进出口货物保险金额和保险费的公式如下：

（1）出口货物。

$$保险金额=CIF 价格\times(1+加成率) \tag{3-2}$$

$$保险费=保险金额\times保险费率 \tag{3-3}$$

在计算保险费时，要注意不同的商品、不同的目的地、不同的险别，其保险费率不大相同，而且时有调整，故应仔细核算，不能稍有疏忽。特别是在保有战争险的情况下，如货物所去的地区发生战争，该项费率会迅速上升。按国际贸易的习惯做法，在货物出运时，如保险公司增加战争险费率，卖方有权向买方增收保险费的差额。

（2）进口货物。

①以 FOB 价格成交的货物。

$$保险金额=FOB 价\times(1+平均运费率)/(1-平均保险费率) \tag{3-4}$$

②以 CFR 价格成交的货物

$$保险金额=CFR 价/(1-平均保险费率) \tag{3-5}$$

保险公司根据上述公式算出的保险金额，每月或每季汇总一次向投保的进出口公司收取保险费。如被保货物发生损失亦按所算保险额计赔；如发生整船货全部损失或涉及共同海损的赔款，则须改按实际运费算出保险金额进行理赔。

4. 保险单证

保险单证既是保险公司对被保险人的承保证明，又是双方权利和义务的契约。

在被保货物遭受损失时,它是被保险人据以索赔和保险公司据以理赔的主要依据。在CIF合同下,它是向银行办理结汇的重要单据之一。

目前,我国使用的保险单证有以下几种:

(1)保险单(Insurance Policy)。俗称大保单,它的正面印有保险人名称、货物名称、数量、标记、运输工具的种类和名称、险别、起迄地点或保险期限、保险金额等项目,背面印有详细保险条款以明确责任范围和双方权利与义务。

(2)保险凭证(Insurance Certificate)。俗称小保单,它只有正面的格式项目而背面则无条款,但其效力与大保单相同,不过很少使用。

(3)联合凭证(Combined Certificate)。这是由保险公司在进出口公司开具的商业发票上加注承保险别、保险金额和保险编号的一种比保险凭证更为简化的保险单据。实际上是发票与保险单相结合的一种凭证。目前,只有港澳地区少数华商可以接受,所以使用范围很小。

(4)预约保险单(Open Policy)。又称预约保险合同,它是承保一定时期内发运的货物的保险单。在预约保险单内载明保险货物的范围、险别、保险费率、每批运输货物的最高保险金额及保险费的结算办法等。凡预保范围的货物一经起运,保险公司即自动承保。但被保险人在获悉每批货物的起运情况后,应及时将起运通知书送交保险公司。目前,这种保单在我国只适用于进口货物。

5. 保险索赔

被保险人向保险公司索赔时应注意以下问题:

(1)分清索赔对象。

如被保的出口货物遭受保险责任范围内的损失,应由被保险人向保单上所载明的国外理赔代理提出索赔。中国人民保险公司现在100多个国家设立300多个检验理赔代理。如果被保的进口货物遭受保险责任范围内的损失,海运的,应向进口港的保险公司提出索赔;陆运的,应向铁路运单上注明目的地的保险公司提出索赔;空运的,向空运单上注明的目的地保险公司索赔。

(2)提供必要的索赔单证。索赔时应提供的主要单证通常有:

①保险单或保险凭证的正本。这是向保险公司索赔的基本证件。

②运输契约。如海运提单、铁路运单、航空运单、邮包收据等,用以证明货物的承运情况。

③发票。作为理赔的数额依据。

④装箱单、磅码单。是核对损失数量的依据。

⑤检验报告。是确定保险责任和应赔金额的主要证件。检验报告可以由第三方公证行或由检验机构出具,也可以由保险代理人出具,或者由保险公司、商检机构、收货人联合出具。

⑥向第三者责任方要求赔偿的函电或其他文件。用以证明被保险人已经办理了

追偿手续。

⑦货损、货差证明。这是由承运人或其代理人签发的货物残损或短少的证明。它既是作为向保险公司索赔的有力证明，又是日后向承运方追偿的根据。

⑧索赔清单。这是被保险人要求保险公司赔偿的详细项目和有关费用。

(3)必要时应办理权益转让手续。

如果被保货物遭受的损失应由第三者负担赔偿责任时，当被保险人先从保险公司取得赔偿后，应将向第三者追偿的权益转让给保险公司，以便保险公司取代被保险人的地位向第三者追偿。这种保险公司的追偿权利称为代位权(The Right of Subrogation)。

(4)必要时应办理委付手续。

当被保险货物遭受严重损失，被保险人要求按推定全损赔偿时，应将货物及其一切权益委付(Abandonment)给保险公司。如果被保险人不提出委付通知，则保险公司只能按部分损失赔偿。

(5)注意索赔时效。

根据保险业务的惯例，一般索赔时效为两年(自货物全部卸离海轮后起算)。如超过时效进行索赔，保险公司便不再受理。

二、陆上运输货物保险条款(Overland Transportation Cargo Insurance Clause)

1. 两个基本险别

(1)陆运险(Overland Transportation Risks)。对被保货物在运输途中遭受暴风、雷电、地震、洪水等自然灾害；或由于陆上运输工具遭受碰撞倾覆或出轨；或有驳运过程，包括驳运工具搁浅、触礁、沉没或由于遭受隧道坍塌、崖崩或火灾、爆炸等意外事故所造成的全部或部分损失负责赔偿。

(2)陆运一切险(Overland Transportation All Risks)。除包括上述陆运险的责任外，对在运输中由于外来原因造成的短少、短量、偷窃、渗漏、碰损、破碎、钩损、雨淋、生锈、受潮、受热、发霉、串味、玷污等全部或部分损失负赔偿责任。在投保上述任何一种基本险别时，经过协商还可加保附加险。

2. 除外责任

与海洋运输货物保险条款中的规定相同。

3. 责任起迄

也是“仓至仓”。如未进仓，以到达最后卸载车站满 60 天为止。如加保了战争险，其责任起迄自货物装上火车时开始，至目的地卸离火车时为止。如不卸离火车，以火车到达目的地的当日午夜起满 48 小时为止。如在中途转车，不论货物在当地卸载与否，以火车到达中途站的当日午夜起满 10 天为止。如货物在 10 天内重行装车续运,保险责任继续有效。

三、航空运输货物保险条款(Air Transportation Cargo Insurance Clause)

1. 两个基本险别

(1)航空运输险(Air Transportation Risks)。对被保货物在运输途中遭受雷击、火灾、爆炸;或由于飞机遭受恶劣气候或其他危难事故而被抛弃;或由于飞机遭受碰撞、倾覆、坠落或失踪等意外事故所造成的全部或部分损失负赔偿责任。

(2)航空运输一切险(Air Transportation All Risks)。除包括上述航空运输险的责任外,还负责由于外来原因所致的全部或部分损失。在投保上述任何一种基本险别时,经过协商还可以加保附加险。

2. 除外责任

与海洋运输货物保险条件中的规定相同。

3. 责任起迄

也是"仓至仓"。如未进仓,以被保货物在最后卸载地卸离飞机后满 30 天为止。如加保了战争险,其责任起迄自被保货物装上飞机时开始至目的地卸离飞机为止。如不卸离飞机,以飞机到达目的地的当日午夜起满 15 天为止。如在中途港转运,以飞机到达转运地的当日午夜起满 15 天为止。待装上续运的飞机时保险责任继续有效。

四、邮包保险条款(Parcel Post Insurance Clause)

1. 两个基本险别

(1)邮包险(Parcel Post Transportation Risks)。对被保货物在运输途中由于遭受恶劣气候、雷电、海啸、地震、洪水等自然灾害;或由于运输工具搁浅、触礁、沉没、碰撞、出轨、坠落或失踪或由于失火和爆炸等意外事故造成的全部或部分损失负责。

(2)邮包一切险(Parcel Post Transportation All Risks)。除包括上述邮包险的责任外,对被保货物在运输途中由于外来原因造成的全部或部分损失负赔偿责任。在投保上述任何一种基本险别时,经过协商还可加保附加险。

2. 除外责任

与前述海、陆、空保险条款中的规定相同。

3. 责任起迄

自邮包离开保险单所载起运地点寄件人的处所运往邮局时开始,至目的地邮局发出通知书给收件人的当日午夜起满 15 天为止。如在此期限内邮包一经递交至收件人处所,保险责任亦即终止。如加保战争险,其责任起迄自被保邮包经邮局收讫后开始,直至该项邮包运达目的地邮局送交收件人为止。

【小思考 3-4】

为防止运输途中货物被窃，应该投保（　　）。

A. 一切险、偷窃险　　B. 水渍险

C. 平安险、偷窃险　　D. 平安险、一切险、水渍险

答案：C

第五节　国际结算的支付工具与支付方式

国际结算是指国际间办理清算了结债权债务的行为。它涉及的问题很多，现仅就货代业务中必须了解的支付工具和支付方式作如下介绍。

一、支付工具

在国际结算中，支付工具主要是货币和票据。货币是用以计价、结算和支付的工具，但在实务中很少使用货币（指现金）结算，一般都是采用票据结算。票据包括汇票、本票和支票，其中又以汇票为主，本票和支票使用较少。

1. 汇票（Bill of Exchange，Draft）

（1）汇票的含义及其内容。

汇票是由出票人签发的，要求付款人即期或定期或在可以确定的将来时间支付一定金额给收款人或其指定人或持票人的无条件支付命令。汇票为一式两联，付一不付二，付二不付一，亦即只要其中一联付款，另一联即自动失效。汇票一般包括以下主要内容：

①出票人（Drawer）：开出汇票的人；

②受票人（Drawee）：汇票的付款人（Payer）；

③受款人（Payee）：受领汇票所规定的金额的人；

④出票日期和地点；

⑤付款期限；

⑥金额；

⑦付款地点；

⑧汇票上须有“汇票”字样。

（2）汇票的种类。

①按出票人的不同，分为商业汇票和银行汇票。由银行开出汇票称为银行汇票；由企业开出的汇票称为商业汇票。

②按流转时是否附有提单、发票、保险单等货运单据分为光票和跟单汇票。不附货运单据的汇票称为光票；附有货运单据的汇票称为跟单汇票。在使用跟单汇票收汇时，买方必须在付清货款或保证按时付款的条件下，才能取得汇票所随附的货运单

据。在国际贸易中,大多使用跟单汇票,光票只是在收取少量货款或代垫费用的情况下才使用。

③按付款时间不同,分为即期汇票和远期汇票。凡规定付款人见票即付款的汇票称为即期汇票;凡规定付款人见票后若干时日付款的汇票称为远期汇票。

④按汇票的承兑人不同,分为商业承兑汇票和银行承兑汇票。凡由工商企业为付款人的远期汇票,经付款人承兑后,称为商业承兑汇票;凡以银行为付款人的远期汇票,经银行承兑后,便称为银行承兑汇票。

(3)汇票的使用。

汇票一般要经过出票(to Draw,to Issue)、提示(Presentment)、承兑(Acceptance)、付款(Payment)等手续。汇票是一种流通工具,如需转让,要经过背书手续。如果遭到拒付,还要由有关方面出具拒付证书(Protest),才能行使追索权。现将这些手续介绍如下:

①出票就是由出票人在汇票上填写付款人、付款金额、付款期限和地点及受款人等事项,并由出票人签字盖章,把它交给受款人。只有完成上述全部手续,才算完成出票行为。在出票时,对受款人通常有以下三种写法:

a. 限制性抬头。例如:"仅付 A 公司"(Pay A Co. Only)或"付给 A 公司,不准转让"(Pay A Co. ,not Negotiable)。

b. 指示性抬头。例如:"付给 A 公司或其指定人"(Pay A Co. or Order 或 Pay to The Order of A Co.)。

c. 持票人抬头或称来人抬头。例如:"付给来人"(Pay Bearer)。

在我国进出口业务中,大量使用指示性抬头汇票。这种汇票只要出票人在汇票背面背书,可转让。持票人抬头的汇票在转让时,无须由持票人背书,仅凭交付即可转让。限制性抬头汇票不能自由转让。

②所谓背书(Endorsement),一般就是由持票人在汇票背面签字,或于背书后再加上受让人名字,并把汇票交给受让人的行为。前者叫"空白背书",后者叫"记名背书"。对于受让人来说,所有在他以前的背书人及原出票人都是他的"前手";对于出让人来说,所有在他以后的受让人都是他的"后手"。前手对后手负有担保汇票必然会被承兑或付款的责任。

③所谓提示,就是持票人将汇票提交付款人要求承兑或付款的行为。付款人看到汇票称为见票。

④所谓承兑,就是付款人明确表示同意按出票人的命令到期付款的行为。承兑只适用于远期汇票。即期汇票见票即付,无须承兑。

2. 本票(Promissory Note)

本票是一个人向另一个人签发的保证在见票时或在指定的或可以确定的将来某一日期,支付一定金额给特定的人或其指定的人或持票人的无条件书面承诺。简言之，本票是出票人对受款人承诺无条件支付一定金额的票据。因此，本票只有两个当事人，即出票人和受款人。

本票有由工商企业签发的一般本票（可分为即期和远期两种）和由银行签发的银行本票（只有即期一种）。在进出口业务中，使用的本票多为银行本票。

3. 支票（Cheque，Check）

支票是银行存款户对银行签发的、授权银行对特定的人或其指定的人或持票人在见票时无条件支付一定金额的书面命令，所以支票是以银行为付款人的即期汇票。支票有划线支票和非划线支票之分。

二、支付方式

目前，我国在对外贸易中经常使用的支付方式基本上有三种，即汇付、托收和信用证。汇付和托收属商业信用，信用证属银行信用。汇付属于顺汇，即债务人主动将货款汇给债权人；托收与信用证属于逆汇法，即债权人主动向债务人索取货款。另外还包括保函和保付代理，一共五种国际结算方式。现分述如下。

1. 汇付（Remittance）

（1）电汇（Telegraphic Transfer，缩写为 T/T）。即由付款人将货款交给银行，由银行以电报、电传或其他电信方式通知其在国外的分支行或代理行，将款交给收款人。现在常用的汇款方式就是电汇。

（2）信汇（Mail Transfer，缩写为 M/T）。即由付款人将货款交给银行，由银行开具付款委托书，以航空方式邮寄给其在国外的分支行或代理行，委托他们将款付给收款人。此种信汇方式现在已很少使用。

（3）票汇（Demand Draft，缩写为 D/D）。即由付款人向当地银行购买即期付款的银行汇票，由付款人寄给收款人，由收款人持汇票向指定的银行取款。不过票汇并不仅限于银行汇票，使用本票、支票也可以。

2. 托收（Collection）

托收方式是出口商在货物装运后，开具汇票，连同全套货运单据，委托出口地银行（即托收银的——Remitting Bank）寄往该行在进口商所在地的国外分支行或代理行（即代收银行——Collecting Bank）向进口商收取货款。

（1）托收的种类。

按照交单条件的不同，托收可分为付款交单（Documents Against Payment，缩写为 D/P）和承兑交单（Documents Against Acceptance，缩写为 D/A）两种。

①付款交单（D/P）。付款交单是以进口商付款作为出口商交单的条件。在这种方式下，进口商只有付清货款才能从代收银行取得全套货运单据。付款交单又可分为即期付款交单和远期付款交单两种情况。即期付款交单是指出口商开具即期汇票，交托收行寄给代收行向进口商提示，进口商见票后，需先付款，然后才能取得全套

货运单据。远期付款交单是指出口商开具远期汇票,交托收行寄给代收行向进口商提示,先由进口商办理承兑,待汇票到期时再由进口商先付款,然后才能取得全套货运单据。因此,进口商在未付清货款前,是不能取得装船单据的。如果进口商想提前取单提货,可以在提供一定担保的条件下向代收行出具信托收据(Trust Receipt),凭之向银行预借单据,并于汇票到期时付清货款。银行凭进口商出具的信托收据把全套货运单据借给进口商,并对出口商负汇票到期付款的责任。但如果出口商授权托收行凭信托收据借单,则银行不承担到期付款的责任,风险由出口商自负,这就同承兑交单类似。此种做法称为"远期付款交单凭信托收据借单"(D/P,T/P)。

②承兑交单(D/A)。承兑交单是以进口商对出口商开具的远期汇票进行承兑,作为出口商交单的条件。进口商对汇票进行承兑后,代收行即把全套货运单据交给进口商。如果汇票到期时进口商不付款,出口商则将钱、货两空,故这种方式对出口商来说很不安全。

如图 3-4 所示为托收的业务流程。

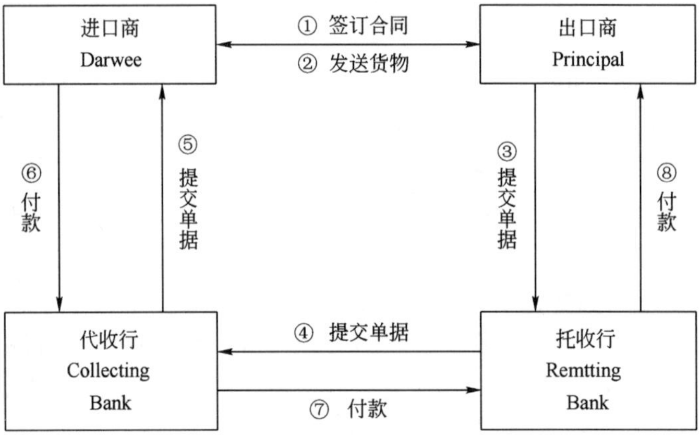

图 3-4 托收业务流程

(2)托收的特点。

托收完全凭进口商的信用,如果进口商拒绝付款赎单或拒绝承兑,与托收有关的银行不承担任何责任,银行也没有义务提取货物和把货物存仓、保险。即使银行愿意代办,出口商要支付许多额外的费用。如果出口商在国外一时找不到新买主,还应设法将货物运回。如果是承兑交单,进口商到时不付款,出口商便会遭到钱、货两空的损失。但跟单托收方式对进口商有利,进口商可以免付开立信用证的押金,银行费用也较低廉。因此,这种支付方式对促进成交、扩大出口能起到一定作用。

(3)使用跟单托收应注意的问题。

①托收方式虽然有利于扩大出口、发展贸易,但对出口商风险较大。必须了解进口商的资信情况,成交金额不宜超过进口商的经营能力和信用额度。

②必须注意进口国家有关进口管制和外汇管制方面的规定，以免货到目的地后，不准进口或收不到外汇而造成损失。

③采用托收时，出口货物应以 CIF 或 CIP 贸易术语成交，以防客户漏保或根本不投保。在这种情况下，若货物在中途遭损或灭失，出口方将遭受损失。对那些只接受 CFR 条件的国家，我们可向中国人民保险公司投保卖方利益险。此外，还可以向中国人民保险公司投保出口信用险（Export Credit Insurance），该险对于因客户拒不赎单、无力赎单或因进口国政局变动等情况所造成的经济损失承担责任。

3. 信用证（Letter of Credit，L/C）

信用证属银行信用，是使用最多的一种支付方式。它比托收及汇付（预付除外）等以商业信用为基础的支付方式安全可靠。开证银行出具信用证时一般为信开，必要时也可电开。

(1)信用证的含义及其作用。

信用证是银行应进口商的请求，开给出口商的一种有条件的保证付款的凭证。在信用证内，开证行授权出口商按证内规定的条款及条件出具各项单据，便可按期在指定地点收取货款。

(2)信用证的特点。

信用证有下列三个特点：

①信用证是银行信用，开证银行负第一付款责任。信用证的受益人，可凭信用证直接向开证行凭单取款，而无须先找开证申请人。开证行对受益人的责任是一种独立的责任。

②信用证是自足文件。信用证虽然是以买卖双方签订的买卖合同为基础，但信用证并不依附于买卖合同。它一经开出，就成为独立于买卖合同以外的另一种契约。信用证的有关当事人均受信用证约束。

③信用证是一种单据买卖。在信用证支付方式下，实行的是凭单付款的原则。《跟单信用证统一惯例》规定："在信用证业务中，各有关方面处理的是单据，而不是与单据有关的货物、服务及/或其他行为。"所以，信用证业务是一种纯粹的单据业务。银行要合理小心地审核一切单据，以确定单据表面上是否符合信用证条款，开证行只根据表面上符合信用证条款的单据付款。银行对任何单据的形式、完整性、准确性、真实性及伪造或法律效力等不负责任。在信用证方式下，实行的是"严格符合"原则，即受益人提交的单据要做到"单、证一致"和"单、单一致"。

(3)信用证的主要内容。

世界上各国银行使用的信用证虽无统一格式，但其内容基本相同。主要有：

①开证行名称、地点与时间；

②信用证的种类和号码；

③付款人名称、时间和地点；

④开证人和受益人的名称和地址；

⑤信用证金额；

⑥应提交的单据。信用证对单据的要求各异，主要有发票、提单、保险单、产地证、装箱单、重量单等；

⑦装运货物的品名、规格、数量、包装、价格等；

⑧装运条款。包括装运地、目的港、装运期、能否分批及转运等；

⑨信用证有效期及到期地点；

⑩开证银行的付款保证。

(4)信用证的当事人。

信用证一般牵涉到的当事人有：开证人、受益人、开证行、通知行、付款行、偿付行、议付行、保兑行等。但并非每张信用证都会涉及到这些当事人，有的信用证无保兑行或偿付行。现将各个当事人的职能简介如下：

①开证人(Applicant/Opener/Accountee/Principal)：指向银行申请开立信用证的人，一般是进口商。开证人向开证行申请开证时，要交付一定押金，并在信用证付款到期时向开证行付款赎单。

②受益人(Beneficiary/In Favour of)：指信用证上所指定的有权使用该证的人，一般是出口商。受益人必须严格履行信用证规定的各项条款，并提供正确的各项装船单据，按时向付款行或议付行或承兑行提示，要求付款、议付或承兑。

③开证行(Opening Bank/Issuing Bank/Establish Bank)：指接受开证申请人的委托开立信用证的银行。开证行接受开证人的开证申请后，便承担了开证责任和应有的风险。在受益人提交的单据与信用证条款相符的情况下，开证行应承担付款的责任。

④通知行(Notifying Bank/Advising Bank)：指接受开证行的委托，将信用证转交或将信用证的内容通知受益人的银行。通知行无须承担责任，但应合理、谨慎地核对信用证上的印鉴或电开信用证的密押，以证明所通知信用证的表面真实性。如果通知行同意加保兑或接受议付，通知行就兼任保兑行或议付行。

⑤付款行(Paying Bank/Dawee Bank)：指信用证上所指定的付款银行。付款行一般是开证行，也可以是开证行所指定的另一家银行。付款行如果不是开证行本身，其主要责任是在信用证到期时，凭持票人的正确单据付款，并按信用证的要求向开证行寄出单据和索回所垫之款及有关费用。

⑥议付行(Negotiating Bank)：指愿意买入或贴现受益人跟单汇票的银行。议付行可以是指定的也可以是非指定的。议付行对受益人的单据进行议付属于垫款性质。议付行不论开证行因何种原因不付款，都可以向受益人追索，除非信用证上规定在汇票上注明“不受追索(Without Recount)”的文句。

(5)信用证的运作程序。

如图 3-5 所示为信用证开立、交单、结算的一般程序。

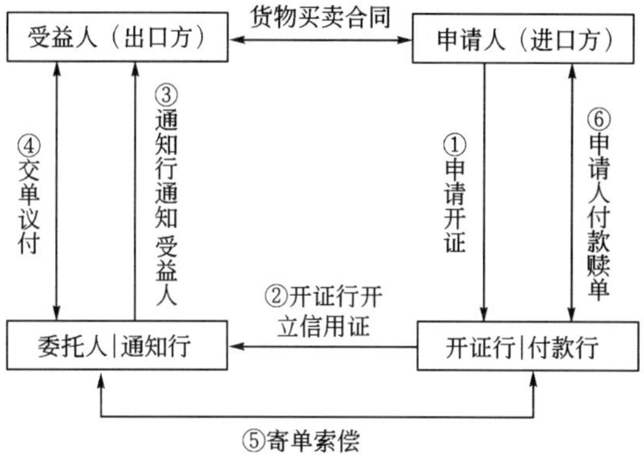

图 3-5　信用证业务流程

进出口双方签署买卖合同中规定以信用证方式支付货款。

①申请开证。

开证申请人即为合同的进口方,应按合同规定的期限向所在地银行申请开证。申请开证时,申请人应填写并向银行递交开证申请书。

②开证行开立信用证。

开证行接受申请人的开证申请后,应严格按照开证申请书的指示拟定信用证条款,有的草拟完信用证后,还应送交开证申请人确认。开证行应将其所开立的信用证由邮寄或电传或通过 SWIFT 电信网络送交出口地的联行或代理行,请他们代为通知或转交受益人。通知行的主要责任是鉴定信用证签名或电传密押的真实性。而且,受益人如有问题也可通过这家银行进行查询。

信用证的开证方式有信开(Open by Airmail)和电开(Open by Telecommunication)两种。

③通知行通知受益人。

通知行收到信用证后,经核对签字印鉴或密押无误,应立即将信用证转知受益人,并留存一份副本备查。

通知行通知受益人的方式有两种:一种是将信用证直接转交受益人;另一种是当该信用证以通知行为收件人时,通知行应以自已的通知书格式照录信用证全文经签署后交付受益人。这两种形式对受益人来说,都是有效的信用证文本。

④交单议付。

受益人对信用证的内容审核无误,或收到修改通知书审核后可以接受,即可根据信用证的规定发运货物,缮制并取得信用证规定的全部单据,开立汇票(或不开汇票,视信用证规定),连同信用证正本和修改通知书(如有修改通知书),在信用证规定的有效期和交单期内，递交给通知行或与自己有往来的银行或信用证中指定的议付银行办理议付。

议付是受益人利用信用证取得资金融通的一种方式。即由受益人向上述当地银行递交信用证规定的全套单据，银行在单证一致的前提下，扣除了预付款的利息和手续费后，购进受益人出具的汇票和全套单据，俗称“买单”，又称“出口押汇”。议付是可以追索的。

⑤寄单索偿。

议付行议付后，取得了信用证规定的全套单据，即可凭单据向开证行或其指定银行请求偿付货款。如果开证行未在信用证内指定其他银行，则议付行应将单据寄交开证行；若开证行在信用证中指定了一家付款行，则议付行应将单据寄交指定付款行。收到单据的开证行或付款行，在审单无误后，即应将款项偿付给议付行。若开证行在信用证中指定了一家偿付行，则议付行应向开证行寄单，但同时又向偿付行发出索偿通知，偿付行在接到索偿通知后，按其与开证行进行的事先约定，向议付行偿付；如偿付行拒绝偿付，开证行仍应承担付款责任。开证行和付款行的付款，是不可追索的。

开证行或付款行如发现单据和信用证不符，应在不迟于收到单据的次日起 7 个营业日内通知议付行表示拒绝接受单据，如果能在该期限内表示拒绝，则开证行必须履行付款责任。

⑥申请人付款赎单。

开证行在向议付行偿付后，即通知申请人付款赎单。开证人应到开证行审核单据，若单据无误，即应付清全部货款与有关费用(如开证时曾交付押金，则应扣除押金的本息)；若单据和信用证不符，申请人有权拒付。申请人付款后，即可从开证行取得全套单据。此时，申请人与开证银行之间因开立信用证而构成的契约关系即告结束。

(6)信用证的种类。

①可撤销信用证与不可撤销信用证。

可撤销信用证(Revocable L/C)在议付行议付之前，开证行可以随时修改或撤销，无须事先通知受益人或其他有关当事人，也无须征得他们的同意。因此，这种信用证对受益人的保障较小。但毕竟有证总比托收为好，起码出口人可凭此备货、制单，还可凭此证向银行叙做贷款，不过我国不接受这种信用证。

不可撤销信用证(Irrevocable L/C)一经开出，在有效期内，未经受益人或其他有关当事人的同意，开证行不得自行撤销或修改。只要受益人按照信用证的有关规定提供单证，开证行必须承担付款责任。

②保兑信用证与非保兑信用证。

保兑信用证(Confirmed L/C)是指另一家银行接受开证行的要求，对其开出的信用证加以保证兑付。经保兑的信用证叫保兑信用证；未经保兑的叫非保兑信用证

(Unconfirmed L/C)。

③即期信用证与远期信用证。

即期信用证(Sight L/C)是指开证行授权受益人开立即期汇票,开证行或付款行见票即付的信用证。远期信用证(Usance L/C)是指开证行授权受益人开立远期汇票,开证行或承兑行见票承兑后,在规定的到期日付款的信用证。

还有一种信用证,规定受益人出具远期汇票,并提供有关单据后可以即期收汇,国外付款行负责贴现,贴现费用由开证人担负。我们习惯上把这种信用证称为假远期信用证(Buyer's Usance L/C)。

④循环信用证(Revolving L/C)。

循环信用证是指信用证被全部或部分利用后,能重新恢复到原金额再度被利用,周而复始,直到规定的利用次数或规定的总额用完时为止。

循环信用证可根据时间循环或根据金额循环。如根据金额循环,循环信用证可分自动循环、半自动循环和非自动循环。信用证的金额在规定的总有效期内被使用后,无须等待开证行通知即自动恢复到原金额的称为自动循环;信用证金额被使用,若干天后如受益人未收到开证行不能恢复原金额的通知即自动恢复到原金额的称为半自动循环;信用证金额被使用后,须等待开证行通知后方能恢复到原金额的称为非自动循环。如根据时间循环,又分可累计循环与非累计循环。

⑤红条款信用证(Read Clause L/C)。

这是指信用证上允许受益人在出具书面保证补交货运单据的条件下,便可在交单前预先向通知行或保兑行支取全部或部分信用证金额。由于这项特殊条款最初是用红墨水书写以引人注目,因此称之为红条款信用证。这种信用证能给出口人在采购和打包货物时,提供融资的方便。当受益人装出货物并按照信用证规定提交单据时,银行便从应付的款项中收回预付款本息。如果受益人未能装出货物,那么通知行或保兑行有权要求开证行偿还预付款本息。同样,开证行也有向开证人追索的权利。

⑥可转让信用证(Transferable L/C)。

这里指信用证原始受益人有权将该信用证金额的全部或一部分转让给一个或几个本国或他国的第二受益人。可转让信用证仅限转让一次,第二受益人不得再行转让给第三者。可转让信用证上必须有“可转让”字样,否则为不可转让信用证。可转让信用证虽可转让但不是必须转让。

⑦对开信用证(Reciprocal L/C)。

俗称回头证,即第一张信用证的受益人是第二张信用证的开证人,第一张信用证的通知行通常就是第二张信用证的开证行。两张信用证可以分别生效,也可以同时生效。对开信用证多用于易货交易、来料加工和补偿贸易业务,可以相互约束,保证双方同时履行进口和出口的义务。

⑧备用信用证(Stand-by L/C)。

备用信用证与一般常用的跟单信用证不同，一般跟单信用证是用以购买货物、清偿货款的，而备用信用证则是用以作为借款、投标或履约保证用的。

(7)跟单信用证统一惯例（Uniform Customs and Practice for Documentary Credits）

国际商会自1929年发布《商业跟单信用证统一惯例》后，对该“惯例”经过多次修订，现行的“惯例”是1994年1月1日实施的，简称为第500号出版物。它虽不是国际法规，但已被世界上170多个国家的银行所采用，不少国家的司法部门或仲裁机构也以该惯例作为判定或裁决信用证业务纠纷的准则。因此，凡与对外贸易业务有关的企业应组织工作人员学习了解该惯例的内容。

4. 银行保函（Letter of Guarantee，L/G）

银行保函是银行根据委托人的申请向受益人开立的担保申请人履行某项义务，否则由银行承担经济赔偿责任的书面承诺文件。保函的名目繁多，常见的有进口保函、出口保函、投标保函、还款保函等。

保函与信用证的相同之处：均属银行信用；都规定有金额限度、有效期限和保付条款。其不同之处：在付款责任上，信用证是第一性的而保函是第二性的，即保函只有在商业信用不能兑现时银行才付款；信用证主要用于单边进口贸易，而保函的用途则较广；在信用证方式下货运单据是付款的主要依据，而保函是凭受益人的索偿申请书。

5. 国际保理（Factoring）

保理业务又称包理业务或保付业务。保理公司都隶属于经营国际贸易结算的商业银行。保理公司的业务主要有：

(1)承购出口商的跟单汇票；

(2)代出口商向国外进口商归收账款；

(3)为出口商提供资金融通，通常可预支货款的80%；

(4)对国外进口商进行资信调查和信用评估，确定进口商的信用额度。

只要具备其中的两项业务就被认为是保理业务。

以上介绍了五种支付方式，除保理业务外，其他四种不仅可单独使用，也可结合使用。例如，信用证与汇付相结合，信用证与托收相结合，汇付与保函相结合，托收与保函相结合等。

【小思考3-5】

《跟单信用证统一惯例》（国际商会第500号出版物）规定，任何信用证都必须（　　）。

A. 具有到期日和出票地点　　B. 具有到期日和付款地点

C. 具有出票地点和议付交单地点　　D. 具有承兑交单地点和议付交单地点

答案：B

第六节　海关监管与通关

一、海关监管

海关是国家的进出关境监督管理机关。一切进出关境的运输工具、货物、物品都必须置于海关监管之下。海关的四项基本任务是:货运监管、征收关税、查缉走私和编制海关统计。据此,一切进出口货物必须经由设有海关的海港、空港、车站、国际邮件交换站或国界孔道进出,并应按海关规定办理申报以便于海关进行监管,征收关税和编制海关统计。这种申报手续就是通常所说的报关(Apply to the Customs)。货物只有在办完报关手续经海关查验与申报内容相符后予以放行,进口货物才能动用,出口货物才能运出。如不按规定申报,故意逃避海关监管,即为走私,海关对走私行为将予严厉打击。

海关在执行公务中具有检查权、查阅权、查监权、调查权、缉查权、复制权、扣留权、质押权、追缉权、处理权、佩带和使用武器权、强制执行等 12 种权利。作为货代企业及其从业人员应遵纪守法并应熟悉海关的各项有关规定。

二、进出口货物的报关管理

海关对报关企业和报关员的管理有如下规定:

(1)凡需向海关办理报关的单位应向海关办理注册登记。登记时须持有国务院或省、自治区、直辖市有关部门批准的开业证件。经海关审查批准后发给《报关注册登记证明书》,该单位才具有报关的资格。未向海关办理注册登记的企业单位不得向海关办理报关手续。

(2)报关单位在办理注册的同时应确定专人,必须是报关单位的正式职员,负责办理报关事宜,并应将该人的简历、照片送交海关,经海关考核合格后发给"报关员证件。"

(3)自 1997 年 6 月 1 日起,报关员要参加全国统一考试,经考试合格后才能取得资格证书,然后向海关申请注册。海关对符合规定者发给报关员证(卡),其有效期为一年,跨年度使用必须办理年审,逾期一个月以上不参加年审的则停止报关资格。

(4)报关单位应对报关人员的一切报关行为负法律责任。凡进出口货物报关单位上必须盖有报关单位和报关人员的印章或签字,否则海关不予受理。报关员不得同时兼任两个或两个以上报关企业的报关工作,更不得挂靠于某报关企业进行报关活动。

(5)报关员必须遵守国家有关进出口的政策、法规和海关的有关规章。如发现有违章、走私行为的除依法处理外,立即吊销报关员证书,如为挂靠的报关员还须追究接受挂靠企业法人代表的法律责任。

由上可见，对于进出口货物并不是任何企业或任何人都可以向海关办理报关。现在向海关注册办理报关的企业分为以下三大类：

(1)专业报关企业(又称报关行)。这是指专门接受从事进出口货物经营单位和运输工具负责人或他们的代理人的委托，办理进出口货物和进出境运输工具的报关、纳税等事宜的具有法人地位的经济实体。

(2)代理报关企业。这是指经营国际运代理、国际运输工具代理和仓储等业务并兼营代理报关、纳税的境内法人。

(3)自理报关企业。这是指只办理本单位经营范围内的进出口货物的报关，而不代理其他单位报关。

三、进出口货物的通关程序

进口货物自入境申报起到海关放行止，出口货物自运到检查场所向海关申报到出境止，必须置于海关的监督之下。在此期间，未经海关许可不得装卸、提取、交付、续运、调换、开拆、取样、改装和更换标志。海关对进出口货物的通关程序一般分：接受申报、查验货物、计征税费和签印放行四个环节。现简述如下。

1. 申报

由进出口货物的收、发货人或其代理向海关办理申请。具体手续由报关企业的报关员办理。

(1)报关员必须携带并出示报关证件并应准确无误、如实地填写"进口货物报关单"或"出口货物报关单"。报关单的颜色分：

①一般贸易的进出口货物填白色的；

②进料加工的进出口货物填粉红色的；

③来料加工装配和补偿贸易的进出口货物填浅绿色的；

④三资企业的进出口货物填浅蓝色的；

⑤出口退税的货物填浅黄色的。

报关单的份数根据贸易方式不同而不同：

①一般进出口货物填一式三联，俗称基本联，其中第一联海关留存，第二联海关统计，第三联企业留存(在已实行计算机报关的口岸，只需填制一联交指定的预录入中心)。

②来料加工贸易。

a. 进口的，填制四联，前三联用途同上，第四联为海关核销联；

b. 出口不收汇的，填制四联，第四联为海关核销联；收汇的，填制五联，前四联用途同上，第五联为出口收汇核销联。

③进料加工贸易。

a. 进口的，填制四联，各联用途与上同；

b. 出口不收汇的，填制四联，各联用途与上同；收汇的，填制五联，各联用途与上同。

④其他贸易。

a. 进口不需付汇的，填制三联；需付汇的，填制四联，第四联为进口付汇核销联；

b. 出口不需退税或出口收汇的，填制三联；需退税或出口收汇的，填制四联，第四联为退税联或出口收汇核销联。

(2)对于须凭进口许可证或出口许可证才能进口或出口的货物应交验进口许可证或其他的批准文件。

(3)应提供进出口货物的发票和装箱单或重量单，必要时还需提供合同副本、产地证明、有关单证和账册等。

(4)应提供进口货物的提单(或运单)、出口货物的装货单(或运单)。

(5)对于应实行商品检验、文物鉴定或其他管制的进出口货物，还应交验有关主管部门签发的证件。

(6)提供减税、免税或免验的证明文件。

(7)专业或代理报关企业应提供委托报关的证明书(协议书)。海关接受申报后，要对报关企业及其报关员资格和有关单证进行审核，检查是否真实、齐全，报关单上所列的各项，如货名、规格、数(重)量、件数、标记、价格等是否填写正确，是否符合海关查验、征税、统计的需要，对于报关期限是否合乎规定。进口货物应自运输货物的工具申报进境后 14 天内办理报关，如逾期报关应自第 15 天起，每日按到岸价的 0.5‰征收滞报金，自运输工具申报进境之日起超过三个月且无特殊原因的由海关对货物进行变卖，价款上缴国库。对于出口货物应在装运前 24 小时办理报关。

2. 查验

一切进出口货物除经海关总署特准免验的以外，都必须由海关进行查验，以确定是否与所申报的单证相符，有无残损、短少，能否满足审价、征税需要等。查验货物一般在海关监管的场所，如码头、车站、机场的仓库等地进行。对于大宗散货、危险品、鲜活商品、落驳运输的货物，经收、发货人的申请也可在作业现场查验。查验时报关员应在场，并负责开拆和重封包装。在一般情况下，海关审核单证和查看货件后就可放行。当海关认为需要开验时，报关员必须办理开验。对于集装箱货物已确定装箱和拆箱的时间后，应提前一天(24 小时)通知海关，以便海关派关员到现场查验。如要求在进口到达地或者出口起运地(海关)办理报关的，只要具备海关监管和转运条件，并报经入境地和起运地海关同意后，即可按规定办理。

3. 征税

征收关税是海关的任务之一，进口货物的收货人、出口货物的发货人、进出境物品的所有人是依法缴纳关税的义务人。我国海关现有 6643 个 8 位数编码税目，海关根据“依率计征、依法减免、正确估价、科学归类、严肃退补、及时入库”的征税原则对所申报进出境的货物逐笔审定完税价格。

(1)进口货物一般以 CIF 价格作为完税价格。如 CIF 价格经海关审查不能确定的,依次以下列价格为基础估定完税价格:

①从该项进口货物同一出口国或地区购进的相同或者类似货物的成交价格;

②该项进口货物的相同或类似货物在国际市场上公开的成交价格;

③该项进口货物的相同或者类似货物在国内市场上的批发价格,减去进口关税、进口环节其他税费,以及进口后的正常运输、储存、营业费用及利润后的价格;

④按上述规定仍不能确定货物成交价格时,由海关按照合理方法估定的价格。

计算进口关税税款的基本公式为:

进口关税税额=完税价格×关税税率 (3-6)

完税价格=CIF 或完税价格=FOB+运费/(1-保险费率) (3-7)

(2)出口货物以海关审定的货物售予境外的离岸价格(FOB 价)扣除出口关税作为完税价格;FOB 价格不能确定的,完税价格由海关估定。计算出口关税税款的基本公式为:

出口税税额=完税价格×出口税税率 (3-8)

完税价格=离岸价格/(1+出口税率) (3-9)

税款一经确定,海关即填发税款缴纳证交纳税义务人。纳税义务人应在规定期限内向指定银行交纳税款。

4.放行

放行就是海关对货物、运输工具、物品查验后,在有关单据上签印放行,或者开具放行通知单,以示海关监管结束。

通常海关办理放行的手续有以下两种方式:

(1)签印放行。

一般进出口货物,报关人如实向海关申报并如数缴清应纳税款和有关费用,海关应在进出口货运单据上签盖"放行章",进口货物凭此到海关监管的仓库提货出境;出口货物凭此装货起运出境。

(2)销案。

按照担保管理办法的进口货物或暂时进口货物,在进口收货人全部履行了承担的义务后,海关准予销案。这意味着取得了海关的最后放行。

S 本章小结

本章初步介绍了国际贸易术语和国际贸易程序、国际贸易合同的主要交易条款、商品检验和检疫的相关知识以及国际贸易支付与结算工具和方式的具体内容,还介绍了海关监管与通关的相关知识。为了更好地掌握本章内容,建议自学进出口商品配额管理、许可证管理以及贸易方式等。

E 练习题

(一)单选题

1. 承兑交单属于(　　)方式的一种。
   A. 信用证　　B. 汇付　　C. 保理　　D. 托收
2. 下述贸易术语中,运费未付的是(　　)。
   A. CFR　　B. CIF　　C. FCA　　D. CIP
3. CIF 和 CFR 相比,就卖方承担的风险而言,(　　)。
   A. CIF 比 CFR 大　　B. CFR 比 CIF 大
   C. CFR 比 CIF 小　　D. CIF 与 CFR 相同
4. CIC 条款中的战争险、罢工险属于(　　)。
   A. 基本险　　B. 一般附加险
   C. 特殊附加险　　D. 特别附加险
5. 海关在 S/O 上盖章,则表明(　　)。
   A. 货物已可放行　　B. 货物未放行
   C. 等查验后放行　　D. 待海关施加封志后放行

(二)多选题

1. 2000 年通则将贸易术语分为(　　)。
   A. C 组　　B. F 组　　C. D 组　　D. E 组　　E. Q 组
2. 信用证的特点有(　　)。
   A. 银行信用,开证行负第一性的付款责任
   B. 一种自足文件,一经开出就独立于买卖合同之外
   C. 一种纯粹的单据业务
   D. 一种与货物严格相符的业务
3. 海关通关的基本程序为(　　)。
   A. 申报　　B. 查验　　C. 计费　　D. 征收　　E. 放行
4. 根据 CIC 条款一般附加险有(　　)。
   A. 偷窃、提货不着险　　B. 淡水雨淋险
   C. 交货不到险　　D. 舱面险
5. 贸易合同条款为“1000M/T More or Less 5% at seller's option”则卖方可交货(　　)。
   A. 950M/T　　B. 1000M/T
   C. 1050M/T　　D. 950M/T～1050M/T 之间的任意数量

(三)判断题

1. 常见的6种贸易术语是:FOB、CFR、CIF、EXW、FCA、CPT。(　　)

2. 托收的特点是商业信用。(　　)

3. 信用证是银行应出口方的申请而开立的属于银行信用。(　　)

4. 报关是指进出口货物的收、发货人或他们的代理人向海关报告其进出口货物的情况,并随附有关单证申请海关审查放行。(　　)

5. 中性包装是指在商品上和内外包装上不注明生产国别、地名和生产厂名,也不注明原有商标、牌号,甚至没有任何文字。(　　)

(四)简答题

1. 国际贸易上常用的支付方式有哪几种?

2. "仓至仓"条款的含义是什么?

【案例分析题】

我国A公司与某国B公司于2001年10月20日签订购买52500吨化肥的CFR合同。A公司开出信用证规定,装船期限为2002年1月1日至1月10日,由于B公司租来运货的"顺风号"轮在开往某外国港口途中遇到飓风,结果装至2002年1月20日才完成。承运人在取得B公司出具的保函的情况下签发了与信用证条款一致的提单。"顺风号"轮于1月21日驶离装运港。A公司为这批货物投保了水渍险。2002年1月30日,"顺风号"轮途经巴拿马运河时起火,造成部分化肥烧毁。船长在命令救火过程中又造成部分化肥湿毁。由于船在装货港口的延迟,使该船到达目的地时正遇上了化肥价格下跌。A公司在出售余下的化肥时价格不得不大幅度下降,给A公司造成很大损失。请根据上述事例,回答以下问题:

(1)途中烧毁的化肥损失属什么损失,应由谁承担?为什么?

(2)途中湿毁的化肥损失属什么损失,应由谁承担?为什么?

(3)A公司可否向承运人追偿由于化肥价格下跌造成的损失?为什么?

【实训练习题】

1. 实训项目名称:国际贸易报关及报关单的填制

2. 实训内容:报关流程及报关单的填制方法

3. 实训目的:熟练掌握报关的手续及在报关过程中应注意的问题,熟练填制报关单

4. 实训资料:提供报关所需要的相关单证

5. 实训要求:要求学生分成几组,每组4~6人,模拟报关

6. 实训方法:模拟训练

7. 课时安排:2学时

L 附样单证

附样 3-1

出口货物明细单

年 月 日

出口企业名称：

<table>
<tr><td colspan="2" rowspan="2">开户银行</td><td colspan="2" rowspan="2"></td><td>信用证编号</td><td colspan="2"></td><td colspan="2">填制单位编号</td><td colspan="2"></td></tr>
<tr><td>银行编号</td><td colspan="2"></td><td colspan="2">外运公司编号</td><td colspan="2"></td></tr>
<tr><td colspan="2" rowspan="3">经营单位
(SHIPPER)</td><td colspan="2" rowspan="3"></td><td colspan="7">合同(合约)号：</td></tr>
<tr><td>开证日期</td><td colspan="2"></td><td colspan="2">收到日期</td><td colspan="2"></td></tr>
<tr><td>金额</td><td colspan="2"></td><td colspan="2">收汇方式</td><td colspan="2"></td></tr>
<tr><td colspan="2">收货人
(CONSIGNEE)</td><td colspan="2"></td><td>货物性质</td><td colspan="2">()贸易
()补偿
()退运</td><td colspan="2">贸易国别
(地区)</td><td colspan="2"></td></tr>
<tr><td rowspan="3">提单或
承运收据</td><td rowspan="3">通知人
NOTIFY</td><td colspan="2" rowspan="3"></td><td>中间商及
名称地址</td><td colspan="6">佣金 %</td></tr>
<tr><td>出口口岸</td><td colspan="2"></td><td colspan="2">目的港</td><td colspan="2"></td></tr>
<tr><td>可否转运</td><td colspan="2"></td><td colspan="2">可否分批</td><td colspan="2"></td></tr>
<tr><td colspan="2">运费 FREIGHT</td><td></td><td>提单： 张</td><td>装运期限</td><td colspan="2"></td><td colspan="2">有效期限</td><td colspan="2"></td></tr>
<tr><td colspan="2" rowspan="2">标记唛码</td><td rowspan="2">货名规格
及货号</td><td rowspan="2">件数及包装</td><td rowspan="2">数量及单位</td><td rowspan="2">毛重
(KGS)</td><td colspan="2" rowspan="2">净重
(KGS)</td><td colspan="3">价格(成交条件)</td></tr>
<tr><td colspan="2">单价</td><td>总价</td></tr>
<tr><td colspan="2"></td><td colspan="9"></td></tr>
<tr><td colspan="2">注意事项</td><td colspan="2"></td><td colspan="7">总体积:立方米</td></tr>
</table>

附样 3-2

中华人民共和国出口许可证
EXPORT LICENCE OF THE PEOPLES REPUBLIC OF CHINA

No. 0177985

<table>
<tr><td colspan="3">1. 出口商
Exporter</td><td colspan="3">3. 出口许可证号
Export license no.</td></tr>
<tr><td colspan="3">2. 发货人
Consigner</td><td colspan="3">4. 出口许可证有效截止日期
Export license expiry date</td></tr>
<tr><td colspan="3">5. 贸易方式
Terms of trade</td><td colspan="3">8. 进口国
Country/Region of purchase</td></tr>
<tr><td colspan="3">6. 合同号
Contract No.</td><td colspan="3">9. 支付方式
Payment conditions</td></tr>
<tr><td colspan="3">7. 报关口岸
Place of clearance</td><td colspan="3">10. 运输方式
Mode of transport</td></tr>
<tr><td colspan="5">11. 商品名称
Description of goods</td><td>商品编码
Code of goods</td></tr>
<tr><td>12. 规格、等级
Specification</td><td>13. 单位
Unit</td><td>14. 数量
Quantity</td><td>15. 单价(USD)
Unity price</td><td>16. 总值(USD)
Amount</td><td>17. 总值折美元
Amount in USD</td></tr>
<tr><td></td><td></td><td></td><td></td><td></td><td></td></tr>
<tr><td></td><td></td><td></td><td></td><td></td><td></td></tr>
<tr><td></td><td></td><td></td><td></td><td></td><td></td></tr>
<tr><td></td><td></td><td></td><td></td><td></td><td></td></tr>
<tr><td>18. 总计
Total</td><td></td><td></td><td></td><td></td><td></td></tr>
<tr><td colspan="3">19. 备注
Suplementary</td><td colspan="3">20. 发证机关签章
Issuing authority's stamp & signature

21. 发证日期
Licence date</td></tr>
</table>

附样 3-3

中华人民共和国出入境检验检疫

出境货物通关单

编号：

<table>
<tr><td colspan="4">1. 发货人</td><td rowspan="3">5. 标记及号码</td></tr>
<tr><td colspan="4">2. 收货人</td></tr>
<tr><td colspan="2">3. 合同/信用证号</td><td colspan="2">4. 输往国家或地区</td></tr>
<tr><td colspan="2">6. 运输工具名称及号码</td><td colspan="2">7. 发货日期</td><td>8. 集装箱规格及数量</td></tr>
<tr><td>9. 货物名称及规格</td><td colspan="2">10. H. S. 编码</td><td>11. 申报总值</td><td>12. 数/重量、包装数量及种类</td></tr>
<tr><td colspan="5">上述货物业经检验检疫，请海关予以放行。
本通关单有效期至　　年　　月　　日
签字：　　　　　　　日期：　　年　　月　　日</td></tr>
<tr><td colspan="5">13. 备注</td></tr>
</table>

附样 3-4

出口收汇核销单存根

编号

出口单位
出口总价
收汇方式
预计收款日期
报关日期
出口单位备注： 1.发票编号： 2.合同(契约)编号： 3.其他：

出口收汇核销单

编号

外汇指定银行结汇/收账情况： 我行已凭此单办理结汇/收账　年　月　日(盖单)
海关核放情况： 年　月　日
外汇管理局核销情况： 年　月　日(盖单)

出口收汇核销单出口
退税专用

编号

出口单位(盖章)：		
货物名称	货物数量	出口总价
报关单编号：		
外汇管理局核销情况： 年　月　日(盖章)		

附样 3-5

中华人民共和国出口货物报关单

预录入编号：　　　　　　　　海关编号：

出口口岸	备案号	出口日期	申报日期	
经营单位	运输方式	运输工具名称	提单运号	
发货单位	贸易方式	征免性质	结汇方式	
许可证号	运抵国（地区）	指运港	境内货源地	
批准文号	成交方式	运费	保费	杂费
合同协议号	件数	包装种类	毛重（公斤）	净重（公斤）
集装箱号	随附单据	生产厂家		

标记唛码及备注

项号　商品编号　商品名称　规格型号　数量及单位　最终目的国（地区）　单位　总价　币制　征免

税费征收情况

录入员　录入单位	兹声明以上申报无讹并承担法律责任	海关审单批注及放行日期（签单） 审单　审价
报关员 单位地址 邮编　电话	申报单位（签章） 填制日期	征税　统计 查验　放行

下篇　国际货运代理实务

第四章 国际海运代理实务

能力目标

1.掌握杂货班轮货运业务及流程,掌握杂货班轮各主要货运单证的填制及货运单证的流转;

2.掌握集装箱货物的装载方法及整箱货和拼箱货集散交接的流转程序;

3.掌握集装箱整箱货和拼箱货进出口货运流程及主要货运单证的填制;

4.掌握班轮运费和集装箱运费的计算方法。

知识目标

1.掌握国际海上运输的特点,熟悉海上货物运输的行业组织及职能;

2.掌握海运货物的性质和分类,海运船舶的种类和特点,熟悉海运航线与港口的情况;

3.理解班轮运输的概念、特点和作用,熟悉班轮运输业务及货运程序;

4.掌握集装箱相关的基本知识和集装箱货物交接的主要方式;

5.掌握各种租船方式的概念、特点及租船的业务流程;

6.熟悉租船合同条款的性质和分类以及航次、期租合同的主要条款。

学习要求

结合全国国际货运代理从业资格考试和物流师职业资格考试的要求,掌握国际海上运输的特点;熟悉海上货物运输的行业组织IMO、BIMCO、CMI、班轮公会与联营体等;熟悉海上货运船舶的种类和特点、海运航线与港口的基本情况;掌握货物的性质和分类;熟悉班轮运输业务及货运程序、重点掌握杂货班轮各主要货运单证及货运单证流程;重点掌握集装箱的基本知识,集装箱的选用、配载和货物装箱,海运集装箱货物交接的主要方式及集装箱租赁,重点掌握集装箱整箱货和拼箱货进出口货运流程及主要货运单证；掌握租船运输及各种租船营运方式的概念和特点；重点掌握班轮运价、运费、运价本的概念以及运费结构与运费的计算方法；熟悉租船合同条款的性质和分类，掌握航次租船合同的主要条款。本章内容无论在货代实务还是资格考试中，都占有很大的比重，除知识学习掌握外，必须结合实训实践、岗位实习，才能真正融会贯通。

关键概念

班轮公会　班轮运输　装货单　舱单　场站收据　航次租船　定期租船　光船租船　滞期费　速遣费

第一节　国际海洋运输基础知识

海洋运输是国际贸易中最主要的运输方式，它是指使用船舶通过海上航道在不同国家和地区的港口之间运送货物的一种方式。目前，国际贸易总运量中的2/3以上都选择海洋运输。在我国，国际贸易总运量的80%～90%的货物进出口，都是通过海洋运输方式来完成的。与其他运输方式相比，海洋运输的运量大、运费低、航道四通八达，其优势所在不言而喻；其劣势是速度慢、航行风险大，航行时间易受气候、潮汐、港口条件等因素的影响而难以准确确定。由于海洋运输往往是对于国际贸易而言的，它具有对外性和国际性。因此，习惯上称海洋运输为外贸运输或国际货物运输。

海上运输根据参与业务活动各方的所属国籍和调整各方法律关系所适用法规的不同又可区分为沿海运输和远洋运输。通常都把国内沿海港口间的海上运输称为沿海运输；而将本国港口与外国港口之间，或外国港口与外国港口之间的海上运输称为远洋运输。外国（或特定地区）港口之间的运输习惯上又被称为第三国运输，是指本国船舶在国际航线上完成的外国（或特定地区）港口之间的运输，即与本国进出口货载无关的运输。

一、国际海上货物运输的特点

1. 与公路运输、铁路运输及航空运输的差异

(1)运能优势明显。

海上货物运输的运力大，货物运输能力几乎不受限制性。中等规模拖轮船队(Barge Train)的载重量可达万吨以上，超大型油轮一次可载运几十万吨的原油，远远超过了铁路列车的载重量。船舶舱容大，可载运体积庞大的货物。

(2)经济效益突出。

从主要经济指标来看,由于国际海上货物运输的航道主要利用的是天然水域,除了建设港口和购置船舶外,水域航道几乎不需投资。与公路、铁路和航空运输相比较,运输成本较低。当然,只有在运距长、运量大的前提之下,国际海上货物运输的经济性才能充分体现出来。

(3)对自然条件影响敏感,运输速度相对较慢。

国际海上货物运输受自然因素影响很大,水深、冰冻、潮汐等自然因素都会影响船舶通航,对国际海运造成极大影响。

2.与江河货物运输和国内沿海货物运输的差异

(1)遭遇海上危险的可能性和造成的损失巨大。

由于远洋运输船舶经常是长时间远离海岸航行,海上气象多变、环境复杂,随时都可能遭遇恶劣天气和自然灾害的袭击。船舶一旦遭遇海上危险,尤其是那些大型船舶,本身造价很高,所载货物数量很多,损失数额将十分巨大。另外,如果油船遭遇事故,除了油船本身及所载的货油损失外,还会因货油漏入海洋而造成严重的海洋环境污染,其后果和损失更是惊人,甚至难以估计。

(2)国际海上货物运输需要相应的特殊制度。

人们通过长期的海洋运输的实践,在总结航海事故发生和处理结果的经验和教训基础上,逐渐形成为各方面普遍接受,能防止和减少海上事故发生、分散风险、有一定经济补偿的适应海运特点,促进海运事业发展的一些比较特殊的制度。这些制度包括:共同海损制度、海上保险制度、海上救助制度、承运人责任限制制度和船舶所有人责任限制制度等。

(3)主要货运单证的国际通用性。

国际海运货运单证繁多,作用各异。在单证的内容和编制方法上,不仅要求符合本国法令的规定和业务需要,而且也必须适应国际公约或有关国家的法令和习惯要求,使之能为各个国家和各个关系方所承认和接受。所以,就一些主要的货运单证而言,在名称、作用和记载的内容上常常是大同小异,或是完全一致,从而使这些单证可以在国际范围内通用。

(4)适用法规的国际统一性。

国际海运属于国际间的运输,在运输中常会发生各种事故或争议,纠纷或争议各方分属不同的国家。在处理这些纠纷或争议时,就有适用哪一个国家的法律规定的问题。往往会出现同一案件按不同国家法律来处理可能会得出完全不同的结果。为此,国际海运界长期以来一直都在谋求制定一系列能为各国接受并共同遵守的国际公约。各国在批准这些国际公约的同时,也相应进行国内立法并适时修订,以求得国际上的统一。

二、海上货物运输行业组织

国际海运行业组织根据参与成员的性质，分为政府间国际海运行业组织和非政府间国际海运行业组织。政府间国际海运行业组织成员是以政府为主体，或者是代表政府利益的民间机构；非政府间国际海运行业组织是以企业为主要成员的行业自律组织，因而一般也被称为国际海运行业协会。除此以外，还有一类具有经营协作性质的组织，称为国际航运协议组织。该组织是指从事国际海上运输的国际船舶运输经营者根据相互订立的协议而组成的各种经营合作性质的，具有组织机构形式或没有组织机构形式的组织。目前，国际航运协议组织的主要形式包括班轮公会、协商协议组织、运营协议组织等。

国际航运协议组织具有自律性质，以实现经营上的合作为目的。这些组织不同于国际海运行业协会，因为其具有垄断性质，排除或减少了国际航运市场的竞争。由于各海运国家通过特别立法赋予这些组织反垄断豁免，国际航运协议组织一直以来在国际海运业发挥着重要的作用。

1. 国际海事组织(IMO，Internation Maritime Organization)

国际海事组织原名“政府间海事协商组织”(IMCO)，于 1959 年 1 月联合国在伦敦召开的第一次组织大会期间正式成立。1982 年 5 月 22 日，该组织更名为“国际海事组织”，是联合国在海事方面的一个技术咨询和海运立法机构，是政府间的国际组织(IGO，Inter-governmental Organization)。所有联合国成员国均可成为国际海事组织的会员国。我国于 1973 年 3 月 1 日正式参加国际海事组织，并于 1975 年当选为理事国。国际海事组织设有五个委员会，即海上安全委员会、海上环境保护委员会、法律委员会、便利委员会和技术合作委员会；还设有九个分委会，危险品、固体货物和集装箱运输分委会，消防分委会，无线电和搜寻与救助分委会，航行安全分委会，船舶设计和设备分委会，稳性、载重线和渔船安全分委会，培训和值班标准分委会及船旗国履约分委会。

国际海事组织的宗旨是：“在与从事国际贸易的各种航运技术事宜和政府规定和惯例方面，为各国政府提供合作机会；并在与海上安全、航行效率和防止及控制船舶造成参海洋污染有关的问题上，鼓励和便利各国普遍采用最高可行的标准”。国际海事组织还负责处理与这些宗旨有关的行政和法律事宜。

2. 国际海运行业协会

各国都有数量众多的国际海运行业协会，如船东协会、托运人协会、货代协会、船代协会、港口协会、船舶管理人协会、造船与修船业者协会、保赔协会、引航员协会等。有些海运行业协会的成员不限于本国企业，也吸收其他国家的有关企业，从而具有国际性行业协会的特点，如东盟港口协会(APA)、东盟托运人协会联合会(FASC)、欧洲多式联运协会(EIA)、国际海事委员会(CMI)、国际多式联运协会(IMMTA)、英国船舶经纪人与代理人协会联盟(FONASBA)、船级社国际协会(IACS)等。

国际海运行业协会都是依据行业自身需要自然发展而形成的,会员都是基于自愿原则加入,并以自律机制规范协会和协会成员的各项活动。协会具有自愿性、民间性和非盈利性。协会的主要职能是:服务职能、中介职能、自律职能和协调职能。

波罗的海国际海事协会(BIMCO)和国际海事委员会(CMI)属于国际海运行业组织中的非政府间的国际组织(NGO),是由航运企业及与航运有关的机构联合而成的学术性和咨询性的民间团体。因参与的成员众多,在国际海运政策方面起到协调和咨询的作用,在国际海运行业中有着广泛的影响。

波罗的海国际海事协会成立于1905年,总部设在哥本哈根。协会成员有航运公司、经纪人公司及保赔协会等团体或俱乐部组织。该协会的宗旨是:保护会员的利益,为会员提供情报咨询服务;防止运价投机和不合理的收费和索赔;拟订和修改标准租船合同和其他货运单证;出版航运业务情报资料等。情报咨询是该协会的基本活动,其服务项目包括:解释租船合同条款或在发生争议时提供建议;提供港口及航线情况;提供港口费用和账单等具体资料等。该协会在联合国贸发会议及国际海事组织中享有咨询地位。

国际海事委员会于1897年在布鲁塞尔成立。它的主要宗旨是促进海商法、海运关税和各种海运惯例的统一。主要职能是草拟各种有关海上运输的公约,如有关提单、有关责任制、有关海上避碰、有关救助等方面的国际公约草案。国际上第一个海上货物运输公约——著名的《海牙规则》,就是由该委员会于1921年起草并在1924布鲁塞尔会议上讨论通过的。1968年,又对《海牙规则》进行修正,制定了《海牙——维斯比规则》,即《1968年布鲁塞尔议定书》。

3.国际航运协议组织

(1)班轮公会(Conference)。

班轮公会,是指两个或两个以上国际船舶运输经营者,在特定的地理范围内,在某一条航线或数条航线上提供国际班轮的货物运输服务,在根据达成的协议或安排的范围内,按照统一的或共同的运费率及其他的运输条件从事经营活动的组织。

班轮公会,又称班轮航运公会、运价协会、水脚公会。世界上第一个班轮公会于1875年诞生在英国至加尔各答航线上,随后发展遍及全世界。

班轮公会成立的目的主要是开展两方面的业务:一方面是为了限制和调节班轮公会内部会员相互间竞争的业务活动,主要工作有协定费率、统一安排营运、统筹分配收入、统一经营等;另一方面是为了防止或对付来自公会外部的竞争,以达到垄断航线货载的目的,主要制定相应措施,如忠诚协议、延期回扣制、合同费率制、联运协定、派出“战斗船”等。

随着航运市场发展,特别是班轮集装箱化使服务质量差别缩小,船公司单独介入航线运输并提供高附加值的服务已成为可能,班轮市场垄断的局面日渐削弱。此外,许多国家纷纷制定对公会不利的法律政策，如 1983 年生效的联合国班轮公会行动守则规定不得派战斗船；美国《1998 年航运改革法》规定公会不得限制成员独立签订服务协议的权利等。

(2)协商协议组织。

协商协议组织，是指从事国际班轮运输服务的国际船舶运输经营者在特定航线上成立的，就有关运价、运力进行协商，并可以制定对成员没有强制约束力的指导性规则的组织。协商协议组织包括运价协商组织、运力稳定组织和运价动力协商组织等。在《中华人民共和国国际海运条例实施细则》中，协商协议组织被称为运价协议。所谓运价协议，是指两个或者两个以上国际班轮运输经营者之间订立的关于收费项目及其费率、运价或附加费等内容的协议，包括具有上述内容的会议纪要。

当班轮运输市场上存在强大的独立承运人时，在某一航线或某一区域范围内，班轮公会与独立承运人之间就可能达成有关运力或运价的稳定协议，这些协议可称为协商协议。20 世纪 80 年代末期至 90 年代初期，世界各主干航线上先后达成了一些公会成员与独立承运人之间的各种协商协议，如 1988 年的越太平洋航线协商协定(TPDA)、1989 年的越太平洋航线稳定协议(TSA)、1992 年的欧亚贸易协定(EATA)等。除上述干线达成的协议外，在支线运输上，公会内外的船公司也纷纷携手签署有关协商协议。

(3)运营协议组织。

运营协议组织，是指从事国际班轮运输服务的国际船舶运输经营者在特定的航线上，为了实现经营的合理化，在技术、经营、商业等方面的合作，但不包括运价和运力方面的合作协议，运营协议组织包括联营体协议和联盟协议等形式。

所谓运营协议，是指两个或者两个以上国际班轮运输经营者为稳定或控制运价订立的关于在一条或数条航线上增加或减少船舶运力的协议，以及其他协调国际班轮运输经营者共同行动的协议，包括具有上述性质内容的会议纪要；两个或两个以上国际班轮运输经营者为提高运营效率订立的关于共同使用船舶、共同使用港口设施及其他合作经营协议和各类联盟协议、联营体协议。联营体是指两个或两个以上主要通过集装箱方式提供国际班轮货物运输服务的船公司之间的协议组织，相关协议可以是关于一条或数条航线的贸易，协议的主要目的是在提供海运服务时共同经营、相互合作、提高服务质量。主要方式是通过舱位互租、共同派船、码头经营、内陆运输、集装箱互换、船舶共有、信息系统共同开发、设备共享等各种方式致力于集装箱运输合理运作的技术、经营或商业性协作。

4. 我国国际海运行业协会

(1)中国船东协会(CSA，China Shipowners' Association)。

中国船东协会于 1993 年 4 月在北京成立，是在我国注册并从事水上运输的商船所有人和经营人组成的行业协会。

(2)中国港口协会(CPA,China Ports Association)。

中国港口协会是全国性的港口行业协会,成立于1981年7月,是由港口行业的企事业单位、港口管理机构及其他与港口相关的单位、社团法人自愿组成的跨地区、跨部门和不分所有制形式的社会组织,是自律性、非营利性的行业管理组织的社团法人。

(3)中国对外贸易经济合作企业协会(CAS,China Shipper's Association)。

中国对外贸易经济合作企业协会成立于1989年,习惯上称为中国货主协会。中国货主协会是为建立和完善为外经贸货主服务的机制,由全国外贸、外经、工贸、技贸、商贸、生产型等各类进出口企业自愿结成的,由对外贸易经济合作部批准,在民政部注册的一家代表中国货主利益的行业组织。

(4)中国船舶代理行业协会(CASA,China Association of Shipping Agency)。

中国船舶代理行业协会是由经交通部批准从事国际海运船舶代理企业组成的行业组织,于2001年6月8日在北京成立。它是在民政部注册登记的全国性社会团体,依法享有社团法人资格,接受交通部的业务指导和民政部的监督管理。

(5)中国国际货运代理协会(CIFA,China International Freight Forwarders Association)。

中国国际货运代理协会于2000年9月6日成立于北京,是经国务院批准、在民政部登记注册的社团法人,是由中华人民共和国境内的国际货运代理企业自愿组成的、非营利性的、以民间形式代表中国货代业参与国际经贸运输事务并开展国际商务往来的全国性行业组织,接受外经贸部的业务指导和民政部的监督管理。

三、国际海运的对象——货物

1.按货物含水量划分

(1)干货(Dry Cargo):是指基本上不含水分或含水很少的货物。有包装的件杂货物大都属于此类。

(2)湿货(Wet Cargo):是指散装液体货(Liquid Cargo),如石油及其制品、植物油、化学品等。金属桶或塑料桶装运的流质货物及半流质如肠衣等也都属于此类。

2.按包装形式和有无包装划分

(1)包装货(Packed Cargo),如件杂货物(General Cargo)等。

(2)裸装货(No Packed Cargo),如钢板、钢材等。

(3)散装货(Bulk Cargo),一般是指没有包装就投入运输的块、粒、粉状的干散货,如各种矿石、煤炭、不加包装的粮谷等。

3.按货物是否能分件划分

(1)件杂货(General Cargo):是指有包装的、可分件的、数量较小的货物。

(2)大宗货(Lot Cargo):是指一批货物的运量很大,如化肥、粮谷等。

4. 按货物的理化性质划分

(1)普通货(Ordinary Cargo)。

①清洁货物(Clean Cargo):是指清洁、干燥的货物,也可叫精细货物(Fine Cargo)。如在运输保管中不能混入杂质或被玷污的棉纺织品;供人食用的食品,易损坏破碎的陶瓷器、玻璃制品等,还有各种日用工业品等。

②液体货物(Liquid Cargo):指盛装于桶、瓶、坛内的流质或半流质货物,如油类、酒类、普通饮料等。

③粗劣货物(Rough Cargo):是指油污、水湿、扬尘和散发异味等特性的货物,如生皮、骨粉、鱼粉、烟叶、水泥、炭黑、颜料等。

(2)特殊货(Special Cargo)。

①危险货物(Dangerous Cargo):是指具有燃烧、爆炸、毒害、腐蚀和放射线、污染等性质,在运输过程中能引起人身伤亡、财产毁损,需要按照有关危险货物运输规则的规定进行运输的货物。

②易腐性冷藏货物(Perishable Cargo and Reefer Cargo):是指常温条件下易腐烂变质或需按指定的某种低温条件运输的货物。

③活的动植物(Live Stock and Plants):是指具有正常生命活动、在运输中需要特别照顾的动物和植物。

5. 按货物价值划分

(1)高值货物(High-valued Cargo):是指高价、贵重货物,如金、银、古董、艺术品、精密仪器等。

(2)低值货物(Low-valued Cargo):是指价值较低的货物,大宗货物多数属于此类。

6. 按货物的重量和体积比率划分

(1)重量货物(Weight Cargo):简称重货,是指重量1公(长)吨的货物,其体积小于1立方米(40立方英尺)。

(2)轻泡货物(Measurement Cargo):或称体积货物、尺码货物或轻货,是指重量1公(长)吨的货物,其体积大于1立方米(40立方英尺)。

区别重货与轻货的临界标准:积载系数。积载系数大于1为轻货,小于1为重货。

$$积载系数=体积/毛重=立方米/公吨=立方英尺/长吨 \tag{4-1}$$

7. 按货物长度和重量划分

(1)超长货物(Lengthy Cargo):国际标准规定长度超过12米的货物为超长货物。

(2)超重货物(Heavy Lift):国际标准规定每件重量超过40公吨的货物为超重货物。

我国港航计费规定，每件超过5公吨为重件；长度超过12米为长大件。在国际贸易运输中，有时也可根据船舶、码头的起吊能力作为划分重大件货物的标准，如卸货港码头上无起吊设备，而船舶吊杆的安全负荷为8公吨，那么重量超过8公吨的货物就是重件货物。

8.按集装箱划分

(1)整箱货：指托运人的货物能够装满一个整箱。

(2)拼箱货：是指托运人的货物不能装满一个集装箱，须由承运人将其他货主的货物拼装于一个集装箱。

四、国际海上运输工具——船舶

船舶的种类及特点按用途不同可分为：

(1)客货船：除载运旅客之外，还装载有部分货物(水线以下的船舱尽可能用来装货)，客货船在要求上与客船相同。

(2)普通货船：又称杂货船。专门运输包装成捆、包、箱等货物的船。

(3)集装箱船：专门运输集装箱货物的船舶。可分为三种类型：全集装箱船是一种专门装运集装箱的船，不装运其他形式的货物；半集装箱船在船的中部区域作为集装箱的专用货舱，两端货舱装载其他杂货；可变换的集装箱船是一种多用途船，可根据需要随时改变设施，既可装运集装箱，也可装运其他普通杂货。

(4)滚装船：货物装卸不是从甲板上的货舱口垂直的吊进吊出，而是通过船舶首、尾或两舷的开口及搭到码头上的跳板，用拖车或叉车把集装箱或货物连同带轮子的底盘一起从船舱运至码头的一种船舶。滚装船的主要优点是：不需要起货设备，货物在港口不需要转载就可以直接拖运至收货地点，缩短货物周转的时间，减少货损。

(5)载驳货船：又称子母船，这是一种把驳船(子船)作为“浮动集装箱”，利用母船升降机和滚动设备将驳船载入母船，或利用母船上的起重设备把驳船由水面上吊起，然后放入母船体内的一种船舶，统称为载驳货船。许多载驳货船的甲板上载有集装箱船。

(6)散货船：散装运输谷物、煤、砂、盐、水泥等大宗干散货物的船舶。因干散货船的货种单一，不需要包装成捆、成包、成箱装载运输，不怕挤压，便于装卸，所以都是单甲板船。

(7)油船：指散装运输各种油类的船。通常所指的油轮多数是运输原油的船；而装运成品油的船，称为成品油船；装运液态天然气和石油气的船，称为液化气船。油轮的载重量越大，运输成本越低。近洋油船的总载重量为6万吨左右；远洋油轮的总载重量为20万吨左右；超级油轮的总载重量为30万吨以上；最大的油轮已达到56万吨。油轮都是单甲板、单底结构。

五、航线基本知识

1. 按船舶营运方式分类

(1)定期航线:使用固定的船舶,按固定的船期和港口航行,并以相对固定的运价经营客货运输业务的航线为定期航线。定期航线又称班轮航线,主要装运件杂货物。

(2)不定期航线:临时根据货运的需要而选择的航线为不定期航线。其船舶、船期、挂靠港口均不固定,以经营大宗、低价货物运输业务为主的航线。

2. 按航程的远近分类

(1)远洋航线:是指航程距离较远、船舶航行跨越大洋的运输航线,如远东至欧洲和美洲的航线等。我国习惯上以亚丁港为界,把去往亚丁港以西、包括红海两岸和欧洲及南北美洲广大地区的航线划为远洋航线。

(2)近洋航线:是指本国各港口至邻近国家港口间的海上运输航线的统称。我国习惯上把航线在亚丁港以东地区的亚洲和大洋洲的航线称为近洋航线。

(3)沿海航线:是指本国沿海各港之间的海上运输航线,如上海—广州,大连—青岛等。

3. 按航行的范围分类

(1)太平洋航线。该航线细分为:

远东—北美西海岸航线;

远东—加勒比,北美东海岸航线;

远东—南美西海岸航线;

远东—东南亚航线;

远东—澳大利亚、新西兰航线;

澳大利亚、新西兰航线—北美东西海岸航线。

(2)大西洋航线。该航线细分为:

西北欧—北美海岸航线;

西北欧、北美东海岸—加勒比海航线;

西北欧、北美东海岸—地中海—远东航线;

南美东海岸—好望角—远东航线;

西北欧、地中海—南美东海岸—远东航线。

(3)印度洋航线。该航线又可分为:

波斯湾—好望角—西欧、北美航线;

波斯湾—东南亚—日本航线;

波斯湾—苏伊士运河—地中海—西欧、北美航线。

以上是三条主要石油航线。

(4)世界海运集装箱主要航线有:

远东—北美航线(北太平洋航线);

北美—欧洲、地中海航线(北大西洋航线);

欧洲、地中海—远东航线(印度洋航线);

远东—澳大利亚航线;

澳洲、新西兰—北美航线;

欧洲、地中海—西非、南非航线。

(5)我国主要的海运航线。

①近洋航线:

a. 港澳线。到香港、澳门地区。

b. 新马线。到新加坡、马来西亚的巴生港(Port Kelang)、槟城(Pulau Pinang)和马六甲(Malacca)等港。

c. 暹罗湾线,又可称为越南、柬埔寨、泰国线。到越南海防、柬埔寨的磅逊和泰国的曼谷等港。

d. 科伦坡、孟加拉湾线。到斯里兰卡的科伦坡、缅甸的仰光、孟加拉的吉大港和印度东海岸的加尔各答等港。

e. 菲律宾线。到菲律宾的马尼拉港。

f. 印度尼西亚线。到爪哇岛的雅加达、三宝垄等。

g. 澳大利亚、新西兰线。到澳大利亚的悉尼、墨尔本、布里斯班和新西兰的奥克兰、惠灵顿。

h. 巴布亚新几内亚线。到巴布亚新几内亚的莱城、莫尔兹比港等。

i. 日本线。到日本九州岛的门司和本州岛的神户、大阪、名古屋、横滨和川崎等港口。

j. 韩国线。到釜山、仁川等港口。

k. 波斯湾线,又称阿拉伯湾线。到巴基斯坦的卡拉奇,伊朗的阿巴斯、霍拉姆沙赫尔,伊拉克的巴士拉,科威特的科威特港;沙特阿拉伯的达曼。

②远洋航线:

a. 地中海线。到地中海东部黎巴嫩的贝鲁特、的黎波里,以色列的海法、阿什杜德,叙利亚的拉塔基亚,地中海南部埃及的塞得港、亚历山大,突尼斯的突尼斯,阿尔及利亚的阿尔及尔、奥兰,地中海北部意大利的热那亚,法国的马赛,西班牙的巴塞罗那和塞浦路斯的利马索尔等港口。

b. 西北欧线。到比利时的安特卫普;荷兰的鹿特丹,德国的汉堡、不来梅;法国的勒弗尔,英国的伦敦、利物浦,丹麦的哥本哈根,挪威的奥斯陆,瑞典的斯德哥尔摩和哥德堡,芬兰的赫尔辛基等。

c. 美国、加拿大线。包括加拿大西海岸港口温哥华,加拿大东岸港口蒙特利尔、多伦多,美国西岸港口西雅图、波特兰、旧金山、洛杉矶,美国东岸港口纽约、波士顿、费城、巴尔的摩、波特兰和美国墨西哥湾港口的莫比尔、新奥尔良、休斯敦等港口。其中美国墨西哥湾各港也属美国东海岸航线。

d. 南美洲西岸线。到秘鲁的卡亚俄，智利的阿里卡及伊基克、瓦尔帕莱索、安托法加斯塔等港。

六、港口

港口是交通与内陆交通之间的重要联系枢纽，其位置一般在江、河、湖、海沿岸，具有一定的设备条件，供船舶来往停靠、办理客货和其他专门服务。港口的范围包括港内水域及紧接水域的陆地。

港口按其基本功用，可分为商港、渔港、军港和避风港四大类型。这里所介绍的港口，仅指与国际贸易有关的商港。商港主要供商船停靠，办理客货运输，一般具有停靠船舶、上下客货、供应燃料和物料及修理船舶所需的各种设备和条件。现代商港不仅是水陆运输的枢纽和货物集散地，而且也是一个巨大的生产单位，其规模的大小，一般以其吞吐量的大小表示。

1. 世界主要港口

(1)鹿特丹港(Rotterdam)。

该港位于莱茵河和马斯河入海的三角洲，濒临世界海运最繁忙的多佛尔海峡，是西欧水陆交通的要冲，是荷兰和欧盟的货物集散中心，运入西欧各国的原油、石油制品、谷物、煤炭、矿石等都经过这里，有“欧洲门户”之称。

(2)纽约港(New York)。

位于纽约州东南部哈得逊河口东岸，濒临大西洋，包括哈得逊河下游 48 千米长的水线，长岛海峡沿岸 30 多千米的海岸线，以及斯塔腾岛西边 32 千米的水面。这里海岸曲折，港宽水深，潮差仅 1.2～1.5 米。由于有墨西哥湾暖流的影响，港口全年不冻，是大西洋沿岸的一个天然良港。

(3)神户港(Kobe)。

神户是日本第一大港。

(4)汉堡港(Hamburg)。

汉堡港距易北河流入北海的入海口 110 千米，航道水深 11 米以上，大型海轮通行无阻。它有 300 多条国际海运航线与世界各主要港口联系，素有“德国通向世界的门户”之称。

(5)安特卫普(Antwerp)。

安特卫普在比利时北部、斯海尔德河下游，距北海 89 千米。安特卫普是比利时第二大工业中心，北欧北部的贸易中心，也是世界著名大港之一。

(6)横滨港(Yokohama)。

西、南、北三面丘陵环绕，受强风影响很少，是日本天然良港之一。

(7)新奥尔良港(New Orleans)。

新奥尔良港是美国南部路易斯安娜州大商埠，在密西西比河畔，离该河在墨西哥湾的入海处 110 英里。新奥尔良既是深水远洋港口，又是内河航运集散地。

(8)马赛港(Marseille)。

位于法国南部地中海利翁湾东岸，背山面海，港深水阔，既无泥沙淤塞，又不为潮汐涨落所限，是地中海沿岸一天然良港。

(9)伦敦港(London)。

伦敦是英国首都，是政治、文化、经济、交通中心，世界十大城市之一。伦敦位于英格兰东南部，泰晤士河下流延伸达 69 千米，进口货物的一半是由驳船运至沿岸码头和工厂。伦敦港也是西北欧最大的集装箱港，年装卸货量超过 6000 万吨，经由伦敦进口的货物占英国进口额的 80%。

2. 我国主要港口

(1)上海港。

位于长江入海的咽喉处，黄浦江横贯其中，成为天然商港。该港航道包括长江口南航道和黄浦江航道，可同时靠泊万吨级船舶 60 余艘。

(2)大连港。

地处辽东半岛的南端，我国黄海之滨，大连湾内，港口外面有大小两个山岛对峙，扼住了湾口的咽喉，形成天然屏障。湾内风平浪静，平均水深 9 米，最深处 12 米，平均气温 10℃，是四季通航的天然良港。

(3)秦皇岛港。

靠近万里长城东端的渤海湾西岸、大沽口与葫芦岛之间，气候比较温和，是我国北方著名的终年不冻港，将成为我国最大的能源输出港和世界上最大的煤港。

(4)天津港。

天津港位于渤海湾西岸，是我国首都出海门户。由天津、塘沽、新港三部分组成。新港位于海河口北岸，是天津港主体。塘沽与新港码头均有铁路专用线，与京山、津浦铁路相连，可进行车船直接装卸作业。

(5)青岛港。

青岛港位于山东省东南海岸胶州湾内。进出口主要货物有煤、盐、石油、钢铁、矿建材料、化肥等，是我国外贸主要港口之一，占全港吞吐量的 45%，每年进出的外贸船舶达 1300 多艘。现已开通运往美国的集装箱班轮航线。

(6)黄埔港。

黄埔港位于广州市东南侧珠江口内，是一个天然深水良港。

(7)湛江港。

湛江港位于广东省雷州半岛东北部的广州湾内，为我国天然深水良港。水域宽阔，水深浪静，万吨级船舶可随时进出港口。

(8)连云港。

在江苏省连云港市区之东，西临海州湾，西南依云台山，并有东西连岛作为屏障。是我国主要外贸港口之一，也是新亚欧大陆桥的东桥头堡。

(9)烟台港。

烟台港位于山东半岛北部，历史上就是我国对外通商口岸，该港有 12 个泊位，包括 3 个万吨级，6 个 5000 吨级以上的泊位，装卸实行机械化。

(10)南通港。

南通港位于长江下游，江面宽阔，水深 11～12 米，常年可以通航。最近又新开辟了国际集装箱航线，加强了与世界各地的联系。

(11)宁波港。

宁波港位于东海之滨，全国海岸线中段，由于地理条件十分优越，是一个大有发展前途的深水良港。

(12)温州港。

温州港位于瓯江下游，是浙江省第二大港。5000 吨级船可以直接进入市区码头。

(13)福州港。

福州港位于福建省闽江下游北岸，海运条件十分优越。它的外港是马尾港区，有 16 千米长的海岸线，已建有万吨级泊位。

(14)北海港。

北海港位于北部湾的北面，由一个大陆半岛加两个小岛组成。

(15)澳门港。

澳门港口由内港、九澳港、外港和新港澳码头组成。

(16)香港维多利亚港。

维多利亚港位于珠江口东边，是世界少有的天然良港。

【小知识 4-1】 我国大陆主要港口至一些国际港口距离表(如表 4-1 所示)

我国大陆主要港口至一些国际港口距离表 (单位:海里) 表 4-1

	湛江	黄埔	汕头	福州	上海	青岛	大连	秦皇岛	塘沽
香港	238	66	187	495	823	1116	1259	1364	1414
新加坡	1334	1508	1566	1825	2186	2466	2619	2722	2759
神户	1618	1459	1237	1007	787	799	853	960	1010
加尔各答	2984	3135	3212	3465	3836	4113	4269	4372	4409
悉尼	4590	4552	4352	4502	4631	4865	4976	5145	5195
荣巴萨	5319	5470	5530	5790	6171	6448	6604	6707	6744
达喀尔	9819	9969	10055	10305	10665	10921	11067	11194	11244
鹿特丹	9665	9315	9873	10125	10590	10782	10938	11041	11078
旧金山	6278	6131	5855	5635	5397	5408	5448	5553	5588
纽约	11371	11267	11043	10323	10581	10592	10635	10736	10777

第二节　班轮运输业务及货运程序

一、班轮运输的概念、特点和作用

1. 班轮运输的概念

班轮运输(Liner Shipping)也称定期船运输，是指班轮公司将船舶按事先制定的船期表，在特定航线的各既定挂靠港口之间，经常为非特定的众多货主提供规则的、反复的货物运输服务，并按运价本(Tariff)或协议运价的规定计收运费的一种营运方式。

2. 班轮运输的特点

(1)“四固定”。即固定船期、固定航线、固定港口和相对固定的运费率，利于货主掌握船期、核算运输费用、组织货源、促进进出口成交。

(2)“一负责”。即船方负责装卸，运费内已包括装卸费。除另有约定外，货物的装卸工作应由承运人负责，班轮公司与托运人之间一般不计滞期费和速遣费，而是按港口习惯快速装卸。

(3)班轮运费是按照事先公布的运价本计收运费的。班轮运价本一般都以活页装订，运价本一经公布，在相当长的时间的保持不变，对于个别运价事项的变动则以更替活页的形式予以修订。如果因某些特殊原因导致短期内运输收入减少或运输成本增加，则以加收附加费的办法减少损失。

(4)班轮公司和货主双方的权利、义务、赔偿责任和免责条款均以班轮公司签发的提单条款为依据，所以班轮运输也被称为提单运输。

(5)在装货港仓库接受货物和在卸货港仓库交付货物。除承运特种货物或批量较大的货物，可根据协议允许托运人在船边交货和收货人在船边提货，即通常所说的“现装”和“现提”，班轮运输中承运人是在装货港指定码头仓库接受货物，并在卸货港码头仓库向收货人交付货物。

3. 班轮运输的作用

(1)特别有利于一般件杂货物和小额贸易货物运输。在国际贸易中，除大宗货物利用租船运输外，零星成交、批次多、到港分散的货物，只要班轮有航班和舱位，不论数量多少，也不论直达或转船，班轮公司一般均可承运。

(2)有利于国际贸易的发展。班轮运输的“四固定”特点为买卖双方洽谈运输条件提供了必要依据，使买卖双方事先根据班轮船期表，商定交货期、装运期及装运港口，并且根据班轮费率表事先核算运费和附加费用，从而能比较准确地进行比价和核算货物价格。

(3)提供较好的运输质量。参加班轮运输的船公司目标是保证船期,提高竞争能力,吸引货载。班轮公司派出的船舶一般技术性能较好,设备较全,质量较好,船员技术水平也较高。此外,在班轮停靠的港口,一般都有自己专用的码头、仓库和装卸设备,有良好的管理制度,所以货运质量较有保证。

(4)手续简便,方便货方。班轮承运人一般采取码头仓库交接货物的做法,并负责办理货物的装卸作业和全部费用。通常班轮承运人还负责货物的转口工作,并定期公布船期表,为货方提供极大的方便。

二、班轮运输业务及货运程序

由于班轮运输以非特定的众多货主为服务对象,承运货物的批量小、货主多、挂靠港口多、装卸作业频繁、出现货损和货差的情况比较复杂。班轮运输从揽货开始,到交付货物完毕,要经历许多环节,各个环节之间相互制约,相互联系,缺一不可。一般来讲,班轮运输业务程序经历揽货、订舱、收货装船、卸货、交货等一系列过程。

1. 揽货

揽货是船公司开展业务的第一个环节,也是关键的环节,是指船公司从货主方面争取货源的业务行为。其目的是使自己经营的货船能达到满载或接近满载,以取得最大的收入。

揽货对船公司非常重要,它决定着船公司经营的成败。所以,各个船公司都把争取货源放在首位。近年来,船公司和无船承运人不断增多,致使货源的竞争更为激烈,这也促使船公司想方设法地提高服务质量,增加服务项目,便利货主,以争取到货源。主要有以下具体做法:

(1)公布、宣传班轮航线和船期表。

船公司就自己所经营的班轮航线和船舶抵、离港的时间印成船期表,发给各货主单位,并在各种广告媒介上大量宣传,力求扩大自己的影响。

(2)船公司委托代理机构和建立本身的分支机构。

船公司为开展业务,在船舶挂靠的港口,选择可靠的国际船舶代理公司作为其代理机构。选择代理是非常重要的一项工作,因为船公司不可能在所有港口都设有自己的分支机构,需要通过代理公司,来代办所在港口的业务。中国外轮代理总公司是目前我国最大的船舶代理机构,其所属代理公司遍布全国各大中小港口。中国远洋集团总公司设在国外的代理机构亦遍布世界各大港口。

一些班轮公司,往往在航线上的主要港口建立自己的办事处或分支机构。建立办事处或分支机构的目的主要是处理好现场的业务工作,扩大船公司的影响,开拓揽货渠道,监督代理的工作及协调与各方面的关系。例如,中远集装箱运输公司在沿海的几大口岸都设立了分部,各分部在各自的管辖范围内设立了分公司、子公司、货运部或办事处等。

(3)提高服务质量,密切同货主联系。

船公司为了多揽货,必须在服务上比同行高出一筹。特别是当今海运市场竞争日趋激烈,船公司日益增多,运输能力往往大于货源需求。各船公司为了提高竞争力,必须在提高服务质量上下工夫。为扩大货源渠道,各大海运公司在各地设立办事处、组建集装箱堆场、运输车队和储运仓库等,更好地为货主服务,以便承揽到更多的货源。

2. 订舱

与船公司揽货相对应,托运人或他的代理人向承运人或其代理申请货物运输,承运人对这种申请给予承诺,即是订舱。订舱的地点可以是航线的始点或终点和船舶途经的口岸。以 CIF 价格成交的出口货物,应由出口方承担货物的运输,负责租船或订舱,将货物运交国外的进口方,所以订舱多在装货港或货物输出地进行。以 FOB 价格成交的出口货物,买方应负责租船订舱,订舱地多在货物输入地或卸货港。船公司接受订舱后,要注意以下三个方面:

(1)做好船舶舱位的分配。

由于班轮航线运输可能要在多个挂靠港装卸货,船公司要根据过去的实际情况,对该航线上的船舶舱位进行预配,并定出限额。各装货港的分支机构或代理机构只能在所分配的船舶舱位范围内承揽货载。遇到特殊情况,分配的舱位不足或过剩时,就要考虑在各装货港之间进行调剂,使舱位得到充分利用。

(2)注意订舱货物的性质、包装和重量。

接受订舱时,必须注意货物的性质、包装和重量。如装运危险品货物,在积载和保管及中途挂港上有许多限制;装运超长件货物时,常受舱口大小的限制;装运超重件货物时,要考虑船舶和装货港、卸货港设备能力和陆上运输的限重等情况。

(3)接受订舱载货时还应注意装卸港及通过港的法规。

国际贸易货物,其装卸港和通过港常分属不同的国家,所适用的法律或港口当局的规章制度和管理办法常有不同。例如,根据装货港国家的法规允许装船的货物,在卸货港国家却禁止卸货。所以在接受订舱时,须特别注意有关国家的法律和港口的规章管理办法,以免出现不必要的问题或纠纷。

3. 装船

(1)直接装船。

装船是指托运人将其托运的货物送至码头承运船舶的船边并进行交接,然后将货物装到船上的作业。由货主直接将货物送到船边装船的形态被称为直接装船或现装。在班轮运输中件杂货一般都不采用直接装船的形式,对一些特殊的货物,如危险品、冷冻货、鲜活货、贵重货或者较大的同类货物,则可在事先商定后,由托运人将货物直接送至船边,或使用托运人的驳船将货物送到船边直接装船。

(2)集中装船。

班轮运输中，为了提高装船效率，减少船舶在港停泊时间，通常都采用集中装船的方式。集中装船是指船公司在各装货港指定装船代理人，在各装货港的指定地点（通常是码头仓库）接受托运人送来的货物，办理交接手续后，将货物集中并按货物的卸货次序进行适当的分类后再装船。这种装船方式又称“仓库收货，集中装船”。

（3）装船代理人。

装船代理人可由船舶代理人兼营，也可由装卸公司兼营。由装卸公司兼营能更有利于装船作业的顺利进行。在我国，装船代理人一般由装卸公司兼营。

站在托运人的立场上看，把货物交给船公司指定的装船代理人，如同把货物交给船公司一样，交货后的一切风险都应由船公司负担。但根据提单及有关海上运输法规的规定，对班轮件杂货运输，船公司的责任是从本船船边装货时开始的，除非另有约定，即船公司的责任期间并没有前延至仓库收货时。根据船公司和装船代理人之间的特约，在船边装船以前的责任应属于装船代理人。

4. 卸货

卸货是将船舶装运的货物在卸货港从船上卸下，在船边交给收货人或代其收货的人，并办理货物交接手续。船公司在卸货港的代理人根据船舶发来的到港电报，一方面编制有关单证，联系安排泊位和准备办理船舶进口手续，约定装卸公司，等待船舶进港后卸货；另一方面还要把船舶预定到港时间通知收货人，以便收货人及时做好接收货物的准备工作。

班轮运输中，通常都采用集中卸货的办法，即由船公司指定的装卸公司作为卸货代理人总揽卸货和接受并向收货人交付货物的工作。船舶到港后，先将货物卸至码头仓库，进行分类后再交付收货人，这种方式又称为“集中卸货，仓库交付”。装卸公司如果兼营货物的进口报关业务，在将货物搬入保税仓库后，应随即附上必要的单证，向海关申请进口报关，经海关查验放行后，再行办理货物交付手续。

船公司的责任，同装货一样，也是以船边为界，即货物脱离本船的吊钩时，船公司的责任即告终止。船公司只负担货物的卸船费用，此后的驳船费、岸上搬运费及仓储保管费等由收货人向装卸公司或卸货代理人支付。

班轮运输中由于同时装运分属不同货主和不同卸货港的货物，有时难免会发生将本应在其他港口卸下的货物卸在本港，或本应在本港卸下的货物遗漏未卸。通常将前者称为溢卸（Over Landed），后者称为短卸（Short Landed）。关于因误卸而引起的货物延迟损失或货物的损坏责任问题，一般在提单条款中都有规定。通常规定，因误卸而发生的补送、退运费用由船公司负担，但对因此而造成的延迟交付或货物的损坏，船公司不负赔偿责任。

5. 交付货物

交付货物通常是指在卸货港或目的地，承运人或承运人代理将承运的货物交给收货人或收货人代表的行为。在海上货物运输中，不论在什么地点交付货物，都必须符合一定的法定程序，否则承运人将承担相当严重的法律责任。

(1)交付货物的基本程序。

海上货物运输中，“凭单交货”是交付货物的最基本的原则，以“提单交换货物”是承运人的法定义务，如果发生“无单提货”，那么承运人必须承担由此引起的法律责任。

在班轮运输条件下，按正常操作程序，货物装船后，船公司都向托运人签发提单，船公司把货物交付收货人时，必须收回提单才能将货物交给收货人。实际中，收货人将经过背书(Endorsement)的一份正本提单提交给船公司在卸货港的代理人，经代理人审核无误后，收回提单，另行签发提货单(Delivery Order)交给收货人，收货人再凭提货单前往码头仓库提货，并与卸货代理人办理交接手续。收货人在得到提货单之前，还必须付清运费(运费到付)和其他应付的费用(船公司或其代理人垫付的保管费、搬运费等有关费用)。如果收货人没有付清上述费用，船公司有权根据提单上的留置权条款的规定，暂时不付货物，直至付清各项应付的费用后再交付。若收货人拒绝支付应付的各项费用而使货物无法交付的，船公司还可以经法院批准，对卸下的货物进行拍卖，以拍卖所得货款抵偿应向收货人收取的费用。

(2)特定情况下交付货物的程序。

①货主选择卸货港交付货物：是指货物装船时货主尚未确定具体的卸货港，待船舶开航后再选定对自己最方便或最有利的卸货港，并在这个最后选定的港口卸货和交付货物。在这种情况下，提单上的卸货港一栏内须记明两个或两个以上将被选择的卸货港的名称。如“选择伦敦/鹿特丹”(Option London/Rotterdam)，货物的卸货港只能在提单上列明的港口中选择。货主采用选择卸货港交付货物时，必须在办理货物托运时提出申请，而且还必须在船舶自装货港开船后，抵达第一个选卸港前 24 小时或 48 小时，通知船公司及卸货港代理人，否则船长有权在任何一个选卸港将货物卸下。这种在货主选择的卸货港卸下和交付的货物称为“选港货”(Option Cargo)，选港货在积载时需对货物的装舱位置给予特别安排，船公司对装运选港货要增收一定的附加费用，这项费用称为选择卸货港附加费。

②变更卸货港交付货物：是指在提单上所记载的卸货港以外的其他港口卸货和交付货物。变更卸货港的申请通常都由收货人提出，但申请必须在船舶抵达原定卸货港之前或到达变更的卸货港之前提出，并且所变更的卸货港必须是在船舶该航次停靠港口的范围之内。船公司接到收货人提出的变更申请后，必须根据本船积载情况，考虑在装卸上能否实现这种变更。一旦接受收货人的申请后，随之发生的货物翻舱、捣载费、装卸费，以及因变更卸货港的运费差额和有关手续费等，均应由收货人承担。

变更卸货港交付货物与一般情况下货物的交付不同，为了避免在原定卸货港和变更后的卸货港两地同时有人要求提取货物可能引起的争议，习惯上都要求收货人办理提货手续时，必须向船公司在变更后的卸货港的代理人交出全套正本提单才能办理提货手续。这与正常情况下收货人只交出一份正本提单即可办理提货手续有所不同。

③凭保证书交付货物：虽然规定收货人要取得提货单提取货物，必须先提交正本提单，但在班轮运输中，有时因提单邮寄延误出现提单到达时间迟于船舶到港时间的情况；或因提单遗失或被窃，或是当船舶到港时，作为押汇的跟单票据的提单已到达进口地银行，只因为汇票的兑现期限的关系，收货人暂时还拿不到提单。这种情况下，根据惯例常由收货人要求银行或其他担保方为其开具保函（Letter of Guarantee，L/G），又称保证书，以保函交换提货单，然后持提货单提取货物。这种交付货物的方式，称为凭保证书交付货物。这是为了收货人和船公司双方的便利，使货物交付能迅速完成而采用的一种商业习惯做法。

为了方便，船公司都印有一定格式的保证书。主要内容包括：收货人保证在收到提单后立即向船公司或其代理人交回全套正本提单，承担应由收货人支付的运费及其他费用的责任；承担因未交提单而提取货物所产生的一切损失的责任，并表明对于上述保证内容由有关担保方与收货人一起负连带责任。使用保证书交付货物时，船公司或其代理人必须弄清楚提取货物的人确实是有权支配货物的人，并要求提取货物的人提供可靠的担保或相应数额的保证金，规定收货人交付提单的期限，另外还需承担船公司不凭提单交货可能产生的一切损失。否则，船方不宜轻易决定凭保证书交付货物。

第三节　班轮运输的主要货运单证及其流程

一、班轮运输的主要货运单证

在班轮运输中，办理货物托运、装船、卸货、交付货物的整个运输过程，都需要编制各种单证。这些单证是托运人、收货人与船方之间办理货物交换的的证明，也是货方、港方、船方联系工作及划分责任的依据。

1. 装船单证

(1)托运单（Booking Note，B/N）：又称订舱单，是由托运人根据买卖合同和信用证条款的内容向承运人或其装货港代理办理货物运输的书面凭证。经承运人或其代理对该单证的签章确认，即视为已接受托运，承运人与托运人之间对货物运输的相互关系即告建立。

实务中，托运人或其代理人与船公司或其代理人约定所需的舱位后，以书面的形式向船公司或其代理人提交详细记载有关货物情况及对运输要求等内容的托运单，船公司或其代理接受承运后，便在托运单上编号并指定装运的船名，将托运单留下，副本退还托运人备查。托运单的主要内容包括：托运人名称，收货人名称，货物的名称、重量、尺码、件数、包装式样、标志及号码，目的港，装船期限，信用证有效期，能否分批装运，对运输的要求及对签发提单的要求等。托运单的格式见本章后附样 4-1 所示。

(2)装货单(Shipping Order，S/O)：又称下货纸，是由托运人按照托运单的内容填制，交船公司或其代理人审核并签章后，据以要求船长将货物装船的承运凭证。

装货单是国际航运中通用的单证，在我国通用的多数是由三联组成，称为“装货联单”。主要是托运单、装货单和收货单。第一联是托运单留底(Counter Foil)，用于缮制其他货运单证；第二联是装货单(Shipping Order)，作用如上述；第三联是收货单(Mate’s Receipt)，是船方接受货物装船后由大副签发给托运人的收据。除这三联外，根据业务需要，还可增加若干份副本(Copy)，如增加两联副本供计算运费和向付费人收取运费时作通知用。

装货单上除应记载托运人名称、编号、船名、目的港及货物的详细情况等与托运单相同的内容外，还有在货物装船后由理货人员填写的货物装船的日期、装舱位置，实装货物数量及理货人员的签名等项内容。装货单的格式见本章后附样 4-2 所示。

装货单的流转程序是：船公司或其代理接受货物托运后，将确定的载运船舶的船名及编号填入托运单，然后将装货联单发给托运人填写，填写完毕后交回船公司的代理人。经代理人审核无误后签章留下留底联，将装货单(第二联)和收货单(第三联)交给托运人前往海关办理出口货物报关手续，经海关查验后，在装货单上加盖海关放行章，表示该票货物已允许装船出口，便可凭此要求船长将货物装船承运。

经船公司或其代理和海关签章的装货单，既是托运人办妥货物托运和出口手续的证明，又是船公司下达给船长接受货物装船承运的命令。货物装船时，托运人或其代理人必须向船长或大副提交这一单证。同时，船方还要详细核对实际装船货物的情况是否与装货单上记载的内容相一致。如果需要修改装货单上所记载的内容，应及时编制更正单分送有关单位作修改；如果整票货物退关，除发更正单外，还要收回原装货单并注销。

签发装货单后，船方、货方、港方等方面都需要有一段时间来编制装货清单、积载计划、办理货物报关、查验放行、货物集中等装船的准备工作。因此，对每一航次在装货开始前一定时间应截止签发装货单。若在截止签发装货单日之后，再次签发装货单，则称之为“加载”。通常，只要还没有最后编妥积载计划，或积载计划虽已编妥，但船舶的舱位尚有剩余，并且不影响原积载计划的执行时，船方都会设法安排“加载”。在操作中，船方和货方都应注意《中华人民共和国海关法》第十八条的规定：“出口货物的发货人除海关特准的外应当在装货的 24 小时以前，向海关申报。”

当每一票货全部装上船后，现场理货人员即核对理货计数单的数字，在装货单上签注实装数量、装舱位置、装船日期并签名，再由理货长审查和签名，证明该票货物如数装船无误，然后连同收货单一起送交船上大副，大副审核属实后在收货单上签字，留下装货单，将经大副签字的收货单退给理货长转交给托运人或其代理人。

(3)收货单(Mate's Receipt，M/R)：是指某一票货物装上船后，由船上大副签署给托运人的作为证明船方已收到该票货物并已装上船的凭证。所以，收货单又称“大副收据”。托运人取得大副签署的收货单后，即可凭此向船公司或其代理人换取正本已装船提单。

收货单是装货联单的第三联，其格式内容除增加大副签署一栏外，其余与装货单完全一样。为便于识别，常用淡红色或淡蓝色制成并在左侧纵向增加一较宽的线条。收货单的格式见本章后附样 4-3 所示。

大副在签署收货单时，应认真检查货物的实际情况与装货单的记载是否相符。如果货物外表状况不良、标志不清、货物有水渍、油渍或污渍等情况或数量短缺、货物损坏时，大副就会将这些情况记载在收货单上。这种在收货单上记载有关货物外表状况不良或有缺陷的情况称为“批注”，习惯上称为“大副批注”。有大副批注的收货单称为“不清洁收货单”(Foul Receipt)；无大副批注的收货单则为“清洁收货单”(Clean Receipt)。收货单是划分承运人、托运人双方责任的重要依据，也是据以换取已装船提单的凭证。

(4)提单(Bill of Lading，B/L)：是船公司或其代理人签发给托运人，证明货物已经装上船舶并保证在目的港凭此交付货物，可以转让的单证。提单在班轮运输中是一份非常重要的单证，既有规定船公司作为承运人的权利、义务、责任和免责的运输合同的作用，又是承运人收到货物的凭据，也是提单持有人转让货物所有权或凭以提取货物的物权凭证。

托运人将货物交付装船后，大副经查验核对无误，即在收货单上签字确认，然后将收货单退回给托运人。托运人即可凭大副签字确认的收货单到船公司或其代理人处换取经船公司或其代理人签字的一份或数份正本已装船提单。托运人取得正本已装船提单后，即可持提单及其他有关单证到银行办理结汇，取得货款。

关于提单及提单业务的具体内容将在第五章中详细阐述。

(5)装货清单(Loading List，L/L)：是指船公司或其代理人根据装货单留底联，将全船待装货物按目的港和货物性质归类，依航次靠港顺序排列编制的装货单的汇总单。装货清单是船舶大副编制船舶积载图(Stowage Plan)的主要依据；也是现场理货人员进行理货、港方安排驳运、进出库场，以及掌握托运人备货及货物集中等情况的业务单据。

装货单的内容包括：装货单号码、货名、件数及包装、毛重、估计立方米及特种货物对运输的要求或注意事项的说明等。装货清单的格式见本章后附样 4-4 所示。

(6)载货清单(Manifest，M/F)：又称舱单。是在货物装船完毕后，根据大副收据或提单编制的一份按卸货港顺序逐票列明全船实际载运货物的汇总清单。其内容除应逐票列明货物的详细情况，包括提单号、标志和号数、货名、件数及包装、重量、尺码外，还应列明货物的装货港和卸货港。在单据的上方还记有装运船舶的船名及船长名、开船日期等内容。载货清单的格式见本章后附样 4-5 所示。

载货清单是国际航运实务中一份非常重要的通用单证。船舶办理进出口报关手续时，必须提交载货清单。载货清单是海关对载货船舶进出国境进行监督管理的单证，若船载货物在载货清单上没有列明，海关有权依据海关法进行处理。载货清单还是港方及理货机构安排卸货的单证之一。在我国，载货清单是出口企业向海关申办货物出口退税手续的一个重要单证。

如果在载货清单上增加运费项目，包括运费吨、运费率、预付或到付运费额等项内容，则可制成载货运费清单(Freight Manifest，F/M)。很多国家的港口，为了简化制单工作，常将"载货清单"和"载货运费清单"两单合并使用。作为载货清单使用时，不填单上有关运费计收的栏目；作为运费清单使用时，再将有关运费计收的栏目填入具体内容。

(7)货物积载图(Stowage Plan)：是以图示的形式来表示货物在船舱内的装载情况，使每一票货物都形象具体地显示其在船舶内的位置。货物积载图可分为计划积载图和实际积载图。

计划积载图是指在货物装船以前由大副根据船公司或其代理人送来的装货清单上记载的货物资料编制的积载图，又称货物积载计划。供港口和装卸公司、理货人员等有关方按计划要求安排装船作业。在实际装船过程中，由于各种客观原因无法完全依照计划装载，使货物实际在舱内的积载位置与原定计划不一致。所以，当每一票货物装船后，理货长都应重新标出货物在舱内的实际装载位置，并注明卸货港名、装货单号、货名及数量，最后再重新绘制一份货物在舱内的"实际积载图"。在装船过程中对原积载计划作出的改变，原则上必须征得船长或大副的同意方可实施，理货长及其他人员无权随意更改原积载计划。

(8)危险货物清单(Dangerous Cargo List)：是专门列出船舶所载运全部危险货物的汇总清单。其记载的内容除装货清单、载货清单所应记载的内容外，特别增加了危险货物的性能和装船位置两项。危险货物清单格式见本章后附样 4-6 所示。

为确保船舶、货物、港口及装卸、运输的安全，包括我国港口在内的国际上很多国家的港口都专门作出规定，凡船舶载运危险货物都必须另外再单独编制危险货物清单。该单常用具有警示性的颜色并附加特别标志制成，以便于识别。

按照港口规定，凡船舶装运危险货物时，船方应向有关部门(海事局)申请派人员监督装卸。装船完毕后，由监装部门签发给船方一份"危险货物安全装载证书(Dangerous Cargo Safe Stowage Certificate)"。这是船舶载运危险货物必备的单证之一。此外，有些港口对装卸危险货物的地点、泊位，甚至每一航次载运危险品的数量，以及对危险货物的包装、标志等都有专门规定。因此，船公司和货主事先应对各国有关装运危险货物的规定有所了解，避免发生不必要的麻烦。

除上述主要的装船单证外，在实务中还会使用其他一些单证，如重大件清单(Heavy and Lengthy Cargo List)、剩余舱位报告(Space Report)、积载检验报告(Stowage Survey Report)等。

2. 卸货单证

在不同国家和港口，用以证明卸货时所交接货物实际情况的单证名称有所不同，在国外称为"过驳清单(Boat Note，B/N)"、"卸货报告(Outturn Report)"等。在我国，按照货物残损和溢短情况分别编制货物残损单和货物溢短单。就单证的编制方法而言，它们都是理货人员根据理货记录或日报汇总编制并经大副或船长签字确认的。内容上都包括能如实反映卸货过程及所卸货物实际状况的栏目。

(1)货物残损单(Damage Cargo List)：是指卸货完毕后，理货员根据卸货过程中发现的货物破损、水湿、水渍、渗漏、霉烂、生锈、弯曲变形等情况记录编制而成的，证明货物残损情况的单据。货物残损单必须经船方签字确认。货物残损单格式见本章后附样 4-7 所示。

(2)货物溢短单(Overlanded/Shortlanded Cargo List)：是指卸下每票货物的数量与载货清单上记载的数量不符，发生溢卸或短卸的证明单据。货物溢短单由理货员编制，并且必须经船方和收货人、仓库共同签字确认。货物溢短单的格式见本章后附样 4-8 所示。

货物残损单和溢短单通常是收货人向船公司提出损害赔偿要求的证明材料，也是船公司处理收货人索赔要求的原始资料和依据。船方在签字时应认真核对；在各方对单证记载内容意见不一致，协商又不成时，船方也可以在单证上做适当的保留批注，货主在获取单据时，应仔细检查船方的签字。

(3)提货单(Delivery Order，D/O)：又称小提单，是收货人向或其代理人据此向现场(码头、仓库或船边)提取货物的凭证。提货单的性质与提单完全不同，它只不过是船公司或其代理人指令码头仓库或装卸公司向收货人交付货物的凭证而已，不具有流通和其他作用。一般在提货单上都记有"禁止流通(Non-negotiable)"字样。

收货人或其代理人提取货物是以正本提单为交换条件的。所以，船公司在卸货港的代理人在签发提货单时，首先要认真核对所交提单和其他装船单证的内容是否相符，然后才详细地将船名、货物名称、件数、重量、包装标志、提单号、收货人名称等填入提货单上，并由船公司的代理人签字交给收货人或其代理人，收货人或其代理人先办理货物进口报关手续，然后持提货单到现场提货。

二、班轮运输货运单证的流程

班轮运输货运单证的流程的具体内容如下：

(1)托运人或其代理人向船公司在装货港的代理人提出货物装运申请，递交托运单(Booking Note，B/N)，填写装货联单(S/O)，办理货物托运手续；

(2)船公司在装货港的代理人同意承运后，指定船名，核对 S/O 与托运单上的内容无误后，签发 S/O，将留底联和运费通知联留下后，S/O 和其余各联退还给托运人，以便托运人办理货物出口报关及将货物送至指定的装船地点；

(3)托运人或其代理人持船代签发的装货单 S/O 和收货单 M/R 送海关办理出口报关、验货放行手续。海关在 S/O 上加盖放行章后，托运人或其代理人将装货单 S/O 和收货单 M/R 送交理货公司；

(4)船代根据 S/O 留底联编制装货清单(L/L)送船舶及理货公司、装卸公司；

(5)船上大副根据 L/L 编制货物积载计划(C/P)交船代分送理货、装卸公司等以便按计划装船；

(6)托运人将经过检验及检量的货物送至码头仓库准备装船；

(7)货物装船后，理货长将装货单 S/O 和收货单(M/R)交大副核对无误后留下装货单 S/O，签发收货单 M/R；

(8)理货组长将大副签发的收货单 M/R 转交托运人；

(9)托运人持 M/R 到船公司在装货港的代理人处支付清运费(在预付运费情况下)换取正本已装船提单(B/L)；

(10)船公司在装货港的代理人审核无误后，留下 M/R，签发 B/L 给托运人；

(11)托运人持 B/L 及有关货运单证到议付银行结汇，取得货款，议付银行将 B/L 及有关货运单证邮寄开证银行；

(12)货物装船后，船公司在装货港的代理人编制出口载货清单(M/F)送船长签字后向海关办理船舶出口报关手续，并将 M/F 交船随带；

(13)船公司在装货港的代理人根据 B/L 副本(或 M/R)编制出口载货运费清单(F/M)连同 B/L 副本、M/R 送交船公司结算代收运费，并将卸货港需要的单证邮寄或交船随带给船公司在卸货港的代理人；

(14)船公司在卸货港的代理人接到船舶抵港电报后，通知收货人船舶到港日期，做好提货准备；

(15)收货人到开证银行付清货款，取回 B/L；

(16)船公司的卸货港代理人根据装货港代理人寄来的货运单证，编制进口载货清单等卸货所需的单据，约定装卸公司、理货公司，以便安排泊位，做好接船及卸货准备工作；

(17)船舶抵港后，船公司在卸货港代理人随即办理船舶进口报关的各项手续，船舶靠泊后即开始卸货；

(18)收货人向船公司在卸货港代理人付清应付费用后(运费到付)，以正本提单换取卸货港代理人签发的提货单(D/O)；

(19)收货人持 D/O 到海关办理进口报关手续，支付进口关税；

(20)收货人持 D/O 到码头仓库或船边提取货物。

第四节 班轮运价与运费

一、基本知识

1. 运价(Freight Rate)

运价是指承运每单位货物而付出的运输劳动的价格。运价是运输产品价值的货币表现,表现为运输单位产品的价格。海上运输价格简称为海运运价。

2. 运费(Freight)

运费是指海上承运人根据运输合同完成货物运输后从托运人那里取得的报酬。运费等于运价与运量的乘积;运费的单价或费率就是运价。

3. 运费的支付

(1)预付运费(Prepaid Freight):是指在签发提单前即须支付全部运费。在国际贸易中,一般都采用CIF或CFR价格条件,在签发提单前由卖方在装货港支付运费以便于交易双方尽早结汇。在预付运费的情况下,运费应该按照货物装船时的重量或尺码计算。预付运费对货主而言要承担运费损失的风险,大多班轮公司在提单和合同条款中,不但规定运费预付,而且还记明即使本船或货物在整个运输过程中任何一阶段沉没或灭失,承运人仍要全额收取运费,任何情况下都不退还。为规避风险,通常货主将已付运费追加到货物的货价中,一并向保险公司投保货物运输险。

(2)到付运费(Freight to Collect):是指货物运到目的港后,在交付货物前付清运费。对于到付运费的情况,承运人要承担一定风险,如果货物灭失,再追收运费,实际上是很困难的。为规避风险,承运人除了可将应收的到付运费作为可保利益向保险公司投保外,通常还可以在提单条款或合同条款中附加类似"收货人拒付运费或其他费用时,应由托运人支付"的条款。另外,在提单和合同条款中还应有留置权的规定。

(3)计费的币种:是指费率表中用以表示费率的货币种类。计费的币种以使用货物装船地通用的货币最为方便。但在开展第三国之间国际运输中,班轮公司都以国际上比较通用的,在国际外汇市场上可以自由买卖的外国货币作为计费币种。

计费币种的汇率变动直接影响船公司运费收入。因此,在提单和合同中不但要记明运费支付时间和地点,而且还要规定应该按照哪一天的汇率计算运费。通常规定,在运费预付的情况下,运费按签发提单当天的汇率计算;在运费到付的情况下,按船舶抵达卸货港当天的汇率计算。

4. 运价本(Freight Tariff)

运价本又称费率本或运价表,是船公司承运货物向托运费据以收取运费的费率表的汇总。运价本一般主要由说明及有关规定、商品分级表、航线费率表和附加费率表四部分构成。

5. 班轮运价的种类

(1)按运价的制定者划分。

①班轮公会运价:是由班轮公会制定,供参加该公会的会员船公司使用的运价。这种运价的调整或修改都由班轮公会决定,任何一家会员船公司都无权单独进行调整或修改。班轮公会运价总体上水平较高,是一种具有垄断性质的运价。

②班轮公司运价:是由经营班轮运输的船公司自行制定并负责调整或修改的运价。除班轮公会的会员公司外,任何一家经营班轮运输的船公司都制定有自己的运价本。对于班轮公司自行制定的运价,虽然货方可以提出意见,但解释权和决定权仍在船公司。

③双边运价:是由船、货双方共同商议制定,共同遵守的运价。对运价的调整或修改,须经双方协商,任何一方都无权单方面改变,如中国对外贸易运输公司的运价本即属此类运价。

④货方运价:是由货方制定,船方接受采用的运价。对运价的调整或修改,货方应该在与船方协商的基础上进行,但货方有较大的决定权。一般来说,能够制定运价的货方都是大货主或货主集团,掌握相当数量的货源,能常年向船公司提供货载。

(2)按运价的表现形式划分。

①单项费率运价:又称商品运价表(Commodity Rate Freight Traffic),是一种分别对各种不同的商品在不同航线上逐一制定的运价。这种运价使用起来比较方便,根据商品的名称及所运输的航线,即可直接查找出该商品在航线上运输的运价。船公司一般会对所经营的特定班轮航线采用这种运价形式。例如,适用于美国航线的运价表,即属此类。

②等级运价:首先将全部可能被运输的商品划分为若干等级,然后为不同等级的商品在不同航线或港口间的运输制定某一运价。归属于同一等级的商品在同一航线或港口间运输,其运价都是相同的。这种运价本在运价表前要附有“商品分级表(Scale of Commodity Classification)”。按等级运价计算运费时,先根据商品的名称在“商品分级表”中查找出该商品所属的等级,再从商品运输航线或运抵港口的“等级费率表”中查出其费率,然后进行具体运费计算。大多数班轮公司都采用这种运价。

③航线运价:不分运输距离的长短,只按航线、商品名称或等级制定的运价。与航线运价相对应的是递远递减的距离运价。由于远洋运输的距离都较长,递远递减规律对远洋运输成本的影响较小,而各航线包括港口使用费、装卸效率等因素,各挂靠港口的条件对运输成本起着重要的作用。因此,远洋运输通常都分航线、按商品种类或等级制定运价。对于某一商品,只要其起运港和目的港是同一航线上规定挂靠的基本港口,就不论运输距离的远近,都按同一运价计收运费。通常采用等级运价的班轮公司都同时采用航线运价,而同时采用这两种形式的运价被称为航线等级运价。

6. **基本港和非基本港**(Base Port and Non-Base Port)

前者是指港口设备较好,货运量较大,班轮公司按期挂靠的港口。按国际航运习惯,运往基本港的货物,均按基本费率收取运费。非基本港口指班轮公司不常挂靠的港口,去该港口的货物要加收附加费。

7. **班轮运费的构成**

(1)基本运费(Basic Freight):是指货物在预定航线的各基本港口之间进行运输所规定的运价,该运价称为基本运价或称基本费率(Base Rate)。它是构成全程运费的主要部分,是计收班轮运输基本运费的基础。

(2)附加费(Surcharges):为了保持在一定时期内基本费率的稳定,又能正确反映出各港的各种货物的航运成本,班轮公司在基本费率之外,又规定了各种附加费。

班轮运费中的附加费的名目繁多,其中包括:超长或超重附加费、选择卸货港附加费、变更卸货港附加费、燃油附加费、港口拥挤附加费、绕航附加费、转船附加费和直航附加费等。

①超重附加费(Heavy Lift Additional):一件货物毛重超过运价表中规定的重量即为超重货。我国的轮船公司规定每件货物不得超过 5 公吨。如超过限额,则按每公吨加收一定的超重附加费。

②超长附加费(Long Length Additional):一件货物的长度超过运价表中规定的长度即为超长货。我国规定为 12m,如超过则按每公尺加收超长附加费。如一件货物既超重又超长,则按高者计收。如需转船,则每转一次,加收一次超重或超长附加费。这类货物在托运时,如有条件最好能拆装,将一大件拆装为几小件便可节省运费。如不能拆装,应在托运时在托运单上注明货物的重量或尺码及其他应注意的事项,以便承运人在装卸时加以注意,以防造成货损。

③转船附加费(Transhipment Additional):凡运往非基本港口且需转船运往目的港口的货物,需加收转船附加费,其中包括中转费和二程运费。但有的轮船公司不收转船附加费,而分别另收中转费和二程运费。中转费和二程运费连同一程运费叫做“三道价”。

④燃油附加费(Bunker Adjustment Factor,缩写为 BAF):在燃油价格上涨时,轮船公司便按基本运价的一定百分比加收附加费,或按每一吨运费加收。

⑤直航附加费(Direct Additional):运往非基本港口的货物达到一定数量(如“中远”规定近洋直航须达到 2000 公吨,远洋直航须达到 5000 公吨),轮船公司才肯安排直航,因直航附加费较转船附加费低。

⑥港口附加费(Port Additional):有些港口由于设备条件差或装卸效率低,轮船公司便加收附加费以弥补其因船舶靠港时间延长所造成的损失,一般按基本运价的百分比收取。

⑦港口拥挤附加费(Port Congestion Surcharge):有些港口由于压港压船,以致

停泊时间较长，一般按基本运价收取附加费。通常此项费用较大，遇有这种费用，卖方应设法让买方负担。

⑧选港附加费(Optional Additional)：托运时因不能确定卸货港口，只能预先提出两个或两个以上(最多不得超过三个)的港口作为选卸港。但所选港口必须是班轮的基本港口，货主应在货船到达第一选卸港之前24或48小时(各轮船公司规定不一)通知船方最后确定的卸港，否则船方有权将货物卸在所选港口中的任何一个港口。

⑨变更卸货港附加费(Alteration Of Destination Additional)：货主要求改变原定卸货港口，如有关当局(海关)准许、船方又同意时便要加收此项附加费。如因倒舱困难或使船舶停留时间过长，船方也可拒绝。此项费用应由买方负担。

⑩绕航附加费(Deviation Surcharge)：当正常航道不能通行，需绕道才能将货物运至目的港时，轮船公司便要加收此项费用。

⑪货币贬值附加费(Currency Adjustment Factor，CAF)：当运价表中规定的货币贬值时，轮船公司为弥补其损失便按基本运价加收一定百分比的货币贬值附加费。

除上述各种附加费外，还有一些附加费须由船、货双方临时议定，如洗舱费(Cleaning Charge)、熏蒸费(Fumigation Charge)、冰冻费(Ice Surcharge)、加温费等。

8. 班轮运费的计费标准(Freight Basis)

班轮运费的计费标准又称计算标准，是指计算运费时使用的计费单位，历来都是以容积和重量作为最基本的计费单位，即把货物分为容积货物和重量货物。

(1)按货物的毛重计收。在运价表中以“W”字母表示，即英文 Weight 的缩写。一般以每1公吨为计算单位，吨以下取2位小数，也有按长吨或短吨来计算的。1公吨=0.9842长吨=1.1023短吨。

(2)按货物的体积计收。在运价表中以“M”字母表示，即英文 Measurement 的缩写。一般以1立方米为计算单位，也有按40立方英尺为1尺码吨计算。

(3)按货物的毛重或体积计收。在运价表中以W/M字母表示，以其较高者计收运费。按惯例，凡1重量吨货物其体积超过1立方米或40立方英尺者即按体积收费；反之，1重量吨货物其体积不足1立方米或40立方英尺者，按毛重计收，如机器、零件或小五金工具常按此办法计算。

(4)按货物的价格计收运费，又称从价费。在运价表中以“Ad Val”表示，即拉丁文 Ad Valorem 的缩写。一般按商品FOB价格的一定百分比计算运费。

(5)按货物重量或体积或价值三者中选最高的一种计收，在运价表中以“W/M. Ad. or Val”表示。也有按货物重量或体积计收，然后再加收一定百分比的从价运费。在运价表中以“W/M. PLUS Ad. Val”表示。

(6)按货物的件数计收，如车辆按“每辆”(Per U)计收；活牲畜如牛、羊等按“每头”(Per Head)计收。

(7)大宗低值货物按议价运费，如粮食、豆类、煤炭、矿砂等。在订舱时，由托运人和船公司临时洽商议订。议价运费通常比按等级计算运费低廉。

(8)起码费率(Minimum Rate)。它是指按每一提单上所列的重量或体积所计算出的运费，尚未达到运价表中规定的最低运费额时，则按最低运费计收。

二、班轮运费的计算

上述基本运费和各种附加费均按班轮运价本计算。

运价本又称运价表和费率本。它不仅包括商品、单位费率、计费标准、收费的币别、计算运费和附加费的方法，而且还包括适用范围、基本港口、港口规则、船货双方的责任和权利，以及直航、转船、回运、选择或变更卸货港口的方法等内容。

$$\text{总运费}=\text{基本运费}+\sum\text{附加费} \tag{4-2}$$

(1)在没有任何附加费的情况下，班轮运费计算公式为：

$$F = f \times Q \tag{4-3}$$

式中：F——总运费，以下同；

f——基本费率，以下同；

Q——货运量，以下同。

【例 4-1】 设某公司拟向日本出口冻驴肉 30 公吨，共需装 1500 箱，每箱毛重 25 千克，每箱体积为 20cm×30cm×40cm。原对日报价每箱 FOB30 美元，日商回电要求改报 CFR 神户。问应如何计算该批货物的运费？(去日本航线每运费吨的运价为 144 美元)？

解：首先，按冻驴肉的英文(Frozen Donkey-meat)字母顺序从运价表中查找其属几级货，按什么标准计算。经查该商品属 8 级货，计收标准为 W/M。其次，再查出日本航线每 1 运费吨 144 美元，无其他任何附加费。再次，分清该商品是重货还是轻货，也就是计算该商品的积载系数是大于 1，还是小于 1。如大于 1 为轻货，小于 1 为重货。

计算的办法是：$0.2\times0.3\times0.4/0.025=0.96<1$，可见该商品应按重货计算运费。

将以上已知的数据代入公式即得总运费：

$$F=144\times0.025\times1500=5400 \text{ 美元；}$$

每箱的运费应为：$5400\div1500=3.6$ 美元；

每箱的 CFR 价应为：FOB 价＋海运运价＝30＋3.6＝33.6 美元。

另外，在国际贸易中，商品各种成交价格之间的换算，按下面公式：

以 FOB 为基础：

$$\text{CFR 价}=\text{FOB 价}+\text{海运运价} \tag{4-4}$$

$$\text{CIF 价}=\text{FOB 价}+\text{海运运价}/(1-\text{保险费率}\times\text{保险加成}) \tag{4-5}$$

以 CFR 为基础：

$$FOB价=CFR价-海运运价 \quad (4\text{-}6)$$

$$CIF价=CFR价/(1-保险费率\times保险加成) \quad (4\text{-}7)$$

以 CIF 为基础:

$$FOB价=CIF\times(1-保险费率\times保险加成)-海运运价 \quad (4\text{-}8)$$

$$CFR价=CIF\times(1-保险费率\times保险加成) \quad (4\text{-}9)$$

(2)在有各种附加费,而且附加费按基本费率的百分比收取的情况下,运费的计算公式为:

$$F = f \times Q \times (1 + S_1 + S_2 \cdots\cdots + S_n) \quad (4\text{-}10)$$

式中:$S_1+S_2\cdots\cdots+S_n$——各项附加费的百分比。

【例 4-2】 设由天津新港运往莫桑比克首都马普托门锁 500 箱,每箱体积为 0.025m^3,毛重为 30kg。问该批门锁的运费为多少(设去马普托每运费吨的运费为 450 港元,另加收燃油附加费 20%,港口附加费 10%)?

解:先从运价表中查得门锁属 10 级货,计收标准为 W/M,去东非航线马普托每运费吨为 450 港元,另收燃油附加费 20%,港口附加费 10%,然后算出该商品的积载系数为:0.025÷0.03=0.833,从而得知为重货,该批门锁的总毛重为(30×500)/1000=15 公吨。

将上述已知数据代入公式即得:

$$F=450\times15\times(1+20\%+10\%)=450\times15\times1.3=8775 港元$$

即该批门锁的运费为 8775 港元。

(3)在各项附加费按绝对数收取的情况下,运费的计算公式为:

$$F = f \times Q + (S_1 + S_2 \cdots、+ S_n) \times Q \quad (4\text{-}11)$$

式中:$S_1+S_2\cdots、+S_n$——各种附加费的绝对数。

【例 4-3】 设某出口公司向马来西亚出口大型机床 1 台重为 7.5 公吨,目的港为巴生港或槟城。运送机床去新马航线的基本费率每 1 运费吨为 1500 港元,另加收超重附加费每运费吨为 28 港元,选港费为 20 港元。问该机床的运费为多少?

解:将上述已知数据代入公式即得:

$$F=1500\times7.5+(28+20)\times7.5=11610 港元$$

即该机床的运费为 11610 港元。

第五节 国际海上集装箱运输业务

一、国际集装箱运输概述

集装箱又称为“货柜”或“货箱”,具有坚固耐用、便于装卸和搬运,特别便于从一种运输方式转移到另一种运输方式的特点。集装箱运输是以集装箱为运输单位进行货物运输的一种先进的运输方式。目前，集装箱运输已成为国际货物运输中重要的运输方式。与传统的杂货运输相比，集装箱运输具有以下的优越性：

(1)运输效率高。集装箱运输是实现全部机械化作业的高效率运输形式。

(2)运输质量好、费用低。集装箱运输能简化货物包装，减少货损货差，保证货运质量，运输费用低于传统的件杂货运费。

(3)便于开展多式联运。集装箱运输最适于组织多式联运，作为运输单元，由一种运输方式转换为另一种运输方式进行联运时，只需搬移集装箱而不需移动箱内货物，大大简化加快了换装作业。

另外，由于集装箱具有坚固和密封的特点，一国的口岸监管单位检验加封放行后，另一国家的口岸监管单位只需验封，即可转关放行。简化货物过境报关手续，使迅速、安全、价廉的“门到门”运输成为可能。

集装箱在进出口货物运输中应用广泛，下面是一些有关集装箱货运方面的常识。

1. 集装箱定义(Container)

所谓集装箱，是指具有一定强度、刚度和规格专供周转使用的大型装货容器。使用集装箱转运货物，可直接在发货人的仓库装货，运到收货人的仓库卸货，中途更换车、船时，无需将货物从箱内取出换装。按所装货物种类分，有杂货集装箱、散货集装箱、液体货集装箱、冷藏箱集装箱、牲畜集装箱等；按制造材料分，有木集装箱、钢集装箱、铝合金集装箱、玻璃钢集装箱、不锈钢集装箱等；按结构分，有折叠式集装箱、固定式集装箱等，在固定式集装箱中还可分密闭集装箱、开顶集装箱、板架集装箱等；按总重分，有 30 吨集装箱、20 吨集装箱、10 吨集装箱、5 吨集装箱、2.5 吨集装箱等。

2. 集装箱计算单位(Twenty-feet Equivalent Units，简称 TEU)

又称 20 英尺换算单位，是计算集装箱箱数的换算单位。目前，各国大部分集装箱运输都采用 20 英尺和 40 英尺长的两种集装箱。为使集装箱箱数计算统一化，把 20 英尺集装箱作为一个计算单位，40 尺集装箱作为两个计算单位，以利于统一计算集装箱的营运量。

3. 集装箱租赁(Container Leasing)

集装箱租赁即所有人将空箱租给使用人的一项业务。集装箱所有人为出租集装箱的一方，使用人(一般是船公司或货主)为承租的一方，双方签订租赁合同。由出租人提供合格的集装箱交由承租人在约定范围内使用。集装箱的租赁，国际上有多种不同的方式，总括起来有：期租、程租、活期租用和航区内租赁等。

(1)期租：是指定期租赁的方式。按其租期的长短，可分为长期租赁和短期租赁两类。

①长期租赁：一般是指租期达 3～10 年的租赁。长期租赁的特点是承租人只需按时支付租金，即可如同自备箱一样使用，租金较低。对于货源稳定的班轮航线，采用这种方式租用一定数量的集装箱，既可保证航线集装箱需备量的要求，又可减少置

箱费、利息及折旧费的负担，是一种比较经济的方式。

②短期租赁：一般指租期在 3 年以下的租赁。这种租赁对班轮公司风险较小，较为灵活，而对租箱公司而言风险较大。对于期租，一般租期越短，单位租金越高。

(2)程租：是指根据一定的轮班航次进行租箱的租赁方式。这种方式对班轮公司灵活度大，对租箱公司相对不利。所以根据不同的实际情况，集装箱的单位租金会有很大的区别。程租又可分为单程租赁和来回程租赁两种。

(3)活期租赁：是一种在租箱合同有效期内，承租人可在租箱公司指定的地点灵活进行提、还箱的租赁方式。它兼有期租和程租的特点，一般租期为 1 年。在大量租箱情况下，承租人可享受租金的优惠。在集装箱货源较多且班轮公司经营航线较多，往返航次货源又不平衡的情况下，多采用这一方式。

在活期租赁的情况下，由于提、还箱灵活，因而给租赁公司带来一定的风险，所以在合同中规定有一些附加约束条件，如规定最短租期、基本日租金率等。一般最短租期不得少于 30 天，承租人须按租期支付租金。有时还可能规定起租额，如规定承租人在合同租期内必须保持一定租箱量，并按超期租额支付租金，即当实际租箱量少于起租额时采用。

(4)集装箱租箱合同：租箱合同是规定承租人与租箱公司之间权利、义务、费用的法律文件。各租箱公司在开展租箱业务时，均制订具有一定固定格式的租箱合同文本，就双方承担责任、义务、费用等方面的问题作出条款规定。其内容主要包括有：租金、租箱方式、租箱数量与箱型、交箱期与还箱期、租箱、退箱费用、交箱、还箱地点、损坏修理责任、保险等。

4. 集装箱装卸区(Container Terminal)

装卸区是集装箱运输中，箱或货装卸交换保管的具体经办部门。它受承运人或其代理人的委托，进行下列各项业务：

(1)对整箱货运的交换、保管；

(2)设有集装箱货运站者，办理拼箱货的交接；

(3)安排集装箱船的靠泊，装卸集装箱，每航次编制配载图；

(4)办理有关货运单证的编签；

(5)编制并签验集装箱运用运载工具的出入及流转的有关单证；

(6)办理集装箱及运载工具、装卸工具的检查、维修，以及空箱的清扫、熏蒸等工作；

(7)空箱的收发、存储和保管；

(8)安排空箱和重箱在堆场的堆码，及编制场地分配计划；

(9)其他有关业务工作。

集装箱装卸区一般由专用码头、前沿、堆场、货运站、指挥塔、修理部门、大门和办公室组成。有时堆场或货运站等可延伸到市区内部 5～15 公里的中转站。

5. 中转站或内路站(Container Depot or Inland Depot)

它是海港以外的集装箱运输的中转站或集散地。它的作用除了没有集装箱专用船的装卸作业外,其余均与集装箱装卸区业务相同。中转站或内陆站的度量,包括集装箱装卸港的市区中转站和内陆城市、内河港口的内陆站。

二、集装箱货物的装载方式

1. 集装箱的选用

在集装箱货物运输中,为了船、货、箱的安全,必须根据货物的性质、种类、容积、重量和形状来选择适当的集装箱;否则,不仅对某些货物不能承运,而且也会因选用不当而导致货损。集装箱货物对集装箱的选用可作以下考虑:

(1)清洁货物和污秽货物:可选用杂货集装箱、通风集装箱、开顶集装箱、冷藏集装箱;

(2)贵重货物和易碎货物:可选用杂货集装箱;

(3)冷藏货物和易腐货物:可选用冷藏集装箱、通风集装箱、隔热集装箱;

(4)散货:可选用散货集装箱、罐状集装箱;

(5)动物和植物:选择牲畜(动物)集装箱,通风集装箱;

(6)笨重货物:选择开顶集装箱、框架集装箱、平台集装箱;

(7)危险货物:可选择杂货集装箱、框架集装箱、冷藏集装箱。

2. 集装箱的配载

(1)装载量的掌握。

①最大载重(Maximum Pay Load):可装在集装箱内的货物最大重量,也就是集装箱的总重量(Rating)减去集装箱的自重(Tare Weight)的重量,把这个重量称为最大载重。

该值根据不同的集装箱制造厂和不同类型的集装箱将有所差别。集装箱的总重量绝对不能超过标注在集装箱上的最大总重量(国际标准化组织标准中 20ft 箱为 20320kg,40ft 箱为 30480kg)。此外,集装箱总重量虽在最大总重量范围内,但超过公路运输上限的限制重量,有的也不能进行公路运输。

②最大装载容积(Maximum Capacity)。

关于集装箱的容积和内部尺寸,在国际标准化组织的 R-1984 中虽然规定了最小内部尺寸,但如果采用容积来计算集装箱的最大装载量时,最好以集装箱的内部尺寸和实际货物尺寸对比来计算。

(2)货物密度(Cargo Density)。

所谓货物密度是货物单位体积的货物重量,以平均每立方英尺或每立方米货物体积的货重作为货物的密度单位,是普通杂货船上常用的货物积载因数(Stowage Factor)的倒数。

对于集装箱来说，把集装箱的最大载货重量除以集装箱的容积，所得之商称为箱的单位容重。要使集装箱的容积和重量都能满载，就要求货物密度等于箱的单位容重。实际上集装箱装货后，箱内的容积或多或少会产生空隙，因此集装箱内实际利用的有效容积应为集装箱容积乘上箱容利用率。通常在初步计算时，箱容利用率取为80%。

应用货物密度和集装箱的单位容重来计算集装箱需要量的方法如下：

①如果货物密度大于集装箱的单位容重，这种货一般称为重货，则用货物重量除以集装箱的最大载货重量，即得所需要的集装箱箱数；

②如果货物密度小于集装箱的单位容重，这种货一般称为轻货，则用货物体积除以集装箱的有效容积，即得所需要的集装箱数；

③如果货物密度等于集装箱的单位容重，则无论按重量计算或容积计算都可求得集装箱的需要量。

(3)容积和重量的充分利用。

装载拼箱货物的集装箱，应该轻、重搭配，尽量使集装箱的装载量和容积都能满载，但是必须注意混装在一起的货物，要求不会引起货损。当然能合理地进行搭配装载，提高集装箱的装载率，减少集装箱的使用量，无论对承运人还是货主都是十分有利的。

(4)一般配载应注意事项。

①轻货应放在重货上面；

②干货、湿货不能放在同一箱内，如难以避免时，湿货绝对不能放在干货上面；

③对怕受潮货物，不能与容易“出汗”的货物同装一箱；

④吸收异味的货物，绝对不能与放出强烈气味的货物同装一箱；

⑤容易产生灰尘的货物，不能与某些易被灰尘污损的货物同装一箱；

⑥瓶装或罐装液体货无法避免与其他干货拼装一箱时，在任何情况下，前者必须装在底下，并须加以隔垫，而且还应有足够的垫板放在液体货下。

为了节约运输费用和货物的安全运送，减少集装箱运输货损，在很大程度上取决于集装箱内的积载。如果一票货物装完了若干个集装箱以后，只剩下一小部分时，由于不能把不同卸货港的货物混装在一个集装箱内；或者集装箱虽然适合于大部分不同货种的运输，但并不是所有这些货物都能互相适应装同一箱内。由于集装箱的空间是有限的，在配装同一箱的不同货种时，应当仔细判断，不同货种相互适应才可同箱积载，若不能同箱积载，即便剩下的货物件数不多，也只好另装一个集装箱。因此，在提取空箱之前应全面考虑，编制好集装箱预配清单，按预配清单的需要提取空箱。

3. 集装箱装箱的一般方法

货物装箱应根据货运代理的集装箱出口业务员编制的集装箱预配清单，在集装箱货运站或发货人的仓库进行。

集装箱货物装箱的方式有整箱货(Full Container Load,FCL)装箱和拼箱货(Less than a Container Load,LCL)装箱。

具体装箱时应注意以下事项：

(1)集装箱货运站装箱时,不能随到随装,必须根据集装箱预配清单和事先编制的装箱计划进行装箱；

(2)备妥必要的、合格的隔垫物料及捆扎加固材料；

(3)注意货盘的叉槽放置方向不能弄错；

(4)装箱时必须考虑方便拆箱卸货；

(5)货物重心分布必须平衡,积载后的重心应尽量接近箱子的中心,以免装卸过程中发生倾斜和翻倒；

(6)硬包装的货物,装箱时应当用垫料,以免冲压其他货物或碰坏箱子内壁；

(7)袋装货最好不要与箱装货同装一箱,不能避免时须要用垫板；

(8)带有凸出、隆起或四边不规则包装的货,如没用适当垫料,不能与其他货装在一起；

(9)湿货包括桶装或罐装液体货,应当用垫料,并装在底层；

(10)不同种类的包装,必须保持分票积载,例如,木夹板包装货与袋装货或纤维板箱装货物之间,如果没有保护性的隔垫,就不能装在一起；

(11)海关监管或可能被查验的货物必须分出并装在箱门口；

(12)在任何情况下,都不能把货物直接固定在集装箱内部任何一个平面上,因为把集装箱钻孔会破坏箱的水密性；

(13)不要用不同包装的货物填塞集装箱的空位,除非这两种包装的货物,是完全适合拼装的；

(14)包装损坏的货物,即使损坏的表面是微小的,也不能装入箱内,必须将坏包在装箱前修好后才能装入箱内；

(15)货物装完后,必须检查,要求做到没有一件货物处于松动状态,以防集装箱发生纵向或横向倾斜时,造成货损。

集装箱装箱完毕后,应使用合适的方法进行固定、绑扎,并关闭箱门。如对货物加固材料是木材,且目的地是澳大利亚、新西兰等国家,则应在箱体外表明显地方贴上有关部门出具的木材经免疫处理证明。

4.特殊货物的装箱要求

(1)重大件(Over Weight Cargo;Over Height Cargo;Over Width and Over Length Cargo)。

所谓重大件一般是指超重货、超高货、超宽和超长货。

①超重货:超重也不能超过集装箱的最大总重,由于集装箱运输和装卸中所使用的机械都是按国际标准化组织规定的标准最大总重来设计制造的。20英尺集装箱

为 20 长吨(即 20320 吨),40 英尺集装箱为 30 长吨(即 30480 吨),这一限度绝对不准超过。

配重件时,应当注意使集装箱保持平衡,同时考虑箱容的充分利用。尽可能搭配适当的轻货。装载时必须考虑集装箱底层的最大负荷量,可通过垫板来配置最大负荷量。要对照集装箱规范,绝对不能超过集装箱底层每平方英寸(或每平方米)的最大负荷量。

②超高货:通常杂货集装箱的箱门有效高度为 2100 毫米左右(约 6 英尺 11 毫米),如果货物超过了这一高度,就称为超高货。超高货必须用开顶集装箱或框架集装箱装载。

③超宽货:舱内集装箱与集装箱之间的横向间隙通常是 120～200 毫米,其间距的大小要根据不同的船舶而定。如果所装的超宽货物不超过上述范围,一般可以与普通集装箱一样装在舱内,为了防止货物横向移动,靠在相邻的集装箱上,而使侧壁触破等事故的发生,要进行充分的固定。

④超长货:超长货不能装在舱内,因为每一箱格都有横向构件。所以,如必须装运时,只好装在甲板上,但甲板上有拉紧集装箱的交叉拉杆,因此限制了装载位置。超长货装在框架集装箱上时,其超长量限制在 1 英尺左右。

集装箱船舶需装载超长、超宽、超高、超重等非标准集装箱,应在订舱前由托运人或承运人向港口提出申请,经确认后方可装运。

(2)危险货物的装载。

使用集装箱装载危险货物应按危险货物运输规则所列的性能作为配载的依据,各种性能不同的危险货物,不能同配一箱,箱内不能放一般普通货物,具体应做到以下几点:

①集装箱有正确的标记、标志,并有《集装箱装运危险货物证明书》;

②集装箱清洁、干燥,适合装货;

③货物符合《国际危规》的包装要求,有正确的标记、标志,并经国家规定的有关部门检验认可;

④每票货物应有危险货物申报单;

⑤与危险货物性质不相容的货物禁止同装一箱;

⑥与普通货物混装时,危险货物不得装在普通货物的下面,并应装于箱门附近;

⑦包件装箱正确,衬垫、加固合理;

⑧装载后,应按《国际危规》要求在集装箱外部每侧张贴危险货物类别标志。

(3)冷冻、冷藏集装箱的装载。

冷冻、冷藏货大致分为冷冻货和低温冷藏货两种。冷冻货是指货物在冻结状态下进行运输的货物,运输温度的范围一般在 $-10\sim-20$℃之间。低温货是指货物在还未冻结或货物表面有一层薄薄的冻结层的状态下进行运输的货物,一般允许的温度调整范围在+16～−1℃之间。货物要求低温运输的目的,主要是为了能保持货物的鲜度。有时为了要维持货物呼吸和防止箱内产生水滴而需要在箱内进行通风。

使用冷冻、冷藏集装箱装载冷藏货应做到:

①集装箱具有集装箱所有人出具的集装箱合格证书或文件;

②集装箱冷藏设备启动、运输、停止装置处于正常状态;

③集装箱通风孔处于所要求的状态,泄水管保持畅通;

④集装箱装箱前要经商检机构检验合格,并能达到规定的温度,货物要达到规定的装箱温度;

⑤货物装箱时,不能堵塞冷气通道,天棚部分应留有空隙;

⑥装载期间,冷藏装置停止运转;

⑦冷冻货物最好不要混载,必须混载时,只有运输温度相同的货物才能装在一起,并要避免有恶臭、污染的货物混载;

⑧装载完毕,尽快使制冷设备工作,以尽快达到运输要求的温度。

三、集装箱货物集散与交接

1. 整箱货与拼箱货

集装箱货运是将散件货物汇成一个运输单元(集装箱),根据各国的运输法规和每条运输路线上的经济、地理等条件,决定其不同的集散方式和流转程序。集装箱的货物流通途径与传统的杂货运输有所不同,传统杂货运输仅以港口作为货物交接换装的地点,而集装箱运输是在港口以外的内陆腹地设立一个或几个作为第一个货物交接点的内陆站,将集中于内陆站的集装箱用集装箱专用列车或拖挂车,通过铁路或陆路,运至作为第二货物交接点的集装箱码头,再装上集装箱船。港口集装箱码头也可兼有内陆站的功能,从货主手中接受货主自行装箱的货物,或接受不能装满整箱的小批量货物,将分属于不同货主的运往同一目的地的货物拼装在一个集装箱内,再装船。集装箱运输改变了传统的货物流通模式,在集装箱货物的流转过程中,货物的集散方式分为两种,即整箱货和拼箱货。

(1)整箱货(Full Container Cargo Load,FCL):是指由货方或货方代理人负责装箱和计数、填写装箱单并加封志的集装箱货物,通常只有一个发货人和一个收货人。

国际公约或各国海上货物运输法基本上都没有整箱货交接的特别规定,而承运人通常根据提单正面和背面的印刷条款及提单正面的附加条款,表明其仅承担在箱况良好和封志完整的状况下接受并在相同的状况下交付货物的责任。在目前的海上货运实务中,班轮公司主要开展整箱货的货运业务。

整箱货运输的特点是:货物批量大,全部货物均属于一个货主,到达地一致,货物从发货人装箱后一直到收货人拆箱为止,一票到底。

整箱货典型的流转过程如图 4-1 所示。

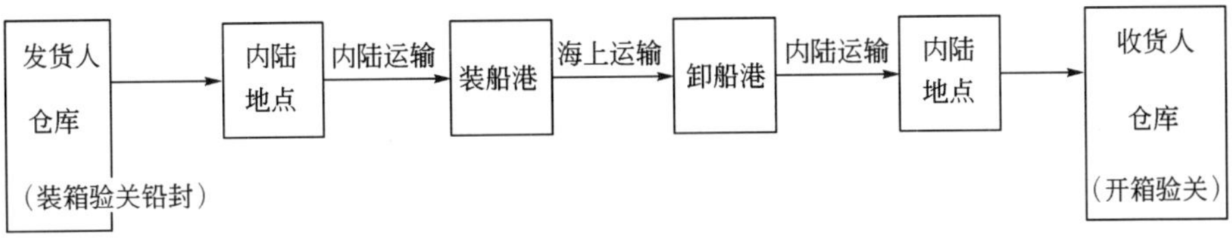

图 4-1　集装箱整箱货物流转过程

整箱货的具体流转过程为：

①发货人在自己的工厂或仓库装箱地点配置集装箱；

②发货运站在自己的工厂或仓库装箱地点装箱；

③通过内陆运输或内河运输将集装箱货物运至集装箱码头；

④在集装箱码头堆场办理交接，根据堆场计划在堆场内暂存集装箱货物，等待装船；

⑤根据装船计划将集装箱货物装上船舶；

⑥通过水上运输将集装箱集货物运到卸货港；

⑦根据卸船计划从船上卸下集装箱货物；

⑧根据堆场计划在堆场内暂存集装箱货物；

⑨通过内陆运输将集装箱货物运至收货人工厂或仓库；

⑩收货人在自己的工厂或仓库掏箱；

⑪集装箱空箱回运。

(2)拼箱货(Less Than Container Cargo Load，LCL)：是指货量达不到整箱标准的，需按拼箱托运，即由承运人的集装箱货运站负责装箱和计数，填写装箱单，并加封志的集装箱货物，通常每一票货物的数量较少，因此装载拼箱货的集装箱内的货物会涉及多个发货人和多个收货人。

承运人负责在箱内每件货物外表状况明显良好的情况下接受并在相同的状况下交付拼箱货。在目前海上货运实务中，主要由货运代理或拼箱集运公司从事拼箱货的业务。

拼箱货运输和特点：货物批量小，而且货物来自不同起运地，待货物集中后，把不同票而到达同一目的地的货物拼装在同一个集装箱内，再通过各种运输方式把货物运送给收货人。

拼箱货典型的流转过程如图 4-2 所示。

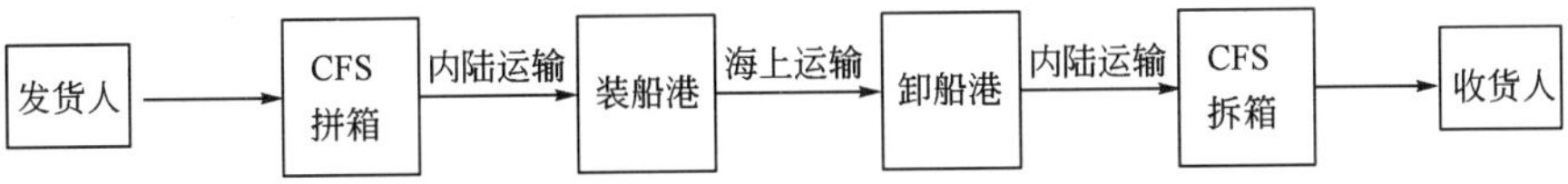

图 4-2　集装箱拼箱货物流转过程

拼箱货的具体流转过程为：

①发货人自己负责将货物运至集装箱货运站；

②集装箱货运站负责备箱、配箱、装箱；

③集装箱货运站负责将装载货物的集装箱运到集装箱码头；

④根据堆场计划将集装箱暂存堆场，等待装船；

⑤根据装船计划将集装箱货物装上船舶；

⑥通过海上运输将集装箱货物运抵卸船港；

⑦根据卸船计划从船上卸下集装箱货物；

⑧根据堆场计划在堆场内暂存集装箱货物；

⑨将集装箱货物运到货运站；

⑩集装箱货运站掏箱、交货；

⑪集装箱空箱回运。

2. 集装箱货物的交接地点

在集装箱运输中，根据实际需要，货物的交接地点并不固定。交接地点的确定是根据运输合同中，承运人与货方交接货物、划分责任风险和费用的地点来确定的。集装箱运输中货物交接的地点有船边或吊钩、集装箱堆场、集装箱货运站和其他双方约定的地点。

(1)集装箱前方堆场(Marshalling Yard)：是指在集装箱码头前方，为加速船舶装卸作业，暂时堆放集装箱的场地。其作用是：当集装箱船到港前，有计划、有次序地按积载要求将出口集装箱整齐地集中堆放，卸船时将进口集装箱暂时堆放在码头前方，以加速船舶装卸作业。

(2)集装箱后方堆场(Container Yard)：集装箱重箱或空箱进行交接、保管和堆存的场所。有些国家对集装箱堆场并不分前方堆场或后方堆场，而统称为堆场。集装箱后方堆场是集装箱装卸区的组成部分，是集装箱运输"场到场"交接方式的整箱货办理交接的场所(实际上是在集装箱卸区"大门口"进行交接的)。

(3)空箱堆场(Van Pool)：专门办理空箱收集、保管、堆存或交接的场地。它是专为集装箱装卸区或转运站堆场不足时而设立的。这种堆场不办理重箱或货物交接。它可以单独经营，也可以由集装箱装卸区在区外另设。有些国家经营这种空箱堆场，须向航运公会声明。

在集装箱码头堆场交接的货物都是整箱交接。在发货港集装箱码头堆场交接意味着发货人自行负责装箱及将集装箱运到发货港集装箱码头；在卸货港集装箱码头堆场交接意味着收货人自行负责集装箱货物到最终目的地的运输和拆箱。

(4)集装箱货运站(Container Freight Station，CFS)：为拼箱货装箱和拆箱的船、货双方办理交接的场所。承运人在一个港口或内陆城市只能委托一个集装箱货运站的经营者。由它代表承运人办理下列主要业务：

①拼箱货的理货和交接；

②对货物外表检验，如有异状时，就地办理批注；

③拼箱货的配箱积载和装箱；

④进口拆箱货的拆箱和保管；

⑤代承运人加铅封并签发站收据；

⑥办理各项单证和编制等。

在集装箱货运站交接的货物都是拼箱交接。在起运地集装箱货运站交接意味着发货人自行负责将货物运到集装箱货运站；在到达地集装箱货运交接意味着收货人自己到集装箱货运站提取货物，并自行负责提货后的有关事宜。

(5)发货人或收货人的工厂或仓库：在发货人或收货人的工厂或仓库交接的货物都是整箱交接。一般意味着发货或收货人自行负责装箱或拆箱。

3. 集装箱货物的交接方式

(1)按交接地点分。

①门到门 (Door to Door)：由托运人负责装载的集装箱，在其货仓或厂库交承运人验收后，负责全程运输，直到收货人的货仓或工厂仓库交箱为止，这种全程连线运输，称为“门到门”运输。只有在一个托运人、一个收货人，而且货主搬运的是整箱货的条件下，才能采用“门到门”的货物交接方式。

②门到场(Door to CY)：承运人在发货人的工厂、仓库接受由发货人装箱并经海关铅封的集装箱，并负责将集装箱运至目的港的集装箱堆场，并将原箱交付给收货人或代收货人接受集装箱的其他运输方式的承运人。只有整箱货才能采用“门到场”的货物交接方式。

③门到站(Door to CFS)：承运人在发货人的工厂、仓库接受由发货人装箱并经海关铅封的整箱货物，负责将整箱货运至目的港的集装箱货运站拆箱后，分别向不同的收货人交付货物的集装箱货物交接方式。当一个托运人将分属两个或两个以上的收货人的货物拼装在一个集装箱内、按整箱货托运运到目的港的集装箱货运站、各收货人凭单分别向货运站提货时，多采用这种交接方式。

④场到门(CY to Door)：承运人在起运港的集装箱堆场接受由发货人装箱并经海关铅封的整箱货物，负责将整箱货运至收货人的工厂、仓库，原箱交货的货物交接方式。在这种货物交接方式下，承运人不负责由发货人工厂、仓库至集装箱堆场之间的内陆运输。

⑤场到场(CY to CY)：承运人在起运港的集装箱堆场接受由发货人装箱并经海关铅封的整箱货物，负责将整箱货运至目的港的集装箱堆场，原箱交货的货物交接方式。承运人只负责海运区段的运输，而起运港以前和目的港以后的内陆运输，则由货主自行负责。该运输条款可满足直达海运、海海转运、海海联运方式。

⑥场到站(CY to CFS)：承运人在起运港的集装箱堆场接收经海关铅封的整箱

货，原箱运至目的港的集装箱货运站，分别向两个或两个以个收货人交付货物的货物交接方式。

⑦站到门(CFS to Door)：承运人从起运港的集装箱货运站，将集装箱货物运至收货人的工厂、仓库的货物交接方式。在由两个或两个以上托运人将不足整箱的货物托运给同一收货人时，大都在货运站将货物拼箱，并经海关监装、铅封后，按整箱货运至收货人的工厂、仓库。

⑧站到场(CFS to CY)：由承运人从起运港的集装箱货运站将集装箱运到目的港的集装箱堆场的货物交接方式。在两个或两个以上的发货人托运属于一个收货人的货物时，可采用这种货物交接方式。货物在货运站拼箱及海关在货运站临装和铅封。

⑨站到站(CFS to CFS)：是集装箱运输中拼箱货的最典型的交接方式。指托运人将小批量不足整箱的货物送到起运港的集装箱货运站，由货运站将分属于不同托运人和收货人，但目的港相同的货物拼装于一个集装箱内，经海关监装、铅封后，送交起运港的集装箱堆场装船运至目的港装卸作业区的集装箱货运站拆箱，各收货人分别提取货物的货物交接方式。该运输条款通常由集装箱货运站负责装箱、拆箱，装箱费由托运人支付，拆箱费由收货人支付。

九种交接方式如表4-2所示。

集装箱货物的九种交接方式　　表4-2

简　称	英文表述	交接地点、含义
门到门	Door to Door, Door/Door	交付地：发货人的货仓或工厂仓库； 接收地：目的地收货人的货仓或工厂
门到场	Door to CY	交付地：发货人的货仓或工厂仓库； 接收地：目的地或卸箱港的集装箱装卸区堆场
门到站	Door to CFS	交付地：发货人的货仓或工厂仓库； 接收地：目的地或卸箱港的集装箱货运站
场到门	CY to Door	交付地：起运地或装箱港的集装箱装卸区堆场； 接收地：收货人的货仓或工厂仓库
场到场	CY to CY	交付地：起运地或装箱港的集装箱装卸区堆场； 接收地：目的地或卸箱港的集装箱装卸区堆场
场到站	CY to CFS	交付地：起运地或装箱港的集装箱装卸区堆场； 接收地：目的地或卸箱港的集装箱货运站
站到门	CFS to Door	交付地：起运地或装箱港的集装箱货运站； 接收地：收货人的货仓或工厂仓库
站到场	CFS to CY	交付地：起运地或装箱港的集装箱货运站； 接收地：目的地或卸箱港的集装箱装卸区堆场
站到站	CFS to CFS	交付地：起运地或装箱港的集装箱货运站； 接收地：目的地或卸箱港的集装箱货运站

(2)按货运数量交接方式分为四种：四种交接方式参见表4-3。

集装箱货物按货运数量交接方式 表4-3

符号代表	交接方式、含义
FCL/FCL	整箱交、整箱接 货主在起运港的工厂或仓库将货物以整箱(柜)方式交付承运人，收货人在目的地以整箱(柜)方式接收货物
LCL/LCL	拼箱交、拆箱接 由承运人或其代理人在起运港负责拼(装)箱，并在目的地负责拆箱，各收货人凭提单接收货物
FCL/LCL	整箱交、拆箱接 货主在起运港的工厂或仓库将货物以整箱(柜)方式交付承运人或其代理人，承运人或其代理人在目的地拆箱后，各收货人凭提单接收货物
LCL/FCL	拼箱交、整箱接 由承运人或其代理人在记运港负责拼(装)箱，并在目的地以整箱(柜)方式接收货物

在海运集装箱货物交接的主要方式中，CY to CY是班轮公司通常采用的交接方式；CFS to CFS是集拼经营人通常采用的交接方式。

四、集装箱班轮运费

1.集装箱运费的构成

集装箱运输的费用包括海上运输费用、内陆运输费用、各种装卸费用、装箱及拆箱费用、搬运费、堆场服务费、集装箱及其设备使用费等。承运人收取的运费具体应包括哪些项目，视所采用的集装箱货物运输交接条款而定。

(1)海运运费：是集装箱班轮公司为完成集装箱货物运输而向托运人收取的运输服务报酬。

(2)内陆运输费：根据集装箱运输条款，内陆运输费有时由承运人负责；有时由货主自己负责。由承运人负责时，应根据承运人的运价本中有关陆上运费的内容来确定。

(3)堆场服务费(CY Service Charge)：又称码头操作费。以出口为例，在装货港堆场将待装货的空箱装上货方卡车或送往码头内的货运站，再将装妥的重箱从货方卡车卸到堆场或从码头内货运站送回堆场，分类堆存，装船并进行一般加固，以及集装箱进出码头时的有关单证填制等。

(4)拼箱服务费(LCL Service Charge)：是指出口货拼箱或进口货拆箱所支付的费用。拼箱服务包括：准备承运人空箱，签发场站收据，在货运站内货物正常搬运一定期限内的堆存，装箱、封箱、做标记，必要的分票与积载，制作装箱单，在卸货港将重箱货物拆箱、理货、堆存、保管、交付货物、对拆空后的集装箱进行一般清扫等。

(5)集散运输费:集散运输又称支线运输,是指集装箱由内河、沿海的集散港至干线基本港之间的运输。一般情况下,集装箱在支线港装船后,即可签发集装箱联运提单,承运人为这一集散运输而收取的费用称为集散运输费。

2.集装箱运费的计算

目前,集装箱货物海上运价体系较内陆运价体系成熟,基本上分为以下两个大类:

(1)拼箱货沿用件杂货运费计算方法,对具体的航线按货物的等级及不同的计费标准(俗称散货价)计算出基本运费。基本费再加上相应的附加费,包括传统杂货所收的常规附加费,以及一些与集装箱货物运输有关的附加费。

(2)整箱货对具体航线实行不分货物等级只按箱型的包箱费率或分货物等级和箱型的包箱费率来计算集装箱货物的基本运费。

包箱费率(Box Rate):是以每个集装箱为单位规定计收运费的费率(俗称包箱价),常见的包箱费率有以下三种表现形式:

①FAK(freight for all kinds)包箱费率,也称均一包箱费率。它是指对每一集装箱不细分箱内货类,不计货量,只按箱子类型(普通货、一般化工品、半危险品、全危险品、冷藏货)制定出不同规格(20′、40′)箱子的费率。在FAK下,只需判别箱内货物属于普通货、一般化工品、半危险品、全危险品还是冷藏货,就可查到这只集装箱的运费。

②FCS(freight for class)包箱费率。它与FAK的差别在于,它是对于普通货物,再按不同货物等级制定的相应的包箱费率。一般为4个级别费率或3个级别费率,如:1—7级、8—10级、11—15级、16—20级等。在FCS下,首先根据货名查到等级,然后按等级和箱子规格查到每只箱子的相应运费。

③FCB(freight for class and basis)包箱费率,此种包箱费率与FCS不同之处是,它既按不同货物等级或货类,又按计算标准制定出不同费率。因此,同一级费率因计算标准不同,费率也不同。如8—10级,CY/CY交接方式,20′集装箱货物按重量计费为1500美元,按尺码计费则为1450美元。在FCB下,首先根据货名查到等级,然后按等级、计算标准和箱子规格查到每只箱子的相应运费。

最低运费(Minimum Freight):为了确保营运收入不低于成本,经营集装箱运输的船公司通常还有最低运费的规定。所谓最低运费,即指起码运费。在拼箱货的情况下,最低运费的规定与班轮运输中的规定基本相同,即在费率表中都订有最低运费。任何一批货物其运费金额低于规定的最低运费额时,则按最低运费金额计收;在整箱货的情况下,由货主自行装箱,如箱内所装货物没有达到规定的最低计费标准时,则亏舱损失由货主负担。各船公司都分别按重量吨和尺码吨给不同类型和用途的集装箱规定了最低的装箱吨数,并以两者中高者作为装箱货物的最低运费吨。

最高运费(Maximum Freight):在集装箱运输中,为鼓励托运人采用整箱装运货物并能最大限度地利用集装箱内部容积而使用的一种运费计算方法,运费计算时为各种规格和类型的集装箱规定一个按集装箱的内部容积折算的最高运费吨。

目前，国际上对最高计费吨的规定，一般是 20ft 集装箱为 $31m^3$，40ft 集装箱为 $67m^3$。如所装货物尺码低于上述规定，则按上述最低规定计收，超过上述规定的部分，则免收运费。因此，提高集装箱内积载技术，充分利用集装箱容积，对节省运费有很大作用。

(1)拼箱货的海运运费计算。

由于集装箱货运站装箱的拼箱货的海运运费与普通杂货班轮运输海运运费的计算办法完全一样，也按件杂化基本费率加附加费计算。基本费率参照传统件杂货运价，以运费吨为计费单位，多数航线上采用等级费率。附加费除传统杂货所收的常规附加费外，还要加收一些与集装箱货物运输有关的附加费。通常各班轮公司对集装箱拼箱货的运费率，在集装箱航线运价表中都有列出。因此，计算拼箱货运费时应按集装箱运输的运费率，而不按普通杂货班轮运输的运费率计算。

(2)整箱货的海运运费计算。

①按包箱费率计算运费：整箱货的运费计算，一般是按包箱费率乘以整箱个数得出基本运费，再加上附加费，得到应收运费的金额。公式为：

$$运费=包箱费率\times箱量+附加费 \tag{4-12}$$

【例 4-4】 一批手动工具需用集装箱从上海运往英国费利克斯托，重量为16.4t，尺码为 $20.5m^3$，采用 CY/CY 条款，订舱 1×20ft，货主需要为该批货物支付多少运费？

解：查货物分级表，知该货物属 10 级，W/M。

查中国—欧洲航线费率表，知 10～11 级货物拼箱运价为 USD 130/F. T，整箱运价为 USD 2050/20ft，3900/40ft。

附加费率表显示燃油附加费为 20%。

$$运费=1\times2050\times(1+20\%)=2460 美元$$

②按最低运费计算。

【例 4-5】 班轮公司规定，某航线上 20ft 干货箱装载货物的最低限量为 $22m^3$ 或 17.5t。现有小家电 10t、$20m^3$，已知费率 USD 22.5/m^3，按最低运费计算这批小家电应付运费。

解：已知费率以体积为单位，最低运费吨＝$22m^3$

而货物实际体积 $20m^3$ 小于最低限量 $22m^3$，故运费＝22×22.5＝495 美元

③按最高运费计算。

【例 4-6】 一批汽车配件，尺码吨大于其重量吨，实际装入 40ft 集装箱内的尺码为 $58.5m^3$，运价基本费率 USD75W/M，燃油附加费 USD10/FT，货币贬值附加费 6.5%，船公司规定的最高运费吨为 40ft 箱 $55m^3$。求这批货物应付运费。

解： 运费＝[(75＋10)×55]×(1＋6.5%)＝4974.2美元

最高运费的计算仅适用于按尺码吨计算运费的容积货物，而不适用于按重量吨计算运费的重量货物。因为集装箱规定有最大限制重量，为了安全，不允许超载，更不能通过规定最高运费吨来鼓励超重。

另外，在整箱货运的情况下，如托运人仅提供部分货物的计算运费资料，这部分运费即按规定的等级和费率计算，其余未提供资料的货物运费，则按最高运费吨减去已提供资料的货物运费吨计算。如果这部分货物的计费等级或费率又有差异时，则按其中最高费率计算。

【例4-7】 一个20ft整箱货，其中20ft集装箱最高计费吨为31m^3，内装8、9、10、11级四种货物，托运时仅提供10级货物的尺码为16m^3，求该集装箱运费。

解： 已提供资料的货物运费＝16×10级货物费率

未提供资料的8、9、11级货物的运费＝(31－16)×11级货物费率

该箱货的总运费＝已提供资料的货物运费＋未提供资料的8、9、11级货物的运费

＝16×10级货物费率＋(31－16)×11级货物费率

第六节　国际海上集装箱货运代理业务及主要货运单证

一、国际海上集装箱进出口一般货运程序

1.订舱托运

货物托运人根据贸易合同或信用证有关条款的规定，在货物托运前一定的时间，选定船公司和班期后，填制托运单向船公司或其代理人申请订舱。

2.接受托运申请

船公司或其代理人，根据托运人的托运申请，考虑船舶舱位、航线、港口、货物性质、运输条件等因素后确定能否接受订舱委托。在船公司或其代理审核托运单，确认接收托运申请后，在装货单上签章，以表明承运该货物。托运人凭签章后的装箱单向海关办理出口报关手续。船公司或其代理人根据托运单编制预配清单等单据，然后分送集装箱码头、集装箱空箱堆场等相关运输部门，据此安排空箱发放和重箱进港等交接工作。

3.装箱交接

船公司或其代理人在接受托运申请后，根据预配清单的用箱要求安排集装箱空箱发放的集装箱堆场，并编制集装箱设备交接单。通常，整箱货由发货人到集装箱堆场领取空箱，自行负责装箱并加盖海关封志运至集装箱码头堆场。拼箱货由发货人将货物交集装箱货运站，由货运站负责领取空箱，负责装箱运输的集卡车队向船代领取集装箱设备交接单，凭设备交接单到指定的集装箱空箱堆场领取所需空箱，运至承运人

指定的仓库装箱。装箱完毕，根据货物的实际装箱情况，填制集装箱装箱单，与集装箱设备交接单一起，由集卡司机送集装箱码头。在集装箱码头入口处完成箱、单交接。

4. 交接签证、换取提单

集装箱码头堆场在验收货物和集装箱后，即在场站收据上签字，并将签署的场站收据交还发货人，发货人凭签署的场站收据，向承运人或其代理人换取提单，然后去银行结汇。

5. 配载装船

船公司或其代理人接受订舱后，根据托运单中的货物订舱数据，由船公司的集装箱配载中心或船舶大副，根据分类整理的订舱单，编制航次集装箱预配图。集装箱预配图由船公司直接转给集装箱港口装卸公司。港口装卸公司收到集装箱预配图后，由码头船长或集装箱配载员根据预配图和码头实际进箱情况，编制集装箱实配图。待集装箱船靠舶后，码头配载员持实配图，交船上大副审查，经船方签字同意后，码头凭确认的集装箱实配图安排装船作业。装船完毕后，由理货公司的理货员按船舶实际装箱情况，编制最终积载图。

6. 海上运输

海上承运人对装船的集装箱负有安全运输、保管照料的责任，并依据集装箱提单条款划分与货主之间的责任、权利、义务。

7. 卸船交货

集装箱货物运抵卸货港后，船公司或船代负责卸货至港口集装箱堆场。货主在办理了进口手续后，海关在提货单上加盖放行章。货主凭合法有效的提货凭证到港口集装箱堆场办理提货拆箱。收货人和集装箱货运站在掏箱完毕后，应及时将空箱回运至集装箱码头堆场。

二、国际海上集装箱出口货运代理业务与主要货运单证

1. 整箱货出口货运代理业务流程

(1)委托代理。

发货人的出口商应在正式办理托运手续之前，选定班期适当的船舶，填制订舱单或托运单，向船公司或船公司的代理人或其他运输方式经营人申请订舱或托运。

(2)订舱。

承运，可以说是对订舱或托运要求的书面确认。对于申请订舱并得到船公司或船公司的代理人对订舱要求作出承诺的货物，货主或货运代理人在交运集装箱货物前还须填制集装箱托运单向船公司或船公司的代理人办理托运，船公司的代理人审核托运单，对于经过订舱的货物，还须与订舱单核对，确认无误后，在装货单上签章，以表明承运货物，然后将货物单退还给货主或货运代理人。货主或货运代理人即可持货运单向海关办理货物出口报关手续。而船公司或船公司的代理人则在承运货物

后，根据订舱单或托运单缮制订舱单，分送集装箱装卸作业区或集装箱堆场，据此准备空箱的发放和重箱的交接保管及装船工作。

(3)发放空箱。

通常，集装箱是由船公司无偿借给货主或集装箱货运站使用的。在整箱货的情况下，船公司或它的代理人在接受订舱、承运货物后，即签发集装箱发放通知单，连同集装箱设备交接单一并交给托运人或货运代理人，据此到集装箱堆场或内陆站提取空箱。通常是由货运代理人安排集装箱卡车车队到集装箱空箱堆场领取空箱，也可以由货主自己安排提箱。在领取空箱时，提箱人都应与集装箱堆场办理空箱交接手续，并填制设备交接单。

(4)货物装箱。

货主或货运代理人托运的货物既可能是整箱货也可能是拼箱货。在整箱货的情况下，由货主自行办理货物出口报关手续，在海关工作人员监装下自行装箱，并缮制装箱单和港站收据。整箱货的装箱工作大多是由货运代理安排进行，并可以在货主的工厂、仓库装箱或是由货主将货物交由货运代理的集装箱货运站装箱；也可以由货主自己安排货物的装箱工作。装箱人应根据订舱清单的资料，并核对场站收据和货物装箱的情况，填制集装箱货物装箱单。在拼箱货的情况下，由集装箱货运站将分属于不同货主但流向相同的零星货物装箱，拼装为整箱货物。

(5)整箱货交接和签收。

由货运代理或发货人自行负责装箱并加封志的整箱货，通过内陆运输运至承运人的集装箱码头堆场，并由码头堆场根据订舱清单，核对场站收据和装箱单接收货物。整箱货出运前也应办妥有关出口手续。集装箱码头堆场在验收货箱后，即在场站收据上签字，并将签署的场站收据交还给货运代理或发货人。货运代理或发货人可以凭已签署的场站收据要求承运人签发提单。

(6)换取提单。

发货人收到经集装箱货运站或集装箱的经营人签署的港站收据后，即可凭港站收据向船公司或其他运输方式的经营人付清运费，换取提单或其他多式联运单证，然后去银行结汇货款。

(7)装船。

集装箱进入集装箱装卸作业区的集装箱堆场后，装卸作业区根据待装货箱的流向和装船顺序编制集装箱装船计划或积载计划，在船舶到港前将待装船的集装箱移至集装箱前方堆场，按顺序堆码于指定的箱位，船舶到港后，即可顺次装船。

整箱货出口货运代理业务流程如图 4-3 所示。其具体流程内容为：

①货主与货代建立货运代理关系；

②货代填写托运单证，及时订舱；

③订舱后，货代将有关订舱信息通知货主或将“配舱回单”转交货主；

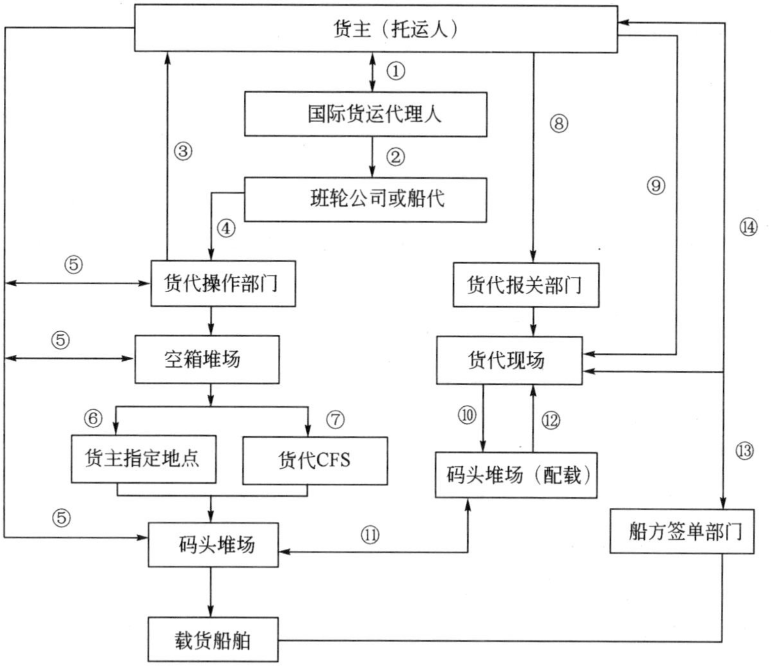

图 4-3　整箱货出口货运代理业务流程图

④货代申请用箱，取得 EIR 后就可以凭此到空箱堆场提取所需的集装箱；

⑤货主“自拉自送”时，先从货代处取得 EIR，然后提取空箱，装箱后制作 CLP，并按要求及时将重箱码头堆场，即集中到港区等待装船；

⑥货代提空箱至货主指定地点装箱，制作 CLP，然后将重箱“集港”；

⑦货主将货物送到货代 CFS，货代提空箱，并在 CFS 装箱，制作 CLP，然后“集港”；

⑧货主委托货代代理报关，报检，办妥有关手续后将单证交货代现场；

⑨货主也可自行报关，并将单证交货代现场；

⑩货代现场将办妥手续后的单证交码头堆场配载；

⑪配载部门制订装船计划，经船公司确认后实施装船计划；

⑫实践中，在货物装船后可以取得 D/R 正本；

⑬货代可以凭 D/R 正本到船方签单部门换取 B/L 或其他单据人；

⑭货代将 B/L 等单据交货主。

值得注意的是，⑤⑥⑦在实践中只选其中一种操作方式。

2. 集装箱出口主要货运单证

与传统件杂货的货运单证相比，集装箱运输的出口货运单证既有不同之处，也有相同之处。如在集装箱运输中，以场站收据（D/R）代替传统运输中的收货单（M/R）；为办理货物进出口报关和货物交接等手续，要由装箱人缮制装箱单；为办理集装箱及其附属设备的交接，要缮制集装箱设备交接单；为便于箱体报关，要对船舶所载运的集装箱编制集装箱清单等。但两者所使用的载货清单和载货运费清单等单证，不论内容、作用、名称都所差无几。通常，除了与传统班轮运输相类似的货运单证外，属集装箱运输所特有并且能反映集装箱运输特点的出口货运单证主要有：

(1)集装箱发放通知单(Container Release Order)：又称空箱提交单(Equipment Dispatch Order)，是船公司指示集装箱堆场将空集装箱及其他设备提交给本单持有人的书面凭证。在集装箱运输中，船公司根据订舱单或预配清单向发货人或集装箱货运站签发集装箱发放通知单，并通知集装箱堆场。货主或集装箱货运站向堆场提取空箱时，必须出示该单证。集装箱发放通知单一式三份，由船公司签发，除自留一联备查外，分送发货人或集装箱货运站及集装箱堆场各一联。集装箱发放通知单格式参见本章后附样 4-9 所示。

(2)集装箱设备交接单(Equipment Interchange Receipt)：简称设备交接单(Equipment Receipt，E/R)，是集装箱所有人或集装箱经营人委托集装箱码头、堆场和货方，或集装箱货运站交接集装箱或冷藏集装箱，或特种集装箱及电动机等设备的凭证。设备交接单分进场设备交接单和出场设备交接单，各有三联，分别为箱管单位或船公司联、码头或堆场联、用箱人或运箱人联。设备交接单的格式参见本章后附样 4-10 所示。

集装箱设备交接单的流转过程是：

①由船公司填制交接单交用箱人或运箱人；

②由用箱人或运箱人到码头或堆场提箱或还箱时出示设备交接单，由经办人员对照设备交接单，检查集装箱铁外表状况后，双方签字，码头或堆场留下箱管单位联和码头或堆场联，将用箱人或运箱人联退还给用箱人或运箱人；

③码头或堆场将留下的箱管单位联退还给船公司或其代理人。

设备交接单既是分清集装箱设备交接责任的单证，也是对集装箱进行跟踪管理的必要单证。集装箱货物是按箱交接的，箱外表面无异状，铅封完好的情况下，它实际也是一种证明箱内货物交接无误的单证。

(3)装箱单(Container Load Plan，CLP)：是按装箱顺序记载装箱货物的具体名称、数量、尺码、重量、标志和其他货运资料的单证，对于特种货物还应加注特定要求，如对冷藏货物要注明箱内温度的要求等。其格式见本章后附样 4-11 所示。

装箱单是集装箱船舶进出口报关向海关提交的载货清单的补充资料，也是向承运人提供箱内所装货物的明细清单；既是集装箱码头编制装、卸船计划的依据，也是发生货损时处理索赔事故的原始依据之一。装箱单一式五联，码头、船代、承运人各一联，发货人/装箱人共二联。整箱货的装箱单由发货人缮制，拼箱货的装箱单由集装箱货运站缮制。

发货人或货运站将货物装箱，缮制装箱单一式五联后，连同装箱货物一起送至集装箱堆场。集装箱堆场的工作人员在五联单上签收后，留下五联单中码头联、船代联和承运人联，其中自留码头联据以编制装船计划，将船代和承运人联分送船舶公司代理人和船公司，据此缮制积载计划和处理货运事故；将发货人/装箱人联退还给发货人或集装箱货运站。发货人或集装箱货运站除自留一份发货人/装箱人联备查外，将另一份发货人/装箱人联寄交给收货人或卸港的集装箱货运站，供拆箱时使用。

(4)场站收据(Dock Recipt，D/R)：又称港站收据或码头收据，是指船公司委托集装箱堆场、集装箱货运站或内陆站在收到整箱货或拼箱货后，签发给托运人证明已收到货物，托运人可凭以换取提单或其他多式联运单证的收据。其格式见本章后附样 4-12、附样 4-13、附样 4-14 所示。

场站收据是集装箱出口十联单中的三联。其中，正本场站收据一联；场站收据副本——装货单一联；场站收据副本——大副一联。

出口 10 联单包括：

第 1 联：集装箱货物托运单(B/N)，货主留底备查；

第 2 联：集装箱货物托运单、船代留底编制装船清单、积载图预制提单等；

第 3 联：运费通知(1)，计算运费；

第 4 联：运费通知(2)，运费收取通知；

第 5 联：场站收据副本(1)(装货单 S/O)，报关并作为装货指示；

第 5 联附页：缴纳出口货物港务费申请书(由港区核算应收港务费用)；

第 6 联：场站收据副本(2)(大副联)粉红色，报关船上留存备查；

第 7 联：正本场站收据，黄色，报关，船代凭此签发提单；

第 8 联：货代留底，编制货物流向单；

第 9 联：配舱回单(1)，货代编制提单等；

第 10 联：配舱回单(2)，根据回单批注修改提单。

出口 10 联单各联的流转程序参见图 4-4 所示。

①货运代理接受托运人的委托后制 10 联场站收据，并将第 1 联货主留底联由货主留存备查，将其余 9 联送船代或有订舱权的货运代理处订舱。

②船代或有订舱权的货运代理确定船名、航次，给每一票货物分配一个提单号，将提单号填入 9 联单，并在装货单联加盖确认订舱章，明确表示订舱.然后留下第 2～4联，其余第 5～10 联退还托运人或其代理。对有订舱权的货运代理，代表船方确认订舱后，除了应将订舱信息输入计算机，还应立即把订舱信息传送给相关船公司或其代理，船公司或代理则应将全船订舱信息汇总后传送给海关以便办理船舶报关。

③货代留下第 8 联货代留底联，用于制货物流向单及作为日后查询。第 9、10 联配舱回单(1)、(2)联退给托运人，以证明承运人已确认订舱和编制提单等单证。

④货代将第 5～7 联已加盖船代签单章的装货单及场站收据、大副联随同报关单等单证向海关报关。

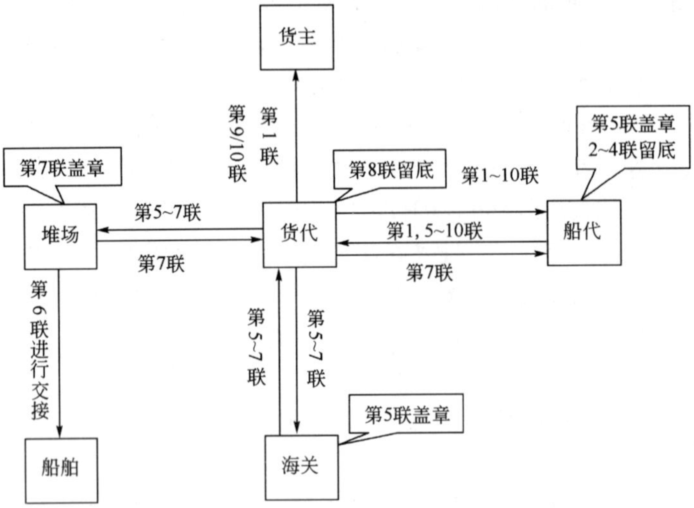

图 4-4　出口 10 联单的流转程序

⑤海关与船代传送的信息核对无误后，如果认为要查验，则将报关单、场站收据及其他单据做成关封送口岸海关处查验货物。如果装箱点为海关监管区，一般不进行查验。海关放行后，在装货单上盖放行章，并将第 5～7 联退还报关人。

⑥货主或货代将已盖海关放行章的装货单、场站收据、大副联，包括港口费收联连同货物送装箱点装箱。

⑦托运人或货代将集装箱及上述第 5～7 联单送港区或货运站。CY 或 CFS 查验集装箱或货物，先查验第 5 联的海关放行章，再检查进场的货物的内容、箱数、货物总件数是否与单证相符，并核对场站收据的各个号是否与单证相符。做到单货相符，单单相符，则在场站收据上加批实收箱数并签字，加盖场站收据签证章。场站留下装货单及大副联：装货单联归档保存日后查询；装货单附页用来向托运人或货代结算费用；大副联连同配载图应及时转交理货部门，由理货员在装船完毕后，将大副联交船上大副留底。

⑧正本场站收据应退回托运人或货代，以便托运人或货代凭此要求船代签发正本提单（装船前可签发待运提单，装船后可签发装船提单）。但在实际业务中，托运人或货代并不将场站收据取回，而是在集装箱装船后 4 小时内，由船代在港区和现场人员与港区场站签证组交接将其带回，船代据此通知货代放单信息（在该货代被授权代理船公司签发提单的情况下）或签发“装船提单”。

(5)危险品清单（Dangerous Cargo List）：是集装箱内装危险货物的汇总清单。危险货物的托运人在托运危险货物时，必须根据有关危险货物运输和保管的法规，事先向船公司或其代理人提交危险品清单。危险品清单的格式和内容见本章后附样 4-15 所示。

托运人在将危险品货物运至集装箱堆场和货运站时，必须提交危险品清单，由堆场管理人员汇总交船方。此外，所有危险品货物都必须粘贴规定的危险品标志，内装危险货物的集装箱也必须按规定张贴特制的危险品标签。

(6)冷藏集装箱清单(List of Reefer Container)：是装载冷冻货物或冷藏货物的冷藏集装箱的汇总清单。托运人在托运冷冻或冷藏货物时，都应要求承运人在运输和保管过程中，将冷藏集装箱的箱内温度控制在一定的范围内，并且要求承运人在运输和保管货物方面承担高于普通货物的责任。托运人向承运人和集装箱堆场提供的冷藏集装箱清单上，应须逐箱填明货物的名称和指定的温度范围等各项内容，交集装箱堆场由堆场业务人员汇总交船方。冷藏集装箱的格式及内容见本章后附样 4-16 所示。

3. 整箱出口退关、漏装处理

(1)整箱出口退关(Shut Out or Draw Back)：是指托运人委托货代办妥整箱出口货运订舱手续后，因种种原因在货物配载装船前终止货运过程的事件。

由于退关后处理手续的繁琐，稍有疏忽即可造成非常被动的货运责任事故，引起额外的费用支出，货代人员在发生退关后，除应弄清情况、分清责任外，当务之急是迅速、妥善地作好善后处理，对委托人提出的退关要求，应采取积极配合的态度，但不宜轻率作出承诺，因为现场装船时间很紧，情况多变不易控制。另外，货代在处理退关时，除内外各部门、各环节之间电话联系外，还应该作书面通知，从时间界线上划清责任。

整箱退关发生的时段有多种，有尚未提取集装箱空箱即退关的；有已提取空箱但货物尚未装箱即退关的；有已经装箱但尚未送进港区即退关的；有已送进港区但尚未报关完毕即退关的；有已送进港区且已报关完毕但因超配载或船舶吃水等原因退关的。货代要区别不同情况而采用相应的措施。

(2)单证处理。

属于托运人主动提出退关的，货代在接到托运人通知后，须尽快通知船公司或其代理人，注销退关货物的订舱，并通知港区现场理货人员注销场站收据或装货单。在货物报关之前退关的，货代要及时将托运人的报关资料退还托运人；在货物报关之后退关的，货代要及时向海关办理退关手续，将注销的报关单及相关单证(外汇核销单、出口许可证、商检证明、来料或进料登记手册等)尽早取回，退还托运人。

托运人提出退关时集装箱设备交接单尚未领取的，则由船公司或其代理人的现场工作人员予以注销；若已领取交接单但尚未提取空箱的，则货代要及时通知托运人或空箱提箱人及时返还设备交接单。

如果不属于托运人主动提出退关而由于船方、港方或海关手续不完备等各种原因造成退关的，货代在办理以上单证手续前，要先通知托运人说明情况并听取处理意见。

(3)货物处理。

①通关后,如货物尚未进入港区,货代须分别通知发货人、集卡车队、装箱点停止发货、派车及装箱;

②货物已经进入港区,如退关后不再出运,须向港区申请,结清货物在港区的堆存费用,把货物拉出港区,拆箱后送还发货人;

③退关后,如准备该船下一航次或原船公司的其他航班随后出运,则暂留港区,待装下一航次或其他航班的船;

④如换装另一船公司的船只,则因各船公司一般只接受本公司的集装箱,这种情况下,须将货物拉出港区换装集装箱后再送作业港区。

(4)整箱出口漏装。

整箱出口漏装是指整箱货物重箱进港报关成功后,因船舶超载、吃水、码头作业等非托运人原因造成货物未装上预先订舱配载船舶的货运事件。在整箱漏装发生后,货代应及时与托运人、船公司或其代理人取得联系,积极沟通和协调各方利益,在取得托运人的书面处理意见后,迅速作出处理。

①漏装操作。托运人同意由原船公司或船代将漏装货物安排在同一港区,由下一班船装船出运的,货代负责将盖有海关放行章的场站收据副本联统一交船公司或船代,由其制作整船漏装清单,到海关办理相关货物放行手续。托运人不必重新报关,货物则留在港区等下一班船。一般船公司或船代负担漏装货物在港区的堆存费、搬移费、海关单证等费用。

②改配操作。托运人决定换装其他船公司的船,或原船公司在其他港区码头的另一班船出运的,则货代需及时向海关办理退关手续,将注销的报关单及相关单证尽早取回后退还托运人。在向港区办理申请手续并缴纳相关费用后,安排将重箱拉出。如果仍配原船公司船出运,则按照重新订舱的程序安排货运。在征得船公司同意的情况下,可以使用原集装箱,不必重新提取空箱进行货物捣箱作业,但集装箱装箱单仍需重新制作。若托运人准备另行安排货运委托事宜,则货代在安排拆箱后将货物交还托运人,并将空箱返还原船公司集装箱堆场。期间产生的费用结算等事宜,则依据船公司或船代和托运人之间的协商结果办理。

4.拼箱货出口货运程序

集装箱运输的货物分为整箱货(FCL)的拼箱货(LCL)两种。目前,集装箱班轮公司通常承运整箱货;拼箱货则经常是无船承运人经营,其中大部分拼箱货的业务是由国际货运代理人承办。货代将不同委托人、不同收货人、同一卸货港的零星货物集中起来,拼成一个20ft或40ft的整箱,然后以整箱货形式交由班轮公司运输。这种方式国际上称为集拼(Consolidation,Consol),货代称为(Consolidator)。

(1)承办集拼业务的企业必须具备以下条件:

①具有集装箱货运站(CFS)装箱设施和装箱能力;

②与国外卸货港有拆箱分运能力的航运或货运企业建有代理关系；

③政府部门批准有权从事集并业务并有权签发自己的提单(House B/L)。

从事集拼业务的人由于其签发自己的提单，其法律地位相当于无船承运人，办理拼箱业务的货物托运人，其接受的提单是货运代理人签发的以拼箱货 CFS/CFS 交接方式的 House B/L。货运代理人作为集拼整箱的托运人，从船公司或其代理人处签得整箱货 CY/CY 交接方式的集拼整箱的 Master B/L。

(2)拼箱货业务流程。

集拼业务的操作比较复杂，先要区别货种，待拼成一个 20ft 或 40ft 整箱时，可以向船公司或其代理人订舱。

集拼的每票货物各缮制一套托运单(场站收据)，附于一套汇总的托运单(场站收据)上。例如：有五票货物拼成一个整箱，这五票须分别按其货名、数量、包装、尺码等各自缮制托运单(场站收据)，另外缮制一套总的托运单(场站收据)，货名可做成“集拼货物”(Consolidation Cargo)，货物的数量、重量和尺码都是五票货的汇总数，目的港一致，统一的提单编号，五票货分提单的编号则是在统一的编号后缀以 A、B、C、D、E 以示区分。货物出运后船公司或其代理人按总单签一份主提单(Master B/L)，该提单的托运人是货运代理，收货人是货运代理在卸货港的代理。货运代理根据海运提单，按五票货的托运单(场站收据)内容签发五分仓至仓子提单(House B/L)，编号按海运提单号，尾部分别缀以 A、B、C、D、E，其内容则与各托运单(场站收据)相一致，分发给各托运单位用以银行结汇。

货运代理须将船公司或其代理签发的海运提单正本连同自签的各子提单副本快寄其卸货港代理，卸货港代理在船到达后，向船方提供海运提单正本，提取该集装箱到自己的集装箱货运站拆箱，通知各收货人持正本子提单前来提货。

拼箱货的业务流程如图 4-5 所示。其流程具体内容为：

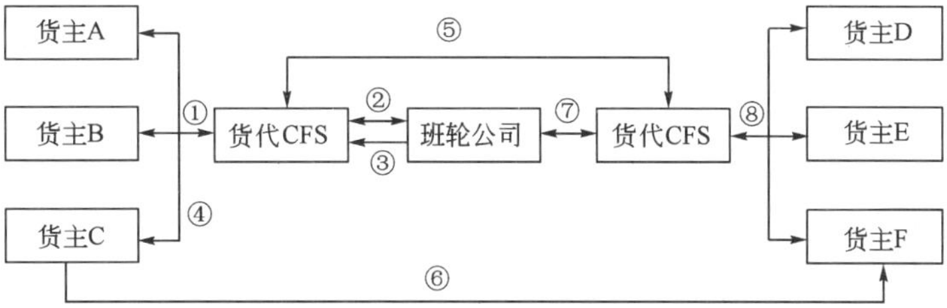

图 4-5　拼箱货业务流程图

①A、B、C 等不同货主将不足一个集装箱的货物交集拼经营人；

②集拼经营人将拼箱货拼装成整箱货后，向班轮公司办理整箱货物运输；

③整箱货装船后，班轮公司签发 Master B/L 或其他单据给集拼经营人；

④集拼经营人在货物装船后也签发自己的子提单(House B/L)给每一个货主；

⑤集拼经营人将货物装船及船舶预计抵达卸货港等信息告知其卸货港代理，同时还将班轮公司的 Master B/L 及 House B/L 的副本等单据交卸货港代理，以便向班轮公司提货和向收货人交付货物；

⑥货主之间办理包括 House B/L 在内的有关单证的交接；

⑦集拼经营人在卸货港的代理凭班轮公司的提单等提取整箱货；

⑧D、E、F 等不同的收货人凭正本的子提单 House B/L 等在货运站提取拼箱货。

三、国际海上集装箱进口货运代理业务与主要货运单证

1. 整箱货进口货运代理业务流程

集装箱运输的进口货运流程与传统的班轮运输的进口货运流程大体相同，即卸港的船公司代理接到装港船公司代理寄来的有关货运单证后联系集装箱码头、堆场和货运站，为船舶进港和卸箱做好准备，船舶到港后，组织卸箱和集装箱在堆场的存放或在集装箱货运站拆箱。整箱货进口货运代理业务流程，如图 4-6 所示。其流程的具体内容为：

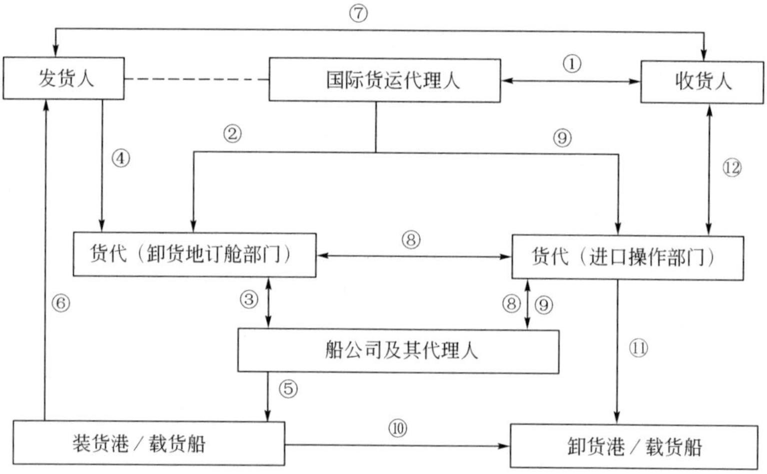

图 4-6　整箱货进口货运业务流程图

①货主（收货人）与货代建立货运代理关系；

②在买方安排运输的贸易合同 FOB 下，货代办理 Home booking（卸货地订舱）业务，落实货单齐备即可；

③货代缮制货物清单后，向船公司办理订舱手续；

④货代通知买卖合同中的卖方（实际发货人）及装货港代理人；

⑤船公司安排载货船舶抵装货港；

⑥实际发货人将货物交给船公司，货物装船后发货人取得有关运输单证；

⑦货主之间办理交易手续及单证；

⑧货代掌握船舶动态，收集、保管好有关单证；

⑨货代及时办理进口货物的单证及相关手续；

⑩船抵卸货港卸货，货物入库进场；

⑪在办理了货物进口报关等手续后，就可凭提货单到现场提货，特殊情况下可在船边提货；

⑫货代安排将货物交收货人，并办理空箱回运到空箱堆场等事宜.

值得注意的是，在卖方安排运输的贸易合同下，前②～⑦项不需要。

2.集装箱进口主要货运单证

集装箱进口货运单证在名称和作用方面与许多传统件杂货班轮货运单证相同，如进口载货清单、进口载货运费清单、提货单，以及其他一些由船公司或其代理人从装港寄来的或随船携带的单证。下面是几种集装箱货运特有的及常用的进口货运单证：

(1)到货通知书(Arrival Notice)：是船公司在卸货的代理人在集装箱卸入集装箱堆场，或移至集装箱货运站，并办好交接准备后，用书面向收货人发出的要求收货人及时提取货物的通知。到货通知书的格式见本章后附样 4-17 所示。

到货通知书是集装箱进口五联货运套单中的一联。进口五联货运套单包括到货通知书一联、提货单一联、费用账单(一)及(二)各一联、交货记录一联。

进口五联货运套单由船公司的卸港代理人在船舶到港前填制。船舶抵港前，船公司在卸港的代理人，根据装港的船公司或其代理人寄来的载货运费清单或提单副本上的有关货运资料，填制进口五联货运套单。进口五联套单的流转过程如下：

①船公司的卸港代理人在集装箱卸船并做好交货准备后，将五联单中的第一联即到货通知书寄交收货人；

②收货人持正本提单和到货通知书至船公司在卸货港的代理人处，换取其余四联，即提货单、费用账单(一)和(二)及交货记录等单证；

③船公司在卸货港的代理人审核提单形式内容和是否已付清到付运费后，收回正本提单和到货通知书，在提货单上加盖专用章，连同五联单中的其他三联，即费用账单(一)和(二)及交货记录换发给收货人；

④收货人持费用账单(一)、(二)及交货记录，以及加盖了船公司在卸货港的代理人的专用章的提货单共四联，随同进口报关单和其他进口报关所需单证，到海关办理货物进口报关手续，海关核准放行，即在提货单上加盖海关放行章，然后将提货单、费用账单(一)、(二)及交货记录共四联退还给收货人；

⑤收货人持退还的四联单到集装箱堆场或货运站办理提货手续，码头堆场还要核算到港发生的有关费用，收货人缴清发生费用后，码头留下提货单联和费用账单(一)(二)，并将交货记录盖章退还收货人。收货人持经码头盖章的交货记录提货，提货后在交货记录上签字。

到货通知书是船公司使货运程序能顺利完成而发出的单证，目前在实务中，由于邮寄慢而且根据英文货运单证翻译的地址也不一定确切，很多情况下，到货通知书已经不发，代之以电话、电邮或传真。

（2）提货单（Delivery Order）：是收货人用正本提单换取的提货凭证，不得买卖转让。提货单是根据提单内容与到货通知等成套填制，所列的船舶预计到港时间可能会有变化，故不作为申报进境和滞报金（海关）、滞箱费（船公司）、疏港费（码头）等起算的依据。集装箱进口提货单的格式见本章后附样 4-18 所示。

收货人在要求码头或场站交货之前必须先办理进口报关放行等手续。码头受理提货时，还要核算到港后可能发生的有关费用。收货人缴清发生的费用后，码头留下提货单联和费用账单（二），并将费用账单（一）和交货记录盖章后退还收货人。收货人持经码头盖章的交货记录提货，提货后在交货记录上签字。

提货人到码头公司办理提货手续时，应出示单位证明或经办人身份证明。收货人由于疏忽等原因没有及时换单和提货造成的损失，将由其自行承担。

（3）交货记录（Deliver Record）：是集装箱堆场或集装箱货运站在向收货人交付货物时，用以证明双方间已进行货物交接和载明货物交接状态的单证。

交货记录是集装箱进口五联货运套单中的最后一联。船公司在卸货港的代理人缮制到货通知书时，除“进库场日期”一栏外，其余与到货通知书相对应的栏目均可复写填制。交货记录中的“交货记录”部分的所有栏目，则在集装箱堆场或货运站的发货人员与收货人在验收集装箱和货物时，按实际情况填写并由发货员和提货人签名。如发现集装箱或货物有异样，则在“交货记录”的“备注”栏作出批注。交货记录的格式见本章后附样 4-19 所示。

（4）卸货报告或拆箱报告（Outturn Report or Unstuffy Report）：是集装箱堆场或货运站在交付货物后，将交货记录中记载的批注，按不载货的船名、分船编制的表明交货状态的批注汇总清单。

在集装箱堆场或货运站完成了整箱货或拼箱货的交付后，须及时汇集交货记录上所作的批注，缮制卸货报告或拆箱报告送交船公司。卸货报告是船公司理赔的重要依据。

（5）待提箱报告或待提货报告（Report of Undelivery Container or Report of Undelivery Cargo）：是集装箱堆场或货运站编制并送交船公司的，表明经过一段时间尚未疏运的、仍滞留在堆场或货运站的重箱或货物的书面报告。据此，船公司可向收货人发出催提货物的通知，以利于疏港和加速集装箱的周转。承运人在提单上都设有专门的条款，规定如果收货人未在要求的时间内及时提货，所发生的费用和责任由货方承担，在船公司向收货人发出的到货通知书中，通常也规定了相同的内容。

3. 拼箱货进口货运程序

集装箱拼箱进口货物按照交货人的不同分为以下两种情况：

（1）由船公司负责拆箱交货；

（2）由有拼箱分拨权的货代负责拆箱交货。

两者都是在货物交付前处于海关监管一下，即存放在海关监管仓库或监管港区内。具体的货运流程是：

(1)卸船拆箱。

载运集装箱的船舶到港后,由船代根据积载舱单数据向海关进行货物进港申报。船公司以拼箱货交付方式交货的集装箱则转入港区监管仓库或船公司的海关监管仓库拆箱仓储。经海关核准具备拼箱分拨权的货代则先向海关办理整箱放箱手续,同时将整箱内所装货物的明细制作成分拨舱单,向海关发送分拨舱单信息以供验放核对之用。货物则转入海关监管仓库拆箱仓储。

(2)理货及到货通知。

船代或有分拨权的货代在货物入库拆箱后,根据舱单内容对货物进行清点、整理、分类、仓储,同时向提单上显示的收货人发到货通知书。货主或其委托的货代凭背书后的提单向船代或有分拨权限货代缴清运杂费后换取提货单。提货单须有船代或有分拨权的货代的放货章才算有效。

(3)报关报检。

货主其委托的货代,携带提货单和其他海关规定的报关资料向海关申请货物验放。有检验、检疫要求的货物,须在报关申报前办理检验检疫手续。非口岸地货物的检验手续须客户自行到货物目的地申请当地检验机构办理的,则接受进口报关报检委托的货代有义务提醒货主及时办理检验手续,以免招致相关职能部门的处罚而产生委托代理纠纷。

(4)提货转运。

货主或其委托的货代在海关验放后,携带盖有海关放行章及其他相关单位放行章的提货单,到港区监管仓库或船公司监管仓库或有分拨权的货代监管仓库中提货。若货主有委托货代转运要求的,则货代还需负责将货物转运到货主的指定地点交付货物。

(5)转关运输。

进口货物涉及转关运输必须具备以下若干条件:货主所在地设有海关机构;向海关交验的进境运输单据上列明到达目的地为非首达口岸,需转关运输;运输工具和货物符合海关监管要求;转关运输的单位须经海关核准等。货代在接受货主委托办理转关运输时,须明确海关的相关规定,对涉及的报关注意事项、转关关封等文件的管理和移交,以及转关运输工具及运输单位的选择等事务必须谨慎办理。

第七节　租船运输及其业务流程

一、租船运输概述

租船运输(Shipping by Chartering)是相对于班轮运输的另外一种海上运输方式,其既没有固定的船舶班期,也没有固定的航线和挂靠港,船期、航线及港口均按租船人和船东双方签订的租船合同规定的条款来行事。根据租船合同，船东将船舶出租给租船人使用，以完成特定的货运任务，并按商定运价收取收费。

1. 相关概念

(1)租船运输(Carriage of Goods by Chartering)：租船运输又称为不定期船运输，是指船舶所有人为了赚取运费，把船舶按照事先商定的条件，租给租船人，租船人支付租金，以完成特定的海上货运任务。我国大宗货物的进出口通常采用租船运输方式。

(2)承租人(Charterer)：指货物所有人，是租用船舶的一方，因此被称为承租人或租船人，有时也称为租家。

(3)船东(Shipowner)与二船东：租船运输的经营人既可能是将自有船舶用于租船运输的船舶所有人，也可能是将以定期租船或光船租船形式租用的船舶再次用于租船运输的船舶经营人，前者被称作船东，后者被称为二船东。

(4)租船经纪人(Chartering Broker)：帮助双方公布信息、选择合同相对方及订立合同的中介人被称为租船经纪人。他们熟悉租船市场行情，精通租船业务，同时由于他们掌握市场动态，作为当事双方的桥梁与纽带，在为委托人提供市场信息、资信调查及其他信息咨询服务、促成合同顺利签订、减少委托人事务上的繁琐手续，以及为当事双方斡旋调解纠纷等方面所起到的积极作用已得到了各方面的认同。

(5)租约(Charter Party，C/P)：承租双方所签订的租船合同被称为租约。

(6)标准租船合同范本(Standard Charter Party Form)：承租双方在谈判时所参照的范本，在租船实务中被称为标准租船合同范本。

2. 租船运输的特点

(1)定航线，不定船期；

(2)租船运输适宜大宗散装货物；

(3)租金率或运费率是根据租船市场行情来决定；

(4)装卸率的分担根据租船合同商定的条款决定何方支付；

(5)一般通过船东的经纪人和租船人的代理人洽谈交租业务；

(6)各种租船方式均有相应的标准合同格式；

(7)租船合同条款由船东和租船人双方自由商定；

(8)租船合同条款涉及法律的较少，大多数为技术性的条款。

3. 租船运输的经营方式

(1)航次租船。

①航次租船的概念。

航次租船(Voyage Charter)，又称航程租船或程租船，是以航程为基础的一种租船方式，适用于运输单一的大宗货物。航次租船是指由船舶所有人负责提供一艘船舶在指定的港口之间进行一个航次或几个航次运输指定货物的租船。船方按照合同中规定的条件(船名、受载日期、装卸时间等)按时到装货港口装货,运往卸货港。在程租情况下,船、租双方的责任与权利以合同规定的条件为准。通常租船人除负担运费、滞期费和交付货物外,其他一切营运费和管理均由船东负责。所以,这种租船方式对租方来说简单易行,在国际上应用较为普遍。

②航次租船有以下特点:

a. 船舶的营运高调由船舶所有人负责,船舶的燃料费、物料费、修理费、港口费、淡水费等营运费用也由船舶所有人负担。承租人按合同规定将货物装上船舶后,即可在卸货港等待提货;

b. 船舶所有人负责配备船员,负担船员的工资、伙食费;

c. 航次租船的"租金"通常称为运费,运费按货物的数量及双方商订的费率计收;

d. 在租船合同中需要订明货物的装、卸费由船舶所有人或承租人负担;

e. 在租船合同中需要订明可用于装、卸的时间及装、卸时间的计算办法,并规定延滞费和速遣费的标准及计算办法。

③航次租船的形式。

a. 单航次租(Single Voyage Charter):指船舶所有人与承租人双方约定,只需完成一个单程航次的租船。船舶所有人负责将指定的货物从一个港口运往另一个港口,货物运到目的港卸货完毕后船舶所有人的合同义务即告结束。单航次租船是航次租船的基本形式,也是对运输市场费率波动最为敏感的租船形式。

b. 连续单航次或连续往返航次租船(Consecutive Single Voyage Charter):指船舶所有人与承租人双方洽租连续完成几个单航次或几个往返航次的租船。在这种情况下,同一艘船舶在同方向、同航线上连续完成规定的两个或两个以上的单航次或往返航次运输后,航次租船才告结束。

连续航次租船可以近每个单航次各订一个租船合同,也可以只订一个包括各个单航次或往返航次的租船合同,但合同中须订明船舶第一个航次的受载日期和连续的航次数。在连续单航次租船中,在不影响下一航次的受载期的情况下,船舶可以承揽回程货载。

c. 往返航次租船(Return Voyage Charter):指船舶所有人与承租人双方洽租一个往返航次的租船。同一艘船舶在完成一个单航次后,紧接着在原卸货港或其附近港口装货,运回原装货港或其附近港口卸货后,航次租船才告完成,船舶所有人的合同义务才能结束。由于对一个承租人来说,不大可能既有去程货载,又有回程货载,所以这种租船形式比较少。但在一个货主有去程货载,另一个有回程货载时,两个货主可能联合起来向船舶所有人按往返航次洽租船舶,船舶所有人往往在运费方面给承租人以一定的优惠。

d. 包运租船(Contract of Affreightment,COA):是指船东向承租人提供一定吨位的运力,在确定的港口之间,按事先约定的时间、航次周期和每航次较为均等的运量，完成合同规定的全部货运量的租船方式。即在规定的时间内，用若干条船运完包运合同规定的货物数量。

包运租船是在连续单航次程租船的运营方式基础上发展而来的，与连续单航次程租船相比，一方面包运租船不要求一艘固定的船舶完成运输，船东在指定船舶上享有较大的自由；另一方面包运租船并不要求船舶一个接一个航次完成运输，而是规定一个较长的时间，只要满足包运租船合同对航次的要求，在这段时间内，船东可以灵活安排运输，对于两个航次之间的时间，船东完全有权自由安排一些额外的运输。

对船舶所有人来说，包运租船的货运量大，在较长时间内能保证船舶有比较充足的货源，使运费收益有较稳定的保障。船舶所有人可灵活对运力进行安排，在保证合同规定完成货运任务的前提下，只要船舶所有人对船舶的调度管理得当，就有可能利用中间航次的空余时间装运其他货载，从而获得额外的收益。另外，对承运人来说，包运租船不但能在较长的时间内满足货物对运输的需要，而且在很大程度上能摆脱因租船市场行情的变动而受到的影响，不必担心有无运力将货物运往目的地的问题。

(2)定期租船(Time Charter)。

①定期租船的概念。

定期租船简称期租船，就是由船舶出租人将船舶租给租船人使用一定期限，在期限内由租船人自行调度和经营管理。在这个期限内，承租人可以利用船舶的运载能力来安排运输货物；也可以从事班轮运输，以补充暂时运力不足；可以以航次租船方式承揽第三者的货物，以取得运费收入；还可以在租期内将船舶转租，以谋取租金差额的收益。

②定期租船的特点。

a.承租人在租期内拥有使用船舶运输的权利，负责船舶的调度和营运，既可运输自己的货物，也可承揽他人货物赚取运费，承担船舶运营风险，负担船舶的燃料费、港口费、货物装卸费、运河通行费等与营运有关的费用。船舶所有人则负担船舶的折旧费、维修保养费、船用物料费、润滑油费、船舶保险费和船舶维持费。

b.船长由船舶所有人任命，船员也由船舶所有人配备，并负担他们的工资和给养，但船长应听从承租人的指挥，否则承租人有权要求船舶所有人将其撤换。

c.租金率的确定以船舶的装载能力为基础，结合市场行情等因素洽谈。有些合同规定租金率为每天每载重吨×美元，或每天租金率为×美元。每半个月或每30天预付租金一次。

d.船东与租方在签订租期较长的合同中常订有“自动递增条款”，租金率会随变化而增加。

e.定期租船中有一种特殊方式为航次期租(TCT)，又称日租租船。其特点是没有明确的租期期限，而只确定特定的航次。这种方式以完成一个航次运输为目的，按完成该航次的日数和合同约定的日租金率计算支付租金。该方式减少了船东因各种原因所造成的航次时间延长所带来的船期损失，而将风险转嫁给了承租人。其租期时间以完成一个航次为限，合同格式采用期租格式。

(3)光船租船(Bare Boat Charter)。

①光船租船的概念。

光船租船(Bare Boat Charter)又称船壳租船，是期租的一种。所不同的是船东不提供船员，仅将船交给租方使用，由租方配备船员，并负责经营管理。船主仅拥有船舶财产所有权，在租期内收取租金，不承担任何责任和费用。光船租船是一种财产租赁方式，不具有运输承揽性质，如同房主将空房出租给房客一样。

②光船租船的特点。

a. 船舶所有人只提供一艘空船，不负责船舶的运输；

b. 全部船员由承租人配备并负担船员的工资及伙食费，船长及船员须听从承租人的指挥；

c. 承租人负责船舶的经营及营运高度工作，并承担在租期内的时间损失，即承租人不能"停租"；

d. 除船舶的资本费用外，承租人承担船舶的全部固定的及变动的费用；

e. 租金按船舶的装载能力、租期及商订的租金率计算；

f. 在租船合同中说明由船舶所有人或由承租人负担船舶保险费。

这种方式在租船运输中较少使用，通常船东不愿将光船交给租方，多半是在船东想卖船，而买方又无力一次付清价款的情况下才采取这一方式。然后等租方分期付足价款后，便转移船舶的所有权。

二、租船运输的业务流程

在租船市场上，租船一般是通过经纪人进行的。从承租人提出租船要求到最后与船东签订租船合同，大致要经过如下几个流程。

1. 询租(Order，Inquiry，Enquiry)

询盘的目的和作用是让对方知道发盘人的意向和需要的大致情况，因此内容除包括必须让对方知道的项目外，一般内容简单扼要。询盘可由租船人发出，也可由船东发出。

租船人询盘的目的是为货物运输寻找合适的船舶。船东询盘的目的是为船舶寻找合适货载，其主要内容项目一般包括：船舶类型、船名、船籍、吨位、航行范围、受载日期、船舶供租的方式等。

(1)航次租船询价内容。

①租船人全称姓名和地址；

②货物名称和数量；

③装货港和卸货港；

④船舶受载期和解约日；

⑤装卸时间；

⑥装卸费负担；

⑦运费率(有些询价中不报运费率,写明由船东报)；

⑧对船舶类型和尺码的特殊要求；

⑨租方建议的标准合同范本；

⑩佣金。

(2)定期租船询价内容。

①租船人全称和地址；

②船舶吨位和船型；

③租船期；

④交/还船地点；

⑤交船日期和解约日；

⑥对船舶的特殊要求；

⑦租船人建议的标准合同范本(也有由船东在报价时提出)；

⑧佣金。

2. 报价(Offer)

船东收到租船人询价后,经过估算或对照其他询价条件,认为可以考虑,便通过经纪人向租船人报价,报出所能提供的船舶的运费率或租金等条件。报价又称发盘。

租船实务中,常见的习惯做法是船东发出意向性报价,尤其当租船人发出的是意向性询价时,意向报价仅提供船舶概况、运费或租金率,以及其他能满足询价中要求的意向。一般不附有应答复的时间限制,又称报虚盘。

若货物买卖已落实的询价,船东可以立即报实盘,或航运市场不景气,船东面临竞争时,为揽货,也应立即报实盘。船东和租船人洽谈租约条款分两步:首先洽谈主要条款,再进一步谈细节。

(1)航次租船报价主要条款包括:

①船东全称；

②船名和规范；

③运费率和运费支付条件；

④受载期和解约日；

⑤装卸港；

⑥装卸时间；

⑦装卸费负担；

⑧滞期/速遣费率；

⑨佣金；

⑩采用的标准合同范本；

⑪报价有效时间。

(2)定期租船报价主要条款包括：

①船东全称；

②船名和规范；

③租船形式等；

④交船、还船地点；

⑤交船期和解约日；

⑥航行区域；

⑦租金率和支付条件；

⑧交还船时船上剩油数量和价格；

⑨其他船东愿作主要条款谈判的条款；

⑩采用的合同范本；

⑪佣金。

洽谈主要条款阶段，船东报价或租船人还价的结尾都写有“有待细节”，这指谈妥主要条款后继续洽商细节内容。船东所报实盘中都规定答复期限，船东一旦发生报价，在一定期限内不得撤回、变更或限制报价。

(3)报价的约束力有以下两种情况：

①若船东用口头或电话形式发出报价，该口头报价中规定答复期限，在期限之前，船东不得撤回或变更。租船人在规定期限内没作答复，报价无效。若报价没有规定答复期限，租船人在对话当时没立即答复，船东不再受该口头报价的约束。

②若船东用电传、传真或电报报价，规定了答复期限，该报价在答复期限届满之前对船东有约束力。若没有规定答复期限的，一般在得到受盘所需的期间内该报价对船东有约束力。

3. 还盘(Counter Offer)

还盘是指对报盘中的实质内容作出修改，并提出自己的不同条件。在还盘时，要仔细审查对方报盘的内容，决定哪些可以接受，哪些不能接受，或要经修改和补充并逐一提出。在还盘中提到的条件都是不同意或否定或修助补充对方报盘中的条件，凡是还盘中没有提到的对方报盘中的条件，都被认为是已接受的条件。

若租船人对船东报价中的绝大多数条款不能接受，但仍想与船东谈判，可以这样还价“租船人拒绝船东的报价，但提出实盘如下……”。

若租船人完全不接受船东报价，想终止谈判，则“租船人毫无还价地拒绝船东报价”。还价时，一般附有答复期限，如“某某小时内答复”。

4. 接受(Acceptance)

经报盘、还盘多次的讨价还价，直到最后一次还实盘的全部内容被双方接受，就算成交。有效的接受必须在报盘或还盘的时限内且不能附有保留条件，若时限已过，则欲接受的一方必须要求另一方再次确认才能生效。

5. 签订租确认书(Fixture Note)

订租确认书应详细列出船舶所有人和承租人在洽租过程中双方承诺的主要条款，一般包括确认书日期、船名或可替代船舶、双方当事人的名称和地址、货名和数量、装卸货港和装卸船期、装卸费用负担责任、运费或租金及支付方法、有关费用的分担(港口使用费、税收等)、亏仓费计算、所采用标准租船合同、其他特殊约定、双方当事人签字等。

6. 编制、审核、签订正式租船合同(Charter Party)

订租确认书是一份供双方履行的简式合同，双方可按照已达成的协议编制、审核并签署正式的租船合同。

三、租船业务中应注意的问题

(1)租前必须了解和熟悉贸易合同中的有关贸易条件，要做到租船条款与贸易条款相衔接。要了解货物的品名、性质(易燃、易爆、易腐等)、包装、尺码、重量及其他一些情况，如卡车的重量和尺寸、冷冻货所需的温度、超长超重货的重量和长度等。要了解装卸港口情况、装卸率、价格条件(船边交货还是舱底提货)、备货通知期限等。

(2)弄清装卸港口的地理位置，是海港还是河港，港口和泊位的水深，候泊时间(指拥挤情况)，港口的作业时间(是三班还是两班，是 5 天还是 6 天)，装卸效率、港口费用、捐税、港口习惯等。

(3)要选租船龄较小、质量较好的船，一般不要租用 15 年以上的超龄船。尽可能租有自动舱盖、有电动绞车的船，对于期租要注意船的耗油量是否经济。

(4)要考虑船东的信誉和财务情况，在航运不景气的时候更应如此，以免造成后患。除非确实可靠，一般不要租二船东的船，对只有一两条船的小船东也要提高警惕。

(5)正式报价前要了解市场行情，做好程租与期租、大船与小船、好船与次船和不同航线的比价工作，要随行就市，心中有数。

(6)对外要内紧外松，利用船东之间、代理商之间、不同船型之间的矛盾，争取按较为有利的条件达成交易。

第八节　租船合同及主要条款

租船合同是指货主或货运代理人以承租人的身份向船舶所有人租用船舶或舱位运输约定货物，明确船舶提供、货运条件、要求及运费支付，规定当事人双方权利、义务与责任的书面契约。租船实务中，为加快合同谈判进程、简化条款审核程序、节省签订合同而发生的各项费用，在合同条款中体现和保障当事人的利益，常常选用格式合同作为洽谈合同条款的基础。

格式合同，从公认性和使用的广泛性一般分为标准格式合同和非标准格式合同。标准格式合同，是指国际上有关组织或一些国家航运组织制定的并被广泛采用合同格式。非标准格式合同，是指不属于标准格式合同范围，但合同格式有一定的规律，实际也常被采用的格式。格式合同在内容、条款上一般都有维护制定者自身利益的一面。

一、租船合同范本

租船合同又称租船契约，是承租人以一定的条件向船东租用一定的船舶或舱位运输货物时，就相互间的权利和义务作出明确规定的协议。它是日后各方当事人承担责任或行使权利的依据。

租船方式不同，合同范本也不同。无论航次租船、定期租船或光船租船方式，都有相应的租船合同范本。目前，在国际航运市场中，被采用较多的、有较大影响的标准租船合同格式主要有以下几种：

1.标准航次租船合同范本

(1)统一杂货租船合同(Uniform General Charter，GENCON)，代号“金康”(GENCON)。它是由国际著名的船东组织——波罗的海国际航运公会(BIMCO)于1922年制定，后几经修订，当前租船市场上选用的是1994年修订的范本。该租船合同范本是20世纪20年代适应当时国际贸易急骤发展，货物种类大量增加的需要而制定的。它是一个不分货种和航线，适用范围比较广泛的航次租船合同的标准格式。

(2)谷物泊位租船合同(Berth Grain Charter Party)，简称巴尔的摩C式(BALTIME Form C)，是广泛使用于从北美和加拿大向世界各港整船装运谷物的标准合同格式。这个标准格式是由设在纽约的北美粮食出口协会和设在伦敦的北美托运人协会及纽约土产交易所联合制定的。

(3)威尔士煤炭租船合同(Chamber of Shipping Walsh Coal Charter Party)是波罗的海白海航运公会1986年采用，最初适用于美国，经过两次修订后专用于煤炭运输的标准合同格式。

(4)北美谷物航次租船合同1989年(North American Charter Party，Amended 1989)，简称NORGRAIN，是北美粮食出口协会和波罗的海国际航运公会和英联合王国航运委员会，以及船舶经纪人和代理人全国联盟制定的内容较新而且较全面的，专用于美国和加拿大出口谷物的航次租船的标准合同格式。

(5)澳大利亚谷物租船合同(Australia Grain Charter Party，AUSTWHEAT)，此合同格式主要用于从澳大利亚到世界各地进行谷物整船运输的航次租船活动。

2. 标准定期租船合同范本

(1)巴尔的摩定期租船合同(Uniform Time Charter Party),简称巴尔的摩合同(BALTIME)。该标准期租船合同格式由波罗的海国际航运公会于1909年制定并由英国航运公会承认。这一格式经过多次修订,现使用是1974年修订格式。

(2)定期租船合同(Time Charter Party),简称土产格式(NYPE Form)。它是美国纽约土产交易所(New York Produce Exchange)制定的定期租船合同的标准格式。这一格式于1913年制定,经多次修订,其中得到波罗的海国际航运公会和船舶经纪人和代理人联合会推荐的、代码为“NYPE93”的定期租船合同。由于此合同条款在维护船舶出租人与承租人双方的权益上比较公正,现得到较为普遍的使用。

(3)中租船1980年定期租船合同(SINOTIME 1980),该合同是中国租船公司于1980年制定专供中国租船公司使用的自备范本。目前,中国租船公司对外商洽租期租船时,均以此范本格式为依据,此范本条款对承租人较有利。由于我国每年都要租用大量期租船,经过多年使用,这一合同范本已为许多船舶所有人熟悉和接受。

3. 光船租船合同范本

(1)光船租船A式合同,2001年。简称为BARECON A,2001,是波罗的海国际航运公会制定的光船租船合同的标准格式,有1974年和2001年版本,当前使用较多的是2001年格式。

(2)光船租船B式合同,1974年。简称为BARECON B,1974,是波罗的海国际航运公会制定的标准格式,是专用于抵押贷款新建船舶光船租赁的租船合同标准格式。

二、航次租船合同的主要内容及应注意的问题

航次租船合同的内容因具体业务的货类、航线、贸易条件等不同,使用的标准租船合同的条款也不同,可以根据具体情况和对双方有利的原则,对标准合同格式中的若干条款进行删减或增加,对于没有明确规定的事项可以依照法律或商业习惯处理。

《中华人民共和国海商法》第93条规定:“航次租船合同的内容主要包括出租人和承租人的名称、船名、船籍、载货重量、容积、货名、装货港和目的港、受载期限、装卸期限、运费、滞期费、速遣费及其他有关事项。”

由于“金康GENCON”合同是最具有代表性的航次租船合同,实践中的使用也最为频繁,下面就结合“金康GENCON 76”介绍航次租船合同条款的主要内容。值得注意的是,“金康GENCON 76”虽然具有代表性,但它的立场是倾向于保护船东的,许多条款对租船人十分不利。

“金康GENCON 76”分为两个部分,第一部分是需要双方填写的表格,第二部分是拟就的合同条款,这两个部分是相互关联的统一整体,不可或缺。

1. 合同当事人

船租双方当事人必须用全称并应写明详细地址。双方当事人还应是根据合同有权提起索赔或被索赔的人和有权起诉或被起诉的人，以便明确谁最终对本合同负责。

2. 船舶概况

(1)船名(Name of Vessel)。船名是合同的重要条件之一，必须正确无误，合同内的船名都必须加引号。在整个租赁期内，船东不得随意更换船名，否则以违约论处。为了船东经营上的便利，列明两艘船舶，由船东选择其中之一；或者在合同内写明“或其替代船”(or Substitute)、“或其姊妹船”(or Sister Ship)，赋予船东更换船舶的权利。但是，船东指定的替代船的状况应与原约定的船舶相符。并且，替代船一经选定，船东应及时通知租船人，并不得再次更改。

(2)船舶国籍(Nationality of Vessel)或船旗(Flag of Vessel)。这项内容一般填写在表格的第 5 栏，加注在船名前。船旗也是合同的重要条件，在合同履行期间，船东不得擅自变更船舶国籍或变换船旗，否则即属违约。

(3)船舶建造年月和船级(Year Built and Class)。此项内容加注在船名之后，便于租船人了解船舶的技术状况和老化程度。合同中写明的船级，是指船舶在合同订立时的船级，船东没有义务在整个合同期内保持这一船级，除非合同中另有明文规定。

(4)船舶吨位(Tonnage of Vessel)，包括注册吨位(Registered Tonnage)和载重吨位(Deadweight Tonnage)。注册吨位是按船舶容积折算的吨位，以 100 立方英尺或 2.83 立方米为 1 注册吨，所以又称为容积吨。注册吨位有注册总吨(Gross Registered Tonnage，GRT)与注册净吨(Net Registered Tonnage，NRT)之分。注册吨位与港口费用、运河通行费、关税的征收等有密切关系。

载重吨位又称载货能力(Pcadweight Cargo Carrging Capacity)，表示船舶的载货能力。表格中填写的数字是指船舶实际可装载货物的数量，不包括船舶燃料、淡水、备用品等及船舶常数。需要注意的是，表格第 7 栏中有“大约”(About－)字样，表示所填列数字只是普通情况下可装载货物的数量。船舶具体在某一航次所能装载货物的数量，除船舶自身因素外，还要受到航道情况、港口水文情况等因素的限制，所以具体装货数量另有条文详加规定。

(5)订约时船舶位置(Present Position)。这项内容填写在表格的第 8 栏，此项内容有助于租船人合理判断船舶能否如期抵达装货港，以及明确本航次、本合同开始履行的时间。实际上，船舶从完成上一航次后，即开始履行本合同。以前本条款是作为合同的条件条款来对待的，而现实中，有时订约后船舶还要完成其他数个航次，才开始履行本合同项下的义务，其间可能隔了数月甚至半年之久，订约时船舶的位置对本合同影响不大。如果仅因为船东误报了船舶位置就赋予租船人解除合同的权利，显然缺乏商业合理性。所以，本条款的条件条款性质是颇有疑问的。

3. 预备航次(Preliminary Voyage)

所谓预备航次，是指船舶完成上一航次后，从本合同的装货港的前一港口驶往本合同的装货港的一段航程。预备航次是合同规定的航次，即船舶出租航次的一部分。合同中船东所承担的明示及默示义务，同样适用于预备航次。GENCON76 中关于预备航次的规定，只有简短的一句，“船舶应驶往某港或船舶所能安全抵达并始终保持浮泊的邻近地点装货……”。对这段语句的理解应为船舶要以合理的速度尽快驶往装货港，而不应有不合理的延误。此项义务包括船舶应在合理的时间开始预备航次，否则租船人有权取消合同。

4. 装货港和卸货港

在航次租船合同中，有关装货港和卸货港的规定也是合同的重要规定。这个条款的订法一般有两种：一是具体列明装货港和卸货港名称；二是不具体列明港口名称，只规定一个大致的范围，由租船人选择。在第二种情况下，租船人选定港口后，应及时通知船东。为避免争议，合同中一般均写明租船人应何时通知船东，如：“船过××海峡(港口)之前租船人应告知船东选港。”另外，选港一经确定，租船人就几乎不可能更改了。

在本条款中，经常涉及的一个问题就是安全港(Safe Port)和安全泊位(Safe Berth)问题。安全港是在没有不正常情况下，对一艘具有良好的航海设备和驾驶技术的船舶在驶入、驶出和使用该港时，不至于遭遇无法避免的危险情况。关于安全港的责任归属问题，一般的原则是谁对港口有最大的决定权，谁就要负责该港的安全责任。在列明装卸港口的情况下，表示船东已认可该港口为安全港口，因此船东就需要对安全港负责。在租船人选港的情况下，安全港的责任自然落在租船人的身上。安全泊位责任归属的划分原则与安全港相同。一般情况下，泊位总是由租船人选择的，泊位的安全责任自然由租船人负责。

与安全港相联系的另一条款就是附近条款(Near Close)，其含义是当指定的港口由于某种因素的影响有迹象变得不安全或是船舶进入该港后将会遇到各种障碍时，船东有权指令船舶驶往附近可以安全到达并能保持浮泊的港口或地点。至于变更港口所产生的货物转运费用，船东凭此条款可不予负责，将由租船人自行负担。适用“附近条款”时，必须符合下列条件：

(1)船舶在无法前往指定港口的情况下，必须等候一段合理时间，如仍未改善，则可据此条款前往附近港口；

(2)船东指令船舶所去的变更港口必须符合“范围原则”，即必须与原来港口处于同一系列之内。

5. 货物

货物条款是航次租船合同的条件条款。其内容包括货物的品名、种类、数量及包装形态等方面。运送不同种类和性质的货物，对船舶的结构、设备及管理上有不同的要求，而且与船舶的经营管理和经济利益密切相关。

(1)货物的品名、种类和包装。在航次租船合同中，除具体列明一种货物外，有时为了租船人贸易上的便利，通常规定几种货物或某一类货物，由租船人选择其中的一种或几种，甚至有的只规定为合法货物(Lawful Merchandise)。但在这种情况下，船东一般会要求在合同中增订危险品除外(Except Dangerous Goods)的附加条款，以维护其利益。而且由于这种做法势必增加船东的责任，船东也会相应地要求提高运价。

提供与合同规定相符的货物是租船人的绝对责任，如果租船人提供的货物与约定不符，船东有权拒装。如果租船人选定的货物由于其可免责的原因不能装船，除合同中另有规定外，只要在规定的货物种类中有其他货物可以装船，则租船人仍有提供货物并装船的义务，但允许其在合理的时间内作出安排。

货物的包装类型一般也在航次租船合同中订明，因为货物的包装有时会影响船舶能否适航及装卸平舱，理舱费用和驾驶、管理船舶的费用等问题。

(2)货物数量。航次租船合同中一般规定租船人应提供满舱满载货物。所谓满舱，是指租船人提供的货物应装满舱容。所谓满载，是指租船人提供的货物数量应达到船舶的货物载重能力，换言之，即货物装船后，应使船舶的吃水达到允许的最大限度。因此，满舱满载货物就是船舶所能装运的最大限度数量的货物。一般来说，如果货物是轻泡货，租船人提供的货物应达到满舱；如果货物是重货，租船人提供的货物应达到满载。

(3)甲板货(Deck Cargo)。所谓甲板货，是指依照航运习惯或法律规定装在甲板上的货物。货物能否装在舱面上，须经双方同意。即便双方同意舱面空间可用来装载货物，其风险责任也是由租船人承担，船东并不负责。

(4)垫舱和隔舱物料(Dunn Age and Separations)。租船人负责提供所有必需的垫舱和隔舱物料，如有需要，船东允许使用船上现有的垫舱物料。实践中，一般视货物性质及种类，由双方协商确定由谁提供垫舱及隔舱物料。

6. 运费支付条款(Dement of Freight)

收取运费对船东来说是整个租船合同中最重要的内容。运费条款也是合同的条件条款之一。在GENCON76的第一条和本条中均有涉及运费方面的规定，主要是关于运费如何计算、如何支付、支付的时间、使用的外币和汇率等内容。

(1)运费的计算方式。

在航次租船合同中，经常使用的有以下两种计算运费的方法：

①规定一个运费费率，即每单位货物××美元，例如，每公吨10美元(US $ 10 per metric ton)。如果有两个以上的装货港或卸货港，则按港口分列费率，或者规定一个一港装一港卸的基本费率，然后订明每增加一个装港或卸港再加一个附加费率。用运费费率乘以货物数量就得出运费的数额。货物数量的计算标准有两个：一种是

按装入量(Intake Loading Quantity)计算,另一种是按卸出量(Delivered or Out-turn Quantity)计算。GENCON76 表格的第 13 栏中列明了这两种标准,供双方洽定。多数情况下,装入量比卸出量大。这种情况一方面是货物运输途中的自然损耗所致,另一方面是有些散装货残存舱底不易卸出所致。但有些货物的卸出量可能比装入量大,如磷灰石和木材等。因此当合同采用此种方式计算运费时,必须明确按哪种标准计算货物数量,以避免争议。

②整船包价运费(Lump-sum Freight),即合同中不规定运费费率,而仅规定一整额运费,不论实际装货数量多少,租船人都得按包价照付。当合同中采用这种方式计算运费时,通常都要求船东在合同中对船舶载货重量和载货容积作出保证,如果船舶的实际载货重量和载货容积少于船东保证数量,则租船人有权按照比例(Pro Rata)扣减运费作为补偿。

(2)运费的支付方式。

英美普通法下,运费是船东为完成货物运输所得的报酬。换言之,如果合同中没有另文规定运费支付时间的话,租船人只有在船舶抵目的港卸货时才须支付运费。如果船舶在抵达目的港前沉没,即使离目的港近在咫尺,由于船东未完成其运输任务,船东是无权收取运费的。但如果船东在该船发生事故时改用他船将货物运送至目的港,则船东有权收取运费。现实中这种到付运费的支付方式虽已不多见,但普通法的这一基本原则却未改变。

随着国际间单证贸易的盛行,作为"有价证券"的提单是要求"运费预付"的。凡在船舶到达目的港前支付运费,都属于预付运费的范畴。在航次租船合同中,常见的预付运费的规定方法有以下几种:

①签发提单时全部预付(Full freight to be prepaid at signing bill of lading);

②签发提单时付 90%,10%于目的地卸货时支付(90% of freight be prepaid on signing bill of lading,10% of freight to be paid on discharging of cargo);

③签发提单七天内预付(Full freight to be prepaid within seven days after signing and releasing bill of lading)。

签发提单七天内支付运费,对船东来说是有一定风险的。因为签发的预付运费的提单相当于一张已收到运费的收据。如果事后租船人不付运费,而提单又已经转让,船东不但收不到运费,而且还必须完成提单项下的义务,将货物运往卸货港。

而预付运费对于租船人而言也是有风险的。因为运费一经付妥,运费损失的风险就转移到租船人身上,即在运费预付后如果船货灭失,租船人就很难能讨回运费。许多租船合同为了明确这一点,在合同中都加上一句:"货物装船(或运费一经支付)视作船东已赚取运费,不论船货灭失与否,运费概不退还。"

在有争议时,租船人通常的做法是一方面如数如期支付运费,另一方面向船东索赔。在合同中,规定余额运费在卸货港支付的情况下,即使货物受损,只要卸出货物仍未改变其商业用途，租船人亦须支付余额运费，然后再依据合同规定向船东索赔残损货物的货价及其运费。

7. **装卸费用**(Loading/Discharging Costs)

GENCON76 中的装卸费用条款的内容，不单纯指装卸费用如何划分，而且包括由谁雇用装卸工人，并承担装卸作业中的风险与责任问题。

在普通法下，租船人的提供货物义务中包括把货物运至船边。具体而言，就是把货物运至船上吊钩所及范围之内，就完成了提供货物的义务。在卸货港，船东只需把货物从吊钩上卸至岸上或驳船上，就完成了运送货物的义务。因此，租船人与船东在装卸作业中风险划分也就以吊钩为界。但在实践中，由于货物性质不同、装卸方式也不尽相同，同时贸易条件和各国港口货物装卸操作程序也存在差异，有关装卸责任和风险的承担还要看合同条文的具体规定。值得注意的是，装卸费用的承担与装卸风险责任的承担可能是不一致的，即有可能租船人负责部分装卸作业的费用，但其风险与责任由船东承担。例如，由租船人出资雇人进行理舱(Stow)、平舱(Trim)，但其风险仍由船东负责。

在航次租船合同中，对货物装卸费用的划分，一般有下列几种规定方法：

(1)班轮条件(Liner Terms or Gross Terms)。指由船东负担货物的装卸费用。

(2)船东不负责装卸费用(Free In and Out，F. I. O.)。指由租船人负担货物的装卸费用。为了明确理舱，平舱费用的承担，在 F. I. O. 后面加上 Stowed and Trimmed(F. I. O. S. T.)表示理舱、平舱费用亦由租船人承担。在运送大件货物的情况下，在 F. I. O. S. T. 的后面加上 Lashed and Dunn Ages 表示船东负责捆扎及垫舱费用。

(3)船东不负担装货费用(Free In，F. I.)。有时更明确地表达为船东不负担装货费用，但负担卸货费用(Free In，Liner Out)。

(4)船东不负担卸货费用(Free Out，F. O.)。有时更明确地表达为船东负担装货费用，但不负担卸货费用(Liner In，Free Out)。

租船人在与船东洽定装卸费用承担时，应注意与贸易合同价格条件相衔接。如贸易合同采用 CIF 条件时，航次租船合同中就应订明由船东负责装卸费用(Gross Terms)或者船东负担卸货费用(F. I.)。

在 GENCON76 的本条款中，规定了两种装卸费用分担方式供洽租双方选用，即 Gross Terms 与 F. I. O. S. T.。费用分担与前文所述无异，但在风险与责任方面则维护船东。例如，在其 Gross Terms 项下，要求租船人雇佣岸上或船上必要的人员并负担费用。这就意味着租船人须对这些被雇佣人员的行为负责；而在一般的 Gross Terms 下，对被雇佣人员负责的应是船东。又如，在其 F. I. O. S. T. 项下，要求租船人对平舱的风险、责任负责；这显然也超越了普通法的通常规定。租船人在签订合同时应争取把这些不利的字句划掉或修改其用词。

8. 装卸时间(Lay Time)

在航次租船合同下,船舶的时间损失是由船东承担的,因此船东总是期望能尽量缩短每个航次的时间,以便提高船舶的营运效率。装卸时间是整个航次时间的重要组成部分,因而涉及到当事人双方的利益,需要在合同中订明。所谓装卸时间,是指合同双方当事人协议的,船东应使船舶并保证船舶适于装卸,租船人在运费之外不支付任何费用的一段时间。在合同规定的装卸时间内,船东具有使船舶等待并适于装卸货物的义务。

装卸时间一般用若干日或若干小时表示,也可以用装卸率来表示。装卸时间的长短或装卸率定额的高低因货物种类,船舶舱口数、港口工作习惯和装卸效率的不同而异。双方当事人在商订装卸时间和装卸率时都应充分考虑这些因素。

在航次租船合同中有关装卸时间的规定方法通常有以下几种:

(1)规定装卸日数或小时数,或者规定船舶装卸定额。具体的规定方法有:

①规定装货若干日(小时)和卸货若干日(小时)(lay time××days(hours)for loading and××days(hours) for discharging);

②规定装货和卸货共若干日(小时)(lay time total××days(hours) for loading and discharging);

③规定每日装货和卸货若干吨(cargo to be loading and discharging at the rate of××tons per day);

④规定每日每舱口装货和卸货若干吨(cargo to be loaded and discharged at the rate of * * tons per hatch per day)。

(2)规定按港口习惯尽快装货和卸货(cargo to be loaded and discharged according to the customary quick dispatch,C. Q. D.)。

(3)规定按船舶能够收货或交货的最快速度装货和卸货(cargo to be loaded and is charged as fast as the vessel can receive/deliver)。

当装卸时间以"日"计算时,对"日"的含义在合同中应加以明确。在航运业务中,"日"算法有下面几种:

①日历日(Calendar Day)或"日"(Day):其含义是从二十四点到二十四点连续24小时为一日。

②连续日(Running or Consecutive Days):即从开始装卸计时之时起,时钟走一小时算一小时,连续24小时算一日,不作任何扣除。

③工作日(Working Days):指按港口习惯工作时间计算装卸时间,不包括星期天、法定节假日,非工作日进行的装卸不计入装卸时间。

④良好天气工作日(Weather Working Days,W. W. D.):指除去星期日和法定假日不算装卸时间外,因天气原因不能进行装卸作业的时间也不能计入装卸时间。这里的"良好天气"是有特定含义的,即只要不影响货物的正常装卸作业的天气就算

是“良好天气”。

⑤累计 8 小时工作日(Working Days of 8 Hours):指不管港口习惯工作时间如何,累计进行装卸作业 8 小时即为 1 个工作日。

⑥累计 24 小时工作日(Working Days of 24 Hours):其含义与前述相似。

⑦连续 24 小时良好天气工作日(Weather Working Days of 24 Consecutive Hours):指除去星期天、法定节假日、天气不良影响装卸作业的工作日或工作小时后,以真正的连续 24 小时为 1 日。

在计算装卸时间时,还会牵涉到许多细节问题,如星期日和节假日是否计入装卸时间?装卸时间能否合并计算?船舶候泊时间及移泊时间是否计入装卸时间?在开始计算装卸时间以前进行装卸作业的时间是否计入装卸时间?节省的装卸时间是按节省的全部时间计算还是按节省的工作时间计算等。这些细节最好在合同中写明,以免发生争议。

装卸时间条款中的另一细节是装卸时间的起算,即从哪一时刻开始计算装卸时间。通常的做法是自船长或船东的代理人向租船人或其代理人或交货人(Shipper)递交“准备就绪通知书”(Notice of Readiness,N/R)后的某一时刻开始起算。船舶“准备就绪”必须满足以下两个条件:

①船舶必须到达合同所规定的港口或泊位,即船舶必须是一艘到达船舶。如果租船合同中只规定船舶应到达规定的港口,则船舶一经到达该港口,不论是否靠泊,均视为到达船舶;如果租船合同规定船舶必须到达合同规定的或租船人指定的泊位,则只有在船舶到达该泊位时,才视为到达船舶。

②船舶在各方面均已作好装卸货物的准备。此项要求主要指与装卸货物有关的方面。例如,在技术上,船舶的吊杆或吊车、起货机及其他装卸工具已处于随时供装卸货物使用的状态;在法律上,船舶已完成港口法律要求办理的海关、边防检查、卫生检疫等各项手续并取得相应证书。一些对装卸货物无关紧要的“例行手续”(Idle Formality)是不在此要求之列的。

在航运实务中,通常使用装卸时间计算表(Lay Time Statement)来具体记录和反映实际使用的装卸时间,它由船长与租船人代理共同签认,是计算装卸时间的原始资料和凭证。

9.滞期费(Demurrage)和速遣费(Dispatch)

滞期费条款是与装卸时间条款相联系的一项重要条款。所谓滞期费,是指由于,船东的原因,租船人未能在合同规定的装卸时间之内完成装卸作业,对因此产生的船期延误,按合同规定向船东支付的款项。滞期费是一种比较特殊的民事责任形式,船东请求滞期费不以其提供附加的或特殊的劳务为前提,也不以船东遭受实际损失为前提,而以合同中的约定为准。与滞期费相应的就是速遣费(Dispatch),即在合同规定的装卸时间届满之前,租船人提前完成货物装卸作业,使船舶可以提前离港并使船东节省在港费用和获得船期利益，船东按合同规定向租船人支付一定金额作为奖励。

通常滞期费按船舶滞期时间乘以合同规定的滞期费率计算。滞期时间等于实用装卸时间与合同规定的装卸时间之差。滞期时间的具体计算主要有以下两种方法：

(1)“滞期时间连续计算”(Demurrage Runs Continuously)或“一旦滞期，始终滞期”(Once on Demurrage, Always on Demurrage)，即超过合同规定的装卸时间后的装卸时间，该扣除的星期日、节假日及坏天气因素就不再扣除，而按自然日有一天算一天，均作滞期时间计算。

(2)“按同样的日”(Per Like Day)计算，即滞期时间与装卸时间一样计算，该作扣除的时间同样扣除。

速遣费按船舶速遣时间乘以合同规定的速遣费率计算。速遣费率通常为滞期费率的一半或三分之一。速遣时间等于合同规定的装卸时间与实际使用的装卸时间之差。速遣时间的计算也有两种方法：

(1)“按节省的(全部)工作时间计算速遣费”(Dispatch on (all) Working Time Saved, WTS)或“按节省的(全部)装卸时间计算速遣费”(Dispatch on (all) Lay Time Saved, ATS)，即合同规定的装卸时间内含有的节假日、星期天全部扣除，不作为速遣时间；

(2)“按节省的全部时间计算速遣费”(Dispatch on All Time Saved)，即节省的装卸时间内跨含的星期天、节假日也作为速遣时间计算。

装、卸港口的滞期时间或速遣时间是合并计算还是分别计算，对滞期费、速遣费的数额也有重大影响。一般说来，合并计算对租船人较为有利，分别计算对船东较为有利。滞期费的支付方式一般也在租船合同中明确加以规定，有的订为按日支付(Payable Day By Day)，有的订为装卸作业全部结束后一并计算、支付。

有的航次租船合同中还规定了允许船舶滞期的时间，如果租船人在此时间内仍未完成货物的装卸作业，则此后的时间租船人应向船东赔付延期损失(Damage for Detention)。

10. 绕航条款(Deviation Clause)

在英美普通法下，对船舶绕航的要求是极为严格的，船东如果不合理绕航，其后果是非常严重的。GENCON76 的规定是：“船舶可以为任何目的以任何顺序挂靠任何港口，船舶可以在没有领航员的情况下航驶，在所有情况下拖带和/或帮助其他船只。”这样的规定对租船人来说是有失公平的，租船人在订立合同时应争取把这段文字划掉。

11. 留置权条款(Lien Clause)

留置权条款是保证船东利益的条款。船东因运费、空舱费、滞期费、延滞损失等事项对货物享有留置权。租船人应对空舱费和在装货港发生的滞期费(包括延滞损失)负责,但仅以船东对货物行使留置权后仍不能得到偿付为限。

在有的航次租船合同中,还有一条与留置权条款相对应的租船人责任终止条款来保护租船人,限制其责任范围。例如,有这样的规定:"租船人在本租船合同下的责任在货物装船后终止,但运费、空舱费、滞期费的支付除外,本租船合同对租船人责任有明确规定的所有其他事项除外。"这样的条款显然对租船人有利。

12. 提单(Bill of Lading)

提单是现代国际贸易中不可或缺的单据。为了配合贸易的需要,航次租船合同中一般也都规定船东或船长有签发提单的义务。例如,GENCON76 本条中就有如下的规定:"船长应签发租船人所提供的无碍于本合同的提单。只要是租船人提供的提单,无论其格式如何,提单条款下船东的责任是否比租船合同中规定的更重,船长都无权拒绝签发,否则以违约论。"而对"无碍于"的解释通常都是限制性的,只有在提单内容属于欺诈性的或与租船合同有根本性的冲突的情况下才会被认为是"有碍于"本合同。例如,提单记载内容与事实不符,如倒签提单、数量不符、外观有缺陷的货物要求签发清洁提单等,船长可以拒签;或者提单上所载明的卸货港口与租船合同不符,船长亦可拒签。另外,如果船长错签了提单,或船长授权租船人签发提单,而提单内容有误,那么船东对收货人也必须承担第一责任。

航次租船合同项下的提单持有人是谁,是影响该提单法律作用的重要因素。如果提单的持有人是租船人,那么提单在租船人与船东之间的作用仅相当于承运货物的收据,无论提单有无背面条款及背面条款如何规定,租船人与船东之间的权利义务关系一切以租船合同为准。如果提单持有人是其他任何第三方善意取得者,那么船东与提单持有人之间的权利义务关系就以提单的规定为准。之所以有这样的法律规定,主要是为了维护提单在国际贸易中的地位。当然即便在这种情况下,船东与租船人之间的权责关系划分仍应依据租船合同。

在上述第二种情况下,提单的背面条款如何规定就显得尤为重要,它可能牵涉到船东、租船人及提单持有人三方的经济利益。例如,提单的格式是班轮提单的格式,背面有详细的条款,那么提单背面条款有关责任、费用的规定就有可能与租船合同的规定很不一致,这样,船东和租船人都面临着被"夹在当中"的风险。

【小案例 4-1】 某进口商进口一批纸浆,由一租船人与船东签订航次租船合同承运,并由租船人作为承运人签发了以进口商为收货人的提单。租船合同与所签发的提单在滞期费方面的规定不同,前者规定候泊时间作为装卸时间,后者则无此规定。船舶到卸港后,候泊近月,靠泊卸货后又因接收货物的设备不足将船舶移泊锚地候卸近月。船东依租船合同向租船人收取了全部滞期费,而租船人只能按提单规定向收货人索取第二次候卸期间的滞期费,这样租船人就白白地损失了一大笔钱。

【小案例 4-2】 某进口商向一租船人托运一批货物,该租船人指示船东签发了以进口商为收货人的提单。船东与租船人订立的租船合同中无滞期费条款，即租船人不负担滞期费，而所签提单上有 CQD 条款和滞期费的规定。船舶到达卸港后因无泊位等候两月，船东无法依租船合同请求滞期费，就转而依据提单向收货人请求滞期费，但提单规定候泊时间不算滞期时间，但候泊锚地可卸货者除外。本案中候泊锚地无卸载条件，船东最终未能获得滞期费，就只好哑巴吃黄莲了。

在航次租船合同下，还有一类提单也被大量采用，即简式提单（Short Form B/L），这种提单无背面条款。在签发这种提单时，一般在提单背面加注一条“并入条款”（Incorporation Clause），注明将租船合同内容并入提单。并入条款的用字应该清晰、明确、完整地将租船合同并入提单，否则，就可能会引致许多不必要的争议。

如果并入提单的租船合同条款违背约束提单的国内法律或国际公约（如《海牙规则》）的规定，那么对善意的第三方提单持有人而言，这些条款失效，船东对提单持有人的最低责任仍以《海牙规则》为准。若船东因此受到损失，可依据租船合同向租船人索赔。

13. 受载期（Lay Days）和解约日（Canceling Date）

受载期是指所租船舶到达指定装货港或地点并已做好装货准备，随时接受货物装船的期限。合同受载期可以具体定在某一天，但习惯上规定为一段期限，如 10～15 天，以适应海上船舶航行和货运活动实际情况与要求。

解约日在租船合同中一般订为受载期的最后一天。如果船舶在该日 24 时之前未能抵达装货港口，租船人有权选择保留或撤销合同。本条款对“抵达”的要求也是较为宽松的，只要船舶抵达规定装货港的港区，无论靠泊与否，均算抵达，即便合同中列明泊位。如果船舶在受载期之前即抵达装货港，租船人可以选择拒装货物，到受载期以后才开始装货。

有时，船东或船长明知船舶不可能在解约日之前抵达装货港并做好装货准备，只要租船人未提出解除合同，则船东仍负有合理速遣使船舶驶往装货港的义务。当船舶千辛万苦抵达装货港口后，租船人才宣布撤销合同，结果船东白跑了一趟冤枉路。船东为了避免这种尴尬处境，就在合同中订一条“质询条款”（Interpellation Clause）来保护自己，即规定如船东或船长将船舶延误情况和预期抵达装货港的日期通知租船人，则租船人应在一定时间内作出是否解除租船合同的答复。如租船人保持沉默，则视为同意保留合同。

14. 共同海损（General Average）

在租船合同中一般都有共同海损条款，其主要内容是关于在发生共同海损时采用哪种理算规则，在何地理算等。GENCON76 本条款的大意为：共同海损需按 1974 年约克——安特卫普规则理算，货物所有人须偿付货物所应分摊的共同海损费用，即使此项费用系由船东的雇员的疏忽或过失所造成的。

15. 补偿(Indemnity)

GENCON76本条款的大意为:因不履行本合同而经证实的损失,其赔偿金额不得超过运费的估计总额。

本条款表面上是限制船东与租船人双方的赔偿责任,对双方是比较公平的,但实质上本条款是偏袒船东的,因为租船人不履行合同,船东的损失最多不会超过运费,而船东不履行合同给租船人造成的损失可能就远不是运费所能抵偿的了。所以,本条款对租船人显失公正,租船人在签订租船合同时,最好争取把本条款划去。

16. 代理(Agency)

GENCON76本条款的大意为:在任何情况下,均由船东指派他自己在装货港和卸货港的经纪人或代理人。

在装卸港口,船东及租船人一般都委派各自的代理人处理有关业务。有时也存在船东与租船人共用一个代理的情况,当船东与租船人发生利害冲突时,理论上代理应顾及双方的利益,公正地加以处理,但实践中代理人更忠实于自己雇主的利益。

17. 佣金(Brokerage)

佣金是付给代理人的费用及酬劳,一般由船东按运费总额的1%~5%支付给代理人。除非租船合同内有相反规定,佣金的计算基数是不包括空舱费和滞期费的。由于代理人不是租船合同的缔约方,如果船东未按合同规定支付佣金,代理人自己是无法起诉船东的,但可以通过租船人提起诉讼。为了保证自己的佣金,代理人亦可在租船合同签订后向船东保赔协会(P. &I. Club)投保。

若租船合同未获履行,船东最少应向代理人支付按估计的运费及空舱费总额计算的佣金的三分之一,作为对其工作及费用的补偿,在多航次的情况下,补偿金额由双方协议。

18. 通用罢工条款(General Strike Clause)

租船人和船东对由于罢工或停工而阻碍或延误履行本合同规定的义务所引起的后果,概不负责。当船舶从装货港的前一港准备起航时,或在驶往装货港的途中,或在抵港后,如因罢工或停工而影响全部或部分货物装船,船长或船东可以要求租船人声明同意按没有发生罢工或停工的情况计算装卸时间。如果租船人未在24小时之内以书面(必要时以电报)作出声明,船东有解除合同的选择权。如果部分货物已经装船,则船东应运送该货物(运费仅按装船的数量支付),但有权为自己的利益在中途揽运其他货物。当船舶抵达卸货港或其港外之时或之后,如由于罢工或停工而影响货物的卸载,并且在48小时之内未能解决时,租船人可选择使船舶等待至罢工或停工结束,并在规定的装卸时间届满后,支付半数滞期费,或者指令船舶驶往一个没有因罢工或停工而延误的、没有风险的安全港口卸货。这种指令应在船长或船东将影响卸货的罢工或停工的情况通知承租人后48小时内作出。在这种港口交付货物时,本租船合同和提单中的所有条款都将适用,并且应同船舶在原目的港卸货一样,收取相同的运费，但当到替代港口的距离超过100海里时，在替代港所交付的货物运费应比例增加。

19. 战争风险(War Risks)

战争条款也是航次租船合同的重要组成部分，其作用是在一旦遭遇战争风险时，明确船东与租船人之间的权利义务关系。

三、定期租船合同的主要内容及应注意的问题

定期租船合同，是指船舶出租人向承租人提供约定的由出租人配备船员的船舶，由承租人在约定的期间内按照约定的用途使用，并支付租金的合同。定期租船合同是一项以租船期限为基础，详细记载租船双方当事人的权利和义务及各项洽租条件的运输契约。

较航次租船合同而言，定期租船合同是更为"自由"的一类合同，即几乎没有什么强制性的法律规范适用于定期租船合同，甚至有关船舶适航性的内容也是完全依定期租船合同本身而定的。因此，定期租船合同项下双方当事人的权利义务关系完全要依据合同条款内容来进行解释。选择一个对自己较为有利的租船合同范本作为定期租船谈判的底稿，对船东和租船人都十分重要。

一般定期租船合同的主要内容包括：出租人和承租人的名称、船名、船籍、船级、吨位、容积、船速、燃料消耗、航区、用途、租船期间、交船和还船的时间和地点及条件、租金及其支付，以及其他有关事项。

下面将结合目前实务中使用较多的"纽约土产NYPE93"的内容，对定期租船合同的主要条款加以介绍。

1. 合同前言

在合同前言中共有两部分内容。第一部分是有关合同成立的地点、时间和合同双方当事人的名称等内容，其作用与航次租船合同中的相似规定相同。第二部分是船舶详述。主要内容亦可分为两部分：其一是船名、船旗、建造年月、船级及鉴定的船级社、载重吨、吃水(Draft)、注册吨等内容，其规定与作用与航次租船合同类似；其二是有关船速与燃油消耗量方面的规定，这是不同于航次租船合同的一项重要说明。

在定期租船合同项下，船舶的时间损失由租船人负担，而且租船人须负责提供船用燃料并支付费用，因而船速及燃油消耗量直接关系到租船人在船舶运营期间的成本和经济效益。船东有义务提供符合合同规定的船速与燃油消耗量的船舶。本条款的性质属于中间条款。如果船舶的实际船速远远低于合同中的规定航速，以至于使租船人丧失了他依赖于定期租船合同所期待的利益，租船人有权解除合同并向船东请求损害赔偿。如果航速只是略低于合同中规定的数值，对因此造成的时间损失，租船人只可向船东索赔。如果船舶实际燃油消耗量大于合同规定的数值，租船人可就

因船舶多消耗燃料而造成的损失向船东索赔。

NYPE93 中规定的航速为船舶在满载、良好天气条件下，最高风力不超过蒲福氏××级时的航速。另外，须注意的是在航速前有“大约”字样，实践中对“大约”的解释为不超过 5%的幅度或 0.5 节。在耗油量前亦有“大约”字样。耗油量问题是航运业中一个非常专业的问题，耗油量的大小不仅与航速有关，而且与油的质量有密切联系。如果租船人所加的燃油质量低劣，不仅会使耗油量上升，而且有时会使船舶主机发生故障。因此，为了保障船东的利益，NYPE93 在正文第 9 条 6 款中对燃油质量作了专门的规定。

2. 合同正文

(1)租期(Duration)。

租期又称租船期间，是租船人租用船舶的期限。租期的计算方法，依租船合同中所用的字眼而定。一般地，有以下几种规定方法：

①默示伸缩性规定。如“约 1 年”(About 1 year)或“约 9 个月”(About 9 months)。有时即便合同双方没有在租期前加上“大约”(About)这个字眼，法庭在解释时仍会“默示的”给予一个伸缩期限。

②明示伸缩性规定。即在订明租期的同时，规定伸缩期及其选择权。如“约 1 年，25 天伸缩，由租船人选择”(About 1 year and 25 days more or less at charterer, soption)。即租期为 1 年，由租船人选择提前或顺延 25 天。这 25 天补充期限是租期的极限，不得超过。

③订明租期的最长最短期限。如“最少 3 个月，最多 6 个月”(Min/Max 3～6 months)。这里，最长、最短的期限就是严格的，一天都不能超出(最长的期限)，一天也不能减少(最短的期限)。否则，就以租船人违约论处。

原则上，租船人应在约定的租期届满之时，将船舶还给船东。但现实中，在很多情况下，船舶的最后航次结束之日不是租期的届满之日，而是延后了一段时间，因而就存在最后航次是否合法(Legitimate)的问题，它可能涉及到船东和租船人的经济利益，特别是在租期内租船市场行情起伏较大的情况下。一般而言，最后航次的合法性是一个事实问题，需要结合实际情况及合同条文进行判断。如果最后航次是非法(Illegitimate)的，船东有权指令船长不予执行或要求租船人赔偿损失(即市场运价与合同运价的差额)。即使在最后航次合法的情况下，如果租船人还船的时间超出了合同规定的租期，则租船人仍须负超期责任。

(2)交船(Delivery)。

交船是指船东按合同规定，将船舶交予租船人使用，这也是定期租船合同履行的开端。NYPE93 本条款涉及的内容主要包括交船的地点、交船时船舶应具备的状态及船东应提前通知租船人预计交船时间的天数。

有关交船地点的规定，合同中一般有以下几种订法：

①在指定港口交船。在这种情况下，船舶只要进入指定港口的港区，就算抵达交船地点。

②指定码头或泊位交船。在这种情况下，租船人有一项默示义务，即指定的码头或泊位是可靠泊的(Reachable or Available)，如果码头或泊位拥挤、造成船舶延损而导致租金损失，甚至过了销约期，租船人应对此负有责任。

③在指定港口的引水站交船。

④在指定港口领航员登船时交船。

⑤在航行途中某地点作为交船地点。

⑥在列名数港中由租船人选择。

NYPE93 中对交船时船舶状态的规定主要包括以下几个方面：

①船舶的所有货舱已准备就绪并清扫干净，适于装载约定的货物；

②船舶必须坚实、牢固、密水，在各个方面适应货物的要求；

③船舶必须有压舱水和足够的动力，能够同时运转所有的起货设备。

可以说，定期租船中这方面的规定与航次租船合同中有关的规定是同样严格的，如果船舶在交船时不符合上述要求，租船人可以拒绝接船。

(3)起租、停租时验船(on-off Hire Survey)。

NYPE93 的本条款主要是规定验船的程序及责任，以防止在船舶状态事实方面的纠纷。

(4)危险货物/除外货物(Dangerous Cargo/Cargo Exclusions)。

本条款对可装运货物的规定采用了一般原则加除外的方法，即原则上规定可装运“合法货物”，然后又以除外的方式列明不可装运的货物的种类、名称。凡属列明除外的货物，船东或船长均有权拒装。即使是合同中允许装运的危险货物，租船人亦有义务事先告知其危险性质、成分和应注意预防的事项和急救措施，否则租船人将对由此而产生的后果负责。

(5)贸易范围(航行区域)(Trading Limits)。

本条款列明了租船人运营该船舶的航行范围及禁止该船舶行驶的地区，通常包括战区、冰冻区、ITF 地区、协会保证条款范围以外的地区与船旗国处于敌对状态的国家或地区、传染病流行的地区、冬季北半球高纬度地区及不安全港口等。如果租船人指示船舶前往上述地区，除非事先征得船东同意并负担相关的费用，否则船长有权拒绝前往。此外，本条款中还规定了船舶营运的装卸港口必须是安全港，租船人对此负有绝对的义务。

(6)船东负责事项(Owners to Provide)。

本条款规定了船东应负责的事项，也即应承担的责任和应负担的费用。在定期租船合同下，船东应负担船舶的管理和日常费用，主要包括：船舶的保险费、船舶用品及船舱、甲板、机舱的备用品的费用，锅炉用水费用、船长及船员的工资，船长和船员的领事费，以及从属于船员的港口服务费等。船东应承担的责任包括：为船舶投保、提供船舶用品及船舱、甲板、机舱所需之备用品包括锅炉用水；保持船舶的船级，使船舶的主机、船壳及设备处于完全有效的状态，配备充足的船员等。

在船东应承担的责任中，保持船级和配备充足的船员两项是合同的条件条款，船东如有违反，租船人可以取消合同。

(7)租船人负责事项(Charterers to Provide)。

本条款规定了租船人应负担的费用，主要包括：船用燃油费用、港口费用(包括警卫费用及垃圾费)、通讯费、领航费、拖带费、代理费、佣金、领事费、熏蒸费、垫舱物料等。其规定十分详细。

(8)租金率/还船地点及通知(Rate of Hire/Redelivery Areas and Notice)。

本条款共包含以下两部分内容：

①租金的计算方法。合同中规定了两种租金率的订法，一种是每日若干美元；一种是每载重吨每月 30 日若干美元。在签订合同时双方可从其中选择一种。租金从交船之日开始起算，到还船之时为止，交船日、还船日或合同终止日的时间均以格林威治时间计算。

②有关还船地点、还船时船舶的状态及应提前告知还船时间的天数及港口方面的规定。本条款规定还船之时，船舶应具有与交船时同样良好的状态，但正常损耗(Ordinary Wear and Tear)除外。对于什么是正常损耗常有争议，一般认为，不是由疏忽所引起的损耗是正常损耗，双方同意的用途引致的损耗也属于正常损耗；但在严格的解释下，只要船舶在还船时的状况比不上交船时，而且超越正常损耗范围，则无论租船人有无疏忽及过失，租船人均须负责。

(9)租金支付(Payment of Hire)。

在定期租船合同项下，租船人支付租金的义务是绝对的，租船人必须准时、足额支付租金。若租船人对此义务有任何轻微的触犯，则无论租船人有无过失，均可能导致船东撤船。租金的“准时”支付以“付到”为准，即按合同规定付到船东手里或者付到船东指定的收款银行和账户。

NYPE93 本条共有 4 款：款为租金支付(Payment)；款为支付租金的宽限期(Grace Period)；款为最后一次付租金(Last Hire Payment)；款为预付现金或者说垫支使费(Cash Advances)。

这些内容几乎涵盖租金支付的所有环节，十分详尽。本条款中以下几个问题需注意：

①租船人必须按时付租金。只有在以下三种情况下租船人可以停付租金：

a. 合同规定由于该种原因可以停付租金，如停租条款中规定的事项等；

b. 由于船东方面的原因造成的船舶时间损失；

c. 船舶灭失。

②租船人在抵减或扣除租金时应特别留意，只有少数项目可以从租金中扣除，如船长借支款项、上期租金多付部分、代垫款项、佣金和利息等。而除上述合法扣除项目外，租金的任何非法减除或少付，哪怕只有 1 分钱，都可能导致船东撤船。

③在租船人违反支付租金义务的情况下，船东如欲行撤船的权利，则必须在合理的时间内行使此项权利，而且必须明确通知租船人及船长，撤船是终局性的。否则，船东可能因弃权及禁止反供行为(Waive&Estoppel)而丧失此项权利。

(10)交船/销约(Delivery/Cancelling)。

NYPE93 的本条款，规定了船东最早和最迟交船的时间，如船东晚于最后期限交船，租船人有权撤销合同。

NYPE93 的本条规定了一个扩展销约条款(Extension of Cancelling)，或者叫"询问条款"。即船东在预计不能在销约期之前交船的情况下，而且船东可以合理地确定船舶将准备就绪的时间，则船东可在预计船舶开始驶往交船地点之前的 7 天内询问租船人是否取消租船合同。如果租船人选择不撤销合同或在销约日之前船东发出通知 2 天之内没有答复，则船东通知的预计船舶准备就绪日期之后的第 7 日将成为新的销约日。如果船舶再次延期，船东可再次发出类似询问。这样的规定维护了船东的利益，可使船东避免船舶空放。

(11)停租(Off Hire)。

所谓停租，是指在租期内，由于约定的原因，致使租船人不能按合同规定使用船舶，在这段停止使用期间，租船人可以停付租金。值得注意的是，停租不以船东或其雇员的过失或疏忽为前提条件，即只要出现了合同中约定的停租事件，则无论船东及其雇员有无过失或疏忽，船舶均应停租。NYPE93 规定的停租事项主要包括以下几种：

①船员不足或船员过失或罢工(Deficiency and/or default and/or strike of officers or crew)；

②船舶供应不足(Deficiency of Stores)；

③火灾(Fire)；

④船体、主机及设备的故障或损坏(Breakdown of or damage to hull, machinery or equipment)；

⑤搁浅(Grounding)；

⑥船舶由于被捕获而导致的延滞，但因租船人方面的原因而导致船舶被捕的除外(Detention by the arrest of the Vessel)；

⑦船、货海损事故引致的延滞，但由于货物固有瑕疵、质量、缺陷引起的除外(Detention by average accidents to the Vessel or cargo)；

⑧船舶因检修或涂底入干坞(Dry docking for the purpose of examination or

painting bottom,…);

⑨任何其他类似阻止船舶完整工作的原因(Any other similar cause preventing the full working of the Vessel)。

除上述规定外,还规定了在船舶绕航、回航及船长违反租船人指示的情况下,船舶时间损失及相应费用由船东负责。在航程中由于船壳、主机及设备的缺陷或故障引致的船速降低以至于时间损失和多耗费燃油及其他所有额外费用均由船东负责。但由于天气原因船舶进港或进锚地,船舶驶往浅水港或内河及有障碍的港口所导致的时间损失及相应费用由租船人负责。

尽管 NYPE93 中有关停租的规定十分详细,但现实中仍存在着有关停租方面的争议。争议最多的是停租损失时间应如何计算的问题,其焦点是停租损失时间是以"净时间"计算还是以"整段时间"计算。

【小案例 4-3】 一般期租船入坞修理属停租事项。某租船人原安排船舶自甲港去乙港装货,该轮在去乙港途中航行至丙港时,船舶机器发生故障,船方命令船舶折驶去丁港入坞修理。根据上述情况,如按"净"计算方式,停租时间的起算点为丙港,从丙港至丁港以及船舶入坞修理期间均属停租时间。一旦修理完毕即重新开始起租(On hire)。如按"整段"计算方式,停租时间的起算点同样为丙港,但停租终止时间一直要计算到该轮修毕驶往与丙港相应等距离之处才开始起租。很明显,前者对船方有利,后者对租方有利。

此外,有关停租条款的另一个问题是停租时间应否包括在租期内。如果合同中没有明确的规定,则一般认为停租时间不应算在租期内,即停租时间可以相应地延长租期。如果合同中有明确规定,则应依合同规定办理。

(12)转租(Sublet)。

本条款规定在整个租期的任何一段时间,租船人有转租该船的自由,但租船人对履行本租船合同仍负有义务。

(13)留置权(Liens)。

本条款所规定的留置权是契约性留置权,即留置权仅适用于合同双方当事人,对第三者无效。同时,它又是占有性留置权,即必须在占有的基础上才能行使留置权。而且留置的客体必须是对方合法拥有的财产,而不能是第三方的财产。

本条款规定船东可就本合同项下租船人应付未付款项包括共同海损分摊,对所有货物和所有运费及租金行使留置权。同时,租船人可就船东尚未赚取的预付款、多付的租金及应立即偿还的款项等原因对船舶行使留置权,但租船人在行使留置权时,不许给船舶带来债务与海事留置。

NYPE93 的仲裁条款提供了两种仲裁地点及方式供合同双方选择,其一是在纽约仲裁,其二是在伦敦仲裁。这两个仲裁地的程序要求雷同,仲裁的效力也基本相同。同时,条款中还规定了小金额仲裁的简易程序。

S 本章小结

本章除介绍国际海上运输的特点、海上货物运输的各行业组织的概况和职能，海上货运船舶和货物的种类、特点，以及海运航线与港口的基本情况以外，重点介绍了班轮运输业务及货运程序，杂货班轮各主要货运单证及货运单证流程，集装箱的基本知识，集装箱的配载和装箱及集装箱货物交接的主要方式，集装箱整箱货和拼箱货进出口货运流程及主要货运单证，租船运输各种方式的特点及租船合同的主要条款。还介绍了班轮的运价、运费的计算方法等。为更好地掌握本章内容，建议加强实践环节的训练，更好地理解消化所学知识，以提高解决实际问题的能力。

E 练习题

(一)填空

1. 国际海事组织原名“政府间海事协商组织”简称________，于 1959 年 1 月联合国在伦敦召开的第一次组织大会期间正式成立。

2. 海运货物按集装箱划分可分为：________货、________货。

3. 集装箱租赁国际上有多种不同的方式，总括起来有：________、________、________租用和航区内租赁等。

4. 航次租船通常由________负担________、滞期费和交付货物，其他一切营运费和管理均由________负责。

5. 装卸时间的起算即从哪一时刻开始计算装卸时间。通常的做法是自船长或船东的代理人向租船人或其代理人或交货人递交________后的某一时刻开始起算。

(二)单选题

1. 我国某出口商托运一票货物通过海运去西雅图(Seattle, WA, USA)，走下列(　　)航线。

A. 远东—北美西岸航线　　B. 远东—北美东岸航线

C. 远东—欧洲航线　　D. 远东—地中海航线

2. 下列(　　)单证在海上货物运输实践中也被称为“下货纸”。

A. 提单　　B. 装货单　　C. 收货单　　D. 提货单

3. 船方提供给租方一定吨位的运力，在确定的港口之间，以事先约定的时间、航次周期和每航次较均等的运量，完成运输合同规定的全部货运量的租船方式是(　　)。

A. 航次租船　　B. 包运租船

C. 定期租船　　D. 光船租船

4. 海洋运输中的计费吨(　　)。

A. 仅指重量吨　　B. 仅指尺码吨

C. 重量吨与尺码吨中大者　　D. 重量吨和尺码吨之和

5. 航次租船合同中,滞期时间通常按(　　)原则计算。

A. 节省全部时间　　B. 节省全部工作时间

C. 一旦滞期,永远滞期　　D. 按同样日

6. 杂货班轮运输中的收货由(　　)签署。

A. 托运人　　B. 收货人　　C. 船长　　D. 大副

7. 航次租船下,表明船方负责装货费用,但不负责卸货费的术语是(　　)。

A. FILO　　B. FIOST　　C. LIFO　　D. LINER TER

8. 班轮公司运输的集装箱货物的交接方式通常是(　　)。

A. CY/CFS　　B. CFS/CFS　　C. CFS/CY　　D. CY/CY

9. 表明承运人已将集装箱货物交给收货人的单据是(　　)。

A. 正本提单　　B. 场站收据　　C. 交货记录　　D. 大副收据

10. 门到门(Door to Door)的集装箱运输最适合于(　　)交接方式。

A. 整箱交,整箱接　　B. 整箱交,拆箱接

C. 拼箱交,拆箱接　　D. 拼箱交,整箱接

(三)判断题

1. 国际海事组织IMO是政府间的国际组织,是联合国在海事方面的一个技术咨询和海运立法机构,《国际海运危险货物规则》就是IMO制订的。(　　)

2. 航次租船合同中通常都对船舶完成一个航次或几个航次所需的时间作出规定,超出规定时间租船人应支付滞期费。(　　)

3. 班轮运输下的装卸费用通常应由班轮公司负担。(　　)

4. 海运单虽然是一种不可转让的单证,但也必须由发货人转让给收货人,以便收货人以此为凭证要求承运人交付货物。(　　)

5. 航次租船下,如果船长递交NOR时船舶尚未做好装卸准备,则NOR视为自始至终无效,不能在当船舶做好准备时视为自动生效。(　　)

6. 集装箱装载危险货物托运订舱时,必须随附“危险货物说明书”或“危险货物技术证明书”。(　　)

7. 速遣费费率通常是滞期费费率的一半。(　　)

8. 按照港口规定和运价本的规定,通常将单件重量为5吨以上的货物称为重件货,计收超重附加费。(　　)

9. 海运集装箱货物交接的主要方式是CY/CY。(　　)

10. 按照港口规定和运价本的规定,通常将单件重量为5吨以上的货物称为重件货,计收超重附加费。(　　)

(四)简答题

1. 简述班轮运输的特点及班轮运输的货运程序。

2. 简述集装箱特殊货物装载的方法及要求。

3. 集装箱货物交接方式有哪几种?

4. 画出集装箱整箱货和拼箱货进出口的货运流程图。

5. 简述场站收据的流转程序。

6. 简述租船业务的种类和特征。

7. 航次租船和定期租船合同的主要内容有哪些?

(五)计算题

1. 某票货从张家港出口到欧洲费力克斯托(FELIXSTOWE),经上海转船。2×20’FCL,上海到费力克斯托的费率是 USD1850.00/20’,张家港经上海转船,其费率在上海直达费力克斯托的费率基础上加 USD100/20’,另有货币贬值附加费 10%,燃油附加费 5%。问:托运人应支付多少运费?

2. 某轮从广州港装载杂货——人造纤维,体积为 20 立方米、毛重为 17.8 公吨,运往欧洲某港口,托运人要求选择卸货港 Rotterdam 或 Hamburg,Rotterdam 和 Hamburg 都是基本港口,基本运费率为 USD80.0/FT,三个以内选卸港的附加费率为每运费吨加收 USD3.0。已知该货物计费标准为:“W/M”。

问:(1)该托运人中支付多少运费(以美元计)?

(2)如果改用集装箱运输,海运费的基本费率为 USD1100.0/TEU,货币附加费 10%,燃油附加费 10%。改用集装箱运输时,该托运人应支付多少运费(以美元计)?

(3)若不计杂货运输和集装箱运输两种运输方式的其他费用,托运人从节省海运费考虑,是否应选择改用集装箱运输?

【案例分析题】

1. 某货主委托承运人的货运站装载 1000 箱小五金,货运站在收到 1000 箱货物后出具仓库收据给货主。在装箱时,装箱单上记载 980 箱,货运抵进口国货运站,拆箱单上记载 980 箱,由于提单上记载 1000 箱,同时提单上又加注“由货主装箱、计数”,收货人便向承运人提出索赔,但承运人拒赔。根据题意分析回答下列问题:

(1)提单上类似“由货主装载、计数”的批注是否适用拼箱货?为什么?

(2)承运人是否要赔偿收货人的损失?为什么?

(3)承运人如果承担赔偿责任,应当赔偿多少箱?

2. 1994 年 10 月 9 日,中国某进出口总公司(以下简称买方)与美国某国际有限公司(以下简称卖方)签订一项买卖合同。合同约定买方从美国进口 2.4 万吨废钢铁,按成本加运费计价(CFR);由卖方租船,从美国东海岸港口装货,装运期自 1994 年 10 月 20 日至 11 月 30 日,卸货港中国大连。合同附加条款规定:卸货港每连续 24 小时晴天工作日应卸货 1500 公吨(节假日除外)。滞期费每日 4500 美元,滞期时间连续计算。1994 年 11 月 9 日，卖方同某航运公司签订租船合同，租用该公司所属 A 轮。租船合同约定，滞期费按每日 4500 美元计算；租船合同规定“船东因运费、亏舱费和滞期费对货物享有留置权”，而且船长签发的提单上含有“合并条款”，订明“所有其他条件和除外事项依据租船合同，租船中的滞期条款同样适用于收货人，为确保船东收取全部滞期费，船东有权留置货物”。A 轮在美罗德岛普维斯和波士顿港将买方购买的 24755.5 吨货物装船后，分别于 1994 年 11 月 29 日、12 月 6 日签发了以中国对外贸易运输公司为通知人的指示提单。该轮于 1994 年 12 月 7 日从波士顿起航，1995 年 1 月 18 日到达卸货港大连。该轮到港后，递交了《准备就绪通知书》，停泊在锚地等待卸货，但港口一直未予卸货。之后，大连外轮代理公司通知该轮移往青岛港卸货。该轮于 2 月 13 日到达青岛，直至 3 月 14 日才开始卸货。1995 年 5 月 9 日，该轮船东向青岛海事法院申请留置收货人在船上的待卸货物，并要求收货人立即支付已到期的 39.56 万美元的滞期费和预计至卸货完毕可能继续产生的滞期费。

试分析：收货人是否应向 A 轮船东支付滞期费，船东向收货人行使货物留置权是否正当？为什么？

【实训练习题】

实训题 1：

1. 实训项目名称：班轮运输业务程序及各主要货运单证的填制

2. 实训内容：班轮运输业务流程及主要货运单证的填制方法

3. 实训目的：熟练掌握班轮运输托运和承运的一般程序及整个业务流程，熟练填制主要货运单证，为今后的实际工作打基础

4. 实训资料：提供班轮运输业务中所需的相关仿真单证

5. 实训要求：要求学生分成若干小组，每组 4～6 人，小组分别代表托运人和承运人。托运人模拟托运时相关单证的填写和传递，承运人模拟如何接受和处理。做完一遍后可交换角色

6. 实训方法：模拟训练

7. 课时安排：2～4 学时

实训题 2：

1. 实训项目名称：海上集装箱进出口货运流程

2. 实训内容：集装箱进出口货运流程及主要货运单证的填制

3. 实训目的：熟悉集装箱进出口整箱货及拼箱货业务流程和主要货运单证的格式、用途并能熟练填制

4. 实训资料：提供集装箱进出口货运仿真单证

5. 实训要求：要求学生按集装箱进出口货运程序练习填写，教师巡视进行指导

6. 实训方法：模拟训练

7. 课时安排：2～4 学时

以上实训内容，若有相应货代操作软件，可结合实务案例上机模拟训练。

L 附样单证

附样 4-1

海运出口托运单

托运人______________________________

Shipper

编号______________________ 船名______________________

No. S/S

目的港______________________

For

标记及号码 Marks Nos	件数 Quantity	货名 Description of goods	重量公斤 Weight kilos	
			净 Net	毛 Gross
			运费付款方式	
共计件数(大写) Total Number of Packages Writing				

运费计算		尺码 Measurement					
备注							
抬头	ORDER OF	可否转船		可否分批			
通知		装期		效期		提单张数	
		金额					
收货人		银行编号		信用证号			

制单 月 日

附样 4-2

装 货 单

SHIPPING ORDER

托运人________________________________

Shipper

编号________________ 船名________________

No. s/s

目的港________________

For

兹将下列完好状况之货物装船后希签署收货单

Receive on board the undermentioned goods apparent in good order and condition and sign the accompanying receipt for the same.

标记及号码 Mark & Nos.	件数 Quantity	货名 Description of goods	重量公斤 Weight Kilos	
			净 Net	毛 Gross
共计件数(大写) Total number of Packages in Writing				

日期 时间

Date ________________ Time ________________

装入何舱

Stowed ________________________________

实收

Received ________________________________

理货员签名 经办员

Tallied By ________________ Approved By ________________

附样 4-3

收 货 单
MATE'S RECEIPT

托运人______________________________

Shipper

编号______________________ 船名______________________

No. s/s

目的港______________________

For

下开完好状况之货物业已收妥无损

Receive on board the following goods apparent in good order and condition:

标记及号码 Mark & Nos.	件数 Quantity	货名 Description of goods	重量公斤 Weight Kilos	
			净 Net	毛 Gross
共计件数(大写) Total number of Packages in Writing				

日期 时间

Date ______________________ Time ______________________

装入何舱

Stowed ______________________________

实收

Received ______________________________

理货员签名 大副

Tallied By ______________________ Chief Officer ______________________

附样 4-4

装 货 清 单

船名　　　　页数

Loading list of s. s/m. v.　“　　　”　Page No. ________

关单号码 S/O No.	件数及包装 No. of P'kgs	货名 Description	重量公吨 Weight in Metric tons	估计立方米 Estimated Space in cu. M.	备注 Remarks

附样 4-5

出 口 载 货 清 单

EXPORT MANIFEST

船名 M. V. ________ 航次 Voy. ________ 船长 Captain ________ 从 From ________ 到 to ________

开航日期 Sailed ____________ 页数 Sheet No. ____________

提单号码 B/L No.	标志和号数 Marks& Numbers	件数及包装 No. of Packages	货名 Description of Goods	重量 Weight 公斤 Kilos	收货 Consignees	备注 Remarks

附样 4-6

危 险 品 清 单
DANGEROUS CARGO LIST

船名 航次 从 到 页数

M. V ________ Voy. ________ From ________ To ________ Sheet No. ________

提单号码 B/L No.	件数及包装 No. of Packages	货名 Description of Goods	重量 Weight 公斤 Kilos	货物性能 Nature of Goods	装船位置 Where Stowed	备注 Remarks

附样 4-7

货 物 残 损 单

DAMAGE CARGO LIST

船名： 航次： 泊位： 国籍：

Vessel: Voy. : Berth: Nationality:

开工日期： 年 月 日 制单日期：年 月 日

Tally commenced on: Date of list:

提单号码 B/L No.	标志 Marks	货名 Description of Goods	货损件数和包装 P'kg. & packing Damaged	货损情况 Condition of damage

理货组长： 船长/大副：

Chief Tally: Master/Chief Officer:

附样 4-8

货 物 溢 短 单

OVERLANDED/SHORTLANDED CARGO LIST

船名：　　　航次：　　　泊位：　　　国籍：

Vessel：　　　Voy.：　　　Berth：　　　Nationality：

开工日期：　　年　　月　　日　　　制单日期　　年　　月　　日

Tally commenced on：　　　Date of list：

提单号 B/L No.	标志 Marks	货名 Description of Goods	舱单记载件数和包装 P'kg. & packing on manifest	溢卸件数和包装 P'kg. & packing overlanded	短卸件数和包装 P'kg. & packing shortlanded
总计 Total					

理货组长：　　　船长/大副：

Chief Tally：　　　Master/Chief Officer：

附样 4-9

集装箱发放通知单

请凭签发的集装箱发放通知单办理集装箱及集装箱设备发放手续

PLEASE RELEASE THE SPECIFIED CONTAONER & CONTAINER EQUIPMENT AGAINST THIS CONTAINER RELEASE ORDER

用箱人/运箱人(CONTAINER USER/HAULIER)	提箱地点(PLACE OF DELIVERY)

发往地点(DELIVERED TO)	返回/收箱地点(PLACE OF RETURN)

船名/航次 (VESSEL/VOYZGE NO.)	集装箱号 (CONTAINER NO.)	尺寸/类型 (SIZE/TYPE)	集装箱经营人 (CNTR. OPTR.)

提单号 (B/LNO.)	铅封号 (SEAL NO.)	免费期限 (FREE TIME PERIOD)	运载工具牌号 (TRUCK, WAGON, BARGE NO.)

出场目的 (PPS OF GATE-OUT/STATUS)	状态(STATUS) 重箱 FULL (空箱) EMPTY	外运签章 (ISSUED BY)

□拆箱 DEVANNING　□重箱装船 FULL FOR LOADING　□检验 INSPECTION　□起租 ON-STORAGE　□堆存 FUMIGATION　□熏蒸

□装箱 VANNING　□空箱装船 EMPTY FOR LOADING　□修理 REPAIRINGOFF-HIRE　□退租　□清洗 CLEANING

年　月　日

附样 4-10

中国外运公司

SINOTRANS GROUP CO.

集装箱发放/设备交接单

EQUIPMENT INTERCHANGE RECEIPT

IN 进场

NO. 10007742

用箱人/运箱人(CONTAINER USER/HAULIER)	提箱地点(PLACE OF DELIVERY)

来自地点(WHERE FROM)	返回/收箱地点(PLACE OF RETURN)

船名/航次(VESSEL/VOYAGE NO.)	集装箱号(CONTAINER NO.)	尺寸/类型(SIZE/TYPE)	营运人(CNTR. OPTR.)

提单号(B/L No.)	铅封号(SEAL NO.)	免费期限(FREE TIME PERIOD)	运载工具牌号(TRUCK,WAGON,BARGE NO.)

出场目的/状态(PPS OF GATE-OUT/STATUS)	进场目的/状态(PPS OF GATE-IN/STATUS)	进场日期(TIME-IN)

进场检查记录(INSPECTION AT THE TIME OF INTERCHANGE)

普通集装箱(GP CONTAINER)	冷藏集装箱(RF CONTAINER)	特种集装箱(SPECIAL CONTAINER)	发电机(GEN SET)
□正常 (SOUND) □异常 (DEFECTIVE)	□正常 (SOUND) □异常 (DEFECTIVE)	□正常 (SOUND) □异常 (DEFECTIVE)	□正常 (SOUND) □异常 (DEFECTIVE)

损坏记录及代号(DAMAGE & CODE)	BR	D	M	DR	DL
	破损 (BROKEN)	凹损 (DENT)	丢失 (MISSING)	污箱 (DIRTY)	危标 (DG LABEL)

左侧(LEFT SIDE)

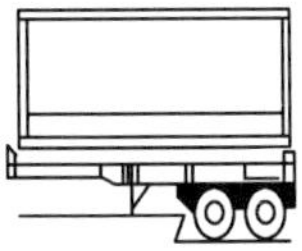

右则(RIGHT SIDE)

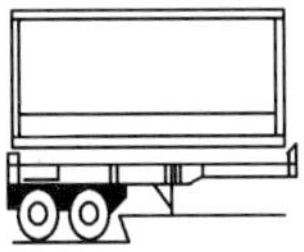

前部(FRONT)

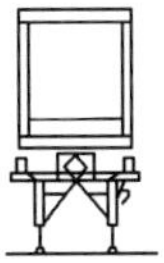

集装箱内部(CONTAINER INSIDE)

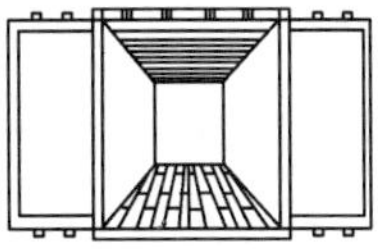

顶部(TOP)

底部(FLOOR BASE)

箱门(REAR)

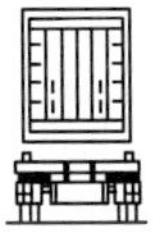

如有异状,请注明程度及尺寸(REMARK).

除列明者外,集装箱及集装箱设备交接时完好无损,铅封完整无误。

THE CONTAINER/ASSOCIATED EQUIPMENT INTERCHANGED IN SOUND CONDITION AND SEAL INTACT UNLESS OTHERWISE STATED.

用箱人/运箱人签署
(CONTAINER USER/HAULIER'SSIGNATURE)

码头/堆场值班员签署
(TERMINAL/DEPOT CLERK'SSINGATUER)

附样 4-11

集 装 箱 装 箱 单

Reefer Temperature Required 冷藏温度			
Class 等级	IMDG Page 危规页码	UN No. 联合国编号	Flash point 闪点

CONTAINER
LOAD PLA
装箱单

中远集装箱运输有限公司
DOSCO CONTAINER LINES
Terminal's copy

Ship's Name Voy. No. 船名/航次	Port of Loading 装港	Port of Discharge 卸港	Place of Delivery 交货地	SHIPPER'S/PACKER'S DECLARATIONS: Ww hereby deciare that the container has been thoroughly cleaned without any evidence of cargoes of previous shipment prior to banning and cargoes has been property stuffed and secured.		
Container No. 箱号	Bill of loading No. 提单号	Packages & Packing 件数与包装	Gross Weight 毛重	Measurements 尺码	Description of Goods 货名	Mark&Numbers 唛头

Seal No. 封号	
Cont. size 箱型 20' 30' 40'	Cont. type 箱类 GP=普通箱 TK=油罐箱 RF=冷藏箱 PF=平板箱 OT=开顶箱 HC=高箱 FR=框架箱 HT=挂衣箱
ISO Code For Container Size/Type. 箱型 /箱类 ISO 标准代码	
Packer's Name/Address 装箱人名称/地址 Tel No. 电话号码	

Packing Date. 装箱日期	Received By drayman 驾驶员签收及车号	Total packages 总件数	Total Cargo Wt 总货重	Total Meas 总尺码	Remarks: 备注:
Packed By: 装箱人签名	Received By Terminals/Date of Receipt 码头收箱签收和收箱日期		Cont. Tare Wt 集装箱皮重	Cgo/Cont Total Wt 货/箱总重量	

附样 4-12

集装箱货物托运单

<table>
<tr><td colspan="3">Shipper（发货人）</td><td colspan="3" rowspan="5">D/R NO.（编号）
集装箱货物托运单
货主留底
第一联</td></tr>
<tr><td colspan="3">Consignee（受货人）</td></tr>
<tr><td colspan="3">Notify Party（通知人）</td></tr>
<tr><td colspan="2">Pre-carriage by(前程运输)</td><td>Place of receipt(收货地点)</td></tr>
<tr><td>Ocean Vessel(船名)</td><td>Voy. No.（航次）</td><td>Port of Loading(装货港)</td></tr>
<tr><td colspan="2">Port of Discharge(卸货港)</td><td colspan="2">Place of Delivery(交货地点)</td><td colspan="2">Final Destination(目的地)</td></tr>
<tr><td>Container No.（集装箱号）</td><td>Seal No.（封志号）Marks & Nos.（标记与号码）</td><td>No. of Containers or P'kgs.（箱数或件数）</td><td>Kind of Packages; Description of Goods（包装种类与货名）</td><td>Gross Weight（毛重/千克）</td><td>Measurement（尺码/立方米）</td></tr>
<tr><td colspan="2">TOTAL NUMBER OF CONTAINERS OR PACKAGES(IN WORDS) 集装箱数或件数合计(大写)</td><td colspan="4"></td></tr>
</table>

<table>
<tr><td>FREIGHT&CHARGES（运费与附加费）</td><td>Revenue Tons（运费吨）</td><td>Rate（运费率）</td><td>Per(每)</td><td>Prepaid（运费预付）</td><td>Collect(到付)</td></tr>
<tr><td rowspan="2">Ex Rate(兑换率)</td><td colspan="2">Prepaid at(预付地点)</td><td colspan="2">Payable at(到付地点)</td><td>Place of Issue(签发地点)</td></tr>
<tr><td colspan="2">Total Prepaid(预付总额)</td><td colspan="2">No. Of Original B(S)/L（正本提单份数）</td><td></td></tr>
</table>

<table>
<tr><td>Service Type on receiving
□-CY □-CFS □-DOOR</td><td>Service Type on Delivery
□-CY □-CFS □-DOOR</td><td colspan="2">Reefer-Temperature Required（冷藏温度）</td><td>°F</td><td>°C</td></tr>
<tr><td rowspan="2">TYPE OF GOODS（种类）</td><td>□Ordinary，□Reefer，□Dangerous，□Auto.
（普通）（冷藏）（危险品）（裸装车辆）</td><td rowspan="2">危险品</td><td colspan="3" rowspan="2">Class：
Property：
IMDG Code Page：
UN No.</td></tr>
<tr><td>□Liquid，□Live animal，□Bulk □______
（液体）（活动物）（散货）</td></tr>
<tr><td>可否转船：</td><td>可否分批：</td><td colspan="4" rowspan="4"></td></tr>
<tr><td>装期：</td><td>效期：</td></tr>
<tr><td colspan="2">金额：</td></tr>
<tr><td colspan="2">制单日期：</td></tr>
</table>

附样 4-13

集装箱装货单(场站收据副本)

<table>
<tr><td colspan="4">Shipper (发货人)</td><td colspan="3" rowspan="5">D/R NO. (编号)
装货单 第
场站收据副本 五
联</td></tr>
<tr><td colspan="4">Consignee (收货人)</td></tr>
<tr><td colspan="4">Notify Party (通知人)</td></tr>
<tr><td colspan="4">Pre-carriage by(前程运输) Place of receipt(收货地点)</td></tr>
<tr><td colspan="4">Ocean Vessel(船名) Voy. No. (航次) Port of Loading(装货港)</td></tr>
<tr><td colspan="7">Port of Discharge(卸货港) Place of Delivery(交货地点) Final Destination(目的地)</td></tr>
<tr><td>Container No.
(集装箱号)</td><td>Seal No(封志号)
Marks & Nos.
(标记与号码)</td><td>No. of Containers or P'kgs.
(箱数或件数)</td><td colspan="2">Kind of Packages; Description of Goods (包装种类与货名)</td><td>Gross Weight
(毛重/千克)</td><td>Measurement
(尺码/立方米)</td></tr>
<tr><td colspan="3">TOTAL NUMBER OF CONTAINERS OR PACKAGES(IN WORDS)
集装箱数或件数合计(大写)</td><td colspan="4"></td></tr>
<tr><td colspan="7">Container No. (箱号) Seal No. (封志号) P'kgs(件数) Container No. (箱号) Seal No. (封志号) P'kgs(件数)</td></tr>
<tr><td colspan="4"></td><td colspan="3">Receive (实收) by terminal clerk (场站员签字)</td></tr>
<tr><td rowspan="2">Ex Rate(兑换率)</td><td colspan="2">Prepaid at(预付地点)</td><td colspan="2">Payable at(到付地点)</td><td colspan="2">Place of Issue(签发地点)</td></tr>
<tr><td colspan="2">Total Prepaid(预付总额)</td><td colspan="2">No. Of Original B(S)/L
(正本提单份数)</td><td colspan="2">BOOKING(订舱确认)
APPROVED BY</td></tr>
<tr><td colspan="2">Service Type on receiving
□-CY □-CFS □-DOOR</td><td colspan="2">Service Type on Delivery
□-CY □-CFS □-DOOR</td><td>Reefer-Temperature Required
(冷藏温度)</td><td>°F</td><td>°C</td></tr>
<tr><td rowspan="2">TYPE OF
GOODS
(种类)</td><td colspan="3">□Ordinary, □Reefer, □Dangerous, □Auto.
(普通) (冷藏) (危险品) (裸装车辆)</td><td rowspan="2">危
险
品</td><td colspan="2" rowspan="2">Class:
Property:
IMDG Code Page:
UN No.</td></tr>
<tr><td colspan="3">□Liquid, □Live animal, □Bulk □______
(液体) (活动物) (散货)</td></tr>
</table>

附样 4-14

场 站 收 据

Shipper (发货人)	D/R NO.(编号) 第七联
Consignee (受货人)	
Notify Party (通知人)	
Pre-carriage by(前程运输) Place of receipt(收货地点)	
Ocean Vessel(船名) Voy. No.(航次) Port of Loading(装货港)	

Port of Discharge(卸货港)	Place of Delivery(交货地点)	Final Destination(目的地)

Container No.(集装箱号)	Seal No.(封志号) Marks & Nos.(标记与号码)	No. of Containers or P'kgs.(箱数或件数)	Kind of Packages; Description of Goods (包装种类与货名)	Gross Weight (毛重/千克)	Measurement (尺码/立方米)

TOTAL NUMBER OF CONTAINERS OR PACKAGES(IN WORDS) 集装箱数或件数合计(大写)	

Container No.(箱号)	Seal No.(封志号)	P'kgs(件数)	Container No.(箱号)	Seal No.(封志号)	P'kgs(件数)

Receive (实收) by terminal clerk (场站员签字)

Ex Rate(兑换率)	Prepaid at(预付地点)	Payable at(到付地点)	Place of Issue(签发地点)
	Total Prepaid(预付总额)	No. Of Original B(S)/L (正本提单份数)	BOOKING(订舱确认) APPROVED BY

Service Type on receiving	Service Type on Delivery	Reefer-Temperature Required (冷藏温度)	°F	°C
□-CY □-CFS □-DOOR	□-CY □-CFS □-DOOR			

TYPE OF GOODS (种类)		危险品	
	□Ordinary,□Reefer,□Dangerous,□Auto. (普通) (冷藏) (危险品) (裸装车辆)		Class: Property: IMDG Code Page: UN No.
	□Liquid, □Live animal, □Bulk □______ (液体) (活动物) (散货)		

附样 4-15

危 险 品 清 单

DANGEROUS CARGO LIST

	Ship's Registry No.	Call Sign	Page No.
Name of ship 船名/航次	Nationality of ship 国籍	Name of master	Date of sailing from port of loading
Port of loading 装货港	Port of discharge 卸货港		

B/LNO. 提单号	COMMODITY 货名	IMDG CODE 国际危规				NO. OF P'GS 件数及包装	CARGO WT (KGS) 货重（公斤）	CONTAINER NO. 集装箱号	SEAL NO. 封志号	STATUES 运输方式	STOWAGE 装船位置
		CLASS 类别	LABEL 标贴	PAGE 页号	UN NO. 联合国编号						

PREPARED BY CHINA OCEAN SHIPPING AGENCY，SHANGHAL BRANCH ON........ MASTER..........

附样 4-16

冷藏集装箱清单
LIST OF REEFER CONTAINER

第　页 Page No.

船名 Name of ship	船籍 Nationality of ship	船长姓名 Name of master	装货港开航日期 Date of sailing from port of loading
卸货港 Port of loading		卸货港 Port of discharge	

集装箱号 CONTAINER NO.	铅封号 SEAL NO.	尺寸 SAIZ	状况 STATUS	提单号 B/L NO.	件数 NO. OF P'KGS	商品 COMMODITY	货重 CARGO WT KGS	皮重 TARE WT KGS	总重 TOTAL WT KGS	要求温度 TEMPERATURE REQUIRED	积载 STOWAGE

附样 4-17

到 货 通 知 书

ARRIVAL NOTICE

您单位下列进口货物已抵港，请速凭正本提单并背书后来我公司办理提货手续。

<table>
<tr><td rowspan="2">收货人</td><td colspan="3">名称</td><td colspan="3" rowspan="2">收货人开户
银行与账号</td></tr>
<tr><td colspan="3">地址</td></tr>
<tr><td colspan="2">船名</td><td>航次</td><td colspan="2">起运港</td><td>目的地</td></tr>
<tr><td colspan="2">提单号</td><td colspan="2">交付条款</td><td colspan="2">到付海运费</td></tr>
<tr><td colspan="2">卸货地点</td><td>到达日期</td><td colspan="2">进库场日期</td><td>第一程运输</td></tr>
<tr><td colspan="2">标记与集装箱号</td><td>货名</td><td>集装箱数或件数</td><td>重量(KGS)</td><td>体积(M³)</td></tr>
<tr><td colspan="2"></td><td></td><td></td><td></td><td></td></tr>
</table>

特此通知

交付收货人

中国××外轮代理公司

年　月　日

附样 4-18

进口集装箱提货单
DELIVERY ORDER

________地区、场站　　　　　　　　收货人开户

收货人/通知方：　　　　　　　　　银行与账号　　　　　　　　年　月　日

<table>
<tr><td>船名</td><td>航次</td><td>起运港</td><td>目的港</td></tr>
<tr><td>提单号</td><td>交付条款</td><td>到付海运费</td><td>合同号</td></tr>
<tr><td>卸货地点</td><td>到达日期</td><td>进库场日期</td><td>第一程运输</td></tr>
<tr><td>货名</td><td></td><td colspan="2">集装箱号/铅封号</td></tr>
<tr><td>集装箱数</td><td></td><td></td><td></td></tr>
<tr><td>件数</td><td></td><td></td><td></td></tr>
<tr><td>重量（KGS）</td><td></td><td></td><td></td></tr>
<tr><td>体积（M³）</td><td></td><td></td><td></td></tr>
<tr><td colspan="2">标志</td><td></td><td></td></tr>
<tr><td colspan="2" rowspan="3"></td><td></td><td></td></tr>
<tr><td></td><td></td></tr>
<tr><td></td><td></td></tr>
<tr><td colspan="4">请核对放货

×××代理公司
凡属法定检验、检疫的进口商品，必须向有关监督机构申报。　提货专用章</td></tr>
<tr><td>收货人章</td><td>海关章</td><td>检验检疫章</td><td></td></tr>
</table>

附样 4-19

交货记录

港区、场、站　　　　　　　　　　　　　　NO.

收货人	名称	收货人开户银行与账号
	地址	

船名	航次	起运港	目的地
提单号	交付条款	到付海运费	
卸货地点	到达日期	进库场日期	第一程运输

标记与集装箱号	货名	集装箱数或件数	重量(KGS)	体积(M^3)

交货记录

日期	货名或集装箱号	出库数量			操作过程	尚存数		经手人签名	
		件数	包装	重量		件数	重量	发货员	提货人
						收货人章		港区场站章	
备注									

附样 4-20

出口货运代理委托书

HAS 编号	
货主运编号	
委托日期	

<table>
<tr><td colspan="2">委托单位名称</td><td colspan="10"></td></tr>
<tr><td rowspan="3">提单
(B/L)
项目
要求</td><td colspan="11">发货人：
Shipper：</td></tr>
<tr><td colspan="11">收货人：
Consignee：</td></tr>
<tr><td colspan="11">通知人：
Notify Party：</td></tr>
<tr><td colspan="3">海洋运费(√)　预付　或　到付
Ocean Fleight：　Prepaid or Collect：</td><td>提单份数</td><td colspan="2"></td><td>提单寄送
地址</td><td colspan="5"></td></tr>
<tr><td>起运港</td><td>SHANGHAL</td><td>目的港</td><td colspan="4"></td><td>可否
转运</td><td></td><td>可否
分批</td><td colspan="2"></td></tr>
<tr><td colspan="2">集装箱预配数</td><td colspan="5">20′×　　40′×</td><td>装运
期限</td><td></td><td>有效
期限</td><td colspan="2"></td></tr>
<tr><td colspan="2">标记唛头</td><td>件数及
包装式样</td><td colspan="3">中英文货员
Description of Goods(In Chinese & English)</td><td>毛重
(公斤)</td><td colspan="2">尺码
(立方米)</td><td colspan="3">成交条件
(总价)</td></tr>
<tr><td colspan="2" rowspan="3"></td><td rowspan="3"></td><td colspan="3" rowspan="3"></td><td></td><td colspan="2"></td><td colspan="3"></td></tr>
<tr><td rowspan="2">特种货物
□冷藏货
□危险品</td><td colspan="5">重件：　每件重量</td></tr>
<tr><td colspan="5">大件(长×宽×高)：</td></tr>
<tr><td colspan="2">内装箱(CFS)地址</td><td colspan="4"></td><td colspan="6">货物报关、报检(√)自理　或　委托</td></tr>
<tr><td rowspan="2">门对门
装箱点</td><td>地址</td><td colspan="4"></td><td colspan="6">货物备妥日期</td></tr>
<tr><td>电话</td><td colspan="2"></td><td>联系人</td><td></td><td colspan="6">货物进栈(√)　自送　或　派车</td></tr>
<tr><td rowspan="7">随附单证(份)</td><td>出口货物报关单</td><td></td><td>商业发票</td><td></td><td rowspan="8">委托方</td><td>委托人</td><td colspan="5"></td></tr>
<tr><td>出口收汇核销单</td><td></td><td>装箱清单</td><td></td><td>电话</td><td colspan="5"></td></tr>
<tr><td>进来料加工手册</td><td></td><td>出口许可证</td><td></td><td>传真</td><td colspan="5"></td></tr>
<tr><td>原产地说明书</td><td></td><td>出口配额证</td><td></td><td>地址</td><td colspan="5"></td></tr>
<tr><td>危险货物说明书</td><td></td><td>商检证</td><td></td><td rowspan="4">委托
单位
盖章</td><td colspan="5" rowspan="4"></td></tr>
<tr><td>危险货物包装证</td><td></td><td>动植物检疫证</td><td></td></tr>
<tr><td>危险货物装箱申明书</td><td></td><td></td><td></td></tr>
<tr><td colspan="5">备
注</td></tr>
</table>

附样 4-21

出口拼箱货物装箱准单

<table>
<tr><td colspan="3">Shipper (发货人)</td><td colspan="2" rowspan="4">D/R NO. (编号)

出口拼箱货物装箱准单 第
货主留存联 一
CFS/CFS 联
出口拼箱专用</td></tr>
<tr><td colspan="3">Consignee (受货人)</td></tr>
<tr><td colspan="3">Notify Party (通知人)</td></tr>
<tr><td colspan="3">Ocean Vessel(船名) Voy. No. (航次) Port of Loading(装货港)</td></tr>
<tr><td colspan="5">Port of Discharge(卸货港) Final Destination(目的地)</td></tr>
<tr><td>Marks & Nos.
(标记与号码)</td><td>No. of P'kgs.
(件数与包装)</td><td>Description Goods
(货物描述)</td><td>Gross Weight
(毛重/千克)</td><td>Measurement
(尺码/立方米)</td></tr>
<tr><td></td><td></td><td></td><td></td><td></td></tr>
<tr><td colspan="5">TOTAL 件数合计(大写):</td></tr>
</table>

Service type on receiving CFS/CFS	拼箱承运人签章	委托人签章

第五章　提单与提单业务

能力目标

1. 掌握提单的签发、更正补发及提单的背书转让的操作方法；
2. 熟悉不同情形下电放提单的操作方法；
3. 掌握海运单及电子提单的流转程序。

知识目标

1. 掌握提单的定义作用及种类，熟悉提单记载的内容及国际海上货物运输公约和我国《海商法》有关内容；
2. 理解“电放”的定义及适用范围；
3. 掌握海运单和电子提单的定义、作用、优点及使用中应注意的问题。

学习要求

结合全国国际货运代理从业资格考试和物流师职业资格考试的要求，重点掌握提单的定义、作用和种类，提单的签发、更正补发及提单的背书和转让；重点掌握提单正面记载内容，背面印刷条款，熟悉海牙规则、维斯比规则、汉堡规则和我国《海商法》的基本内容；理解海运单与提单的区别，熟悉海运单的概念、作用、优点及海运单的流转程序。本章的难点是提单记载的内容及提单业务，在学习中要求结合实务案例进行分析训练。

关键概念

提单　清洁提单　倒签提单　预借提单　顺签提单　电放　海运单

第一节　提单的概念、作用与分类

一、提单的概念

提单(Bl11 of Lading)(简称 B/L)是货物的承运人或其代理人收到货物后，签发给托运人的一种证件。提单说明了货物运输有关当事人，如承运人、托运人和收货人之间的权利与义务。提单的合法持有人就是货物的主人，因此提单是各项货运单据中最重要的单据。

二、提单的作用

提单的作用主要有以下三个方面：

(1)提单是承运人或其代理人签发的货物收据(Receipt for the Goods)，证明承运人已按提单所列内容收到货物。

(2)提单是一种货物所有权的凭证(Documents of Title)。提单的合法持有人凭提单可在目的港向轮船公司提取货物，也可以在载货船舶到达目的港之前，通过转让提单而转移货物所有权，或凭此向银行办理抵押货款。

(3)提单是托运人与承运人之间所订立的运输契约的证明(Evidence of Contract of Carrier)，是承运人与托运人处理双方在运输中的权利和义务问题的主要依据。另外，提单还可作为收取运费的证明，以及在运输过程中起到办理货物的装卸、发运和交付等方面的作用。

三、提单的种类

提单从不同角度分类主要有以下几种：

1. 根据货物是否装船分类

(1)已装提单(On Board B/L or Shipping B/L)，是指承运人已将货物装上指定的船只后签发的提单。这种提单的特点是提单上面有载货船舶名称和装货日期。

(2)备运提单(Received for Shipment B/L)，是指承运人收到托运人的货物待装船期间，签发给托运人的提单。这种提单上面没有装船日期，也无载货的具体船名。

在国际贸易中，一般都必须是已装船提单。《跟单信用证统一惯例》规定，在信用证无特殊规定的情况下，要求卖方必须提供已装船提单，银行一般不接受备运提单。

2. 根据货物表面状况有无不良批注分类

(1)清洁提单(Clean B/L)，是指货物装船时，表面状况良好，承运人在签发提单时末加上任何货损、包装不良或其他有碍结汇批注的提单。

(2)不清洁提单(Unclean B/L or Foul B/L)，是指承运人收到货物之后，在提单上加注了货物外表状况不良或货物存在缺陷或包装破损的提单。例如，在提单上批注："铁条松失""包装不固""×件损坏"等。但须说明的是，并不是所有经批注的提单均为不清洁提单。

国际航运公会于1951年规定下列三种内容的批注不能视为不清洁：

①没有说明货物或包装不能令人满意，只是批注"旧包装""旧箱""旧桶"等；

②强调承运人对于货物或包装性质所引起的风险不负责任；

③否认承运人知悉货物内容、重量、容积、质量或技术规格。

这三项内容已被大多数国家和船运组织所接受。在使用信用证支付方式时，银行通常不接受不清洁提单。当装船发生货损或包装不良时，托运人经常要求承运人不在提单上加批注，而由托运人向承运人出具保函，也称"赔偿保证书"(Letter of Indemnity)，向承运人保证如因货物破残短损，以及承运人因签发清洁提单而引起的一切损失，由托运人负责。承运人则给予签发提单，以便卖方在信用证下顺利结汇。对于这种保函，有些国家法律和判例并未承认，如美国法律认为这是一种欺骗行为，所以使用保函时要视具体情况而定。

3. 根据收货人抬头分类

(1)记名提单(Straight B/L)，又称收货人抬头提单。它是指在提单的收货人栏内，具体写明了收货人的名称。由于这种提单只能由提单内指定的收货人提货，不能转让。记名提单虽避免了提单转让过程中可能带来的风险，使货物始终控制在货主手中，但也失去其代表货物转让流通的便利。同时，银行也不愿意接受记名提单作为议付的证件。

使用记名提单，如果货物的交付不涉及贸易合同下的义务，则可不通过银行而由托运人将其邮寄收货人，或由船长随船带交。这样，提单就可以及时送达收货人，而不致延误。因此，记名提单一般只适用于运输展览品或贵重物品，特别是短途运输中使用较有优势，而在国际贸易中较少使用。

(2)不记名提单(Open B/L)，又称空白提单，是指在提单收货人栏内不填明具体的收货人或指示人的名称而留空的提单。不记名提单的转让不需经任何背书手续，提单持有人仅凭提单交付即可提货。这种提单的转让或提货手续比较简便，但一旦遗失或被盗，货物也容易被人提走，即使货物未被提走，提单被转让到了第三者手里，也会引起纠纷。因此，这种提单在国际贸易中很少应用。

(3)指示提单(Order B/L)，是在提单上的收货人栏中只填写"凭指示"或"凭某人指示"字样的提单。按照表示指示人方法的不同，指示提单又可分为托运人指示提单、记名指示人提单和选择指示人提单。如果在收货人栏内只填记"指示"字样，则称为托运人指示提单。在托运人(卖方)未指定收货人或受让人之前，货物所有权仍属于卖方，在跟单信用证支付方式下，托运人就是以议付银行或收货人为受让人，通过转让提单而取得议付货款的。如果收货人栏内填记"×××指示"，则称为记名指示提单；如果在收货人栏内填记“×××或×××指示”，则称为选择指示人提单。记名指示提单和选择指示人提单中指名的“×××”既可以是银行的名称，也可以是托运人。

指示提单是一种可转让提单。提单的持有人可以通过背书的方式把它转让给第三者，而不需经过承运人认可，所以这种提单为买方所欢迎。托运人指示提单与记名指示提单不同，它没有经提单指定的人背书才能转让的限制，所以其流通性更大。指示提单在国际海运业务中使用较广泛。

【小知识 5-1】 记名提单 STRAIGHT B/L、指示提单 ORDER B/L 和背书

如果收货人是具体的公司名称，那么这个提单就是记名提单，这份提单记录了收货人的名字，只有收货人才能提货。那么当货物装上船的时候，这份货权就完全是收货人的了。所以通常不赞成这样做，无论对卖方和付款银行都不利。

那么为什么有些收货人公司的名称前面加了：TO ORDER OF ×××公司＝ORDER OF ×××公司，或者 TO ORDER OF×××银行＝ORDER OF ×××银行，这也显示了具体的公司和银行名称，为什么不是记名提单呢？这首先要理解 TO ORDER OF ×××＝ORDER OF×××的意思，这个意思指是凭×××的指示才能使另外的人使用提单来提货(也就是把代表货物的单据卖给其他人，使他直接去提货)。那么怎么指示呢？发电报传真打电话给货代吗？不是的，这个指示是用背书来体现的。我们来看看常用的指示提单各种情况：

提单收货人之记载方式	背书方式
To order of shipper　凭托运人指示	托运人背书
To order of ××× Bank　凭银行指示	银行背书
To order of ×××公司　凭×××公司指示	×××公司背书
To order＝To the order　凭指示	托运人背书

至于背书的方式，可以做成空白背书：谁背书谁在单据背面盖个章并签字就可以转让提单，谁拿到正本提单谁提货。可以做成记名背书：还是谁背书谁在单据背面盖个章并签字，然后打印一句话 Please deliver to ×××公司，这样这个×××公司就可以凭正本提单去提货了。

另外补充各种写法：To Order of＝To The Order of＝Order of

4. 按运输组织形式的不同划分

(1)直达提单(Direct B/L)：货物从装运港装船后，中途不经换船而直接驶达目的港卸货，按照这种条件所签发的提单，称为直达提单或直运提单。直达提单内仅列有装运港和目的港之名，而无中途“转船”、“在某港转船”等批语。在国际贸易中，信用证如规定货物不准转船，卖方就必须取得承运人签发的直达提单，银行才接受办理议付货款。

(2) 转船提单(Transhipment B/L)：船舶从装运港装货后，不直接驶往目的港而在中途的港口换船把货物转往目的港，凡按此条件签发的包括运输全程的提单，称为

“转船提单”。转船提单内一般注有“在××港转船”字样。

由于货物在中途港转船，对进口人来讲，不仅会增加货物受损或其他风险，而且还因为等候换装船延误到货时间。所以买方通常争取直达运输，并在信用证内明确规定不许转船。但碍于运输的条件所限，有时转船也许会使货物更快驶达目的港。在这种情况下，买卖双方约定也可以使用“转船提单”。

(3)联运提单(through B/L)：须经两种或两种以上的运输方式(如海陆、海河、海空等)联合运输的货物，托运人在办理托运手续并交纳全程运费之后，由第一程承运人所签发的，包括运输全程并能凭之在目的港提取货物的提单，称为联运提单。

采用这种提单时，如同采用转船提单一样，货物在运输途中的转换交通工具和交换工作，均由第一程承运人或其代理人负责向下段航程承运人办理，托运人不需自己办理。联运提单和转船提单虽然包括全程运输，但签发提单的承运人或其代理人，一般都在提单条款中规定：只担负货物在他负责运输的一段航程内所发生的损失责任，货物从他所有的运输工具卸下后，他的责任即告终止。

(4)多式联运提单(Combined Transport B/L)：这种提单主要用于集装箱运输。它是指一批货物需要经过两种以上不同运输方式，其中一种是海上运输方式，由一个承运人负责全程运输，负责将货物从接收地运至目的地交付收货人，并收取全程运费所签发的提单。提单内的项目不仅包括起运港和目的港，而且列明一程二程等运输路线，以及收货地和交货地。

①多式联运是以两种或两种以上不同运输方式组成的，多式联运提单是参与运输的两种或两种以上运输工具协同完成所签发的提单；

②组成多式联运的运输方式中，其中一种必须是国际海上运输；

③多式联运提单如果贸易双方同意，并在信用证中明确规定，可由承担海上区段运输的船公司、其他运输区段的承运人、多式联运经营人(Combined Trandport Operator)或无船承运人(Non-vessel Operating Common Carrier)签发；

④《中华人民共和国海商法》第4章“海上货物运输合同”中的第8节“多式联运合同的特别规定”及《联合国国际货物多式联运公约》制约着多式联运。

“多式联运单据”与海运中“联运提单”虽然都是使用多种运输方式运送货物，但是两种单据却有很大的不同。

在他们所适用的运输方面，“多式联运单据”既可适用于海运同其他运输方式所组成的多式联运(如海陆、海空等)，也可适用于不仅包括海运，而且由其他不同运输方式所组成的多式联运(如陆空)；但“联运提单”则不同，他只适用于海运同其他运输方式所组成的联合运输。

这两种单据的签发人所承担的责任方面也有不同，签发“多式联运单据”的“多式联运经营人”对联运中的各程运输，都是以承运人的身份对托运人负责，亦即在整个联合运输过程中，货物无论在任何地方发生属于承运人责任范围内的灭失和损失，

“多式联运经营人”均须直接负责。但“联运提单”则不同,“联运提单”的签发人一般都在提单内表明,他仅对第一程运输负承运人的责任,当货物从第一程运输工具转装到第二程运输工具后,他即处于发货人的代理人的地位,并不代表第二程承运人向发货人负责。

5. 按提单内容的繁简分类

(1)全式提单(Long Form B/L):亦称繁式提单,是指通常应用的,既有正面内容又在提单背面列有承运人和托运人的权利、义务等详细条款的提单。

(2)略式提单(Short Form B/L):亦称简式提单,是指仅保留全式提单正面的必要项目,如船名、货名、标志、件数、重量或体积、装运港、目的港、托运人名称等记载,而略去提单背面全部条款的提单。

略式提单又可分为租船项下的略式提单及班轮项下的略式提单。租船项下的略式提单,应用于租船项下的货物运输,提单内注有“根据某月某日签订的租船合同开立”等字样。由于这种提单受到租船合同的约束,它本身不构成一个完整的独立文件,因此银行一般都不愿意凭这种提单办理议付。班轮项下的略式提单,一般是为了简化提单的制备工作而采用的提单。这种提单一般都印有“本提单货物的收受、保管、运输和运费等事项,均按本公司全式提单的正面、背面的铅印,手写印章和打字等书面的条款和例外条款办理。该全式提单存本公司、分支机构或代理人处,可供托运人随时查阅”等内容。根据国际银行业务的惯例,这种略式提单可凭以向银行办理议付。

6. 按签发提单的时间划分

(1)倒签提单(Anti-date B/L):是指承运人应托运人的要求,签发提单的日期早于实际装船日期提单,以符合信用证对装船日期的规定,便于在该信用证下结汇。装船日期的确定,主要是通过提单的签发日期证明的。提单日期不仅对买卖双方都有着重要作用,而且银行向收货人提供垫款和向发货人转账、对海关办理延长进口许可证、对海上货物保险契约的生效等都有密切关系。因此,提单的签发日期必须依据接受货物记录和已装船的大副收据来签发。在出口业务中,有时在信用证即将到期或不能按期装船时,为了不影响结汇,托运人只好采用倒签提单。当然根据国际贸易惯例和资本主义国家的法律实践,错填提单,是一种欺骗行为,是违法的。因此应尽量避免使用倒签提单。

(2)顺签提单(Post-date B/L):是指货物装船完毕后,承运人或其代理人应托运人的要求,以晚于该票货物实际装船完毕的日期作为提单签发日期的提单。这是为了符合贸易合同或信用证关于装运期的规定,应托运人要求而顺填日期签发的提单,故称为顺签提单。承运人签发顺签提单的做法同样掩盖了提单签发的真实情况,也将面临可能承担由此而引起的责任的风险。

(3)预借提单(Advanced B/L):又称无货提单,是指因信用证规定装运日期和议付日期已到，货物因故而未能及时装船，但已被承运人接管，或已经开装而未装毕，由托运人出具保函，要求承运人签发已装船提单。

预借提单、倒签提单和顺签提单同属一种性质，一般都是出口公司出于无奈和应急时而采用的办法，为了防止意外，最好避免使用这三种提单。

7. 按收费方式划分

(1)运费预付提单(Freight Prepaid B/L)。成交 CIF、CFR 价格条件为运费预付，按规定货物托运时，必须预付运费。在运费预付情况下出具的提单称为运费预付提单。这种提单正面载明“运费预付”字样，运费付后才能取得提单。付费后，若货物灭失，运费不退。

(2)运费到付提单(Freihgt to Collect B/L)。以 FOB 条件成交的货物，不论是买方订舱还是买方委托卖方订舱，运费均为到付(Freight Payable at Destination)，并在提单上载明“运费到付”字样，这种提单称为运费到付提单。货物运到目的港后，只有付清运费，收货人才能提货。

(3)最低运费提单(Minimum B/L)。最低运费提单是指对每一提单上的货物按起码收费标准收取运费所签发的提单。如果托运人托运的货物批量过少，按其数量计算的运费额低于运价表规定的起码收费标准时，承运人均按起码收费标准收取运费，为这批货物所签发的提单就是最低运费提单，也可称为起码收费提单。

8. 其他各种特殊提单

(1)运输代理行提单(House B/L)：是指由运输代理人签发的提单。在航运实践中，为了节省费用、简化手续，有时运输代理行将不同托运人发运的零星货物集中在一套提单上托运，而由承运人签发给运输代理行成组提单，由于提单只有一套，各个托运人不能分别取得提单，只好由运输代理人向各托运人签发运输代理人(行)的提单。由于集装箱运输的发展，运输代理人组织的拼箱货使用这种提单有利于提高效率，所以这种提单的使用正在扩展。

一般情况下，运输代理行提单不具有提单的法律地位，它只是运输代理人收到托运货物的收据，而不是一种可以转让的物权凭证，故不能凭此向承运人提货。根据国际商会《跟单信用证统一惯例》(1993 年修订本)的规定，除非提单表明运输行作为承运人(包括无船承运人)或承运人的代理人出具的提单，或国际商会批准的“国际货运代理协会联合会”的运输提单可以被银行接受外，银行将拒收这种提单。

(2)合并提单(Omnibus B/L)：是指根据托运人的要求，将同一船舶装运的同一装货港、同一卸货港、同一收货人的两批或两批以上相同或不同的货物合并签发一份提单。托运人或收货人为了节省运费，常要求承运人将本应属于最低运费提单的货物与其他另行签发提单的货物合并在一起只签发一份提单。

(3)并装提单(Combined B/L)：这是将两批或两批以上品种、质量、装货港和卸货港相同，但分属于不同收货人的液体散装货物并装于同一液体货舱内，而分别为每批货物的收货人签发一份提单时，其上加盖有“并装条款”印章的提单，称为并装提单。在签发并装提单的情况下，应在几个收货人中确定一个主要收货人(通常是其中批量最大的收货人)，并由这个主要收货人负责分摊各个收货人应分担的货物自然损耗和底脚损耗。

(4)分提单(Separate B/L)：这是指承运人依照托运人的要求，将本来属于同一装货单上其标志、货种、等级均相同的同一批货物，托运人为了在目的港收货人提货方便，分开签多份提单，分属于几个收货人，这种提单称为分提单。只有标志、货种、等级均相同的同一批货物才能签发分提单，否则，会因在卸货港理货，增加承运人理货、分标志费用的负担。分提单一般除了散装油类最多不超过5套外，其他货物并无限制。

(5)交换提单(Switch B/L)：是指在直达运输的条件下，应托运人的要求，承运人承诺，在某一约定的中途港凭在起运港签发的提单另换发一套以该中途港为起运港，但仍以原来的托运人为托运人的提单，并注明“在中途港收回本提单，另换发以该中途港为起运港的提单”或“Switch B/L”字样的提单。

当贸易合同规定以某一特定港口为装货港，而作为托运人的卖方因备货原因，不得不在这一特定港口以外的其他港口装货时，为了符合贸易合同和信用证关于装货港的要求，常采用这种变通的办法，要求承运人签发这种交换提单。

签发交换提单的货物，一般由同一艘船进行直达运输，中途港并不换装，只不过由承运人在中途港的代理人收回原在起运港签发的提单，另签发以中途港为货物起运港的提单而已。

(6)舱面货提单(On Deck B/L)：又称甲板货提单，是指货物装于露天甲板上承运时，并于提单注明“装于舱面”(On Deck)字样的提单。

在贸易实践中，有些体积庞大的货物及某些有毒货物和危险物品不宜装于舱内，只能装在船舶甲板上。货物积载于甲板承运，遭受灭失或损坏的可能性很大，除商业习惯允许装于舱面的货物，如木材，法律或有关法规规定必须装于舱面的货物，承运人和托运人之间协商同意装于舱面的货物外，承运人或船长不得随意将其他任何货物积载于舱面承运。如果承运人擅自将货物装于舱面，一旦灭失或损坏，承运人不但要承担赔偿责任，而且还将失去享受赔偿责任限制的权利。但是，如果签发的是表明承、托双方协商同意的，注有“装于舱面”字样的舱面提单，而且实际上也是将货物积载于舱面，那么，只要货物的灭失或损坏不是承运人的故意行为造成的，承运人仍可免责。否则，即使货物装在甲板上而没有批注，承运人对此要如装舱内货一样负责。

为了减轻风险，买方一般不愿意把普通货物装在舱面上，有时甚至在合同和信用证中明确规定，不接受舱面货提单。银行为了维护开证人的利益，对这种提单一般也予以拒绝。

(7)包裹提单(Parcel Receipt B/L):是指以包裹形式托运的货物而签发的提单。这是承运人根据贸易上的特殊需要而设定的一种提单。它只适用于少量货物或行李,以及样品或礼品的运输。对于这种提单,承运人一般都对货物的重量、体积和价值规定了限制条件,如重量不得超过 45 千克(或 100 磅);体积不超过 0.15 立方米(或 5 立方英尺);价值在 10 英镑以下等。对于包裹提单的货物,收取较低的运费,小量样品甚至可免费运送。这种提单不能转让,对货物的灭失,承运人也不承担赔偿责任。

(8)集装箱提单(Container B/L):集装箱提单是集装箱货物运输下主要的货运单据,负责集装箱运输的经营人或其代理人,在收到集装箱货物后而签发给托运人的提单。它与普通货物提单的作用和法律效力基本相同,但也有其特点:

①由于集装箱货物的交接地点不同,一般情况下,由集装箱堆场或货运站在收到集装箱货物后签发场站收据,托运人以此换取集装箱提单结汇。

②集装箱提单的承运人责任有两种:

a. 在运输的全过程中,各段承运人仅对自己承担的运输区间所发生的货损负责;

b. 多式联运经营人对整个运输承担责任。

③集装箱内所装货物,必须在条款中说明。因为有时由发货人装箱,承运人不可能知道内装何物,一般都有"Said to Contain"条款,否则损坏或灭失时整个集装箱按一件赔偿。

④提单内说明箱内货物数量、件数,铅封是由托运人来完成的,承运人对箱内所载货物的灭失或损坏不予负责,以保护承运人的利益。

⑤在提单上不出现 On Deck 字样。

⑥集装箱提单上没有"装船"字样,它们都是收讫待运提单,而提单上却没有"收讫待运"字样。

另外,提单按船舶经营性质划分为班轮提单和租船提单,按提单使用有效性可划分为正本提单和副本提单,按货物运输形式划分为件杂货提单和集装箱运输提单;按货物进出口划分为进口货运提单和出口货运提单等。

第二节　有关提单的法规

由于提单的利害关系人常分属于不同国籍,提单的签发地或起运港和目的港又分处于不同的国家,而提单又是由各船公司根据本国有关法规定自行制定的,其格式、内容和词句并不完全相同,一旦发生争议或涉及诉讼,就会产生提单的法律效力和适用法规的问题。因此,统一各国有关提单的法规,一直是各国追求的目标。当前已经生效,在统一各国有关提单的法规方面起着重要作用或有关国际货物运输的国际公约有三个:

一、海牙规则(Hague Rules)

《海牙规则》的全称是《统一提单若干法律规定的国际公约》(International Convention for the Unification of Certain Rules of Law Relating to Bill of Lading),1924年8月25日由26个国家在布鲁塞尔签订,1931年6月2日生效。公约草案是1921年在海牙通过,因此定名为海牙规则。包括欧美许多国家在内的50多个国家都先后加入了这个公约。1936年,美国政府以这一公约作为国内立法的基础制定了1936年美国海上货物运输法。《海牙规则》使得海上货物运输中有关提单的法律得以统一,在促进海运事业发展,推动国际贸易发展方面发挥了积极作用,是最重要的和目前仍被普遍使用的国际公约,我国于1981年承认该公约。《海牙规则》的特点是较多地维护了承运人的利益,在风险分担上很不均衡,因而引起了作为主要货主国的第三世界国家的不满,纷纷要求修改《海牙规则》,建立航运新秩序。

二、维斯比规则(Visby Rules)

在第三世界国家的强烈要求下,修改《海牙规则》的意见已为北欧国家和英国等航运发达国家所接受,但他们认为不能急于求成,以免引起混乱,主张折衷各方意见,只对《海牙规则》中明显不合理或不明确的条款作局部的修订和补充,《维斯比规则》就是在此基础上产生的。所以《维斯比规则》也称为《海牙—维斯比规则》(Hague-Visby Rules),它的全称是《关于修订统一提单若干法律规定的国际公约的议订书》(Protocol to Amend the International Convention for the Unification of Certain Rules of Law Relating to Bill of Lading),或简称为《1968年布鲁塞尔议订书》(The 1968 Brussels Protocol),1968年2月23日在布鲁塞尔通过,于1977年6月生效。目前已有英、法、丹麦、挪威、新加坡、瑞典等20多个国家和地区参加了这一公约。

三、汉堡规则(Hamburg Rules)

《汉堡规则》是《1978年联合国海上货物运输公约》(United Nations Convention of the Carriage of Goods by Sea,1978),1976年由联合国贸易法律委员会草拟,1978年经联合国在汉堡主持召开,有71个国家参加的全权代表会议上审议通过。《汉堡规则》可以说是在第三世界国家的反复斗争下,经过各国代表多次磋商,并在某些方面作出妥协后通过的。《汉堡规则》全面修改了《海牙规则》,其内容在较大程度上加重了承运人的责任,保护了货方的利益,代表了第三世界发展中国家意愿,这个公约已于1992年生效。但因签字国为埃及、尼日利亚等非主要航运货运国,因此目前《汉堡规则》对国际海运业影响不是很大。

四、中华人民共和国海商法

1993 年 7 月 1 日，经第七届全国人民代表大会常务委员会会议通过的《中华人民共和国海商法》(以下简称《海商法》)正式生效。这是我国第一部在海上运输和船舶方面的专门立法。它从我国国情出发，以我国四十多年来海上运输和经贸实践为基础，并充分考虑到国际海运立法中追求统一的趋势，广泛吸收了目前国际通行的国际公约和惯例的规定，是一部比较成熟的立法。

我国的《海商法》内容十分丰富，既有包括海上货物运输、旅客运输的内容、又有对海上运输管理，船舶经营、建造、抵押、买卖、海上碰撞、海上救助等多方面的规定。其中，有关提单的部分主要遵循了《海牙—维斯比规则》的精神，并合理吸收了《汉堡规则》中的合理部分，从世界范围来看也是一个创新。具体而言，《海商法》中关于承运人适航责任，妥善和谨慎管理货物的责任，不做不合理绕航责任及承运人免责，责任限制的规定与《海牙—维斯比规则》相一致；承运人责任期间，活动物和甲板货运输，货物迟延交付等事项则参照了《汉堡规则》。

五、海牙规则、维斯比规则、汉堡规则之间的区别

从《海牙规则》到《汉堡规则》有关提单的国际公约在内容上发生了质的变化，对当事各方利益的保护更加合理，也适应了不断发展的航运技术的要求。总的来讲，这三个国际公约实质上的区别主要在以下几个方面：

1. 承运人的责任基础不同

《海牙规则》由于在当时的历史背景下，船东的强大势力和航运技术条件的限制决定了《海牙规则》对承运人的要求不会十分严格，因此《海牙规则》对承运人责任基础采用了“不完全过失原则”。《维斯比规则》对这点没加任何修订。《汉堡规则》则将其改为了“推定的完全过失原则”。

所谓“过失原则”是指有过失即负责，无过失即不负责。一般国家的民法多采用这一原则为基础。《海牙规则》总的规定也是要求承运人对自己的过失承担责任，但同时又规定“船长、船员、引航员或承运人的雇佣人员在驾驶或管理船舶上的行为、疏忽或不履行契约”可以要求免责(也是《海牙规则》遭非议最多的条款)，即有过失也无需负责。因此，《海牙规则》被认为采用的是不完全过失原则。比起过失原则，这种责任制度虽然对承运人网开一面，但在当时的历史条件下还是有着明显的进步意义的。

《汉堡规则》的立场则严格得多，它不仅以是否存在过失来决定承运人是否负责，而且规定举证责任也要由承运人承担，即第 5 条规定的“除非承运人证明他本人，其受雇人或代理人为避免该事故发生及其后果已采取了一切所能合理要求的措施，否则承运人应对货物灭失或损坏或延迟交货所造成的损失负赔偿责任……”。这样承运人的责任大大加重了。

2. 承运人的最高责任赔偿限额不同

(1)从《海牙规则》到《汉堡规则》依次提高了对每单位货物的最高赔偿金额。《海牙规则》规定船东或承运人对货物或与货物有关的灭失或损坏的赔偿金额不超过每件或每单位100英镑或相当于100英镑的等值货币。《维斯比规则》将最高赔偿金额提高为每件或每单位10000金法郎或按灭失或受损货物毛重计算,每公斤30金法郎,两者以较高金额的为准。同时明确一个金法郎是一个含有66.5毫克黄金,纯度为千分之九百的单位。《汉堡规则》再次将承运人的最高赔偿责任增加至每件或每货运单位835特别提款权(Special Drawing Rights,SDR或称记账单位)或每公斤2.5特别提款权,两者以金额高的为准。

(2)对灭失或损害货物的计量方法越来越合理。《海牙规则》是以每件或每单位来计量货物。随着托盘、集装箱等成组化运输方式的发展,这种计量方式的弊端逐渐显现。因而,《维斯比规则》和《海牙规则》都规定如果以集装箱或托盘或类似集装运输工具运送货物,当提单内载明运输工具内货物的包数或件数时,以集装箱或托盘所载货物的每一小件为单位,逐件赔偿;当提单内未载明货物具体件数时,则以一个集装箱或一个托盘作为一件货物进行赔偿。

3. 对货物的定义不同

《海牙规则》对货物定义的范围较窄,将活动物、甲板货都排除在外。《汉堡规则》扩大了货物的定义。不仅把活动物、甲板货列入货物范畴,而且包括了集装箱和托盘等包装运输工具,"凡货物拼装在集装箱,托盘或类似运输器具内,或者货物是包装的,而这种运输器具或包装是由托运人提供的,则'货物'包括他们在内"。

4. 公约适用范围不同

《海牙规则》只适用于缔约国所签发的提单。这样,如果当事各方没有事先约定,那么对同一航运公司所经营的同一航线上来往不同的货物,可能会出现有的适用《海牙规则》,有的不能适用《海牙规则》的奇怪现象。

《汉堡规则》则避免了这一缺憾。它不仅规定公约适用于两个不同缔约国间的所有海上运输合同,而且规定:

①被告所在地;

②提单签发地;

③装货港;

④卸货港;

⑤运输合同指定地点。

五个地点之中任何一个在缔约国的都可以适用《汉堡规则》。

5. 承运人的责任期间不同

《海牙规则》规定承运人的责任期间是"……自货物装上船舶开始至卸离船舶为止的一段时间……",有人称之为"钩至钩"。《汉堡规则》则将责任期间扩大为承运人或其代理人从托运人或托运人的代理人手中接管货物时起，至承运人将货物交付收货人或收货人的代理人时止，包括装货港、运输途中、卸货港、集装箱堆场或集装箱货运站在内的承运人掌管的全部期间，简称为“港到港”。

6. 诉讼时效不同

《海牙规则》的诉讼时效为一年。一年后，“……在任何情况下承运人和船舶都被解除其对灭失或损害的一切责任……”。一年时间对远洋运输的当事人，特别是对要经过复杂索赔、理赔程序，而后向承运人追偿的保险人来讲，无疑过短。

《维斯比规则》规定诉讼时效经当事各方同意可以延长。并且在“……一年期满之后，只要是在受诉讼法院的法律准许期间之内，便可向第三方提起索赔诉讼……”，但时间必须在三个月以内。这样部分缓解了时效时间过短在实践中造成的困难。

《汉堡规则》一方面直接将诉讼时效延长至两年，另一方面仍旧保留了《维斯比规则》90 天追赔诉讼时效的规定。

7. 对承运人延迟交货责任的规定不同

由于历史条件的限制，《海牙—维斯比规则》对延迟交货未作任何规定。

第三节　提单正面内容及背面条款

一、提单的正面内容

通常，提单正面都记载了有关货物和货物运输的事项。这些事项有的是有关提单的国内立法或国际公约规定的，作为运输合同必须记载的事项，如果漏记或错记，就可能影响提单的证明效力；有的则属于为了满足运输业务需要而由承运代自行决定，或经承运人与托运人协议，认定应该在提单正面记载的事项。前者称为必要记载事项，后者称为任意记载事项。

1. 记载事项

各国关于提单的法规都对提单的必要记载事项作出规定，虽然有简有繁，但是，从提单的法律效力和业务需要考虑，各国对提单的必要记载事项规定是基本相同的。我国《海商法》第 73 条第 1 款规定，提单内容包括下列各项：

(1)关于货物的描述：货物的品名、标志、包数或者件数、重量或者体积，以及运输危险货物时对危险性质的说明；

(2)关于当事人：托运人和收货人的名称、承运人的名称和主营业所；

(3)关于运输事项：船舶名称和国籍、装货港和在装货港接受货物的日期、卸货港和运输路线、多式联运提单增列接受货物地点和交付货物地点；

(4)关于提单的签发：提单的签发日期、地点和份数；承运人、船长或者其代理人的签字。

(5)关于运费和其他应付给承运人的费用的记载。

在以上各项中,除了在内陆签发多式联运提单时的船舶名称、签发海运提单时的接受货物地点和交付货物地点,以及关于运费的支付等三项可以缺少外,其他都是不可缺少的。一般地,关于提单的签发和其他应付给承运人的费用等几项记载由承运人填写,其他都由托运人填写。除上述各必要记载的事项外,如承运人与托运人协议,同意将货物装于舱面;或约定承运人在目的港交付货物的日期;或同意提高承运人的责任限额;或同意扩大承运人的责任;或同意放弃承运人的某些免责;或其他有关法律规定的事项等,都应在提单正面载明。

提单的正面内容还可有一些以打印、手写或印章形式记载的事项。一些是属于承运人因业务需要而记载于提单正面的事项,如航次顺号,船长姓名,运费支付的时间、地点、汇率、提单编号及通知人等;一些是属于区分承运人与托运人之间的责任而记载的事项,如关于数量争议的批注;一些是属于为减轻或免除承运人责任而加注的内容,如为了扩大或强调提单上已印妥的免责事项,对于一些易于受损的特种货物,承运人在提单上加盖的以对此种损坏免责为内容的印章等。

2.提单正面的条款

提单正面条款是指以印刷的形式,将以承运人免责和托运人作出的承诺为内容的契约文句,列记于提单的正面。常见的有以下条款:

(1)装船(或收货)条款。如:"Shipped in board the vessel named above in apparent good order and condition (unless otherwise indicated) the goods or packages specified herein and to be discharged at the above mentioned port of discharge or as near thereto as the vessel may safely get and be always afloat."(上列外表状况良好的货物或包装(除另有说明者外)已装在上述指名船只,并应在上列卸货港或该船能安全到达并保持浮泊的附近地点卸货)。

(2)内容不知悉条款。如:"The weight, measure, marks, numbers, quality, contents and value, being particulars furnished by the Shipper, are not checked by the Carrier on loading."(重量、尺码、标志、号数、品质、内容和价值是托运人所提供的,承运人在装船时并未核对)。

(3)承认接受条款。如:"The Shipper, Consignee and the Holder of this Bill of Lading hereby expressly accept and agree to all printed, written or stamped provisions, exceptions and conditions of this Bill of Lading, including those on the back here of."(托运人、收货人和本提单持有人兹明白表示接受并同意本提单和它背面所载一切印刷、书写或打印的规定、免责事项条件)。

(4)签署条款。如:"In witness whereof, the Carrier or his Agents has signed Bills of Lading all of this tenor and date, one of which being accomplished, the others to stand void. Shippers are requested to note particularly the exceptions and conditions of this Bill of Lading with reference to the validity of the insurance upon their goods. "(为证明以上各项,承运人或其代理人已签署各份内容和日期一样的正本提单,其中一份如果已完成提货手续,其余各份均告失效。要求发货人特别注意本提单中关于该货保险效力的免责事项和条件)。

二、提单的背面条款

提单的背面印有各种条款,一般分为两类:一类属于强制性条款,其内容不能违背有关国家的海商法规、国际公约或港口惯例的规定,违反或不符合这些规定的条款是无效的。另一类是任意性条款,即上述法规、公约和惯例没有明确规定,允许承运人自行拟订的条款。所有这些条款都是表明承运人与托运人及其他关系人之间承运货物的权利、义务、责任与免责的条款,是解决他们之间争议的依据。各船公司的提单背面条款繁简不一,有些竟达三、四十条,但内容大同小异,现将主要条款内容介绍如下:

1. 定义(Definition)

各船公司的提单中,一般都订有定义条款,对作为运输合同当事人一方的"货方"(Merchant)的含义和范围作出规定,将"货方"定义为"包括托运人、受货人、收货人、提单持有人和货物所有人"。

2. 首要条款(Paramount Clause)

说明提单所适用的法律依据,即如果发生纠纷时,应按哪一国家的法律和法庭裁决。这一条款一般印刷在提单条款的上方,通常列为第一条。

3. 承运人责任条款(Carrier's Responsibility Clause)

说明签发本提单的承运人对货物运输应承担的责任和义务。由于提单的首要条款都规定了提单所适用的法规,而不论有关提单的国际公约或各国的《海商法》都规定了承运人的责任,凡是列有首要条款或类似首要条款的提单都不再以明示条款将承运人的责任列记于提单条款中。如果首要条款规定《海牙规则》适用于本提单,那么,《海牙规则》所规定的承运人责任,也就是签发本提单的承运人对货物运输应承担的责任和义务。

4. 承运人责任期间条款(Carrier's Period of Responsibility Clause)

各船公司的提单条款中都列有承运人对货物运输承担责任的开始和终止时间的条款。根据《海牙规则》,承运人从装船开始到卸船为止的期间对货物负责,也即通常所称的"钩至钩"(Tackle to Tackle)责任,具体指货物从挂上船上吊机的吊钩到卸货时下吊钩为止。但这种规定与普通班轮运输现行的"仓库收货、集中装船"和"集中卸货、仓库交付"的货物交接做法不相适应,一些船公司为了争揽货载,也常将责任期间向两端延伸,并将延伸的责任期间列记于提单条款之中。因此,针对这种情况以及集装箱运输出现之后的实际情况,《汉堡规则》将承运人的责任期间扩大至"包括在装货港、在运输途中及在卸货港、货物在承运人掌管下的全部时间”。这与《海牙规则》比较起来，无疑是延长了承运人的责任期间，加重了承运人的责任。

5. 免责条款(Exception Clause)

由于提单的首要条款都规定了提单所适用的法规，而不论有关提单的国际公约或各国的海商法都规定了承运人的免责事项，所以不论提单条款中是否列有免责事项条款的规定，承运人都能按照提单适用法规享受免责权利。譬如《海牙规则》有17项免责事项，如地震、海啸、雷击等天灾、战争、武装冲突和海盗袭击，检疫或司法扣押、罢工停工、触礁搁浅、在海上救助或者企图救助人命或者财产，因托运人过失如包装不良、货物的自然特性或者固有缺陷如容积或重量的“正常损耗”等免责事项。

6. 索赔条款(Claim Clause)

其包括损失赔偿责任限制(Limit of Liability)，即指已明确承运人对货物的灭失和损坏负有赔偿责任应支付赔偿金时，承运人对每件或每单位货物支付的最高赔偿金额；索赔通知(Notice of Claim)，亦称为货物灭失或损害通知(Notice of Loss Damage)；诉讼时效(Time Bar)，即指对索赔案件提起诉讼的最终期限等。

7. 包装与唛头(标志)条款(Packing and Mark Clause)

要求在起运之前，托运人对货物加以妥善包装、货物唛头必须确定明显，并将目的港清楚地标明在货物外表，在交货时仍要保持清楚。

8. 运费条款(Freight Clause)

预付运费应在起运时连同其他费用一并支付，如装运易腐货物、低值货物、动植物、仓面货等，其运费和其他费用必须在起运时全部付清。到付费用在目的港连同其他费用一起支付。另外，承运人有权对货物的数量、重量、体积和内容等进行查对，如发现实际情况与提单所列情况不符，而且所付运费低于应付运费，承运人有权收取罚金，由此而引起的一切费用和损失应由托运人负担。

9. 留置权条款(Lien Clause)

如果货方未交付运费、空仓费、滞期费、共同海损分摊的费用及其他一切与货物有关的费用，承运人有权扣押或出售货物以抵付欠款，如仍不足以抵付全部欠款，承运人仍有权向货方收回差额。

10. 转运或转船条款(Transshipment Clause)

如果需要，承运人有权将货物转船或改用其他运输方式或间接运至目的地。由此引起的费用由承运人负担，但风险由货方负担。承运人的责任只限于其本身经营船舶所完成的运输。

11. 卸货和交货条款(Discharging and Delivery Clause)

船到卸货港后，收货人应及时提货，否则承运人有权将货物卸到岸上或卸在其他适当场所，一切费用和风险应由货方承担。

12. 动植物和舱面货条款(Animals, Plants and on Deck Cargo Clause)

根据《海牙规则》,这些货物不包括在“货物”的范围之内,因此承运人对这些货物的灭失或损坏不负赔偿责任。但是只有对运输合同载明并且实际装舱面(甲板上)的“舱面货”,承运人才可免责。

13. 危险品条款(Dangerous Cargo Clause)

危险品的装运必须由托运人在装船时声明,如无声明可标明,承运人有权将该货卸下、抛弃或消灭而不予赔偿。

除了以上介绍的提单正背面的内容外,需要时承运人还可以在提单上加注一些内容,也就是批注。

第四节　提 单 业 务

一、提单签发人

我国《海商法》第72条明确规定:“货物由承运人接收或者装船后,应托运人的要求,承运人应当签发提单。提单可以由承运人授权的人签发。提单由载货船舶的船长签发的,视为代表承运人签发。”

可见,提单的签发人包括承运人、承运人的代理人和船长。各国有关海上货物运输的法律,都规定船长是承运人的当然代理人,不需经承运人的特别授权便可签发提单。但如提单由承运人的代理人签发,则代理人必须经承运人的合法授权委托。未经授权,代理人是无权签发提单的。

二、提单签发的地点和日期

提单签发的地点应当是货物的装船港。提单签发的日期应当是货物实际装船完毕的日期,并且与大副签署的收货单签发的日期相一致。

在国际贸易的实践中,提单签发的日期非常重要。因为只有将货物装船后,才能辨别所装货物外表状况是否良好,件数是否与申报数字相符;同时由于货物的装运期限都是买卖双方事先约定的,而且信用证也规定了货物的装船期限,把签发提单的日期看作是货物已装船完毕的日期,也就是卖方向买方的交货日期。如果货物装船日期一旦超过规定时间,就可能遇到买方在目的港拒收货物并请求赔偿损失和银行拒付货款的问题。如果提单签发日期提前于货物装船完毕日期,甚至货物未装船就签发已装船提单,这就扩大了承运人的责任,也有可能构成对第三者的欺诈行为,而引起收货人拒绝提货,进而提出索赔。

提单的签发是根据大副签署的收货单,在与提单记载的各项内容核对无误后才签发的。如果收货单上有批注,则提单签发人就应如实转批在提单上。

三、提单的份数

提单有正本提单和副本提单之分。副本提单只用于日常业务,不具有法律效力。正本提单是一式几份,以防提单的遗失、被窃或迟延到达或在传递过程中发生意外事故造成灭失。各国海商法和航运习惯都允许签发数份正本提单,并且各份正本提单都具有同等效力,但以其中一份提货后,其他各份自动失效。由于正本提单是一种物权凭证,可以流通和转让。因此,承运人为防止出现利用多份正本提单进行损害提单当事人利益的非法活动,一是要求收货人凭承运人签发的全套正本提单在目的港提货,二是所有正本是在提单上注有"承运人或其代理人已签署本提单一式×份,其中一份经完成提货手续后,其余各份失效"等内容。上述注明有以下原因:

(1)使提单的合法受让人了解全套正本提单的份数,防止流失在外引起纠纷,保护提单持有人的利益;

(2)因信用证通常都规定必须以全套正本提单向银行办理结汇;

(3)在变更卸货港提取货物时,必须提交全套正本提单。

这样在提单上注明了正本提单的份数后,就可使接受提单结汇的银行和在变更卸货港交付货物的船公司的代理人,了解用以办理结汇和提取货物的提单是否齐全。

副本提单的份数视需要而定。虽然它没有法律效力,不能据以提货,但却是装运港、中转港及目的港的代理人和载货船舶不可缺少的补充货运文件,可以补充舱单上不足的内容和项目。

承运人只能在目的港向持有正本提单的人交付货物,如果承运人在目的港以外或向其他人交付了货物,则应向持有正本提单的人承担赔偿责任。

四、提单的更正和补发

1.提单签署前的更正

在实际业务中,提单通常是在托运人办妥托运手续后,货物装船前,在缮制有关货运单证的同时缮制的,在货物装船后,这种事先缮制的提单有下列原因需要更正:

(1)事先缮制的提单,与实际装载情况不符需要更正;

(2)货物装船后,可能发现托运人申报材料的错误而需要更正;

(3)信用证要求的条件有所变更;

(4)由于其他原因,托运人提出更正提单内容的要求。

在上述情况下,承运人或代理人通常都会同意托运人提出的更正要求。

2.提单签署后的更正

货物已装船,提单已签署,托运人提出提单更正的要求。这时,承运人或其代理人要考虑各方面的关系后,在不妨碍其他提单利害关系人利益,不影响承运人交货条件的前提下,征得有关方面同意,更改并收回原签提单。因更改提单内容而引起的损失和费用，则应由提出更改要求的托运人负担。如果提出提单更改时船舶已开航，应立即电告船长作相应的更改。

3. 提单的补发

如果提单遗失，托运人要求补发时，应分别不同情况予以处理。

(1)正本提单结汇后，在寄送途中遗失。这情况一旦发生，收货人可在目的港凭副本提单和具有信用的银行出具保证书提取货物，并依照一定的法定程序声明提单作废，而无须另行补发提单。

(2)提单在结汇前遗失。这时应由托运人提供书面担保，经承运人或其代理人同意后补签新提单并另行编号。同时把有关情况转告承运人在目的港的代理人，并声明原提单作废，以免发生意外纠纷。

五、凭保函签发清洁提单

凭保函签发清洁提单是一种在大副已将货物的外表状况批注于收货单上的情况下，托运人为了不影响向银行结汇，而向承运人提交一份以承担因签发清洁提单而发生的一切责任为内容的保函，凭保函签发清洁提单是商业习惯允许的变通做法。实践证明，为了不至于因一些经常出现，而估计损失不会很大的有关货物的外表状况和数量的争议，影响货运程序的正常进行，而由托运人出具保函承担可能发生的责任，将争议留待日后解决的做法是可行的。

但是，根据保函签发提单，毕竟违反单证的表示不得虚假的原则。承托人根据保函签发清洁提单，难免不被认为是与托运人共谋的欺诈行为。而且在许多国家，根据法律都有使保函无效的危险。所以，接受保函签发清洁提单，对承运人是有一定风险的。因此，承运人对托运人提出的凭保函签发清洁提单的要求须特别谨慎。

如果承运人接受了托运人的要求，就应要求托运人提供一式数份的保函。在接受保函时要特别注意，保函必须是以作为运输合同当事人的托运人的名义提出的，如果预料可能发生的损害较大，甚至还应要求提供由银行承担连带责任的保函。

承运人接受托运人提交的一式数份保函签发清洁提单后，除自行保存保函正本以备日后作为追偿的依据外，还应将大副在收货单上的批注记载于载货清单或载货运费清单上，并写明根据保函签发清洁提单，然后连同保函副本分送船舶和船公司在卸货港的代理人，供将来处理索赔之用。

关于保函的效用，在海上货物运输中，一般有以下两种情况托运人须提供保函：

(1)当托运人与承运人之间就货物的数量，重量或包装问题上存在分歧时，如承运人怀疑托运人提供的情况有问题，但又没有合适的方法加以检查，或者承运人认为货物的包装不适合长途运输，而托运人这时已不可能另换包装，承运人会要求托运人出具保函，以保护承运人的利益，否则承运人就在提单上记入不利于托运人的批注。

(2)托运人为了某种个人目的，要求承运人在提单上记入与实际货物情况不一致的内容，承运人为了保护自己的利益而要求托运人出具保函。凭保函签发清洁提单（包括要求承运人签发倒签提单和预借提单）就属于这后一种情况。

对于第一种情况下的保函，各国法律一般都采取认可的态度。这是一种为了使货物及时出口的变通做法，对收货人不存在隐瞒事实的问题。而对于第二种情况的保函，在法律上是无效的。因为这种保函的实际意义在于共同欺骗无辜的第三者。

关于保函的法律效力，《海牙规则》和《维斯比规则》都没有作出规定。考虑到保函在海运业务中的实际意义和保护无辜第三方的需要，《汉堡规则》第一次就保函的效力问题作出了明确的规定。《汉堡规则》第 17 条规定，"保函是承运人与托运人之间的协议，不得对抗第三方，承运人与托运人之间的保函，只是在无欺骗第三方意图时才有效；如发现有意欺骗第三方，则承运人在赔偿第三方时不得享受责任限制，且保函也无效"。

六、提单的背书转让

所谓背书转让是转让人在提单的背面写明受让人，并签名的转让手续。按照背书的方法区分，背书分为记名背书、指示背书、选择不记名背书和空白背书（不记名背书）四种。

1. 记名背书

记名背书也称完全背书，是背书人（转让人）在提单背面写明被背书人（受让人）的姓名，并由背书人签名的背书形式。

2. 指示背书

指示背书是背书人在提单背面写明"指示"或"某某指示"字样，并不写明特定受让人，由背书人签名的背书形式。

3. 选择不记名背书

这种背书形式是背书人在提单背面既特指某一受让人，同时又指明可以以提单持有人作为受让人，即以"某某或持有人"形式表示受让人，并由背书人签名的背书形式。

4. 空白背书

空白背书则指在提单背书中不记载任何受让人，只由背书人签名的背书形式。

在承运人签发的提单是指示提单的条件下，只要经过背书都可以转让。如果所签发的提单是托运人指示提单，则应以托运人为第一背书人；如果是记名指示提单，或选择指示提单，则第一背书人应是提单中指名的指示人，"某某指示"或"某某或指示"中的"某某"应为第一背书人。

空白背书不需背书即可转让。转让时，背书人不需要在提单上写明受让人，只要在提单背面签字即可。

采用完全背书的背书形式时，必须连续背书才能连续转让，而采用空白背书形式时，则不需要连续背书即可转让。

【小知识 5-2】 《海商法》第七十九条关于提单的规定

“记名提单：不得转让；指示提单：经过记名背书或者空白背书转让；不记名提单：无须背书，即可转让。”记名提单虽然安全，但不能转让，对贸易各方的交易不便，用得不多。一般认为：由于记名提单不能通过背书转让，因此从国际贸易的角度看，记名提单不具有物权凭证的性质。不记名提单无须背书即可转让，任何人持有提单便可要求承运人放货，对贸易各方不够安全，风险较大，很少采用。指示提单可以通过背书转让，适应了正常贸易需要，所以在实践中被广泛应用。背书分为记名背书（Special Endorsement）和空白背书（Endorsement in Blank）。前者是指背书人（指示人）在提单背面写上被背书人的名称，并由背书人签名。后者是指背书人在提单背面不写明被背书人的名称。在记名背书的场合，承运人应将货物交给被背书人。反之，则只需将货物交给提单持有人。

七、特殊的提单放货形式——电放

1. 电放的定义

即电报放货（Telex Release），在应当签发或已签发正本提单的情况下，货代公司根据托运人要求，向船公司提出申请，在不签发正本提单或收回已签发的全部正本提单前提下，以电子邮件、传真、电报等方式通知其在目的港的代理，将运输的货物交付给提单上载明的收货人。

使用电放放货，并非不出提单。只是不出正本提单（若已出，则一定要全套收回），而出提单副本。

托运人申请电放，通常要其出具公司保函。保函的内容通常有：托运人的名称、船名及航次、提单号码、开航日期及货代无条件免责条款。当承运人同意电放后，有的出具电放信，有的给出一个电放号（如密码一样，为阿拉伯数字或英文字母）。下面是某公司的一份电放保函：

电 放 保 函

致××海运：

我司委托贵司于 FEB. 18，2006 出运至 MANILA，PHILIPPINES 的货物，提单号为：××××××××现请求将提单电放，电放给 ROYAL EXPORTERS CORPORATION，请予以同意，由此引起的责任和后果由我司承担。

特此保函！

×年×月×日

【小知识 5-3】 “电放”

在货物装船、船公司签发提单的情况下，收货人必须交出一份经适当背书（Dulyendorsed)的正本提单。并且还应付清所有应支付费用，然后方能在卸货港取得提货单(Delivery Order,D/O)，提取货物。

当收货人无法及时获得提单，则通常是收货人凭保证书换取提货单后提货。但是，船公司不能以保证书对抗第三人(持有提单的真正的收货人)，因为提单是承运人保证据之交付货物的单证。提单中载明的向记名人交付货物，或者按照指示人的指示交付货物，或者向提单持有人交付货物的条款，构成承运人据之交付货物的保证。

为了使收货人可以在某些无法及时取得提单、而船公司又不愿意凭保证书交付货物的情况下能及时提取货物，实践中就产生了“电放”的做法。人们通常所说的“电放”是狭义上的概念，即托运人(发货人)将货物装船后将承运人(或其代理人)所签发的全套正本提单交回承运人(或其代理人)，同时指定收货人(非记名提单的情况下)；承运人授权(通常是以电传、电报等通信方式通知)其在卸货港的代理人，在收货人不出具正本提单(已收回)的情况下交付货物。

因此，“电放”的法律原理是：在承运人签发提单的情况下，当收回提单时即可交付货物(或签发提货单)。由于承运人收回提单的地点是在交付货物(卸货港)以外的地点(通常是在装货港)，视其为特殊情况，所以收回全套正本提单。然而，目前有关的国际公约、各国的法律(如中国的海商法)和法规中均无“电放”的定义。

2. 不同情形下电放提单的操作

(1)不签发任何提单。

①由承运人将船东提单的副本传给货代；

②货代将该提单副本传真给托运人予以确认；

③托运人确认后，填写电放申请书传给货代；(电放申请书上常有此句：Please kindly release cargo to Consignee here-below without presentation of the original ××× Bill of Lading.(××× 代表 Carrier's Name 或货代名)——在不提交×××公司的正本 B/L 下请将此票货放给以下载明之收货人；

④货代将电放申请书传给承运人；

⑤承运人同意电放的，在货物装船后，将电放信或者电放号由货代传给托运人；

⑥托运人将电放信或者电放号传给收货人，收货人凭该电放信或者电放号及提单的副本在目的港承运人代理处提货。

(2)船东提单用电放，货代签发正本货代提单。

此种情况下，一方面，承运人将提单副本传给货代，由其确认，提单上的托运人填货代名，收货人填货代在目的港的代理；货代在确认后，提出电放申请；承运人同意的，将电放信或者电放号传给货代；最后由货代在目的港的代理人从承运人目的港代理中提货。另一方面，货代公司签发正本的货代提单给托运人，提单上的托运人填托运人的名称，收货人填目的港收货人的名称，目的港的收货人凭该提单的正本在目的港，从货代公司代理手中提货。

(3)船东签发正本提单,货代提单用电放。

操作基本与上一种类似,此处为由承运人签正本提单给货代,提单上的托运人为货代,收货人为货代在目的港的代理,货代目的港的代理凭正本提单提货。

货代与托运人之间用电放,收货人凭电放信或者电放号,在目的港从货代代理人处提走货物。

3.不适合用电放操作的情况

(1)以信用证或者托收为付款条件;

(2)指示提单或者空白提单。

八、提单在跟单信用证机制中的有关问题

1.提单在跟单信用证机制中的流转程序

(1)出口商按信用证的要求将货物交付承运人后取得提单。我国《海商法》规定,货物由承运人接收或装船后,应托运人的要求,承运人应当签发提单。

(2)出口商交单议付。出口商在从承运人处取得符合信用证要求的提单后,应及时到结汇银行议付。如果出口商在货物装船后延滞很久才交单议付,进口商就可能因未能及时取得提单而遇到麻烦。根据《跟单信用证统一惯例》(1993 年修订本)第43 条的规定:运输单据到期日的限制,除规定一个交单到期日外,每份要求提供运输单据的信用证还应规定一个从装运日期后必须提交符合信用证条款的单据特定期间。如无此期间的规定,银行将不接受迟于装运日期 21 天后提交的单据。在任何情况下,单据必须不迟于信用证到期日提交。

(3)结汇银行将提单等单证寄给开证行。

(4)收货人到开证行付款赎单。

(5)收货人交单提货。货物到目的港后,收货人应将提单交船方或其代理人换取提货单,凭提货单提货。在邻近国家的贸易中,常会出现货物比提单先到的情况。此时,进口商只好凭提单副本加银行保函提货。

2.提单在跟单信用证机制中的作用

到当地商场买东西的“货物买卖”,常常是一手交钱、一手交货,双方当面交付。而国际贸易中,买卖双方远隔重洋,相距千万里,不可能实现一手交钱,一手交货的买卖交易。假如货物从甲国海运到乙国需 30 天,甲国出口商若先发货 30 天后,乙国进口商收到货物后再付款,甲国出口商要 30 天以后才能得到货款,承担 30 多天的风险;若乙国进口商先付款,甲国出口商收到货款后再发货,进口商就要承担 30 多天的风险。不论哪一方先付货或先付款,除承担风险外,还有 30 多天资金停滞周转,造成财务上的困难,在国际贸易实践中,是由双方银行进行资金融通,通过跟单信用证解决上述矛盾而便利国际贸易的。通常的做法是贸易合同签订后,由乙国进口商申请其银行向出口商当地银行签发信用证,规定在各项商务单证按要求齐备的情况下,由

出口商当地银行凭证向出口商支付货款，然后将全套单证寄到进口商开证银行，由进口商付款买到全套单证凭之提货。进口商银行与出口商进行结算。这样就将货物买卖通过银行变成为单据买卖。提单以货物收据、物权凭证和运输合同证明在单证买卖中起着重要作用。信用证在此也对提单有严格的规定，如要求清洁提单、全套正本提单、装船提单及提单签发后限期结汇等。单证买卖不但大大减少了买卖双方的风险，加速了资金周期，而且还提供了短期信贷和资金融通，既方便又可靠，促进了国际贸易的发展。

在跟单信用证的支付中，提单起着重要的作用。为了维护提单的法律地位和便利提单的转让，各国国内法和国际公约都制定了相应条款，给予法律保障。

3. 当前提单在跟单信用证机制中存在的问题

(1)伪造提单。货物未装运，出口商伪造提单向银行议付货款，银行照惯例只从各种单据表面情况确定是否与信用证条款相符，银行对于提单是否伪造一般不承担任何责任。在国际贸易中，国际商会所规定的三种基本贸易单证：卖方发票(Shipper'slnvoice)、装船提单(Shipped Bills of Loading)和保险单(Police)均极容易作伪。其中卖方发票最容易作伪，而伪制装船提单亦不难，只要取得船公司空白提单，填好后加假签名即可获得。保险单方面，只要付出很少的保险费即可获得，保险公司方面在收取保险费时亦不管你是否有货装上船。只凭着这一套单证，可根据信用证到银行结汇，进行商业欺诈。我国某港利用假提单运空箱骗取退税的案子也有发生。

对付伪造提单，确实困难，当然可以向伪造者追究刑事责任，而伪造者往往作案后逃之夭夭，难以归案。

(2)倒签提单。承运人接受托运人的保函倒签提单日期，使出口商能够在信用证规定期限内顺利结汇而获得货款。如果贸易市场稳定，货物迟到时间不长，往往平安无事皆大欢喜，但是货物跌价或应到商品货物迟到可能会给进口商造成极大的损害。他只要向装货港当局了解一下就很容易查出。银行虽在港口，但只核对单证是否符合信用证条款，可照例不需作任何调查顺利结汇。但必须指出：倒签提单是承运人与托运人合伙对收货人的瞒骗行为，不会受法律保护。货运代理人千万不可出保函，协助出口商弄虚作假，而应积极同各方联系，保证装船期，或使信用证上的装船期展期。

(3)银行担保提货。目前的国际贸易中，有些出口商为了急于销售商品，在货物发运后要求进口商的开证行签发远期信用证，出口商凭此寄送提单。在这种交易中，往往货物到港而收货人没有提货单，只好凭银行担保提货。此时，如果因货物质量、价款纠纷导致进口商拖延签发信用证，出口商就可以凭手里的提单向承运人要货，造成承运人的极大困难。切记，尽量不让进口商凭银行担保提货。

随着海上运输速度的提高，提单往往比货迟抵目的港，特别是一些近洋货运，很多货抵港时收货人仍未收到提单，所以凭银行担保提货的现象时有发生，应引起足够的重视。

第五节 海运单与电子提单

一、海运单概述

随着国际贸易法律与实务的发展、变化及集装箱班轮运输的普及和集装箱运输技术的进步，十多年来国际集装箱班轮运输中使用的单证也发生了一些变化。《国际贸易条件解释规则》(Incoterms 1990，Incoterms 2000 等)中出现了海运单(Seaway-bill)。而在我国的国际集装箱班轮的近洋航线上，于 1992 年底、1993 年初，出现了“电放”(Telex Release)的概念。

“电放”与“海运单”都是为了便利海上运输而创设的，而且在目前的国际集装箱班轮运输实践中经常使用。根据对中日航线一些集装箱班轮所使用单证的统计，按票数计，使用提单的情况仍高达 90%左右，使用“电放”的也已占 8%左右，而使用海运单的只占 2%左右。然而，人们在选择使用“电放”还是使用海运单时，往往是人云亦云，盲目地选择。

海运单无论是在国际贸易方面(如国际商会制订的 Incoterms)还是在国际航运方面(如国际海事委员会的海运单统一规则)都已经有了十多年的惯例、规范可循。而“电放”实际上是在使用提单的情况下，基本上按照海运单流程操作的一种方式。因此，必要时选择使用海运单对作为承运人的船公司而言，可以在避免因使用“电放”而可能产生问题的同时，又有惯例、规范可供当事人遵守。所以，当需要时，承运人选择使用海运单是较为妥当的。

1. 海运单的概念

海运单(Sea way-bill)，又称海上运送单或海上货运单，它是“承运人向托运人或其代理人表明货物已收妥待装的单据，是一种不可转让的单据，即不须以在目的港出示该单据作为收货条件，不须持单据寄到，船主或其代理人可凭收货人收到的货到通知或其身份证明而向其交货”(引自 1978 年 9 月联合国欧洲经济委员会《Recommendation》)。

2. 海运单的作用

海运单具有以下三个基本作用：

(1)承运人收到由其照管的货物的收据；

(2)运输契约的证明；

(3)在解决经济纠纷时作为货物担保的基础。

由此可见，海运单的前两个作用与提单是相当的。将运单原则或者说其他运输方式中的优越做法施用于海上运输，这必将推动海运的发展。另外，海运单还有货物担保的作用。当承运人违约，如错交货物时，托运人可凭海运单对抗承运人，要求赔偿损失。再者，虽然海运单有不可转让性，在实际业务中，相当于一个记名提单。但对于海运单所体现的托运人对承运人的一切权利与义务是可以转让给海运单上所记载的收货人的。

3. 海运单与提单的区别

(1)提单是货物收据、运输合同，也是物权凭证；海运单只具有货物收据和运输合同这两种性质，它不是物权凭证。

(2)提单可以是指示抬头形式，通过背书流通转让；海运单是一种非流通性单据，海运单上标明了确定的收货人，不能转让流通。

(3)海运单和提单都可以作成“已装船(Shipped on Board)”形式，也可以是“收妥备运(Received for Shipment)”形式。海运单的正面各栏目格式和缮制方法与海运单提单基本相同，只是海运单收货人栏不能做成指示性抬头，应缮制确定的具体收货人。

(4)提单的合法持有人和承运人凭提单提货和交货；海运单上的收货人并不出示海运单，仅凭提货通知或其身份证明提货，承运人凭收货人出示适当身份证明交付货物。

(5)提单有全式和简式提单之分，而海运单是简式单证，背面不列详细货运条款但载有一条可援用海运提单背面内容的条款。

(6)海运单和记名提单(Straight B/L)，虽然都具名收货人，不作背书转让，但它们有着本质的不同。记名提单属于提单的一种，是物权凭证，持记名提单，收货人可以在提货却不能凭海运单提货。

4. 海运单的使用

(1)签发运单的要求。

作为契约证明而言，与提单一样，运单也是根据承托双方一致同意的条件(如运费预付或到付，待运或已装船等)来签发的。

(2)签发份数。

通常只签发一份正本运单。但是，如经托运人请求，也可以签发二份或二份以上正本运单。如托运人要求更改收货人，承运人应要托运人交回原来已经签发的海运单，然后再按托运人的要求签发更改了收货人的海运单。

(3)海运单流转程序。

①船公司签发运单给托运人；

②为了通知运单上标明的具体收货人，船公司在船舶到卸货港前约一个星期发出到货通知；

③收货人在目的地出示有效身份证件证明确系海运单上记载的收货人，并将签

署完的到货通知，退还给船代理，同时出示海运单副本；

④船代理据以签发提货单给收货人；

⑤船抵港后，收货人凭提货单提货。

5.使用海运单的优越性

从上述海运单流转程序可以看出：海运单具有迅捷、简便、安全的特点，较之提单有以下好处：

(1)交货方面。

交货的条件不取决于呈递海运单，也无须遵循单据手续，承运人只要将货物交给海运单上所列明的收货人或其授权的代理，就被视为已经做到了小心谨慎，相信已将货物交给了合适的人。对于收货人来说，则免除因等海运提单而招致的延误损失，或为防止货物错交向承运人出具的银行担保。

(2)风险方面。

由于海运单的不可转让性，这使得它成为一种安全的凭证，从而减少欺诈。即使第三者非法得到或捡到别人丢失的运单，也不能提取货物，因此对收货人不存在风险。

(3)程序方面。

由于托运人不必向收货人交海运单，因此运输单据如保险单和商业发票，可以在装完货后立即发送给有关当事人。而使用提单时，由于必须向收货人交正本提单，因此上述单据(还必须是全套的已装船提单)只有在提单签发后才能发送给有关当事人。

另外，使用海运单对于付款条件是预付或延期付款，的不须伴附运输单据的贸易、和总公司同海外分公司、海外分支机构之间的交易来说，是相当理想的。再如，在信用证方式下，运单可被用来代替提单作为信用证的海运文件，仅将开证行的名称作为收货人打入运单即可。待收货人付完款，银行签发放货单给船公司以便其将货物交给实际收货人。把提货权转让给开证行，增加了一项额外的保全措施。

6.海运单的适用范围及不足之处

(1)适用范围。

①跨国公司的总分公司或相关的子公司间的业务往来；

②在以赊销或双方买方付款作为转移货物所有权的前提条件，提单已失去其使用意义；

③往来已久、充分信任、关系密切的伙伴贸易间的业务；

④无资金风险的家用的私人物品、商业价值的样品；

⑤在短途海运的情况下，往往是货物先到而提单未到，宜采用海运单。

(2)海运单的不足及解决办法。

海运单在实践中也存在着一些问题，为此，国际海事委员会制订并通过了《海运单统一规则》。

海运单的不足主要体现在以下两方面：

①进口方作为收货人，但他不是运输契约的订约人，与承运人无契约关系，如果出口方发货收款后，向承运人书面提出变更收货人，则原收货人无诉讼权。

《海运单统一规则》第3条规定："托运人订立运输合同，不仅代表自己，同时也代表收货人，并且向承运人保证他有此权限。"同时，第6条规定："托运人具有将支配权转让收货人的选择权，但应在承运人收取货物之前行使，这一选择权的行使，应在海运单或类似的文件上注明。"此规定既明确了收货人与承运人之间具有法律契约关系，也终止了托运人在原收货人提货前变更收货人的权利。

②对出口托运人来说，海运单据项下的货物往往是货到而单未到，进口方已先行提货，如果进口收货人借故拒付、拖付货款，出口方就会有货款两失的危险。为避免此类情况，可以考虑以银行作为收货人，使货权掌握在银行手中，直到进口方付清货款。

海运单将会作为海运提单的替代单据，得到更加广泛的应用，了解海运单方面的知识才能更好地适应国际贸易的不断发展。

二、电子提单概述

电子提单是当代电子计算机技术和电子通讯技术发展的产物。同海运单一样，电子提单是为了解决传统提单主要靠航空邮寄办法进行流转而常常出现提单晚于船舶到达目的港的情况而产生的，以满足集装箱货物运输方式对航运单证及其流转途径提出的新要求。电子提单采用密码(Private Code)进行流转，能有效地防止航运单证欺诈。

电子提单是新生事物，由于资金和技术原因，目前在世界上的应用尚不普及。但我国和世界上一些发达国家已建立起很多商务网络，有的建立连接金融与运输部门的多用户系统，有的趋向于把船公司、大货主、银行、运输代理行联成电脑通信网络，以实现国际间货物流转的全过程无需使用传统纸面单证的目的。电子提单在将来的海上货物运输，尤其是集装箱货物运输中，有着广阔的应用前景。在国际贸易和信用证领域，国际商会《1990年国际贸易术语解释通则》(In coterm 1990)和1993年修订的500号《跟单信用证统一惯例》(UCP 500)，已明确规定允许使用电子提单。

1. 电子提单的定义

电子提单(Electronic Bill of Lading)，指通过电子传送的有关海上货物运输合同的数据(Data)。电子提单与传统的提单不同，这不再是一种纸面单证(Paper Document)，而是一种无纸单证(Paperless Document)，即一系列有关海上货物运输合同的电子数据，按特定的规则组合而成，并通过电子数据交换(Eletronic Data Interchange，EDI)进行传送。

我们之所以将这种特定的程序称为电子提单，是因为该程序具有以下三个特点：

(1)卖方、发货人、银行、买方和收货人均以承运人(或船舶)为中心,通过专有计算机密码通告运输途中货物支配权的转移时间和对象;

(2)在完成货物的运输过程中,通常情况下不出现任何书面文件;

(3)收货人提货,只要出示有效证件证明身份,由船舶代理验明即可。

2. 电子提单的优点

我们知道,传统的书面提单是一张提货凭证。因此对货物权利的转移是通过提单持有人的背书而实现的。而电子提单转移是利用EDI系统根据特定密码使用计算机进行的,因此它具有许多传统提单无法比拟的优点:

(1)可快速、准确地实现货物支配权的转移。EDI系统是一种高度现代化的通信方式,可以利用计算机操纵、监督运输活动,达到快速、准确地实现货物支配权的转移。

(2)可方便海运单的使用。电子提单是在海运单得到使用后产生的,二者在对待收货人的态度上是一致的。因此,电子提单的出现必将方便海运单的使用。当海上运输航程较短时,则可避免传统提单因为邮寄而可能出现的船到、提单尚未寄到的现象。

(3)可防冒领和避免误交。由于整个过程的高度保密性,它能大大减少提单欺诈案件的发生。承运人可以控制监视提单内容,以防止托运人涂改提单,欺骗收货人与银行;托运人、银行、甚至收货人可以监视承运人行踪,可以避免船舶失踪;承运人对收货人能够控制。只有当某收货人付款之后,银行才通告货物支配权的转移。承运人可准确地将货交给付款人,可防冒领,避免误交。

3. 电子提单的流转

电子提单的流转通过电子数据交换实现。实现电子提单的流转,必须将承运人、承运人的代理人、托运人、收货人和银行各自的电脑联成网络。电脑将货物运输合同中的数字、文字、条款等,按特定的规则,转化为电讯并将这些电讯组合成传递单位,借助于电子通信设备,从一台电脑传送至另一台电脑。

电子提单的具体流转过程是:

(1)托运人通过向承运人发送订舱电讯进行订舱;

(2)承运人如接受订舱,向托运人发送接受订舱及有关运输合同条件的电讯,由托运人加以确认;

(3)托运人按照承运人接受订舱的电讯中的要求,将货物交给承运人或者其代理人。承运人或者其代理人收到货物后,向托运人发送收货电讯,其内容包括:托运人的名称,货物的说明,对货物外表状态等所作的保留(批注),收货的时间与地点,船名、航次等船舶的情况,以及此后与托运人进行通信的密码;托运人一经确认,对货物具有支配权;

(4)承运人在货物装船后,发送电讯通知托运人,并按托运人提供的电子通信地址抄送给银行;

(5)托运人根据信用证到银行结汇后,发送电讯通知承运人,货物的支配权即转移至银行，承运人便销毁与托运人通讯的密码，并向银行确认其控制着货物，提供给银行一新的通信密码；

(6)收货人向银行支付货款后，取得对货物的支配权；银行向承运人发送电讯，通知货物支配权已转移至收货人，承运人即销毁与银行通信的密码；

(7)承运人向收货人发送电讯，确认其控制着货物，并将货物的说明船舶的情况等通知收货人，由收货人加以确认；

(8)承运人向目的港代理人发送电讯，将货物的说明、船舶的情况及收货人的名称通知该代理人，由其在船舶到达目的港之前或者之后，向收货人发送到货通知电讯：

(9)收货人根据到货通知电讯，凭其身份证明，到承运人在该港的代理人那里获得提货单提货。

目前，电子提单流转过程中，电子数据交换所依据的规则主要是《联合国管理、商业和运输电子数据交换规则》(UN/EDIFACL)和《1987 年远距传送贸易数据交换行为统一规则》(UNCID)。上述两规则已被《国际海事委员会电子提单规则》所采纳。

4. 电子提单规则

1990 年 6 月在巴黎召开的国际海事委员会第 34 届大会上，同时通过了《国际海事委员会电子提单规则》。在审议、修改该法规时，委员会就若干原则性的问题作了如下说明：

(1)本规则基于完全自愿的原则，供当事方协议采用；

(2)本规则仅对由于采用 EDI 系统转让货物支配权而直接引起的问题作出规定和解释；

(3)本规则不改变现行法律适用性，因此不需专门立法，由本规则产生的法律问题暂由各国国内解决；

(4)本规则旨在设计一种技术性、程序性的通过电子计算机转让权利的方法，而且尽量模仿传统书面提单。

《电子提单规则》共 11 条，包括适用范围、定义、程序规则、收讯的形式和内容、运输合同条款、适用法律、支配和转让权、密码、交货、要求书面单证的选择、电子数据与书写效力等同。这些条款主要解决了如下一些实际的问题：

(1)现实法律一般要求合同以书面形式出现，《电子提单规则》规定，在交货之前，货物所有权持有人享有向承运人索要书面打印的提单的选择权，以备货物发生损失后，收货人凭此向责任方追赔。但是，如果此前未作出此选择，只要电子数据程序一开始运转，参加数据交换的当事方，不得再以国内法的要求为借口提出运输合同非书面形式的抗辩。

(2)电子转让权利对于运输合同的体现。《电子提单规则》规定，承运人在收到货物之后，应给予发货人一收讯电。该收讯电内容除包括装运货物的说明外，还应援引承运人的运输条款，因此该收讯电如同传统提单一样，应被视为运输合同证明。

(3)适用的法律和作用。《电子提单规则》规定，本规则项下的运输合同适用任何强制性的国际公约和国内法，其法律适用如同签发书面的提单一样。此规定是为了反映委员会所作的如下两点说明：

①尽量模仿书面提单；

②不改变现行法律适用。

在EDI系统操作过程中，可依据《电子提单规则》对出现的过失、故障和纠纷进行判别、排除和调解，参加操作各方应按规则规定的程序和责任行事。

【小知识5-4】 电子提单的法律问题

电子提单也带来一系列法律问题，包括电子提单情况下运输合同的条款与条件，海上货物运输合同的法律对电子提单的适用，收货人的法律地位，电子提单的签名与书面形式等。电子提单的应用，很大程度上取决于这些法律问题的解决。

在我国，交通部先后颁布了《国际海上集装箱运输电子数据交换管理办法》、《国际海上集装箱运输电子数据交换电子报文替代纸面单证管理规则》、《国际海上集装箱运输电子数据交换协议规章》、《国际海上集装箱运输电子数据交换报文传递和进出口业务流程规定》等部门规章，为我国国际海上集装箱运输中电子提单的使用与管理提供了一定的法律依据。

在国际上，1990年6月在巴黎召开的国际海事委员会第34届大会上，通过了《国际海事委员会电子提单规则》试图解决上述法律问题。但是，这一民间规则不具有强制性的约束力，而只在被当事人协议采纳时，才能适用，因而其实施的效果具有很大的局限性。为研究解决电子商务的实务操作和法律问题，联合国国际贸易法委员会(UNCITRAL)专门设立电子商务工作组，并通过了《电子商务示范法》和《电子签字示范法》。但是，电子提单带来的法律问题十分复杂。要在全球范围内解决这些问题，需通过国际公约。目前，联合国国际贸易法委员会正在制定的国际运输法公约中，试图解决这些问题。

1.运输合同的条款与条件

传统的提单背面印有很多条款。在电子提单情况下，如果这些条款转化为电子数据进行传送，势必程序繁琐，既费钱又耗时。因此，在实际业务中，一般只是在传送的电讯中，提及特定的运输合同条款与条件。这种条款与条件被视为运输合同的组成部分，但他们必须是合同当事人容易了解的。但是，这种处理的效力有待法律予以确认。

2.电子提单的法律运用

《国际海事委员会电子提单规则》第6条规定，通过电子数据交换程序传送的海上货物运输合同，即电子提单，应受强制适用于传统提单的国际公约或者国内法的制约。但是，这一规则的民间规则性质，决定了这一规定效力的局限性。国际公约或者国内法适用于电子提单，最终有赖于国际公约或者国内法自身的规定。

3. 货物控制与转让权

根据《国际海事委员会电子提单规则》第 7 条，货物控制与转让权，包括向承运人请求提货、指定收货人或者替换收货人，以及根据运输合同条款与条件，就货物运输的其他方面向承运人发出指示，如请求在运抵目的港前交付货物等项权利。这一权利当托运人从银行结汇后，从托运人转移至银行，并在收货人向银行支付货款后，从银行转移至收货人。拥有这一权利的货物所有人，可以通过转让这一权利实现货物在海上运输过程中的转卖。电子提单的这一功能，继承了传统提单的流通功能，能克服海运单在此方面的缺陷。

4. 电子提单的书面形式

各国法律一般要求运输合同具有书面形式，并经双方当事人签署。为使电子提单满足这种要求，《国际海事委员会电子提单规则》第 11 条规定，承运人、托运人及其他有关方，应将电脑存储器中储存的，并可在电脑屏幕上用人类语言显示，或者印刷电脑打印出来的电子数据，视为书面形式，以及由于电子数据在传送过程中经过接受者的确认，应视为已满足了经双方当事人签署的要求。

《中华人民共和国合同法》第 11 条明确规定数据电文作为书面形式，从而为解决这一问题提供了法律依据。

S 本章小结

本章首先介绍了提单的概念、作用及种类，有关提单的国际公约和我国的海商法的基本内容；接着介绍了提单正面记载内容及背面条款，提单业务中提单的签发、更正补发及背书转让，特殊的提单放货形式电放的含义特点及适用范围；最后介绍了海运单及电子提单的概念、作用、优点及其流转程序等。为更好地理解掌握本章内容，建议自学集装箱提单的有关知识。

E 练习题

(一)填空

1. 提单是________与________之间所订立的运输契约的证明。

2. ________提单的签发日期早于实际装船日期提单，以符合信用证对装船日期的规定，便于在该信用证下结汇。

3. 根据收货人抬头将提单分类，可分为________提单、________提单和________提单。

4. 提单的签发人包括________、________________和________。

5. 提单签发的日期应当是货物实际装船完毕的日期，并且与大副签署的

________上的签发日期相一致。

(二)单选题

1.《统一提单若干法律规定的国际公约》是(　　)。

A.《海牙规则》　　B.《汉堡规则》

C.《海牙议定书》　　D.《维斯比议定书》

2. House Bill of Lading 是指由谁签发的单证(　　)。

A. 班轮公司　　B. 无船承运人

C. 买方的代理人　　D. 卖方的代理人

3. 提单收货人栏记载:"TO THE HOLDER.",这表明(　　)。

A. 该提单是记名提单　　B. 该提单是不记名提单

C. 收货人是"TO THE HOLDER."公司　　D. A 和 C

4. 一票货物于 2006 年 9 月 10 日开始装船,并于同月 12 日全部装上船,同日船舶开航。问:如果在同月 11 日应托运人要求,承运人签发的已装船提单通常称之为(　　)。

A. 倒签提单　　B. 顺签提单

C. 预借提单　　D. 待运提单

5. 海运提单收货人栏内显示"TOORDER"表示该提单(　　)。

A. 不可转让　　B. 经背书后,可以转让

C. 不经背书即可转让　　D. 可以由持有人提货

(三)判断题

1. 承运人签发倒签提单属于欺骗性质的行为。(　　)

2. 海运单虽然是一种不可转让的单证,但也必须由发货人转让给收货人,以便收货人以此为凭证要求承运人交付货物。(　　)

3. 每一份提单的更改不得超过 4 处,否则必须重新签发提单。(　　)

4. 海运单通常只签发一份正本运单,但如经托运人请求,也可以签发二份或二份以上正本运单。(　　)

5. 使用"电放",不出正本提单,而出提单副本。(　　)

(四)简答题

1. 简述提单背面的主要条款有哪几条?

2. 简述集装箱提单的特点。

3. 海运单与提单有何区别?

4. 电子提单有何优点?

【案例分析题】

1. 我国 T 公司向荷兰 M 公司出售一批纸箱装货物,以 FOB 条件成交,目的港为鹿特丹港,由 M 公司租用 H 远洋运输公司的货轮承运该批货物。当船方接收货物

时，发现其中有28箱货外表有不同程度的破碎，于是大副在收货单上批注“该货有28箱货外表破碎”。卖方T公司要求船方不要转注收货单上的批注，同时向船方出具了下列保函：“若收货人因包装破碎货物受损为由向承运人索赔时，由我方承担责任。”船方接受了上述保函，签发了清洁提单。该货船启航后不久，接到买方M公司的指示，要求其将卸货港改为法国的马赛港，收货人变更为法国的F公司。经过一个多月的航行载货船到达马赛港，船舶卸货时法国收货人F公司发现该批货物有40多箱包装严重破碎，内部货物不同程度受损，于是以货物与清洁提单不符为由，向承运人提出索赔。后经裁定，向法国收货人赔偿20多万美元。此后，承运人凭保函向卖方T公司要求偿还该20多万美元的损失，但T公司以装船时仅有28箱包破碎为由，拒绝偿还其他的十几箱的损失。于是承运人与卖方之间又发生了争执。

试分析本案中，买方可否要求卖方退回货款并要求给予损害赔偿。为什么？承运人是否有责任？应由谁承担赔偿损失？

2.1997年4月上海某公司与美国一代理商签订了一份金额为USD105,000的纺织品出口合同，6月初收到直接买方开出的不可撤销信用证，信用证要求出具记名××公司的提单，并指定货物装运为美国某船公司。货物出运后全套单据经通知行寄开证行，正常的结汇时间已过，但货款一直未到账，此时收到开证行的不符点电报，称单据有一处不符点，全套单据由开证行暂为保管。我公司查货物下落，船公司告知货物已被提走。我公司要求船公司作出解释，三份正本提单仍在银行，我方也并无放货指令，凭什么放货？船公司告知，记名提单可不凭正本提单，仅凭收货人的身份证明即可放货，船公司无责任。不久，三份正本提单连同其他单据被开证行退回，我公司面临着手持正本提单却货、款两空的现实。在要求船公司赔偿货物无果的情况下，一纸诉状把船公司推上了被告席。

试分析：我公司向美船公司提起诉讼是否成立，美船公司是否应承担无单放货的责任和损失？为什么？

【实训练习题】

1.实训项目名称：签发提单

2.实训内容：根据某公司贸易合同的具体内容进行提单的签发、背书等；根据保函样本练习撰写保函

3.实训目的：熟悉提单业务，提单的内容及填制要求；保函的撰写

4.实训资料：提供某公司贸易合同范本，模拟仿真提单数份、保函样本数份

5.实训要求：要求学生分成若干小组，每组4～6人，按要求填制提单；撰写保函，教师巡回进行指导；完成后各小组互相交换填制的提单及撰写的保函进行评判；最后由教师进行总评

6.实训方法：模拟训练

7.课时安排：2～4学时

L 附样单证

附样 5-1

提　　单

<table>
<tr><td colspan="3">Shipper</td><td colspan="4" rowspan="4">B/L NO.
<u>BILL OF LADING</u>
RECEIVED in external apparent good order and condition except as other wise noted. The total number of packages or unites stuffed in the container. The descriation of the goods and the weights shown in this Bill of Lading are furnished by the Merchants, and which the camier has no reasonable means Of checking and is not a part of this Bill of Lading contract. The carrier has issued the number of Bills of Lading, all of this tchorand date, one of the number of Bills of Lading must be surrendered and endorsed r signed against the delivery of the shipment and whereupon any other original Bills of Lading shall be void. The bound by the terms and conditions of this Bill of Lading as if each had personally signed this Bill of Lading.
SEE clause 4 on the back of this Bill of Lading(Terms continued on the back hereof. please read carefully).
* Applicable Only When Document Used as a Combined Transport Bill of Lading</td></tr>
<tr><td colspan="3">Consygnee</td></tr>
<tr><td colspan="3">Notify Party</td></tr>
<tr><td colspan="2">Pte-carriage by</td><td>Place of Receipt</td></tr>
<tr><td colspan="2">Ocean Vessel</td><td>Voyage No</td><td colspan="2">Flag</td><td colspan="2">Place of Delivery</td></tr>
<tr><td colspan="2">Port of Loading</td><td>Port of Discharge</td><td colspan="4">Final Destination</td></tr>
<tr><td>Contaner No.</td><td>Seal No. Marks& Nos. or P'kgs</td><td colspan="2">Description of Goods</td><td colspan="2">Gross Weight</td><td>Measurement</td></tr>
<tr><td colspan="7">Total Mumber of Containers
or Packages (in words)</td></tr>
<tr><td colspan="2">Freight & Charges</td><td>Revenue Tons</td><td>Rate</td><td>Per</td><td>Prepaid</td><td>Collect</td></tr>
<tr><td colspan="7"></td></tr>
<tr><td colspan="2">Freight Prepaid at</td><td colspan="2">Freight Payable at</td><td colspan="3">Place of Issue</td></tr>
<tr><td colspan="2">Total Prepaid at</td><td colspan="2">No. of Orginal B/L</td><td colspan="3">Date of Issue</td></tr>
<tr><td colspan="3">Laden on Board the Vessel

Date
By</td><td colspan="4">By
As Carrier</td></tr>
</table>

附样 5-2

集装箱联运提单

<table>
<tr><td colspan="2">托运人 Shipper</td><td colspan="4" rowspan="5">中国对外贸易运输总公司　　B/L No.
CHINA NATIONAL FOREIGN TRADE TRANSPORTATION CORP
GA
联运提单
COMBINED TRANSPORT BILL OF LADING
RECEIVED the goods in apparent good order and condition as specified below unless otherwise stated herein.
The Carrier, in accordance with the provisions contained in this documnent
1) undertakes to perform or to procure the performance of the entire transport from the place at which the goods are tskec in charge th the place designated for delibery in this document, and
2) assumes liability as prescribed in this document for such transport. One of the Bills of Lading must be surrendered duly indorsed inexchange for the goods or delivery orderer.</td></tr>
<tr><td colspan="2">收货人或指示
Consignee or order</td></tr>
<tr><td colspan="2">通知地址
Notify address</td></tr>
<tr><td>前段运输
Pre-carriage by</td><td>收货地点
Place of receipt</td></tr>
<tr><td>海运船只
Ocean vessel</td><td>装货港
Port of loading</td></tr>
<tr><td>卸货港
Port of discharge</td><td>交货地点
Place of delivery</td><td>运费支付地
Freight payable at</td><td colspan="3">正本提单份数
Number of original Bs/L</td></tr>
<tr><td>标志和号码
Marks and Nos.</td><td>件数和包装种类
Number and kind of packages</td><td>货名
Description of goods</td><td>毛重(公斤)
Gross weight (kgs.)</td><td colspan="2">尺码(立方米)
Measurement(m^3)</td></tr>
<tr><td colspan="6">以上细目由托运人提供
ABOVE PARTICCLARS FURNSHED BY SHIPER</td></tr>
<tr><td colspan="3" rowspan="3">运费和费用
Freight and charges</td><td colspan="3">IN WITNESS whereof the number of original Bills of Lading stated above have been signed, one of which being accomplished, the other(s) to be void.</td></tr>
<tr><td colspan="3">签单地点和日期
Place and date of issue</td></tr>
<tr><td colspan="3">代表承运人签字
Signed for or on behalf of the Carrier

代理
as Agents</td></tr>
</table>

附样 5-3

多式联运提单

Shipper.		B/L NO. 中国远洋运输(集团)总公司 CHINA OCEAN SHIPPING (GROUP) CO. Combined Transport Bill of Lading			
Consignee					
Notify Party					
Pre—carriage by	Place of receipt				
Ocean Vessel	Voy No.				
Portof Loading	Port of Discharge	Place of Delivery	FinalDestination		
Marks & nos-container Seal-no.	No. of Containers or Pkgs	Kind of Packages; Description of Goods	Gross Weight	Measurement	
TOTAL NUMBER OF CONTAINERS OR PACKAGES(IN WORDS)					
FREIGHT & CHARGES	Revenue Tons	Rate	Per	Prepaid	Collect
Ex Rate	Prepaid at	Payable at	Place and date of Issue		
	Total Prepaid	No. Of Original B(S)/L	Signed for the Carrier		

LADEN ON BOARD THE VESSEL

DATE ____________ BY ____________ (TERMS PLEASE FIND ON BACK OF ORIGINAL B/L)

(COSCO STANDARD FORM 11)

第六章　国际陆运代理实务

能力目标

1. 掌握国际公路货物联运、国际铁路货物联运的业务流程；
2. 掌握国际公路联运运单、国际铁路货物联运运单的缮制；
3. 掌握国际公路货物联运运费、国际铁路货物联运运费的计算。

知识目标

1. 熟悉外贸公路汽车运输业务、公路货物运输合同的签订、国际铁路货物联运的概念和特点、国际公路联运货物的保险与保价运输、国际公路联运货物的承运与交接、国际公路运输合同的变更和解除；
2. 了解国际铁路组织机构及我国铁路国际联运的主管机构；
3. 掌握国际铁路及公路联运的概念、特点和国际铁路联运适用的规章，国际铁路联运条款、汽车运输的类别以公路联运合同的签订。

学习要求

结合全国国际货运代理从业资格考试和物流师职业资格考试的要求，掌握公路运输的基本概念、特点，外贸公路汽车运输的业务类别；熟悉国际公路联运实务；掌握国际铁路货物运输联运概念、特点和类别、国际铁路组织机构；熟悉国际铁路联运条款、适用规章和国际铁路联运进出口货运实务流程；熟悉我国通往邻国的铁路干线和边境口岸；重点掌握国际铁路货物联运运单的缮制及联运运费的计算，国际铁路货物联运运单的周转过程；熟悉国际铁路货物联运运费核收的规定。

关键概念

国际公路货物联运　公路运单　零担货物运输　特种货物运输　国际铁路货物联运　国际铁路货物联运运单

第一节 国际公路货物运输概述

一、公路运输的基本概念

公路运输是现代运输的主要方式之一，也是构成陆上运输的两个基本运输方式之一。公路运输既是一个独立的运输体系，又是连接铁路车站、港口和机场，集散物资的重要手段，更是连接铁路运输、水路运输和航空运输起端和末端不可缺少的方式。

公路运输是借助一定的运载工具，沿公路做跨地区或跨国界的移动，以实现货物和旅客位移的一种运输方式。公路运输一般是以汽车作为运载工具，所以它实际是公路汽车运输，跨国界的公路运输方式又称为国际公路联运。

公路联运贸易进出口是指借助运载工具，沿口岸公路两国之间的移动，以实现货物的贸易交接，并根据国家的法律、法规完成货物的报关、报检、报验、纳税等一切相关手续。它是国际公路联运的重要组成部分，是为保障国际公路联运顺利畅通的重要服务环节，是一个国家公路运输结束到另一国家公路运输的开始，它是国际公路联运运输的重要枢纽。

二、公路汽车运输的特点

汽车运输是现代交通运输体系中最普及的运输工具，它不仅在国家的经济建设、社会生活诸方面具有十分重要的地位和作用，也是对外贸易运输过程中必不可少的环节，不论采用海、陆、空哪一种运输方式，均离不开汽车运输作为衔接。汽车运输主要承担中、短途的货物运输，对铁路、水运、航空运输起着货物集散的作用。

公路汽车运输的优势主要表现为：

(1)灵活方便性。汽车运输机动灵活、方便，可以延伸到社会各个角落，时空自由度最大。

(2)广泛适用性。公路网纵横交错，干支结合，比其他运网稠密得多，适合各种用途、范围、层次、批量、条件的运输。

(3)快速及时性。汽车运输可实现“门到门”运输，减少中间环节，缩短运输时间，便捷快速，非常适合现代市场经济发展的需要。随着公路条件、汽车结构性能改善，其经济运距大大延长，更具有重大社会经济意义。

(4)公用开放性。公路运输是一种全民皆可利用的运输方式。凡拥有汽车的社会和个人均可使用其基础设施。

(5)投资效益高。汽车运输始建投资少，回收快。公路建设虽然投资大，但由于回收快，且兴办公路地方收益大，故筹资渠道多，兴建较容易。

(6)经济效应大。公路运输的发展可直接带动汽车工业等相关产业的发展。

公路运输的主要缺点是:消耗石油资源多,交通事故多,交通拥挤和环境污染。但随着科技进步,这些缺陷在不断得到改善。

三、公路货物运输的类别

1. 整车货物运输

一个托运人托运整车货物的重量(毛重)低于车辆额定载重量时,为合理使用车辆的载重能力,可以拼装另一托运人托运的货物,即一车两票或多票,但货物总重量不得超过车辆额定载重量。

整车货物多点装卸,按全程合计最大载重量计重,最大载重量不足车辆额定载重量时,按车辆额定载重量计算。

托运整车货物由托运人自理装车,未装足车辆标记载重量时,按车辆载重核收运费。

2. 零担货物运输

所谓零担货物运输,系指同一货物托运人托运的货物不足 3 吨。零担货物运输按其性质和运输要求,可分为普通零担货物和特种零担货物。普通零担货物系指《公路运价管理暂行规定》中列名的并适于零担汽车运输的一、二、三等普通货物。特种零担货物分长、大、笨重零担货物,危险、贵重零担货物,以及特种鲜活零担货物等。

按件托运的零担货物,单件体积一般不得小于 0.01 立方米(单件重量超过 10 千克的除外);货物长度、宽度、高度分别不得超过 3.5 米、1.5 米和 1.3 米。

3. 特种货物运输

同普通货物相对比,特种货物运输是指被运输货物本身的性质特殊,在装卸、储存、运送过程中有特殊要求,以保证货物完整无损及安全性。一般需以大型汽车或挂车(核定吨位为 40 吨及以上的)及罐装车、冷藏车、保温车等车辆运输,这种货物运输又分为大笨重货物运输、贵重货物运输、鲜活易腐货物运输和危险货物运输四种,每种又分为若干类,各类运输都有不同的要求和不同的运输方法。

4. 集装箱汽车运输

集装箱汽车运输是以集装箱为单位办理托运且由专用汽车载运的,集装箱汽车运输的类别有:

(1)按集装箱所装载货物性质,集装箱汽车分为普通箱、特种箱汽车运输;特种箱包括危险货物箱、冷藏保温箱、罐式箱等;

(2)根据集装箱箱型情况和贸易运输合同,集装箱汽车运输分为国际箱、国内箱汽车运输。

5. 包车货物运输

包车货物运输是指把车辆包给托运人安排使用的货物运输方式。包车货运通常有两种形式：

(1)计程包车运输，即运费按货物运输里程结算；

(2)计时包车运输，是指按包车时间结算运费。

计时时间是车辆到达托运人指定地点起至完成任务时止的时间。车辆在包运过程中发生的故障、修理和驾驶员用餐时间应予扣除。计费时间以小时为单位，起码计费时间为4小时；使用时间超过4小时，按实际包用时间计算。整日包车，每日按8小时计算；使用时间超过8小时，按实际使用时间计算。时间尾数不足半小时舍去，达到半小时进整为1小时。

包车费用按吨位小时运价和计费时间计算。吨位小时运价是按1520公里长途计程的不同吨位车型一等普通货物的运价。

四、外贸公路汽车运输的类别

外贸汽车运输业务按其工作性质，大致可分为以下几类。

1. 出口物资的集港(站)运输

它指出口商品由产地(收购站或加工厂)—外贸中转仓库、由中转仓库—港口仓库的运输、由港口仓库—船边(铁路专用线或航空港收货点)的运输。

2. 货物的疏港(站)运输

它指按进口货物代理人委托，将进口货物由港(站)送达指定交货地点。

3. 国际多式联运的首末段运输

它指国际多式联运国内段的运输，即将出口货物由内陆装箱点装运至出运港(站)；将进口货物由港(站)运至最终交货地的运输。

4. 边境公路过境运输

它经向海关申请办理指定车辆、驾驶员和过境路线，在海关规定的地点停留，接受海关监管和检查，按有关规定办理报验、完税、放行后运达目的地的运输。

5. 特种货物运输

超限笨重物品、危险品、鲜活商品等的运输，要使用专门车辆并向有关管理部门办理准运证方得起运。

6. "浮动公路"运输

"浮动公路"运输，即利用一段水运衔接两段陆运，衔接方式采用将车辆开上船舶，以整车货载完成这一段水运，到达另一港口后，车辆开下继续利用船运的联合运输形式。"浮动公路"运输又称车辆渡船方式，这种联合运输的特点是在陆运与水运之间，不需将货物从一种运输工具上卸下再转换到另一种运工具上，而仍利用原来的车辆作为货物载体。其优点是两种运输之间有效地衔接，运输方式转换速度快，而且在转换时，不触碰货物，因而有利于减少或防止货损，也是一种现代运输方式。

在国内物流中，海运常常是主力运输方式，海运向陆运及陆运向海运的转换就变得十分重要,“浮动公路”形式是“滚上滚下”装卸搬运方式与“车辆渡船”方式相结合。

五、我国对外贸易公路运输口岸的分布

1. 中俄之间

新疆:吐尔戈特,霍尔果斯,巴克图,吉木乃,艾买力,塔克什肯。

东北地区:长岭子(珲春)/卡拉斯基诺,东宁(岔口)/波尔塔夫卡,绥芬河/波格拉尼契内,室韦(吉拉林)/奥洛契,黑山头/旧楚鲁海图,满洲里/后贝加尔斯克,漠河/加林达。

2. 对朝鲜公路运输口岸

中朝之间原先仅我国丹东与朝鲜新义州间偶有少量公路出口货物运输。1987年以来,吉林省开办珲春、图们江与朝鲜咸镜北道的地方贸易货物的公路运输。外运总公司与朝鲜已于1987年签订了由吉林省的三合、沙坨子口岸经朝鲜的清津港转运货物的协议。

3. 对巴基斯坦公路运输口岸

新疆的红其拉甫和喀什市。

4. 对印度、尼泊尔、不丹的公路运输口岸

主要有西藏南部的亚东,帕里,樟木等。

5. 对越南地方贸易的主要公路口岸

主要有云南省红河哈尼族彝族自治区的河口和金水河口岸等。

6. 对缅甸公路运输口岸

云南省德宏傣族景颇自治区的畹町口岸是我国对缅甸贸易的要出口陆运口岸,还可通过该口岸和缅甸公路转运部分与印度的进出口贸易货物。

7. 对香港,澳门的公路运输口岸

位于广东省深圳市的文锦渡和香港新界相接,距深圳铁路车站3公里,是全国公路口岸距离铁路进出口通道最近的一个较大公路通道。通往香港的另两个口岸是位于深圳市东部的沙头角及皇岗。对澳门公路运输口岸是位于珠海市南端的拱北。

【小知识6-1】 大型物件的标准

(1)一级大型物件的标准:

①长度大于14米(含14米)小于20米;

②宽度大于3.5米(含3.5米)小于4.5米;

③高度大于3米(含3米)小于3.8米;

④重量大于20吨(含20吨)小于100吨。

(2)二级大型物件的标准:

①长度大于20米(含20米)小于30米;

②宽度大于4.5米(含4.5米)小于5.5米;

③高度大于 3.8 米(含 3.8 米)小于 4.4 米;
④重量大于 100 吨(含 100 吨)小于 200 吨。
(3)三级大型物件的标准:
①长度大于 30 米(含 30 米)小于 40 米;
②宽度大于 5.5 米(含 5.5 米)小于 6 米;
③高度大于 4.4 米(含 4.4 米)小于 5 米;
④重量大于 200 吨(含 200 吨)小于 300 吨。
(4)四级大型物件的标准 :
①长度在 40 米及以上;
②宽度在 6 米及以上;
③高度在 5 米及以上;
④重量 300 吨及以上。

第二节　公路运输费用及公路运单

一、公路货物运输的费用

公路运送费用包括运费和其他费用。运费是指公路承运人在运输货物时依照所运货物的种类、重量、距离而收取的费用,它是公路货物运输费用中的重要组成部分。其他费用也称杂费,主要是指包括装卸费在内的公路货物运输中产生的相关费用。

1. 计费重量

在计算公路货物运输费用时,需要考虑货物的计费重量。公路货物运输计费重量规定如下:

(1)一般货物。

无论整批、零担,计费重量均按毛重计算。整批货物运输以吨为单位,吨以下计至 100 千克,尾数不是 100 千克的,四舍五入;零担货物运输以千克为单位,起码计费重量为 1 千克,重量在 1 千克以上、尾数不足 1 千克的,四舍五入。

(2)轻泡货物。

每立方米重量不足 333 千克的货物为轻泡货物。整批轻泡货物的高度、长度、宽度以不超过有关道路交通安全规定为限,按车辆标记吨位计算重量;零担轻泡货物以货物最长、最宽、最高部位尺寸计算体积,按每立方米折合为 333 千克计算重量。

另外,还有其他几种计费重量:包车运输按车辆的标记吨位计算重量;散装货物如砂、矿石、木材等,按体积和有关单位统一规定的重量换算标准计算重量;集装箱运输以箱作为计量单位,不按箱内货物实际重量计算。

2. 计费里程

公路货物运输计费里程按货物的装货地点至卸货地点的实际运输里程计算，以千米为单位，尾数不足1千米的，进整为1千米。

出入境汽车货物运输的境内计费里程以交通主管部门核定的里程为准。境外里程按毗邻地区交通主管部门或有权认定部门核定的里程为准。未核定里程的，由承、托双方协商或按车辆实际运行里程计算。

3. 计价单位

境内公路货物运输计价以元为单位，运费尾数不足1元时，四舍五入。

(1)整批货物运输：元/吨·千米；

(2)零担货物运输：元/千克·千米；

(3)集装箱运输：元/箱·千米；

(4)包车运输：元/吨位·小时；

(5)出入境货物运输，涉及其他国家货币时，在无法按统一汇率折算的情况下，可使用其他自由货币作为运价单位。

4. 公路货物运输运价分类

(1)基本运价

基本运价分为整批货物基本运价、零担货物基本运价和集装箱基本运价三种。

①整批货物基本运价：指一等整批普通货物在等级公路上运输的每吨千米运价。

②零担货物基本运价：指零担普通货物在等级公路上运输的每千克千米运价。

③集装箱基本运价：指各类标准集装箱在等级公路上运输的每箱千米运价。

(2)普通货物运价。

普通货物分为一等货物、二等货物和三等货物三个等级，并实行分等计价。以一等货物为计价基础，二等货物加成15%，三等货物加成30%。

(3)特种货物运价。

分为长大笨重货物运价、危险货物运价和贵重、鲜活货物运价三种。

①长大笨重货物运价。

a. 一级长大笨重货物运价在整批货物基本运价的基础上，加成40%～60%；

b. 二级长大笨重货物运价在整批货物基本运价的基础上，加成60%～80%；

②危险货物运价。

a. 一级危险货物运价在整批(零担)货物基本运价的基础上，加成60%～80%；

b. 二级危险货物运价在整批(零担)货物基本运价的基础上，加成40%～60%。

③贵重、鲜活货物运价。

贵重、鲜活货物运价在整批(零担)货物基本运价的基础上，加成40%～60%。

(4)特种车辆运价。

按车辆的不同用途，在基本运价的基础上加成计算。但如同时运用特种年辆运价和特种货物运价两个价目时，不得同时加成计算。

(5)快运货物运价。

快运货物运价按计价类别在相应运价的基础上加成计算。

(6)集装箱运价。

①标准集装箱运价。标准集装箱重箱运价按照不同规格箱型的基本运价执行；标准集装箱空箱运价在标准集装箱重箱运价的基础上减成计算。

②非标准集装箱运价。非标准集装箱重箱运价按照不同规格的箱型，在标准集装箱基本运价的基础上加成计算；非标准集装箱空箱运价在非标准集装箱运价的基础上减成计算。

③特种集装箱运价。特种集装箱运价在箱型基本运价的基础上，按装载不同特种货物的加成幅度加成计算。

(7)包车运价、非等级公路货物运价及出入境汽车货物运价。

包车运价按照不同的包用车辆分别制定；非等级公路货物运价在整批(零担)货物基本运价的基础上加成10%～20%；出入境汽车货物运价，按双边或多边出入境汽车运输协定，由两国或多国政府的主管机关协商确定。

5.公路货物运输其他费用

公路货物运输其他费用包括：装卸费、调车费、装货(箱)落空损失费、道路阻塞停车费、车辆处置费、运输变更手续费、车辆通行费、货物检验费、报关手续费、集装箱租箱费及取箱、送箱费等。

6.公路货物运输运费计算

(1)整批货物运费计算公式。

整批货物运费＝吨次费×计费重量＋整批货物运价×
计费重量×计费里程＋货物运输其他费用 (6-1)

(2)零担货物运费计算公式。

零担货物运费＝计费重量×计费里程×零担货物运价＋货物运输其他费用 (6-2)

(3)集装箱运费计算公式。

重(空)集装箱运费＝重(空)箱运价×计费箱数×计费里程＋
箱次费×计费箱数＋货物运输其他费用 (6-3)

(4)包车运费计算公式。

包车运费＝包车运价×包用车辆吨位×计费时间＋货物运输其他费用 (6-4)

二、公路货运运单操作

1.运单应记载的主要内容

(1)运单的签发日期和地点；

(2)发货人的名称和地址；

(3)收货人的名称和地址；

(4)承运人的名称和地址；

(5)货物接管的地点、日期和指定的交货地点；

(6)一般常用的货物名称、包装方式,如属危险货物,还应注明通常认可的性能；

(7)货物件数、特性、标志、号码；

(8)货物毛重,或以其他方法表示的数量；

(9)与运输有关的费用(运输费用、附加费、关税以及从签订合同终止之间发生的其他费用)。

此外,运单还应包括：

(1)是否允许转运的说明；

(2)发货人负责支付的费用；

(3)货物价值；

(4)发货人关于货物保险和承运人指示；

(5)交付承运人的单据清单；

(6)有关履行运输的期限等。

除以上内容之外,缔约国还可在运单上列入他们认为有利的事项。

2. 运单的性质

长期的公路货运业务和公约对运单的性质一般认为：

(1)运单是运输合同；

(2)运单是货物的收据、交货的凭证；

(3)运单是解决责任纠纷的依据；

(4)运单不是物权凭证,不能转让、买卖。

3. 运单的签发及证据效力

《国际公路货物运输合同公约》第 4 条规定:"运输合同应以签发运单来确认,无运单、运单不正规或运单丢失不影响运输合同的成立或有效性,仍受本公约的规定约束。"运单签发有发货人、承运人签字的正本三份,这些签字可以是印刷的,或为运单签发国的法律允许,也可由发货人和承运人以盖章替代。第一份交付发货人,第二份应跟随货物同行,第三份由承运人留存。

当货物准备装载于不同车内,或在同一车内准备装载不同种类的货物或多票货物时,发货人或承运人有权要求对使用的每辆车、每种货或每票货物分别签发运单。

如果在运单中未包括任何相关条款,该运输未遵照公路货运公约各项规定的,承运人应对由于处置货物的行为而产生的所有费用及货物的灭失和损害负责。

承运人在接收货物时应做到：

(1)检验运单中有关货物件数、标志、号码的准确性；

(2)检查货物的外表状况及其包装。

当对货物检查而无合理的、准确的方法时，应将此种无合理、准确的检查原因记入运单内，对货物的包装和外表状况也应作出保留理由，除非发货人已在运单上明确同意受约束，否则保留对发货人不具有约束力。对检查产生的费用，承运人有权提出索赔。

【小知识 6-2】 特殊情况下货物和车辆的处理

1. 进口货物的分拨、分运和变更运输处理

(1)收货人将不同收货人的货物按一份运单发运，代理人在国境站接收货物后，应及时办理分拨、拆箱和中转业务，并按照收发货人的要求制作有关单据，办理重新发运手续；

(2)在办理分运时，必须做到包装符合运输要求、单货一致、结清海关手续；

(3)代理人可根据发、收货人的要求办理变更运输。

2. 出口货物的换装和整理

(1)出口货物在出口国境站出现货物窜动、倾斜等不良现象时，应及时进行整理或换装；

(2)若出现车辆不符合技术要求时，必须选用与原车型或标重相同的车辆，予以更换；

(3)对超过车辆规定载重的货物要卸下超载部分另行办理分运手续。

3. 事故货物的处理

(1)货物到达国境站后，出现货物短少、残损被盗等事故时，若属铁路的责任，国境站要负责整修，费用由铁路承担；

(2)若是由发货人的原因造成的，在国境站允许的条件下，由其代理人负责整修，并负担所有的费用和损失；

(3)由于技术条件无法整修的，应由发货人到国境站与车站指导或将货物返回发货人处理。

4. 对车辆的处理

(1)出口的车辆的技术条件必须符合技术规定，否则不能出境；

(2)进口国境站对卸车后的外国铁路空车，应立即空返车辆所属国，不得在国内使用、封存或备用，并将卸空车清扫干净；

(3)运过肉、鱼和野生禽兽的车辆卸后还应进行洗刷，必要时还需进行消毒。

第三节 国际铁路货物联运概述

铁路，是五大主流运输方式之一，在现代运输业中扮演着重要的角色。与公路、航空等运输方式相比，具有运量大、运行速度快、安全可靠、运输成本低、运输准确性

和连续性强、受气候影响较小等优点。因此，它被许多国家所利用，在国际贸易中一直起着重要作用，在国际货运中的地位仅次于海洋运输。

一、国际铁路货物联运的概念和特点

1. 国际铁路联运的概念

国际铁路货物联运，简称国际联运。它是这样一种运输方式：使用一份统一的国际联运票据，无须发货人与收货人参加，而由铁路部门负责办理两个或两个以上国家铁路全程运送的货物运输。

在这个概念里有以下三个要点：

(1)票据统一，在整个联运过程中使用的是一份统一的票据；

(2)由铁路部门负责从接货到交货的全过程运输，即使是在一国铁路向另一国铁路移交货物时也无需发货人与收货人的参加；

(3)两个或两个以上国家的铁路运输。

2. 国际铁路联运的特点

(1)涉及国家多。

凡是办理国际联运，都要涉及两个或两个以上的国家，有时还要通过与《国际铁路货物联合运输协定》(简称《国际货协》)有关的国家，向与《国际货协》无关的西北欧国家办理转发送，才能完成全程的运送工作，最后运到目的地。

(2)要求高。

由于《国际货协》参加国多，涉及多个国家的铁路、车站和国境站，有时还要有收转人参加，这就要求每批货物的办理，必须高标准严要求，符合有关规章和协议的规定，否则将造成货损、货差、延迟交货等运输事故。

(3)运输时间短、成本低。

国际铁路联运的始发站和最终目的站大多是内陆车站，或发、收货的铁路专用线。货物从发货人的专用线或就近的车站出发，直接到达收货人的专用线或就近的车站。对内陆收发货人来讲，铁路运输时间比海运少，运输成本也比海运低。

二、铁路货物运输的基本条件

1. 国际铁路联运的范围

(1)同参加《国际货协》和未参加《国际货协》但采用《国际货协》规定的铁路之间货物运送，铁路从发站以一份运输票据负责运送至最终到站交付给收货人。

(2)同未参加《国际货协》铁路间的货物运送，发货人在发送路用《国际货协》运送票据办理至参加《国际货协》的最后一个过境路的出口国境站，由该站站长或收货人、发货人委托的收转人转至最终到站。

(3)通过过境铁路港口站的货物运送，从参加《国际货协》国家的铁路，通过参加

《国际货协》的过境铁路港口，向其他国家（不论这些国家是否参加《国际货协》）或者相反方向运送货物时，用《国际货协》运送票据只能办理至过境铁路港口站止，或者从这个站起开始办理，由港口站的收转人办理转发送。

2. 国际铁路货物联运办理的类别

国际铁路货物联运办理的种别分为整车、零担和大吨位集装箱。

(1)整车：是指按一份运单托运的，按其体积或种类需要单独车辆运送的货物。

(2)零担：是指按一份托运的一批货物，重量不超过 5000 公斤，按其体积或种类不需要单独车辆运送的货物。

但下列货物只限按整车办理，不得按零担运送：

①需要冷藏、保温或加温运输的货物；

②限按整车办理的危险货物；

③易于污染其他货物的污秽品；

④蜂蜜；

⑤未装容器的活动物；

⑥不易计算件数的货物；

⑦一件重量超过 2 000 公斤，体积超过 3 立方米或长度超过 9 米的货物；

⑧一批重量超过 5 000 公斤或一件重量不足 10 公斤、体积小于 0.01 立方米的货物。

(3)大吨位集装箱：是指按一份运单托运的，用大吨位集装箱运送的货物或空的大吨位集装箱。

三、国际铁路组织机构

《国际铁路货物运送公约》(简称《国际货约》)于 1938 年 10 月 1 日生效。它是由 1890 年欧洲各国在瑞士首都伯尔尼举行的各国铁路代表大会所制定的《国际铁路货物运送规则》(又称《伯尔尼公约》)发展而来的。《国际货约》屡经修改，至今仍在执行。

《国际铁路货物联运协定》(简称《国际货协》)是 1951 年 11 月由前苏联和阿尔巴尼亚、保加利亚、匈牙利、前民主德国、波兰、罗马尼亚、前捷克斯洛伐克 8 个国家签订的。1953 年 7 月中国、朝鲜、蒙古铁路代表团参加了在莫斯科召开的《国际铁路货物联运协会》和《国际旅客联运协定》(简称《国际客协》)代表大会，并从 1954 年 1 月 1 日起执行上述协定。

1956 年 6 月在保加利亚召开的国际客、货协参加国第一届部长会议上，决定在原签订的《国际货协》和《国际客协》的基础上，成立“铁路合作组织”(简称“铁组”)。1991 年 6 月在华沙，由保加利亚、中国、朝鲜、蒙古、罗马尼亚和前苏联作为“缔约铁路国”，公布了《关于统一过境运价规程的协约》，决定在国际铁路货物过境运输中采取《统一过境运价规程》(简称《统一货价》)。《统一货价》是该协约不可分割的组成部分,不再从属于《国际货协》,具有独立的法律地位。我国铁路从1991年9月1日起执行上述新规定,既参加《统一货价》,也参加《国际货协》的国家铁路还有保加利亚和罗马尼亚。

四、我国铁路国际联运的主管机构

我国铁路国际联运主要由铁道部领导和管理,运输局和对外合作司负责日常、具体的工作。主要分工是:对外合作司负责国际联运规章的制定、运输计划的对外商定、对各铁路局日常联运事宜的管理,以及同"铁组"总部的联系。运输局根据与国外铁路商定的运输计划,具体负责国际联运计划的审批和日常的运输指挥,各铁路局具体负责国际联运的日常组织工作。铁道部在波兰的华沙"铁组"总部派有常驻人员,代表中国铁路参与国际联运的管理和协调工作。

五、我国及周边国家铁路国际联运代理机构

由于我国与周边国家经济贸易的发展变化,进出口货物办理国际联运主要有两种形式:一是进出口商自己通过相关国家铁路办理;二是通过国际货物运输代理机构来完成的。货运代理采用最安全、最迅速、最经济的办法组织国与国之间的货物运输,利用其网络控制货物,为货主提供运输费用、包装条件、运输单证、报关报验等方面的服务。

我国目前从事铁路国际联运的代理企业主要是中国外运(集团)总公司、中国铁路对外服务总公司、中国铁路集装箱运输中心及其他经过商务部批准的具有铁路业务代理权的国际货运代理企业,其业务范围为:办理对蒙古、朝鲜、越南、俄罗斯、哈萨克斯坦等国家铁路进出口和过境货物的运输。随着我国改革开放步伐的加快,中外合资经营的国际货运代理企业应运而生,很多国外货运代理机构也已经进入货运代理市场。加入世界贸易组织之后,国际货物运输市场将会越来越开放。

我国周边国家国际货运代理业近几年也发展很快。目前,蒙古主要有蒙古铁路运输代理中心、图申公司等;俄罗斯主要有联盟过境股份有限公司、联盟外运康采恩、西伯利亚快车运输服务公司、阿巴雷利公司、雷依尔公司、MTE多式联运设备公司等;哈萨克斯坦主要有KIF国际运输有限公司;越南主要有铁路联合企业对外服务公司、越南铁路联合企业第一区域运输公司;朝鲜主要是外运公司。

【小知识6-3】 货物按一批托运的有关规定

按一批托运的货物,必须具备托运人、收货人、发站、到站和装卸地点相同(整车分卸货物除外)的条件。整车货物每车货物为一批。跨装、爬装及使用游车的货物,每一车组为一批。零担货物或使用集装箱运输的货物,以每张货物运单为一批,使用集装箱运输的货物,每批必须是统一箱型,至少一箱,最多不得超过铁路一辆货车所

能装运的箱数。下列货物不得按一批托运(在特殊情况下,经铁路分局或铁路局承认也可按一批托运):

(1)易腐货物与非易腐货物;

(2)危险货物与非危险货物;

(3)根据货物的性质不能混装运输的货物;

(4)投保运输险货物与未投保运输险货物;

(5)按保价运输的货物与不按保价运输的货物。

第四节　国际铁路货物联运运单及联运运费的计算

一、国际铁路货物联运运单

1. 国际铁路货物联运运单的作用

国际铁路货物联运运单,是参加国际铁路货物联运的铁路与发货人、收货人之间缔结的运输合同。它体现了参加联运的各国铁路和发货人、收货人之间在货物运送上的权利、义务、责任和豁免,对铁路和发货人、收货人都具有法律效力。

2. 国际铁路货物联运运单的组成

国际铁路货物联运运单由下列各单证组成:

(1)运单正本(随同货物至到站,并连同货物到达通知单和货物一起交给收货人);

(2)运行报单(随同货物至到站,并留存到达路);

(3)运单副本(货物发送后,交给收货人,可作为发货人与收货人通过银行结算贸易款的依据);

(4)货物交付单(随同货物至到站,并留存到达路);

(5)货物到达通知单(随同货物至到站,并同货物一起交给收货人)。

此外,还有为发送路和过境路准备的必要份数的补充运行报单。

3. 国际铁路货物联运运单的填写

参见本章后附样 6-1 铁路货物联运运单。

运单正面未划粗线的各栏由发货人填写,现将由发货人填写的各栏说明如下:

第 1 栏,发货人及其通信地址。填写发货人名称及其通信地址。发货人只能是一个自然人或法人。由中国、朝鲜、越南发货时,准许填写这些国家规定的发货人及其通信地址的代号。

第 2 栏,合同号码。填写出口单位和进口单位签订的供货合同号码。

第 3 栏,发站。填写运价规程中所载的发站全称。

第 4 栏,发货人的特别声明。发货人可在该栏中填写自己的声明,如关于对运单的修改及易腐货物的运送条件等。

第5栏，收货人及其通信地址。注明收货人的全部名称及其准确的通信地址。收货人只能是一个自然人或法人。往中国、越南和朝鲜运送货物时，准许填写这些国家规定的收货人及其通信地址的代号。从《国际货协》参加铁路向未参加《国际货协》的铁路发送货物而由站长办理转发送时，则在该栏填写“站长”。

第6栏，对铁路无约束效力的记载。发货人可以对该批货物作出记载，该项记载仅作为对收货人的通知，铁路不承担任何义务和责任。

第7栏，通过的国境站。注明货物应通过的发送路和过境路的出口国境站。如有可能从一个出口国境站通过邻国的几个进口国境站办理货物运送，则还应注明运送所要通过的进口国境站。根据发货人注明的通过国境站确定经路。

第8栏，到达路和到站。在斜线之前，应注明到达路的简称；在斜线之后，应以印刷体字母(中文以正楷粗体字)注明运价规程上到站的全称。运往朝鲜的货物，还应注明到站的数字代号。运往非货协国的货物且由站长办理转发送时，记载《国际货协》最后过境路的出口国境站，并在该站站名后记载：“由铁路继续办理转发送至××铁路××站”。

第9～11各栏的一般说明。填写9～11各栏事项时，可不受各栏间竖线的严格限制。但是，有关货物事项的填写顺序，应严格符合各栏的排列次序。

第9栏，记号、标记、号码。填写每件货物上的记号、标记和号码。货物如装在集装箱内，则还要填写集装箱号码。

第10栏，包装种类。填写包装的具体种类，如纸箱、木桶等，不能笼统地填写“箱”、“桶”，如用集装箱运输，则记载“集装箱”。

第11栏，货物名称。货物名称应按《国际货协》规定填写，或按发送路或发送路和到达路现行的国内运价规程品名表的规定填写，但需注明货物的状态和特征；两国间的货物运送，可按两国商定的直通运价规程品名表中的名称填写。在“货物名称”字样下面专设的栏内，填写通用货物品名表规定的六位数字代码。

填写全部事项时，如篇幅不足，则应添附补充清单。

第12栏，件数。注明一批货物的件数。

第13栏，发货人确定的重量(千克)。注明货物的总重量。

第14栏，共计件数(大写)。用大写数字填写第12栏中所记载的件数。

第15栏，共计重量(大写)。用大写数字填写第13栏中所载的总重量。

第16栏，发货人签字。发货人应签字证明列入运单中的所有事项正确无误。发货人的签字也可用印刷的方法或加盖戳记处理。

第17栏，互换托盘。该栏内的记载事项，仅与互换托盘有关。注明托盘互换办法，并分别注明平式托盘和箱式托盘的数量。

第18栏，种类、类型。在发送集装箱货物时，应注明集装箱的种类和类型。

第19栏，所属者及号码。运送集装箱时，应注明集装箱所属记号和号码。对不属于铁路的集装箱，应在集装箱号码之后注明大写字母“P”。

使用属于铁路的运送用具时，应注明运送用具所属记号和号码。使用不属于铁路的运送用具时，应注明大写字母“P”。

第20栏，发货人负担下列过境铁路的费用。如发货人负担过境铁路运送费用，填写所负担过境铁路名称的简称。如果发货人不负担任何一个过境铁路的运送费用，填写“无”字。

第21栏，办理种别。办理种别分为：整车、零担、大吨位集装箱，填写时将不需要者划。

第22栏，由何方装车。发货人应在运单该栏内注明由谁装车，将不需要者划销。

第23栏，发货人添附的文件。注明发货人在运单上添附的所有文件的名称和份数。

第24栏，货物的声明价格。用大写数字注明以瑞士法郎表示的货物价格。

第27～30栏的一般说明。用于记载使用车辆的事项，只有在运送整车货物时填写。至于各栏由发货人填写还是由铁路车站填写，则视由何方装车而定。

第45栏，铅封个数和记号。填写车辆或集装箱上施加的封印个数和所有记号。至于铅封的个数和记号，视由何方施封而由发货人或铁路车站填写。

第48栏，确定重重方法。注明确定重量的方法，例如，“用轨道衡”、“按标准重量”、“按货件上标记重量”等。由发货人确定货物重量时，发货人应在该栏注明确定重量的方法。

4. 国际铁路货物联运运单的周转过程

(1)无过境货运单的周转过程，见图6-1。

(2)有过境货运单的周转过程，见图6-2。

(3)港口转运运单的周转过程，见图6-3。

二、国际铁路货物联运运费

国际铁路货物联运运送费用的计算和核收，必须遵守《国际货协》、《统一货价》和《中华人民共和国铁道部铁路货物运价规则》(简称《国内价规》)的规定。

国际铁路货物联运运送费用包括货物运费、押运人乘车费、杂费和其他费用。

1. 国际铁路货物联运运费核收的规定

(1)《国际货协》各铁路间运送费用核收的原则。

①发送路的运送费用：按发送国国内运价规则，以发送国的货币在发站向发货人核收，或根据发送路国内现行规定核收；

②到达路的运送费用：按到达路的国内运价规则，以到达路的货币在到站向收货人核收，或根据到达路国内现行规定核收；

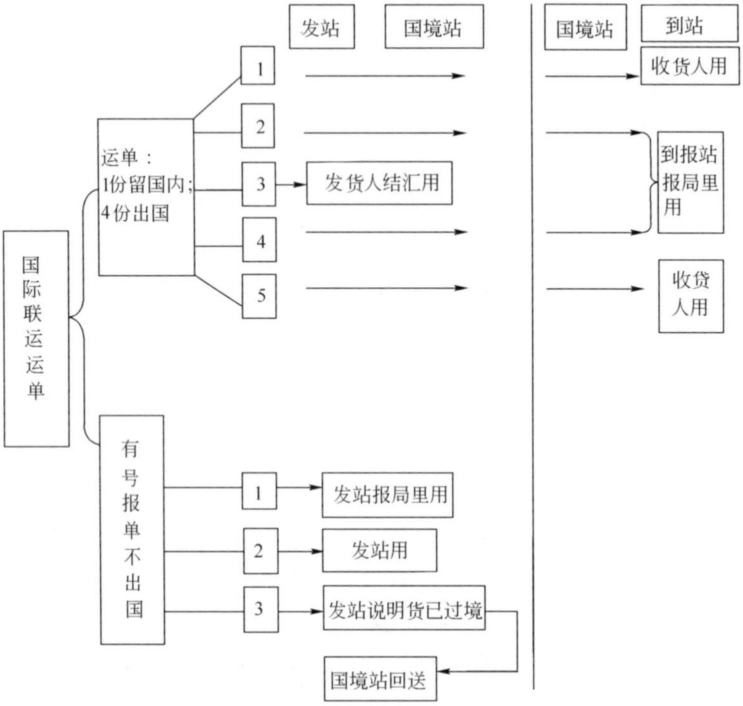

图 6-1　无过境货运单的周转过程图

③过境铁路的运送费用：按《统一货价》的规定计收，在发站向发货人核收，或在到站向收货人核收。

(2)《国际货协》参加国与非《国际货协》铁路间运送费用核收的规定。

①发送路和到达路的运送费用与上述发送路的运送费用、到达路的运送费用两项相同。

②过境路的运送费用，则按下列规定计收。参加《国际货协》并实行《统一货价》各过境路的运送费用，在发站向发货人（相反方向运送则在到站向收货人）核收；但办理转发送国家铁路的运送费用，可以在发站向发货人或在到站向收货人核收。

过境非《国际货协》铁路的运送费用，在到站向收货人（相反方向运送则在发站向发货人）核收。

(3)通过过境铁路港口站货物运送费用核收的规定。

从参加《国际货协》并实行《统一货价》的国家，通过另一个实行《统一货价》的过境铁路港口，向其他国家（不论这些国家是否参加《统一货价》）和相反方向运送货物时，用《国际货协》票据办理货物运送，只能办理至过境港口站为止或从这个站起开始办理。

从参加《国际货协》铁路发站至港口站的运送费用，在发站向发货人核收；相反方

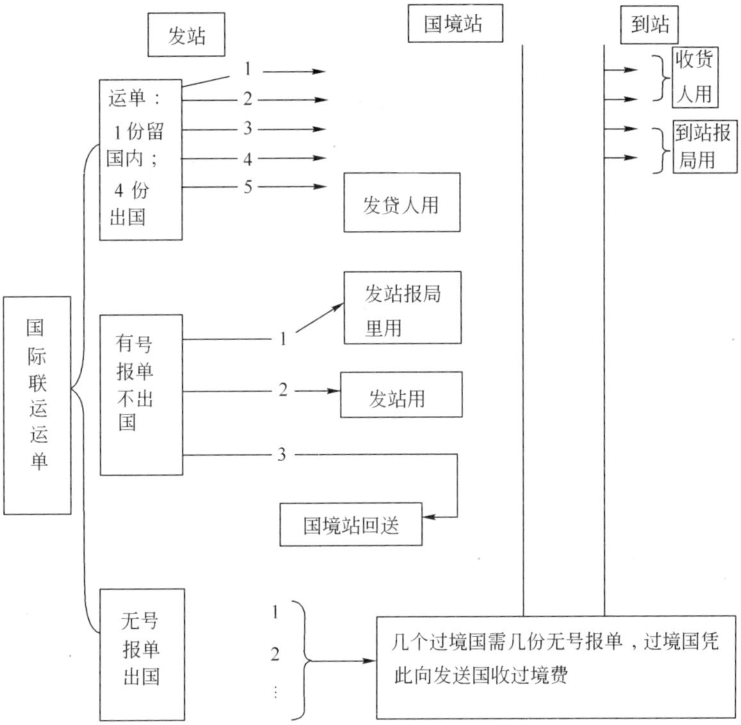

图 6-2　有过境货运单的周转过程图

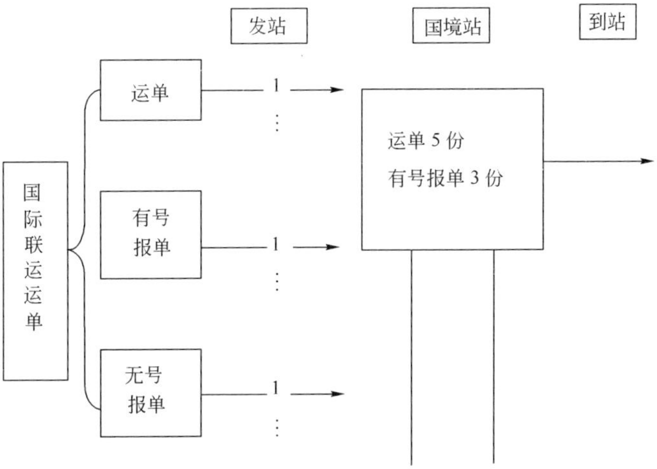

图 6-3　港口转运运单的周转过程图

向运送时，在到站向收货人核收。

在港口站所发生的杂费和其他费用，在任何情况下，都在这些港口车站向发货人或收货人的代理人核收。

过境铁路的运送费用，按《统一货价》的规定计收。

2. 国际铁路货物联运国内段运送费用的计算

根据《国际货协》的规定，我国通过国际铁路联运的进出口货物，其国内段运送费用的核收应按照我国《铁路货物运价规则》进行计算。

运费计算的程序如下：

(1)根据货物运价里程表确定从发站至到站的运价里程；

(2)根据运单上填写的货物品名查找货物品名检查表，确定适用的运价号；

(3)根据运价里程和运价号在货物运价率表中查出相应的运价率；

(4)以《铁路货物运价规则》确定的计费重量与该批货物适用的运价率相乘，算出该批货物的运费。

运费计算公式如下：

$$运费=货物运价率\times计费重量 \tag{6-5}$$

公式中计费重量的确定：整车货物的计费重量除一些特殊的规定外，一律按照货车标记载重量计算运费。货物重量超过标记载重量的，按货物重量计算。计费重量单位以吨表示，吨以下四舍五入；零担货物按货物重量计算，计费重量以 10 千克为单位，不足 10 千克时，进为 10 千克。

3. 国际铁路货物联运过境运费的计算

国际铁路货物联运过境运费是按照《统一货价》的规定计算的。运费计算的程序如下：

(1)根据运单记载的应通过的国境站，在《统一货价》过境里程表中分别找出货物所通过的各个国家的过境里程；

(2)根据货物品名，查阅《统一货价》中的通用货物品名表，确定所运货物应适用的运价等级；

(3)根据货物运价等级和各过境路的运送里程，在《统一货价》中找出符合该批货物的运价率；

(4)《统一货价》对过境货物运费的计算是以慢运整车货物的运费额为基础的(即基本运费额)，其他种别的货物运费，则在基本运费额的基础上分别乘以不同的加成率。

过境运费的计算公式如下：

$$基本运费额=货物运价率\times计费重量 \tag{6-6}$$

$$其他种别的过境运费=基本运费额\times加成率 \tag{6-7}$$

公式中计费重量的确定：无论是整车货物还是零担货物，原则上都按货物实际重量计算。计费重量以 100 千克为单位，不足 100 千克时，进为 100 千克。

公式中加成率的确定：快运货物加成 100%；零担慢运货物加成 50%；随旅客列车挂运的整车货物加成 200%；超限货物加成 100%；零担快运货物加成 50%后再加成 100%。

第五节　国际铁路货物联运进出口业务

一、国际铁路联运出口货物运输实务流程

国际铁路联运出口货物运输流程图（见图 6-4）如下：

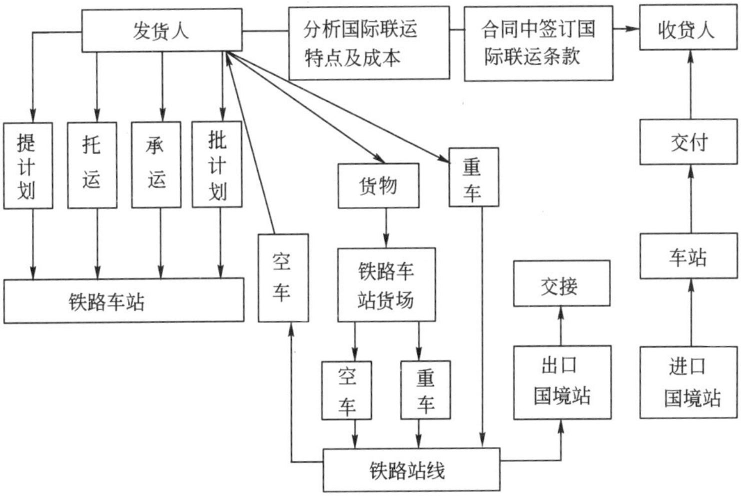

图 6-4　国际铁路联运出口货物运输流程图

国际铁路货物联运出口货物运输组织工作主要包括铁路联运出口货物运输计划的编制、货物托运和发运、国境站的交接和出口货物的交付等。

1. 出口货物的托运

具有批准的出口运输计划是进行货物托运与承运的前提，托运与承运的过程实际就是铁路与发货人之间签订运输合同的过程。

(1)托运的一般过程。

货物托运是发货人向铁路提出委托运输的行为。国际铁路联运出口货物同国内运输货物的托运一样，发货人应向车站提出货物运单和运单副本，以此作为货物托运的书面申请。车站接到运单后，应进行认真审核，对整车货物运送的申请应检查是否有批准的月度和日要车计划，检查货物运单各项内容的填写是否正确，如确认可以承运，应予以登记。车站在运单上登记货物应进入车站的日期或装车日期，即表示受理托运。发货人按登记指定的日期将货物搬入车站或指定的货位，并经铁路根据货物

运单的记载查对实货，认为符合《国际货协》和有关规章制度的规定，车站方予以承认。整车货物一般在装车完毕，发站在货物运单上加盖承运日期戳，以示承运。

零担货物的托运与整车货物不同，发货人在托运时，不要求编制月度要车计划，凭运单直接向车站申请托运。车站受理托运后，发货人应按登记指定的日期将货物搬进货场，送到指定货位上。经查验，过磅后，即交由铁路保管。车站将发货人托运的货物，连同货物运单一同接受完毕，在货物运单上加盖承运日期戳记时，即表示货物业已承运。

由此可见，整车货物以货物装车作为承运的先决条件，而零担货物并无此限制。因此，零担货物与整车货物相比，其责任期限更长。

托运、承运完毕，以运单为具体表现的运输合同即开始生效，铁路按《国际货协》的规定对货物有保管、装车并运送到指定目的地的一切负责任。

(2)对货物托运的有关要求。

发货人向铁路托运货物时，应做以下工作：

①货物的品质、规格、数量须符合合同的规定。凡属需要商品检验和检疫的商品，应及时做报验工作。

②托运时应认真过磅，细致查点件数，并将重量和件数正确记载在运单上。另外还应遵守下列规定：

a. 用敞车类货车运送不盖篷布或苫盖篷布而不加封印的整车货物，在承运时，如总件数不超过100件时，发货人在运单中应记载货物的件数和重量；如总件数超过100件时，发货人在运单中只记载货物的重量，并在运单“件数”栏内记载“堆装”字样。

b. 整车运送小型无包装精制品时，只按重量承运，不计件数。发货人应在运单“件数”栏内注明“堆装”字样。

c. 包装时已确定重量，并在每一货件上标有标记重量的有包装货物，以及同一标记重量的货物，承运时不过磅。发货人应尽可能按标记重量或标准重量托运货物，以减少货物过磅确定重量的手续。在这种情况下，发货人应在运单“确定重量方法”栏内记载货物总重量的确定方法。

③货物的包装应能充分保证防止货物在运送中灭失和损坏，防止毁坏其他货物和运输工具、包装及伤害人员。危险货物应按《国际货协》附件2《危险货物运送规则》的条件包装。如用纸箱包装的货物，应在箱面和箱底沿中线缝加贴牛皮纸或胶条；用麻布(或白布)包装的出口货物，发货人应做到包装完整清洁，包件捆紧，发运时应根据车辆情况妥善衬垫；装两层以上的桶装货物，发货人应在各层货物之间用垫木或其他适当的衬垫物妥善衬垫，以防包装磨损擦破，货物洒漏。内外包装及衬垫，一般不采用稻草、麦秸等材料，如必须使用时，应附有植物检疫证书。

④货物标记和标示牌是为运送货物提供方便，便于识别货物，以利于装卸和收货

人提货。所以发货人应在货件上做字迹清晰、不易擦掉的标记，或拴挂货签。对整车货物（堆装货物除外），应在接近车门的货件上做标记，每车不少于10件。对零担货物，应在每件货物上做标记，标记的内容有：发送路和发站；到达路和到站；每件的记号和号码；发货人和收货人姓名；零担货物的件数；运单号。这些内容应同运单记载一致。

如运送某些要求采取特别防护的货物，发货人应在每个货件上作“小心对待”标记或粘贴《国际货协》附件6格式的标示牌。标记应用发送国文字书写，并译成俄文，标示牌上的记载用发送国文字和俄文印刷。由中国发往越南、朝鲜的货物可不附译俄文，货件上不应有旧的标记或表示牌及与运输无关的字画。

⑤需要声明价格的货物。按《国际货协》的规定，发货人在托运下列货物时应声明价格：金、银、白金及其制品；宝石；贵重毛皮及其制品；摄制的电影片、画、雕像、艺术制品、古董、家庭用品。只有当发货人在运单“发货人的特别声明”栏内注明“不声明价格”的记载，并签字证明时，才准许承运无声明价格的家庭用品。

托运上述以外的货物，根据发货人的希望，也可声明价格。

(3)托运所涉及的运输单证。

主要有运单和运单的随附单证。

①《国际货协》运单(SMGS Railway Bill)

《国际货协》运单简称货协运单，是国际铁路货物联运运单中的一种。货协运单是由发送国铁路代表所有参加运送货物的各国铁路同发货人之间订立的运送契约。因此，参加联运的各国铁路和发收货人在货物运送中，便具有了相应的权利和义务，它对铁路和发收货人都具有法律效力。

②运单的随附单据。

经国际铁路联运出口的货物通过国境站时，需要履行海关手续、商品检验、卫生检疫等法定手续，为此发货人必须将所需的文件附在运单上。这些文件主要有出口货物报关单、出口货物明细单，并根据货物性质的需要还可能有出口许可证、品质证明书、商品检验证书、植物检验证书或兽医证明书等。其他有关单据，则视合同的规定和货物不同要求而定。

在运单上所附的一切文件，应由发货人记入运单第23栏“发货人添附的文件”栏内，并牢固地附在运单上，随货物同行。

铁路没有义务检查发货人在运单上所添附的文件是否正确和齐全。

(4)在托运与承运中产生的各方的权利和义务。

这里主要讲承运人、发货人和收货人三方的权利和义务。

①承运人。

承运人是指参加联运的各国铁路。在履行运输合同义务的过程中，承运人是以各国铁路整体的名义与发收货人订立合同的，因此而产生的承运人的权利和义务为：

a.有权要求发货人按规定提供必要的运输证明文件,如发货人拒绝提供,则承运人有权拒绝承运;

b.承运人对不符合安全运输条件规定的货物包装,有权要求发货人予以改善、整装。如改善后仍不符合规定,有权拒绝承运;或者经发货人同意,订立补充协议,以发货人的责任承运;

c.承运人应在规定的期限内将货物运至到达站。超过运到期限的,承运人应当承担违约责任;

d.承运人有权要求发收货人支付规定的运送费用,但必须依章收取,多收、误收费用的,应如数退还;

e.对于超过规定期限无人领取的货物,承运人经有关部门的批准可以按无主货物处理。

但所有款额除扣去承运人所支出的部分外,其余应单独列账,一旦查到收货人即应退还。

②发货人。

发货人即托运人,其权利和义务是:

a.有权要求承运人按合同规定准备和配备车辆,对于不适合安全运输的车辆,有权要求承运人调换并赔偿损失;

b.发货人应保证货物有保证安全的运送包装。因包装不良而导致货损货差的,应承担责任;

c.发货人托运货物时,应提供各种规定的单证并按规定支付各种运送费用。

③收货人。

收货人的主要权利和义务是:

a.有权利到站提取货物;

b.有义务记请托运人在发站未交或少交以及运输途中发生的垫款等费用;

c.有义务在规定的期限内提取货物。由收货人组织卸车的货物,收货人应清扫车厢,在规定期限内将货车交回铁路部门。

(5)发收货人对联运合同的变更。

托运与承运完成后,托运人与承运人签订的运输合同对承运人、发货人和收货人都有约束力,但发收货人对已发生法律效力的运输合同可以提出变更。

①变更范围。

a.发货人变更范围。

(a)在发站将货物领回;

(b)变更到站,此时在必要的情况下应注明变更运输合同后货物应通过的国境站;

(c)变更收货人;

(d)将货物返还发站。

b. 收货人变更范围。

(a)在到达国范围内变更货物的到站；

(b)变更收货人。

收货人的变更申请只限于在到达国进口国境站，且在货物尚未从该国境站发出时办理，如通过到达国的进口国境站，则只能按到达路现行的国内规章办理。

②变更申请书及变更程序。

发货人或收货人要求变更运输合同时，应按《国际货协》附件第 17 号规定的格式逐项填申请书。“运输合同变更申请书”主要内容由以下四部分组成：

a. 抬头，填写应接受申请的某铁路某站长；

b. 该货物变更前的运输情况，如货物名称、批号、件数、包装、发送路与名称，承运日期等；

c. 请求变更的具体事项；

d. 变更申请人的签字及申请变更到达路，可以接受收货人按到达路现行的国内规章规定的格式填写的运输合同变更，收货人应对每批货物单独填写一份变更申请书提交发站，而收货人则提交到达国进口国，发货人应将申请事项记入运单副本的“货物名称”栏内，并将运单副本与申请书同时提交铁路。发站在收到申请书后，应在申请书和运单副本中“货物名称”栏内发货人填记事项，加盖车站日期戳，并由受理申请书的车站工作人员签字证明申请书已收到，然后将运单副本交发货人。收货人在提交变更申请书时也可不提交运单副本。

③变更限制。

货物运输变更以发货人申请办理一次和收货人申请办理一次为限，同时不能同一批货物分开办理变更。如果是成组车辆运送的数批货物，均变更为同一到站和同一收货人，则收货人也可按数批货物提出一份变更申请书。

④变更后的货物运费。

变更运输后，货物运费的计收应按正常条件办理并考虑下列特殊情况：

a. 如货物在中途站交付，则运费只计收到该站为止。如果货物已通过了新到站，而经铁路又回该站，则除运到货物截留站的费用外，还应单独加算并核收从货物截留站至新到站的费用。

b. 如货物发往原到站以外的新到站或发往货物原运送路径以外的车站，则到原到站或货站的运费和从该站到新到站的运费应分别计收。

c. 如货物返还发站，则从发站到返还站的往返运费，应分别计算，并向发货人核收。

另外，还应核收运输合同变更费，这项费用按变更运输合同的铁路现行国内规章计算，向支付该铁路运费的发货人或收货人核收。

2.发货人在装车发运中的工作

货物办理完托运和承运手续后，接下来是装车发运。货物的装车，应在保证货物和人身安全的前提下，做到快速进行，以缩短装车作业时间，加速车辆周转和货物运送。

(1)货物装车发运的一般程序。

按我国铁路的规定，在车站公共装卸场所内的装卸工作，由铁路负责组织；其他场所如专用线装卸场等，则由发货人或收货人负责组织。但某些性质特殊的货物，如易腐货物、未装容器的活动物等，即使在车站的货场内，也均由发货人组织装车或卸车。

货物装车发运的主要程序如下：

①货物进站。

货物应按铁路规定的时间进站。进站时，发货人应组织专人在车站接货。由铁路装车的货物，应会同铁路货运员对货物的件数、包装、品名、唛头标记、运单及其随附单证逐件进行检查，如发现问题或相互不符，必须修复、更换或查明原因予以更正。经铁路货运员验收完毕，认为符合运送要求，发货人即同货运员办理货物交接手续，并在运单上签证确认。

零担货物经铁路货运员查验、过磅，发货人按运单记载交付运杂费后，货物在站内的保管和装车发运工作即由铁路负责。

在专用线装车时，发货人应在货车调送前一日将货物搬至货位，并做好装车前的一切准备。

②请车和拨车。

由铁路负责装车的货物，有关请车和拨车均由铁路自行办理。

由发货人负责装车时，不论是在车站的货场内装车或是在专用线装车，发货人应按铁路批准的日要车计划，根据货物的性质和交货数量，向车站请拨车辆。发货人要正确合理选择需要的车种和车辆吨位，尽量做到车种适合货种，车吨配合货吨，并在保证货物和车辆安全的前提下，充分利用车辆的载重吨和容积，以提高经济效益。铁路在货车调送到装货地点或车辆交接地点之前，应将送车时间通知发货人，发货人应根据铁路送车通知按时接车，同时组织装车力量，在铁路规定的时间内完成装货工作，按时交车，并将装车完毕时间通知车站。

③货物的装车、加固和施封。

a.装车。

货物装车应具备以下三个基本条件：

(a)货物包装完整、清洁、牢固，货物标志、标记清晰完整；

(b)单证齐全、内容准确、完备；

(c)车辆的车体完整、清洁，技术状态良好，具备装车的必备条件。

由发货人装车的货物，发货人应在现场负责监装。铁路负责装车的货物，一般应由铁路监装，在必要时可要求发货人在货场检查货物装载情况。现场监装工作的内容有以下几个方面：

(a)装车前，检查货位上的货物，复核点数，是否符合装车条件；

(b)货车调到时，会同铁路货运员检查车辆是否符合装车要求；

(c)合理装载，装车时对配载货物做到心中有数，计算准确，装载合理，保证货物全部装车，检查货物是否装载恰当，确保货物运输安全；

(d)装车完毕，检查车辆是否封闭、加固、通风及相应的安全措施；

(e)记录车号，做好发运登记，并在出口货物明细单上填写车号、运单号和装车日期，如实际车数与原单记载有出入时，应及时做好修改和更正；

(f)装车结束后，及时向车站交付运费，取回盖有发站承运戳记的运单副本和运单副本抄件。

b. 加固。

对于敞车、平车及其他特种车辆装运超限货物、箱装和裸装的机械设备及车辆等货物，应在装车时放置稳妥，捆绑牢固，以防运送途中发生移动、坠落、倒塌及互相撞击，保证安全运送。由我国铁路用敞车类货车发运货物时，装载加固按我国国内规章办理，暂不执行《国际货协》附件第 14 号《敞车类货车货物装载加固规则》的规定。

货物出口加固工作，应由铁路负责(自装车和专用线装车由发货人负责)，但发货人检查加固情况，如不符合要求，应提醒铁路方面重新加固。

c. 施封。

它是保证货物运输安全的重要措施之一，以便分清铁路与发货人之间、铁路之间的相互责任。

我国装运国际联运出口货物的篷车、冷藏车、罐车必须施封。

货车施封后，应使用只在毁坏后才能启开的封印。

铁路装车时由铁路施封，发货人装车由发货人施封，或委托铁路施封，此时发货人在运单“铅封”栏内注明“委托铁路施封”字样。

对出口货物和换装接运的进口货物，各发站和进口国境站必须用 10 号铁丝将车门上部门扣和门鼻拧紧，在车门下部门扣处施封。

(2)货车的配载。

①篷车的使用和配载。

篷车有顶盖和四壁，有门、窗，能启闭，对货物运送比较安全。装篷车的货物每件不宜过长、过大、过重，一般以不超过 250 公斤为宜，以利装卸。我国现有篷车以 60 吨、50 吨为多，因此应根据储运货物的数量，尽可能选用 60 吨或 50 吨的篷车。

在配载货物时，应先利用车容和载重量。在安排车容时，应根据每件货物大小和车辆长宽高，进行正确合理的计算，保证货物按数装载和不浪费运力。必要时，应制订货物装载方案和绘制装载示意图，供装车时作为掌握和参考的依据。

②敞车的使用和配载。

敞车主要装运不怕受潮的货。对于不能装篷车的货物，采取防潮、防盗措施能保证货物安全的，也可使用敞车装载。

装敞车的散装货物，凡能捆扎成件的(如钢材、钢管等)，应尽量捆扎成大件，每车不超过100件。敞车货物的配载，也应充分利用货车的载重量和容积，在保证货物安全运送的前提下尽量做到满载，但装载不得超过车辆限界。

平车用于装运长大货物(敞车装卸困难的)。对于汽车、拖拉机及其他裸装机械，一般以装平车为宜。用平车装运货物，其高度和宽度均不得超过车辆限界。

(3)货物发出后办理事项。

①登记。发货人的运输人员在发货后，要将发货经办人员的姓名、货物名称、数量、件数、毛重、净重、发站、到站、经由口岸、运输方式、发货日期、运单号、车号及运费等项目，详细登记在发运货物登记表内，作为原始资料。

②通知及上报。如合同有规定，发货后发货人要用电传或传真通知收货人，发货人要及时通知；如规定要上报总公司和当地经贸厅(局、委)的，要及时上报。总之，要做好必要的通知和报告工作。

③修正和更改。如果货物发出后，发现单证或单货错误，要及时电告货物经由口岸的外运分支机构，要求代为修正；如发货后需要变更收货人、到站或其他事项的，要及时按规定通知原发站办理变更。

3. 出口货物在国境站的交接

出口货物交接的一般程序。

国境站除办理一般车站的事务外，还办理国际铁路联运货物、车辆和列车与邻国铁路的交接、货物的换装或更换轮对、票据文件的翻译及货物运送费用的计算与复核等项工作。现将出口货物在国境站交接的一般程序简述如下：

①出口国境站货运调度根据国内前方站列车到达预报，通知交接所和海关做好接车准备工作；

②出口货物列车进站后，铁路会同海关接车，并将列车随带的运送票据送交接所处理，货物列车接受海关的监管和检查；

③交接所实行联合办公，由铁路、海关、外运等单位参加，并按照业务分工，流水作业，协同工作。铁路主要负责整理、翻译运送票据，编制货物和车辆交接单，作为同邻国铁路办理货物和车辆交接的原始凭证；外运公司主要负责审核货运单证，纠正出口货物单证差错，处理错发错运事故；海关则根据申报，经查验单证、货相符，符合国家法令政策的规定，即准予解除监督，验关放行。最后由双方铁路具体办理货物和车辆的交接手续，并签署交接证件。

以上仅是一般货物的交接过程。对于特殊货物的交接，如鲜活商品、易腐、超重、超限、危险品等货物，则按合同和有关协议的规定，由贸易双方商定具体的交接方法和手续。属贸易双方自行交接的货物，国境站外运公司则以货运代理人的身份参加双方交接。如果在换装交接过程中需要鉴定货物品质和数量时，应由国内发货单位或委托国境站商检所进行检质、检量，必要时邀请双方检验代表复验。外运公司则按商检部门提供的检验结果，对外签署交接证件。属于需要随车押运的货物，国境站外运公司应负责两国国境站间的押运工作，并按双方实际交接结果对外签署交接证件，作为货物交接凭证和货款结算的依据。

4. 到达取货

到站在货物到达后，应通知运单中所记载的收货人领取货物。在收货人付清运单中所载的一切应付运送费用后，铁路须将货物连同运单正本和货物到达通知单交付收货人；收货人须支付运送费用并领取货物。

如果到达路国内现行的规章有规定，货物的领取也可在收货人付清运送费用之前进行。

收货人只有在货物由于毁损、腐坏或其他原因而使质量发生变化，以致部分或全部货物不能按原用途使用时，方可拒绝领取货物。到站凭运杂费收据收费，运单不能作为收费和报销凭证。到站应在运单"货物交付收货人"栏内加盖本站日期戳，并注明交付时间，以确认货物交付收货人。在交付货物时，到站应要求收货人在运单"货物交付收货人"栏内加盖收货戳记或签字，并填写日期，以确认货物已经领取。

二、国际铁路联运进口货物运输实务流程

联运进口货物运输与联运出口货物运输在货物与单据的流转程序上基本相同，只是在流转方向上正好相反，如图 6-5 所示。以下就国际铁路联运进口货物运输与国际铁路联运出口货物运输的不同部分和需要特别说明的情况，进行阐述。

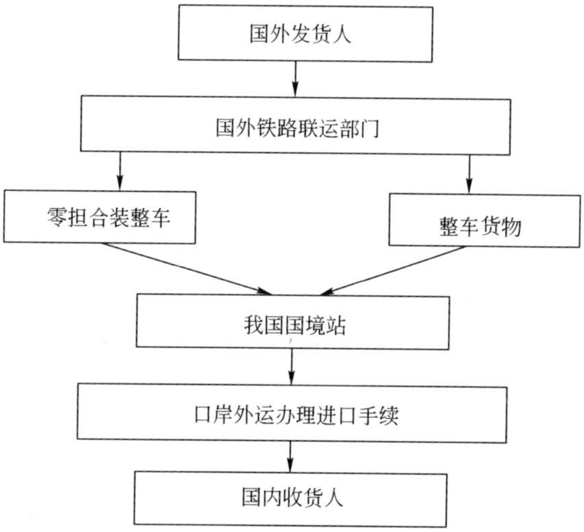

图 6-5　国际铁路货物进口工作程序图

对从国外进口的货物，国外国境站每月 5 日将下月运送计划预告我国国境站外

运分公司(或办事处)或其他有关接运单位。在货物装车前3天,还要将货物品名、重量、件数、到站、收货人和过轨日期预告我国国境站及接运单位。如果是计划外运送,需要在装车前5天预告我国国境站外运分公司或有关接运单位。

1.联运进口计划

国境站外运分公司或接运单位根据国外国境站的预告计划,制定接运计划并于每月15日前将下月接运计划,包括吨数、车件、货物品名、到站等,报所在铁路局。铁路局根据优先安排原则批准并列入计划运输,并于24日前报铁道部运输局,抄送外事局,同时下达国境站并通知有关单位。

2.联运进口货物的运输准备工作

(1)运输标志的编制。

运输标志又称唛头(Mark)。它的作用是为承运人运送货物提供方便,便于识别货物,便于装卸,也便于收货人提货。唛头必须绘制清楚醒目、色泽鲜艳、大小适中,印制在货物外包装显著位置。作为收货人唛头,各订货单位须按照统一规定的收货人唛头对外签订合同。

收货人唛头由七部分组成,按下列顺序排列:

①订货年度代号,如1999年签订的进口贸易合同,即以“99”为年度代号;

②承办订货进出口贸易公司代号,如由中国机械进出口总公司订货,即以“M”为代号;

③订货部门(即收货人)代号,如由邮电部委托订货,即以“KF”为代号;

④间隔号,外贸为“—”,工贸为“/”;

⑤商品类别代号,如“44”即代表有线电设备;

⑥合同编号或卡片编号,即采用进口合同所编的顺序号码;

⑦供货国别地区代号,按照同我国建立外交和贸易关系的国家和地区,分别用两个拉丁字母作为一个国家和地区的代号,如“CF”代表法国,“MR”代表美国等。

例如,1992年中国机械进出口总公司受邮电部委托,以第一号合同向法国订购有线电视设备,其收货人的唛头标为:92MKF—4401CF。

国际联运进口货物使用标准的收货人唛头后,就可以在订货卡片、合同、运单的“收货人”栏内,用收货人唛头代替收货人实际名称,而不再用文字填写收货人全称及其通信地址,从而既加强了保密,减少了订货合同和运输过程中的翻译工作,也在很大程度上方便了运输,防止了错发错运事故。使用收货人唛头时,须严格按照商务部统一规定,不得颠倒编排顺序,增加内容或任意编造代号唛头。

(2)签订采用国际联运方式的进口贸易合同的运输条款时应注意的几个问题:

①收货人唛头须按规定的方法编制,在合同的"收货人"栏内填写收货人唛头作为收货人;

②货物数量要注意,一张运单的重量和件数应符合《国际货协》的规定,必要时还

应订明溢短装条款；

③审核货物到达路局和车站的名称，货物数量和品种要符合到站的办理种别；

④合同中明确注明经由国境站；

⑤包装条件须严格按《国际货协》和其他有关规定办理；

⑥对于需要押运的货物，要在合同中具体订明；

⑦对于超限、超长、超重货物，合同中应规定发货人向发送铁路提供必要的资料，商定有关国家铁路同意后发运；

⑧对于发货人在运单中错填经由口岸、到站、收货人等，因而使收货人遭受经济损失时，合同中应规定约束性条款。

(3)向国境站货运代理公司抄寄合同资料。

各进口公司对外签订合同后，要及时将合同资料寄给货物进口口岸的货运代理公司一份。

这些合同资料包括：合同的中文抄本及其附件、补充书、协议书、变更申请书和有关函电等。其内容应有：合同号、品质、规格、数量、单价、经由口岸、到达路局、到达车站、完整的收货人唛头、包装和运输条件等。

如果是口岸报关，口岸代理公司应事先为进出口公司在口岸海关注册备案。

如改变货物的经由口岸，有关进口公司须将更改后的有关合同资料，寄给新的经由口岸的代理机构一份，并通知原经由口岸代理机构注销合同资料。

3.进口货物发运

国际铁路联运进口货物发运工作，是由国外发货人根据合同规定，向该国铁路办理。

办理发运的手续有以下三种：

(1)从参加《国际货协》或采用《国际货协》规定铁路的国家向我国发运进口货物时，国外发货人向该国铁路办理发运的一切手续，均按《国际货协》和该国国内铁路规章办理。

(2)从未参加《国际货协》并且不采用《国际货协》规定的国家的铁路向我国发运进口货物时，通常有两种做法：

①由发货人通过发送国铁路将货物办理至《国际货协》第一个过境路的进口国境站或采用《国际货协》规定铁路的出口国境站，然后由该国境站站长以发货人全权代理人的资格和由他负责的条件下，填写《国际货协》运单，并随附原运单，将货物发送至我国最终到站；

②由发货人把货物发往参加《国际货协》的国家或采用《国际货协》规定的国家，委托该国的运输机构代收后，再按《国际货协》和该国国内铁路规章办理托运至我国最终到站。

(3)海运货物通过参加《国际货协》的过境铁路港口向我国发送时，可托港口站的收转人办理转发送，并从该港口站起，用《国际货协》运单完成全程运送。

4.进口货物在国境站的交接与分拨

(1)进口货物的交接程序。

进口货物的交接程序与出口货物的交接程序基本相同。具体做法是：进口国境站有关单位根据货车预报和确报做好检查准备工作，货车到达后铁路会同海关接车，然后两国境站交接所根据交接单，办理货物和车辆的现场交接，我国进口国境站交接所通过内部联合办公做好单据核放、货物报关验关工作，然后由铁路负责将货物调往换装线，进行换装作业，并按流向编组向国内发运。

(2)进口货物的核放。

进口合同资料是核放货物的唯一依据，也是纠正货运错乱的重要资料。在收到合同资料后，如发现内容不齐全、有错误、字迹不清，应迅速联系有关公司修改更正。

进口货物抵国境站时，根据合同资料对各种货运单证进行审核，只有单、证、票、货完全相符时，才可核放货物。通常联运进口货物货运事故大约有以下几类：

①合同资料与随车单证不符；

②单证与货物不符，包括有票无货，有货无票；

③货物错经国境口岸；

④货物混装、溢短装或超过合同规定的数量；

⑤货物不符《国际货协》规定，铁路拒收。

对上述情况，口岸外运应本着以下原则处理：属铁路责任造成的，联系铁路处理；属发货人责任造成的，根据合同资料和有关规定认真细致查验货物，确有可靠依据的可予以纠正，否则联系有关公司处理。

(3)联运进口货物的分拨、分运。

对于小额订货(具有零星分散的特点)，合装货物和混装货物，通常以口岸外运作为收货人。因此，在双方国境站办妥货物交接手续后，口岸外运应及时向铁路提取货物，进行开箱分拨，并按照合同缮制有关货运单证，向铁路重新办理托运手续。在分运货物时，必须做到货物包装牢固，单与货相符，并办清海关申报手续。

【小知识 6-4】 铁路拒收货物的原因和存在的问题

(1)出口货物的状态、包装或装载方法不允许继续运送；

(2)属于禁止输入或禁止过境的货物及不准运送的货物；

(3)发货人或发站未遵守该项货物的特定条件，如未注明超限货物的重心、未遵守危险货物运送条件等；

(4)内附单证与票据记载不符或运送票据或添附文件短缺，又未按规定补送的；

(5)货物毁损或短少，交付路拒绝在有关货物现状的商务记录上签字的；

(6)按规定不适合交接的车辆；

(7)货物的过境路要求发货人向有关代理人办理委托代付过境路运送费用而未

办理的，即过境段运费无人支付；

(8)其他违反规定的情况，有：

①到站与收货人地址不符；

②地址不详细；

③无内附单证；

④普通保温车没有四车一组发运或不是统一到站；

⑤混装货物在运单上只记载了一种品名；

⑥运单只填俄文不填中文；

⑦装载不符合要求，将车门堵死；

⑧发运冻肉没有俄铁的进口许可又没在运送票据内注明俄罗斯牲畜检疫局的许可证号，没附合同及签订合同的俄罗斯货主。

S 本章小结

本章首先就国际公路货物联运、国际铁路货物联运的基本概念、特点、发展情况分别做了介绍；其次阐述了国际公路货物联运、国际铁路货物联运的基本业务流程，尤其是有关货运单证的功能、组成、缮制及其流转程序。

E 练习题

(一)单选题

1. 汽车运输中的零担货物系指同一货物托运人托运的货物不足(　　)吨。

A. 3　　B. 5　　C. 8　　D. 10

2. 公路运输中按件托运的零担货物的长度、宽度、高度分别不得超过(　　)米。

A. 3.5/1.5/1.3　　B. 4/2/1　　C. 4.5/2.5/1.5　　D. 3/2/1

3. 国际铁路联运出口货运中，下列(　　)表明铁路承运人接收承运。

A. 车站在运单上登记货物装车日期时

B. 货物进入车站时

C. 货物装上车时

D. 车站在货物运单上加盖承运戳记时

4. 以下(　　)国际铁路联运规章只适用于铁路运输。

A. 国际货物　　B. 统一货价

C. 统一货价协约　　D. 国境铁路协定

5. 我国铁路滨绥线的终点站是(　　)。

A. 满洲里　　B. 二连站

C. 阿拉山口　　D. 绥芬河车站

6. 在国际公路联运运输中，采取件交件方式交接的货物是(　　)。

A. 包装货物　　B. 散装货物

C. 集装箱重箱　　D. 施封的货物

二、多选题

1. 根据运输组织分类，汽车货物运输可分为(　　)。

A. 拖挂货运　　B. 包车货运

C. 集装化运输　　D. 包装货运

2. 公路运输中的特种货物运输包括(　　)的运输。

A. 集装箱货物　　B. 危险货物

C. 大笨重货物　　D. 鲜活易腐货物

3. 我国通往邻国的铁路干线的货物需要在国境站换装后，才能运送到国外的铁路线是(　　)。

A. 滨洲线　　B. 梅集线　　C. 集二线　　D. 北疆线

4. 公路运输中发货人必须派人押运的货物有(　　)。

A. 文物　　B. 尖端精密产品

C. 稀有珍贵物品　　D. 危险货物

5. 哪些货物在国际铁路货物运输中只限按整车办理，不得按零担运送？(　　)

A. 冷藏货　　B. 蜂蜜

C. 装于容器的活动物　　D. 不易计算件数的货物

三、判断题

1. 国际铁路零担货物运输系指按一份托运的一批货物，重量不超过5000公斤，按其体积或种类不需要车辆单独运送的货物。(　　)

2. 国际铁路联运中承运人是以各国铁路整体的名义与发收货人订立合同的。(　　)

3. 国际铁路联运是指使用一份统一的国际联运单据，在全过程中至少有一段是由铁路负责的国际货物运输。(　　)

4. 公路集装箱运输必须使用专用车辆。(　　)

5. 一般情况下，发货人通过铁路部门来付国际铁路联运货物的运费，但是中国出口至莫斯科的货物，从后贝加尔到莫斯科的运费，发货人不能通过铁路部门来支付。因此，我国通常不采用这条国际铁路联运路线。(　　)

四、简答题

1. 简述公路汽车运输的明显优势。

2. 简述国际公路货运的主要业务范围。

3. 简述国际铁路联运的特点。

4.简述铁路整车货物零担货物在托运与受理程序上的主要区别。

5.简述铁路国境站的主要功能。

【实训练习题】

1.实训项目名称:国际铁路联运业务程序及各主要货运单证的填制

2.实训内容:国际铁路联运业务流程及主要货运单证的填制方法

3.实训目的:熟练掌握国际铁路联运的整个业务流程,熟练填制主要货运单证,为今后的实际工作打基础

4.实训资料:提供国际铁路联运业务中所需的相关仿真单证

5.实训要求:要求学生分成若干小组,每组 4～6 人,小组分别代表托运人和承运人;托运人模拟托运时相关单证的填写和传递,承运人模拟如何接受和处理;做完一遍后可交换角色

6.实训方法:模拟训练

7.课时安排:2～4 学时

L 附样单证

附样 6-1

国际铁路联运运单

运单正本-Ophrnha Haknanhou

（给收货人）(-nnr noryqateur)

运输号码

发送路简称 Cokta ucehhoe haroe hoba hne aopotu otnpab nehnr 中铁 K*II 1

1发货人,通信地址 Otnpabutent ,noqtdfbiu anpec

批号－Otnqae kan

25（检查标签）kohtponbhan 3tnketka

2合同号码 －Lorborn

3 发站 Ctahhnt otnpabuehhe

4 发货人的特别声明 Oco6bic 3arbuehhr otpa bhtenn

5收货人，通信地址 Honyqateub,noqtobbu aupec

26 海关记载 Otmetkv tamokhn

6对铁路无约束效力的记载 Otmetkn,heo6r3tenbhbte uurhene3hor uopom

27车辆 － Barof/28 标记载重（吨)Houbemhar chua(7)/29 轴数

30自重-Bec tapa/31换装后的货物重量ccarpy3a nocne neperpy3k

7 通过的国境站 Horpahnuhbie ctahnhr nepexoua

27	28	29	30	31

8 到达路和到站 Hoporar ctahnhr ha3auehhr

慢运 Mauor ckopoctk 国际货协－运单 OMTC-Hakuauhas	9记号、标记、号码 3hakh mapkr, homepa	10 包装种类 pcn ynakobkn	11 货物名称 Hahmeho bahne rpy3a	50附件第 2 号 nphm.2	12 件数 qbcnc mecr	13发货人确定的重量（公斤） Macca(fkt)onpene ner othpabhtenen	32 铁路确定的重量（公斤） Macca(fkr) onpeuener otnpabhtenen

续上表

14 共计件数（大写） Norc Mect nponncbk	15 共计重量(大写) – Nror omacc andonncbk	16 发货人签字 –Nonnck otnpabntenr
17 互换托盘 – O6me huble nouuon 数量 – Kouunqectbc	集装箱／运送用具 Kohreher/Hepeboaoqhble cpenctba 18种类 –Bhr 类型 – Kateropna 19 所属者及号码 BuaenepN	

20 发货人负担下列过境铁路的费用 – Ornpabntenem npnhrtb nhatekp3a cnenykhhe epah3nthble nopwth	21 办理种别 Pob orrpabry			22 由何方装车 Noppyaehr		33
	整车˒ nobarohha˒	零担˒ Menrka˒	大吨位集装箱˒ Kpynhtohakotc kohtehhepa˒	发货人˒ otuqabr teuen˒	铁路˒ *ene3ho uoqoror˒	34
	˒不需要的划掉 Hehyknoe 3aqepkhyte					
23发货人添附的文件 – Hokymehtk. nphuoke hhbit otnpabhtenem	24货物的声明价格O6bhbuehhar hehhoctb rpy3a 分布 py6					35
						36
	45 封印 Hnom6m					
	个数 Konnqectbe	记号 – 3hakn				37
						38
						39
						40

46 发站日期戳 – Kanenaphbh uitem oenb ctahuhh otnpabehne	47 到站日期戳 – Kanehhaphbu urremneub ctannh hashaqehhr	48 确定重量方法 Cnocot onpenenhr Maccb	49 过磅站戳记，签字 – Hremnenectahn b3beunbanr, hounct	41
				42
				43
				44

第七章　国际航运代理实务

能力目标

1.掌握国际航空进出口货物运输业务流程,国际航空货物托运书和货运单的缮制;

2.熟悉体积重量、计费重量的计算方法;

3.掌握普通货物运价、指定商品运价和等级货物运价的计算;

4.了解国际航空货物的其他费用。

知识目标

1.了解国际航空货运方式的种类与特点;

2.掌握各类国际航空代理人的特点与业务范围;

3.掌握国际航空货物托运书和货运单的基本知识;

4.熟练掌握IATA国际货运运价体系的制定和国际航空货物运输费用的计算;

5.掌握国际航空进出口货物运输业务流程,了解航空特快专递的涵义及特点。

学习要求

结合全国国际货运代理从业资格考试和物流师职业资格考试的要求,了解国际航空运输的特点,国际航空运输组织及有关当事人,航空货物运输方式,航空货运代理的种类,航空货运代理的业务范围;掌握国际航空运输协会(IATA)有关知识;熟悉航空公司进出港货物的操作程序和货运代理业务程序;掌握鲜活易腐货物、活体动物、危险物品三种货物的收运;掌握国际航空快递运输的分类、特点。重点掌握航空运费计算的基本方法、运价的种类,掌握航空托运书和航空货运单的基本知识、航空货运单的缮制。

关键概念

航空货运代理　国际货物托运书　航空货运单　班机运输　包机运输

第一节　国际航空运输与航空货运代理概述

一、国际航空运输概述

航空技术的发展是从1903年美国莱特兄弟的第一次成功飞行开始的，随着飞机设计技术的进步和机场的完善，航空运输在二次大战后，许多军用飞机转入民用运输，建立了全球航空运输网。航空运输迅猛发展，成为外贸运输的重要组成部分。

1. 国际航空运输的特点

国际航空运输作为一种新兴的现代化运输方式，具有许多其他运输方式无可比拟的优越性。具体来说，航空货物运输的主要特征有：

(1)运输速度快。

这是航空运输最大的优势和主要特点。飞机是迄今为止最快捷的交通工具。可满足易腐烂变质的鲜活商品对时效性和季节性的要求，适于运送鲜活易腐、季节性商品和价值高的商品。

(2)运输里程短。

航空运输一般选择在两点间作直线飞行，不受地面条件限制。较之火车、汽车、船舶要依附蜿蜒曲折的铁路、公路或航道行使，航空运输则不受严格限制。

(3)安全准确，可以节约包装、保险、利息等费用。

采用高速且管理完善的航空运输方式，货物在途时间短，商品周转速度快，可以简化商品包装，大大降低企业存货数量，加快企业资金周转，节约利息费用和仓储费用。

(4)基本建设周期短，投资少。

航空货运的基础设施主要有机场、导航设施和飞机，建设周期短，投资少，收效快，与铁路、公路运输需要在线路上花费大量投资不同；而且空运筹备开航所需的准备时间也短。一般来说，在相距1000公里的城市间建一条交通线，开设航线只需2年，而铁路的建设周期则为5～7年；回收航空线投资只需4年左右的时间，而铁路回收则需约33年的时间。

航空货物运输虽然有着其他运输方式无可比拟的优越性，但也有其自身的局限性：

(1)航空运输运量较小，不适于运送大件货物或大批量货物；

(2)从经济上看，航空运输的成本高于其他运输方式的成本，因而运费较高；

(3)飞机飞行会受到气候条件的影响。

2. 国际航空运输组织及有关当事人

(1)国际民用航空组织——ICAO。

国际民用航空组织(International Civil Aviation Organization)成立于1947年4月4日,是联合国的所属机构,总部设在加拿大的蒙特利尔,有150多个成员国。

(2)国际航空运输协会——IATA。

国际航空运输协会(International Air Transport Association)于1945年4月16日在哈瓦那成立,是世界上的航空公司及空运承运人组成的非政府性国际组约。

协会从组织形式上是一个航空企业的行业联盟,属非官方性质组织,但是由于世界上的大多数国家的航空公司是国家所有,即使非国有的航空公司也受到所属国政府的强力参预,因此它实际上属于一个半官方组织。

(3)航空运输的当事人及其关系。

国际航空货运的当事人有:发货人、收货人、航空公司(承运人)和航空货运公司(代理人)。

航空公司,又称承运人,拥有飞机办理客货运输业务。多数航空公司有定期航班,像开往我国的法航、日航、德航、瑞航、联合航空等公司,有些则无定期航班,只提供包机服务,如卢森堡货运航空公司、马丁航空公司等,还有的以中国外运空运公司为其至我国的货运代理,如美国泛美航空公司、美国西北航空公司、美国飞虎航空公司等。

航空货运公司,即航空货代,是从事航空货物在始发站交给航空公司之前的揽货、接货、报关、订舱及在目的地从航空公司手中接货、报关、交付或送货上门业务的公司。航空货运公司可以是货主代理,可以是航空公司的代理,也可身兼两职。

空运当事人的责任划分见图7-1。

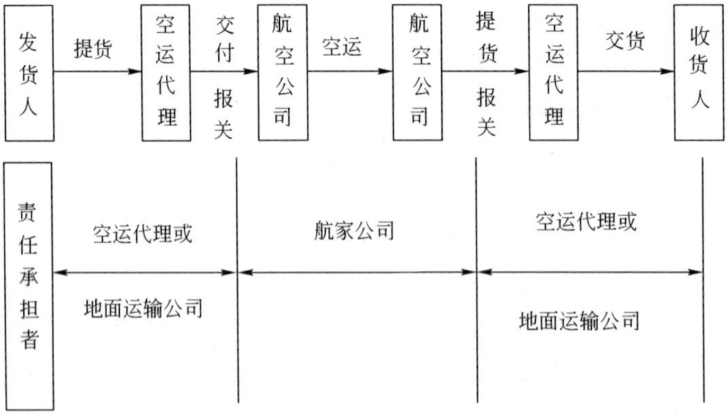

图7-1 空运当事人的责任划分图

3. 航空货物运输方式

(1)班机运输。

①班机的概念。班机(Scheduled Flights)是指定期开航的定航线、定始发站、定

目的港、定途经站的飞机。

②班机类型。一般航空公司使用客货混合型飞机，又叫 CombinationCarrier，大多在上仓运客下仓载货。一些较大的航空公司在一些航线上开辟定期货运航班，使用全货机运输。

(2)包机运输(Chartered Carrier)。

包机运输可分为整包机和部分包机两类。

①整包机。即包租整架飞机，航空公司将整架飞机租给包机人，从一个或几个航空港装运货物至目的地。包机人要提前一个月左右联系，包机费用是一次一议，按飞行公里收费，并按一定比例收取空放费。整包机要争取来回程都有货物，可以降低成本。

②部分包机。部分包机是几家航空货运公司或发货人联合包租一架飞机，或者是航空公司把一架飞机的舱位分别卖给几家公司装货。适用于货量较大又不是一架整机舱位的航空货运。

(3)集中托运(Consolidation)。

集中托运是指将若干票单独发运的，发往同一方向的货物集中起来作为一票货物，以取得优惠运价，航空公司签发一份总运单，目的港为同一站。

①具体做法是将每一票货分别制定航空分运单，然后所有货物按国别、目的港集中，制定出总运单和货运清单，作为一整票货交给航空公司。总运单常附若干分运单，总运单上的发货人和收货人都是航空货运公司。目的站的航空货运公司负责货物的逐一清关、分拨和送货，并将信息反馈给始发站。

②等级运价的货物，如贵重物品、危险品、文物和鲜活商品等，一般不办集中托运。

③集中托运特点是节省运费，发货人可得到低于航空公司的运价；提供方便，货物可延伸到飞机到达以外的地方；提早结汇，货主可以早日持分运单到银行结汇。

(4)联运方式。

联运方式有陆空联运和海空联运等。

陆空联运有火车、飞机和卡车联合运输方式，简 TAT，即 Train—Air—Truck；或者火车、飞机的联运，简称 TA，即 Train—Air。我国内地的空运出口常采用陆空联运方式，另外采用陆空联运或海空联运。先将货物运到香港再办空运。这样既发挥了空运时间短、速度快的优点，又可以利用香港空运到欧美的低运价来节省出口运输费用。

【小知识 7-1】 世界上最繁忙的航空路线

世界上最繁忙的航空线有：

西欧—北美间的北大西洋航空线。该航线主要连接巴黎、伦敦、法兰克福、纽约、芝加哥、蒙特利亚等航空枢纽。

西欧—中东—远东航空线。该航线连接西欧各主要机场至远东、香港、北京、东京等机场。并途经雅典、开罗德黑兰、卡拉奇、新德里、曼谷、新加坡等重要航空站。

远东—北美间的北太平洋航线。这是北京、香港、东京等机场经北太平洋上空至北美西海岸的温哥华、西雅图、旧金山、洛杉矶等机场的航空线，并可延伸至北美东海岸的机场。太平洋中部的火奴鲁鲁是该航线的主要中继加油站。

此外，还有北美—南美，西欧—南美，西欧—非洲，西欧—东南亚—澳新，远东—澳新，北美—澳新等重要国际航空线。

二、航空货运代理概述

随着航空货运业务的发展，航空货运代理业应运而生。采用航空货运形式进出口货物，需要办理一定的手续，如出口货物在始发地交航空公司承运前的订舱、储存、制单、报关、交运等；进口货物在目的地机场的航空公司或机场接货、监管、储存、制单、报关、送货及转运等。航空公司一般不负责上述业务，由此，收货人、发货人必须通过航空货运代理公司办理航空货运业务，或自行向航空公司办理航空货运业务。

航空货运代理公司作为货主和航空公司之间的桥梁和纽带，一般具有两种职能：

(1)为货主提供服务的职能：代替货主向航空公司办理托运或提取货物；

(2)航空公司的代理职能：部分货代还代替航空公司接受货物，出具航空公司的总运单和自己的分运单。

航空货运代理公司大多对航空运输环节和有关规章制度十分熟悉，并与各航空公司、机场、海关、商检、卫检、动植检及其他运输部门有着广泛而密切的联系，具有代办航空货运的各种设施和必备条件。同时，各航空货运代理公司在世界各地或有分支机构，或有代理网络，能够及时联络，掌握货物运输的全过程。因此，货主委托航空货运代理公司办理进出口货物运输事宜比到航空公司直接办理有关事宜可能更为便利。

1.航空货运代理的种类

根据业务范围和法律地位，航空货运代理可分为以下几类：

(1)国际航空货运代理。

这类代理，是指我国国际货运代理业管理规定中所称的空运代理，即受进出口发货人、收货人的委托，在约定的授权范围内，作为他们的代理人，代为处理国际航空货物运输过程中的各项业务。

(2)国际航空运输销售代理。

这类代理，是指受航空公司的委托，在约定的授权范围内，作为他们的代理人，代为处理国际航空客货运输销售及其相关业务。

根据我国《民用航空运输销售代理业管理规定》，空运代理分为一类代理和二类代理。前者经营国际航线或者香港、澳门、台湾地区航线的民用航空代理业务；后者经营国内航线除香港、澳门、台湾地区航线外的民用航空运输代理业务。

申请设立一类空运代理业务，除了具备一般商业公司的条件之外，还必须满足以下特殊条件，才可取得民航行政主管部门签发的空运代理业务经营批准证书：

①提供《中华人民共和国国际货物运输代理企业认可证书》；

②提供经济担保证明；

③民用航空运输企业出具的委托代理意向书；

④注册资本不得少于人民币 150 万元。

在我国，申请设立国际航空货物代理的前提之一是必须首先成为国际货运代理。这表明，这类代理人一方面可以为货方提供代理服务，从中收取代理费；另一方面也可以为承运方（航空公司）服务，收取佣金。

（3）IATA 空运代理。

这类代理是指经 IATA 批准，可以代表 IATA 所属的航空公司从事货物销售等业务的国际航空货运代理。

欲成为 IATA 空运代理，除了应取得国际航空销售代理资格，并被 IATA 所属的一家航空公司指定为其代理之外，还应有一定的资信、业务量，以及雇佣包括至少两名取得 IATA 的国际危险品和特殊运输货物代理证书的业务人员。

经批准成为 IATA 的空运代理，除了标志着实力、能力、专业水平、效率质量及信誉等均达到国际公认标准，有助于扩大业务和销售范围之外，还可以参加 IATA 的货运结算系统（Cargo Accounts Settlement Systems，CASS）和各类培训计划，以及有权使用 IATA 货运单和信用服务等。

（4）航空快递公司。

这是指利用自身或代理的网络，专门经营特快邮件（不包括私人信函）、包裹，以及较贵重货物的企业。

目前，一些大型航空快递公司依据自身拥有的航空货机和汽车运输工具，已发展成为第三方物流经营人。

2.航空货运代理的业务范围

航空货运代理除了提供订舱、租机、制单、代理包装、代刷标记、报关报验、业务咨询等传统代理业务之外，还提供以下服务：

（1）集中托运业务。作为航空货运代理的主要业务，航空货运代理实际上已成为契约承运人。

（2）地面运输。它是指提供机场至机场之外的地面运输服务。在这种业务下，有些航空货运代理是以代理人身份提供地面运输服务，有些则利用自身拥有或租赁的地面运输工具以承运人身份提供地面运输服务。

（3）多式联运服务。有些大型航空货运代理可以提供以航空运输为主的多式联运服务。

3. 航空集中托运

由于航空运价随着货物计费重量的增加而逐级递减，货物重量越重代理人或集运商(Consolidator)就可以从航空公司获取更加优惠的运价，因此集中发运大批量货物的运营模式成为众多代理人追求的目标。

航空集中托运的服务过程见图 7-2。

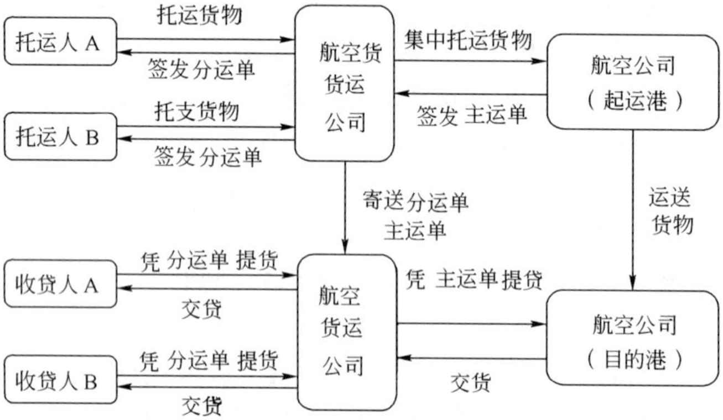

图 7-2　航空集中托运业务各方关系图

(1)集运商提供的服务。

集中托运商将多个托运人的货物集中起来作为一票货物交付给承运人，用较低的运价运输货物。货物到达目的站，由分拨代理商(Break Bulk Agent)统一办理海关手续后，再分别将货物交付给不同的收货人。

集中托运人除了可以提供货运代理人提供的服务内容外，还可承担其他多项服务：

对出口货物：

①负责集中托运货物的组装；

②将“待运状态”的散装货物交付给承运人；

③将货物装入集装器后，交付给承运人；

④货物的信息追踪。

对进口货物：

①办理清关手续并交付货物；

②准备再出口的文件；

③办理国内中转货的转关监管手续。

(2)航空集中托运的文件。

①主运单(MAWB)和分运单(HAWB)。

代理人在收取货物之后，进行集中托运，需要把来自不同托运人的货物集中到一起，交给航空公司，代理人和航空公司之间就需要一个凭证，这个凭证就是主运单(Master Air Waybill)(参见本章后附样 7-2 航空主运单)。航空主运单对于代理人和航空公司都非常重要,因为它承载了货物的最主要信息,货物运输的过程就是信息流的过程,信息流保证了货物运送的安全性和准确性,主运单表明代理人是航空公司的销售代理人,表示取得授权的代理人在市场上可以销售航空公司的舱位。通常,航空公司根据代理人的实际情况和结算周期,分时间间隔发放给代理人一定数量的货运单,代理人销售完一定数量的运单后,与航空公司进行结算。因此,主运单是代理人与承运人交接货物的凭证,同时又是承运人运输货物的正式文件。

代理人在进行集中托运货物时,首先从各个托运人处收取货物,在收取货物时,需要给托运人一个凭证,这个凭证就是分运单(HAWB-House Air Way-Bill)(见本章附样 7-3 航空分运单),它表明托运人把货物交给了代理人,代理人收到了托运人的货物,所以分运单就是代理人与发货人交接货物的凭证,代理人可自己颁布分运单,不受航空公司的限制,但通常的格式还要按照航空公司主运单来制作。在分运单中,托运人栏和收货人栏都是真正的托运人和收货人。

在主运单中,托运人栏和收货人栏都是代理人。在中国,只有航空公司才能颁布主运单,任何代理人不得自己印制颁布主运单。

一票集中托运货物的所有分运单都要装在结实的信封内附在主运单后,并在货运单"Nature and Quantity"栏内注明"Consolidation as Per Attached Manifest"。这又涉及到另外一个文件即集中托运货物舱单。

②集中托运货物舱单(Manifest)。

由于在主运单中,货物的品名是通过品名栏中注明的"集中托运货物的相关信息附在随带的舱单中",并没有列出具体的货物品名,因此需要查询集中托运货物舱单,才能了解在这种主运单中有哪些分运单和货物。通过集中托运货物舱单,我们可以看出,主要有各个分运单号,以及各个分运单中货物的运送目的地、件数、重量、体积等项目。

③识别标签。

对于集中托运货物,要在每一件货物上贴上识别标签,在识别标签上要特别注明主单号和分单号。

(3)航空集中托运的货物。

并不是所有的货物都可以采取集中托运的方式,因为在集中托运时,代理人把来自不同托运人的货物并在一个主单上运输,对于航空公司来说,对待主单上所有货物的方式一定是一样的,不可能在一张主单上的两种货物,采取两种不同的操作方法,因此对于集中托运的货物的性质是有一定的要求,不得以集中托运形式运输的货物有贵重物品、活体动物、尸体、骨灰、外交信袋、危险物品。

(4)直接运输(Direct Cargo)与集中托运货物的区别。

在货物运输中，不能保证货物都用集中托运的方式，除了货物本身的要求外，还由于航空运输时间要求比较高，在比较短的时间内，保证多个托运人的货物到同一个目的地，这在实际操作当中，往往不能得到保证。因此，许多时候还是采取直接运输的方式。直接运输与集中托运货物的区别如下：

①直接运输：

a. 货物由货主或航空货运代理人交付给承运人（航空公司）；

b. 货运单由航空货运代理人填开，并列明真正的货主（托运人和收货人）；

c. 只使用航空公司的货运单。

②集中托运货物：

a. 集中托运货物由货主交付给集中托运商，然后再由集运商交付给承运人（航空公司）；

b. 货运单由集中托运商填开，航空公司货运单（主运单）上记载的货物收货人、发货人分别为集中托运商和分拨代理人，集运商的货运单（分运单）上记载的货物收货人、发货人分别为真正的货主（托运人和收货人）。

第二节　国际航空货运代理进出口业务流程

国际货物运输的业务流程主要包含两大环节：国际货物运输的出口业务流程和进口业务流程。

国际货物运输的出口业务流程指的是从托运人发货到承运人把货物装上飞机的物流、信息流的实现和控制管理的全过程（见图 7-3）。国际货物运输的出口业务流程从流程的环节主要包含两大部分：航空货物出口运输代理业务程序和航空公司出港货物的操作程序。

一、航空货物出口运输代理业务程序

航空货物出口运输代理业务程序包含以下几个环节：市场销售→委托运输→审核单证→预配舱→预订舱→接单→制单→接货→标签→配舱→订舱→出口报关→出仓单→提板箱→装板箱→签单→交接发运→航班跟踪→信息服务→费用结算。

1. 市场销售

作为航空货物运输销售代理人，其销售的产品是航空公司的舱位，只有飞机舱位配载了货物，航空货运才真正具有了实质性的内容。因此，承揽货物处于整个航空货物出口运输代理业务程序的核心地位。这项工作的成效直接影响代理公司的发展，是航空货运代理的一项至关重要的工作。一个业务开展得较强、较好的货运代理公司，一般都有相当数量的销售人员或销售网点从事市场销售工作。

航空货运代理公司与出口单位（发货人）就出口货物运输事宜达成意向后，可以

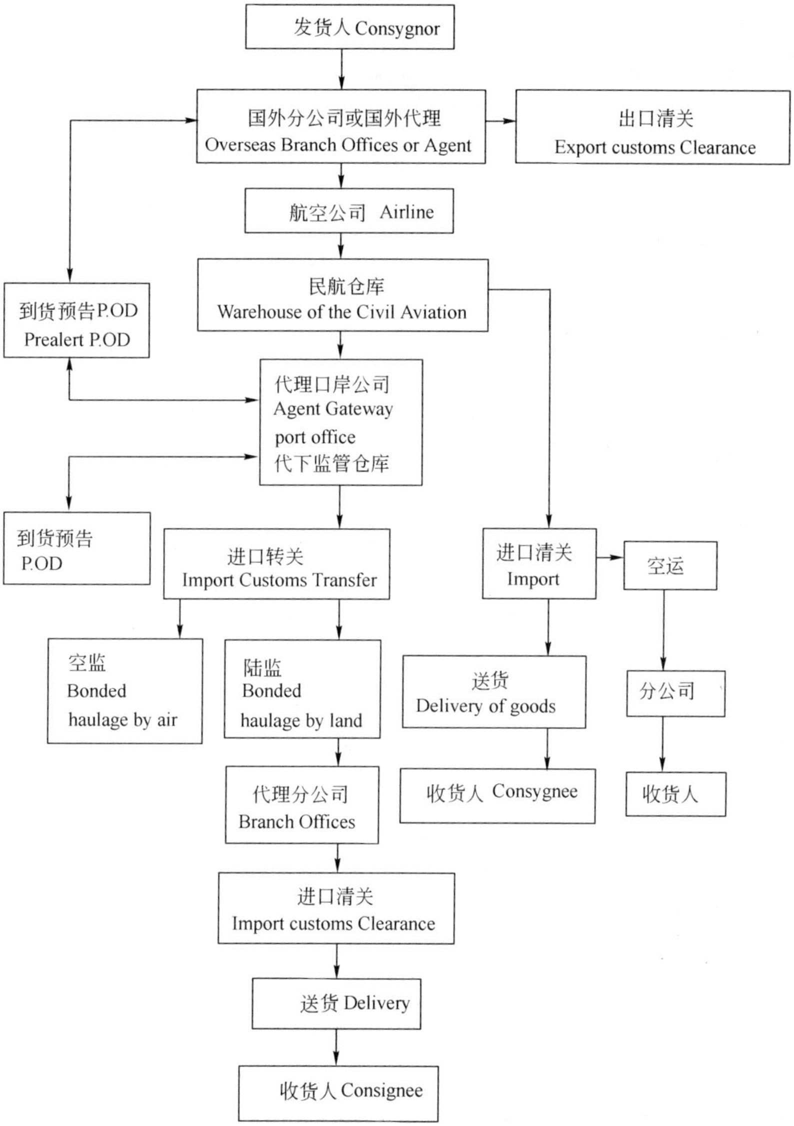

图 7-3 国际航空货物进出口业务流程图

向发货人提供所代理的有关航空公司的“国际货物托运书”。对于长期出口或出口货量大的单位，航空货运代理公司一般都与之签订长期的代理协议。

发货人发货时，首先需填写委托书，并加盖公章，作为货主委托代理承办航空货运出口货物的依据。航空货运代理公司根据委托书要求办理出口手续，并据以结算费用。

因此，“国际货物托运书”是一份重要的法律文件。

2. 委托运输

根据《华沙公约》第5条(1)和(5)款规定，货运单应由托运人填写，也可由承运人或其代理人代为填写。实际上，目前货运单均由承运人或其代理人代为填制。为此，作为填开货运单的依据——托运书，应由托运人自己填写，而且托运人必须在上面签字或盖章。

3. 审核单证

单证应包括：

(1)发票、装箱单：发票上一定要加盖公司公章(业务科室、部门章无效)，标名价格术语和货价(包括无价样品的发票)；

(2)托运书：一定要注明目的港名称或目的港所在城市名称，明确运费预付或运费到付、货物毛重、收发货人、电话/电传/传真号码，托运人签字处一定要有托运人签名；

(3)报关单：注明经营单位注册号、贸易性质、收汇方式，并要求在申报单位处加盖公章；

(4)外汇核销单：在出口单位备注栏内，一定要加盖公司章；

(5)许可证：合同号、出口口岸、贸易国别、有效期，一定要符合要求，与其他单据相符；

(6)商检证：商检证、商检放行单、盖有商检放行章的报关单均可，商检证上应有海关放行联字样；

(7)进料/来料加工核销本：注意本上的合同号是否与发票相符；

(8)索赔/返修协议：要求提供正本，要求合同双方盖章，对方没章时，可以签字；

(9)到付保函：凡到付运费的货物，发货人都应提供；

(10)关封。

4. 预配舱

代理人汇总所接受的委托和客户的预报并输入电脑，计算出各航线的件数、重量、体积，按照客户的要求和货物重、高情况，根据各航空公司不同机型对不同板箱的重量和高度要求，制定预配舱方案，并对每票货配上运单号。

5. 预订舱

代理人根据所制定的预配舱方案，按航班、日期打印出总运单号、件数、重量、体积，向航空公司预订舱。这一环节称之为预订舱，是因为此时货物可能还没有入仓库，预报和实际的件数、重量、体积等都会有差别，这些留待配舱时再作调整。

6. 接受单证

接受托运人或其代理人送交的已经审核确认的托运书及报关单证和收货凭证。将电脑中的收货记录与收货凭证核对。制作操作交接单，填上所收到的各种报关单证份数，给每份交接单配一份总运单或分运单。将制作好的交接单、配好的总运单或分运单、报关单证移交制单。如此时货未到或未全到，可以按照托运书上的数据填入交接单并注明，货物到齐后再进行修改。

7. 填制货运单

填制航空货运单，包括总运单和分运单。填制航空货运单是空运出口业务中最重要的环节，货运单填写得准确与否直接关系到货物能否及时、准确地运达目的地。航空货运单是发货人收结汇的主要有效凭证。因此，运单的填写必须详细、准确，严格符合单货一致、单单一致的要求。

填制航空货运单的主要依据是发货人提供的国际货物托运书。货运单一般用英文填写，目的地为香港地区的货物运单可以用中文填写，但货物的品名一定要用英文填写。托运书上的各项内容都应体现在航空货运单上，如发货人和收货人的全称、详细地址、电话、电传、传真和账号，出口货物的名称、件数、重量、体积、包装方式；承运人和代理人的名称和城市名称，始发地机场和目的地机场等。

对于已事先订舱的货物和运费到付的货物，运单上还要注明已订妥的航班号、航班日期。对于运输过程中需要特殊对待的货物（如需冷藏、保持干燥），应在货运单"Handling Information"一栏中注明。

按体积重量计算运费的货物，在货运单上货物品名一栏中需注明体积、尺寸。托运人提供的货物合同号、信用证号码等，如有必要，应在货运单上注明。货运单因打字错误或其他原因需要修改时，应在更改处加盖本公司修改章。

货物的实际重量，以航空公司的重量为准。重量单位一般以公斤来表示。运价类别一般用"M、N、Q、C、R、S"来表示。

"M"代表起码重量；

"N"代表 45kg 以下普通货物运价；

"Q"代表 45kg 以上（含 45kg）普通货物运价；

"C"代表指定商品运价；

"R"代表附减运价；

"S"代表附加运价。

所托运货物，如果是直接发给国外收货人的单票托运货物，填开航空公司运单即可。如果货物属于以国外代理人为收货人的集中托运货物，必须先为每票货物填开航空货运代理公司的分运单；然后再填开航空公司的总运单，以便国外代理人对总运单下的各票货物进行分拨。

接到移交来的交接单、托运书、总运单、分运单、报关单证，进行分运单、总运单直单、拼总运单的运单填制。总运单上的运费填制按所适用的公布运价，并注意是否可以用较高重量点的运价，分运单上的运费和其他费用按托运书和交接单的要求。

相对应的几份分运单件数应与总运单的件数相符合；总运单下有几份分运单时，

需制作航空货物清单。

最后制作《空运出口业务日报表》,供制作标签用。

8. 接受货物

接收货物,是指航空货运代理公司把即将发运的货物从发货人手中接过来并运送到自己的仓库。

接收货物一般与接单同时进行。对于通过空运或铁路从内地运往出境地的出口货物,货运代理人按照发货人提供的运单号、航班号及接货地点接货日期,代其提取货物。如货物已在始发地办理了出口海关手续,发货人应同时提供始发地海关的关封。

接货时应对货物进行过磅和丈量,并根据发票、装箱单或送货单清点货物,并核对货物的数量、品名、合同号或唛头等是否与货运单上所列一致;检查货物的外包装是否符合运输的要求。

(1)基本要求。

①托运人提供的货物包装要求坚固、完好、轻便,应能保证在正常的操作(运输)情况下,货物可完好地运达目的站;同时,也不损坏其他货物和设备。

a. 包装不破裂;

b. 内装物不漏失;

c. 填塞要牢,内装物相互不摩擦、碰撞;

d. 没有异味散发;

e. 不因气压、气温变化而引起货物变质;

f. 不伤害机上人员和操作人员;

g. 不污损飞机、设备和机上其他装载物;

h. 便于装卸。

②为了不使密封舱飞机的空调系统堵塞,不得用带有碎屑、草沫等材料作包装,如草袋、草绳、粗麻包等。包装的内衬物,如谷糠、锯沫、纸屑等不得外漏。

③包装内部不能有突出的棱角,也不能有钉、钩、刺等。包装外部需清洁、干燥、没有异味和油腻。

④托运人应在每件货物的包装上详细写明收货人、另请通知人和托运人的姓名和地址。如包装表面不能书写时,可写在纸板、木牌或布条上,再拴挂在货物上,填写时字迹必须清楚、明晰。

⑤包装窗口的材料要良好,不得用腐朽、虫蛀、锈蚀的材料。无论木箱或其他容器,为了安全,必要时可用塑料、铁箍加固。

⑥如果包装件有轻微破损,填写货运单应在"Handing Information"标注出详细情况。

(2)对包装材料的具体要求。

通用:木箱、结实的纸箱(塑料打包带加固)、皮箱、金属或塑料桶等。

①液体类货物。

a.不论瓶装、罐装或桶装,容器内至少有5%～10%的空隙,封盖严密,容器不得渗漏;

b.用陶瓷、玻璃容器盛装的液体,每一容器的容量不得超过500毫升,并需外加木箱包装,箱内装有内衬物和吸湿材料,内衬物要填牢实,以防内装容器碰撞破碎;

c.用陶瓷、玻璃容器盛装的液体货物,外包装上应加贴"易碎物品"标贴。

②易碎物品。

a.每件重量不超过25公斤;

b.用木箱包装;

c.用内衬物填塞牢实;

d.包装上应贴"易碎物品"标贴。

③精密仪器和电子管。

a.多层次包装,内衬物要有一定的弹性,但不得使货物移动位置和互相碰撞摩擦;

b.悬吊式包装,用弹簧悬吊在木箱内,适用于电子管运输;

c.加大包装底盘,不使货物倾倒;

d.包装上应加贴"易碎物品"和"不可倒置"标贴。

④裸装货物。

不怕碰压的货物如轮胎等,可以不用包装。但不易点数或容易碰坏飞机的仍须妥善包装。

⑤木制包装。

a.木制包装或垫板表面应清洁、光滑、不携带任何种类植物害虫;

b.有些国家要求"Handing Information"栏中注明"The solid wood materials are totally free from bank and apparently free from live plant pests"并随附熏蒸证明。

⑥混运货物。

一票货物中包含有不同物品称为混运货物。这些物品可装在一起,也可以分别包装,但不得包含下列物品:贵重货物、动物、尸体、骨灰、外交信袋、作为货物运送的行李。

9.标记和标签

(1)标记。在货物外包装上由托运人书写的有关事项和记号。

①托运人、收货人的姓名、地址、联系电话、传真;

②合同号等;

③操作(运输)注意事项;

例如:不要曝晒 Don't Expose to Excessive Sunlight

防潮 Keep Dry

小心轻放 Handle with Care

④单件超过 150kg 的货物。

(2)标签。

①根据标签的作用,可以分为识别标签、特种货物标签和操作标签等。

a. 识别标签。说明货物的货运单号码、件数、重量、始发站、目的站、中转站的一种运输标志。

使用要求有:

a)在使用标签之前,清除所有与运输无关的标记与标签;

b)体积较大的货物需对贴两张标签;

c)袋装、捆装、不规则包装除使用两个挂签外,还应在包装上写清货运单号码和目的站。

b. 特种货物标签。说明特种货物性质的各类识别标志。分为活动物标签、危险品标签和鲜活易腐物品标签。

c. 操作标签。说明货物储运注意事项的各类标签。

②按类别分,标签分为航空公司标签和分标签两种。

航空公司标签是对其所承运货物的标识,各航空公司的标签虽然在格式、颜色上有所不同,但内容基本相同。标签上三位阿拉伯数字代表所承运航空公司的代号,后八位数字是总运单号码。

分标签是代理公司对出具分标运单的标识。凡出具分运单的货物都要制作分标签,填制分运单号码和货物到达城市或机场的三字代码。

一件货物贴一张航空公司标签,有分运单的货物,每件再贴一张分标签。

10. 配舱

配舱时,需运出的货物都已入库。这时需要核对货物的实际件数、重量、体积与托运书上预报数量的差别;应注意对预订舱位、板箱的有效领用、合理搭配,按照各航班机型、板箱型号、高度、数量进行配载。同时,对于货物晚到、未到情况及未能顺利通关放行的货物作出调整处理,为制作配舱单做准备。实际上,这一过程一直延续到单、货交接给航空公司后才完毕。

11. 订舱

订舱,就是将所接收空运货物向航空公司正式提出运输申请并订妥舱位。

货物订舱需根据发货人的要求和货物标识的特点而定。一般来说,大宗货物、紧急物资、鲜活易腐物品、危险品、贵重物品等,必须预订舱位。非紧急的零散货物,可以不预订舱位。

订舱的具体做法和基本步骤是:接到发货人的发货预报后,向航空公司吨控部门领取并填写订舱单,同时提供相应的信息。

(1)货物的名称；

(2)体积(必要时提供单件尺寸)；

(3)重量；

(4)件数；

(5)目的地；

(6)要求出运的时间等；

(7)其他运输要求(温度、装卸要求、货物到达目的地时限等)。

航空公司根据实际情况安排航班和舱位。航空公司舱位销售的原则：

(1)保证有固定舱位配额的货物；

(2)保证邮件、快件舱位；

(3)优先预定运价较高的货物舱位；

(4)保留一定的零散货物舱位；

(5)未订舱的货物按交运时间的先后顺序安排舱位。

货运代理公司订舱时，可依照发货人的要求选择最佳的航线和最佳的承运人，同时为发货人争取最低、最合理的运价。订舱后，航空公司签发舱位确认书(舱单)，并给予装货集装器领取凭证，以表示舱位订妥。

订妥的舱位有时会由于货物原因、单证原因、海关原因使得最终舱位不够或者空舱，此类情况需要综合考虑和有预见性等经验，应尽量减少此类事情发生，并且在事情发生后做及时必要的调整和补救措施。

12. 出口报关

出口报关，是指发货人或其代理人在货物发运前，向出境地海关办理货物出口手续的过程。

出口报关的基本程序：

(1)首先将发货人提供的出口货物报关单的各项内容输入电脑，即电脑预录入；

(2)在通过电脑填制的报关单上加盖报关单位的报关专用章；

(3)然后将报关单与有关的发票、装箱单和货运单综合在一起，并根据需要随附有关的证明文件；

(4)以上报关单证齐全后，由持有报关证的报关员正式向海关申报；

(5)海关审核无误后，海关关员即在用于发运的运单正本上加盖放行章，同时在出口收汇核销单和出口报关单上加盖放行章，在发货人用于产品退税的单证上加盖验讫章，粘上防伪标志；

(6)完成出口报关手续。

出运修理件、更换件时，需留取海关报关单，以备以后进口报关用。

出口货物根据动、卫检部门的规定和货物种类，填制相应的动、卫签单。非动植物及其制品类，要求填制《卫检申报单》，加盖卫检放行章。动植物类货物除《卫检申报单》外，还需《动植检报验单》并加盖放行章。化工类产品须到指定地点检验证明是否适合空运。而不同的出口货物亦有各种规定和限制。

13. 出仓单

配舱方案制定后就可着手编制出仓单。

出仓单上应载明日期、承运航班的日期、装载板箱形式及数量、货物进仓顺序编号、总运单号、件数、重量、体积、目的地三字代码和备注。出仓单交给出口仓库，用于出库计划，出库时点数并向装板箱交接。

出仓单交给装板箱环节，是向出口仓库提货的依据，也是制作《国际货物交接清单》的依据。该清单还用于向航空公司交接货物，同时还可用于外拼箱。

出仓单交给报关环节，当报关有问题时，可有针对性地反馈，以采取相应措施。

14. 提板箱与装货

根据订舱计划向航空公司申领板、箱并办理相应的手续。提板、箱时，应领取相应的塑料薄膜和网。对所使用的板、箱要登记、消号。

货物装箱装板：除特殊情况外，航空货运均是以“集装箱”、“集装板”形式装运。

航空货运代理公司将体积为 2 立方米以下货物作为小货交与航空公司拼装，大于 2 立方米的大宗货或集中托运拼装货，一般均由货运代理自己装板装箱。

订妥舱位后，航空公司吨控部门将根据货量出具发放“航空集装箱、板”凭证，货运代理公司凭此向航空公司箱板管理部门领取与订舱货量相应的集装板、集装箱。

大宗货物、集中托运货物可以在货运代理公司自己的仓库、场地、货棚装板、装箱，亦可在航空公司指定的场地装板、装箱。

装板、装箱时要注意以下几点：

(1)不要用错集装箱、集装板，不要用错板型、箱型。

每个航空公司为了加强本航空公司的板、箱管理，都不许可本公司的板、箱为其他航空公司的航班所用。不同公司的航空集装箱、航空集装板因型号、尺寸有异。因此，如果用错会出现装不上飞机的现象。

(2)不要超装箱板尺寸。

一定型号的箱、板用于一定型号的飞机，板、箱外有具体尺寸规定，一旦超装箱、板尺寸，就无法装上飞机。因此，装箱、板时，要注意货物的尺寸，既不超装，又在要规定的范围内用足箱、板的可用体积。

(3)要垫衬，封盖好塑料纸，防潮、防雨淋。

(4)集装箱、板内货物尽可能配装整齐，结构稳定，并接紧网索，防止运输途中倒塌。

(5)对于大宗货物、集中托运货物，尽可能将整票货物装一个或几个板、箱内运输。已装妥整个板、箱后剩余的货物尽可能拼装在同一箱、板上，防止散乱、遗失。

15. 签单

货运单在盖好海关放行章后还需到航空公司签单。主要是审核运价使用是否正确，以及货物的性质是否适合空运，如危险品等是否已办了相应的证明和手续。航空公司的地面代理规定，只有签单确认后才允许将单、货交给航空公司。

16. 交接发运

交接是向航空公司交单交货，由航空公司安排航空运输。交单就是将随机单据和应有承运人留存的单据交给航空公司。随机单据包括第二联航空运单正本、发票、装箱单、产地证明、品质鉴定书等。

交货即把与单据相符的货物交给航空公司。交货之前必须粘贴或拴挂货物标签，清点和核对货物，填制货物交接清单。大宗货、集中托运货，以整板、整箱称重交接；零散小货按票称重，计件交接。航空公司审单验货后，在交接签单上验收，将货物存入出口仓库，单据交吨控部门，以备配舱。

17. 航班跟踪

单、货交接给航空公司后，航空公司会因种种原因，如航班取消、延误、溢载、故障、改机型、错运、倒垛或装板不符规定等，未能按预定时间运出，所以货运代理公司从单、货交给航空公司后就需对航班、货物进行跟踪。

需要联程中转的货物，在货物出运后，要求航空公司提供二、三程航班中转信息。有些货物事先已预订了二、三程，也还需要确认中转情况。有时需直接发传真或电话与航空公司的海外办事处联系货物中转情况。及时将上述信息反馈给客户，以便遇到不正常情况及时处理。

18. 信息服务

航空货运代理公司须在多个方面为客户做好信息服务：

(1)订舱信息。应将是否订妥舱位及时告诉货主或委托人，以便及时备单、备货。

(2)审单及报关信息。应在审阅货主或委托人送来各项单证后，及时向发货人通告。如有遗漏失误及时补充或修正。在报关过程中，遇有任何报关、清关的问题，亦应及时通知货主，共商解决。

(3)仓库收货信息。应将货物送达货运代理人，告诉仓库出口货物的到达时间、货量、体积、缺件、货损情况并及时通告货主，以免事后扯皮。

(4)交运称重信息。运费计算标准以航空公司称重、所量体积为准，如在交运航空公司称重过磅过程中，发现称重、体积与货主声明的重量、体积有误，且超过一定比例时，必须通告货主，求得确认。

(5)一程及二程航班信息。应及时将航班号、日期及以后跟踪了解到的二程航班信息及时通告货主。

(6)集中托运信息。对于集中托运货物，还应将发运信息预报给收货人所在地的国外代理人，以便对方及时接货、查询、进行分拨处理。

(7)单证信息。货运代理人在发运出口货物后,应将发货人留存的单据,包括盖有放行章和验讫章的出口货物报关单、出口收汇核销单,第三联航空运单正本,以及用于出口产品退税的单据,交付或寄送发货人。

19. 费用结算

费用结算主要涉及向发货人、承运人和国外代理人三方面的结算。

(1)与发货人结算费用。

在运费预付的情况下,收取以下费用:

①航空运费;

②地面运输费;

③各种服务费和手续费。

(2)与承运人结算费用。

向承运人支付航空运费及代理费,同时收取代理佣金。

(3)与国外代理人结算到付运费和利润分成等。

到付运费实际上是发货方的航空货运代理人为收货人垫付的,因此收货方的航空货运代理公司在将货物移交收货人时,应收回到付运费并将有关款项退还发货方的货运代理人。同时发货方的货运代理人应将代理佣金的一部分分给其收货地的货运代理人。

由于航空货运代理公司之间存在长期的互为代理协议,因此与国外代理人结算时一般不采取一票一结的办法,而采取应收应付相互抵消,在一定期限内以清单冲账的办法。

二、航空公司出港货物的操作程序

航空公司出港货物的操作程序是指自代理人将货物交给航空公司,直到货物装上飞机的整个操作流程(见图 7-4)。

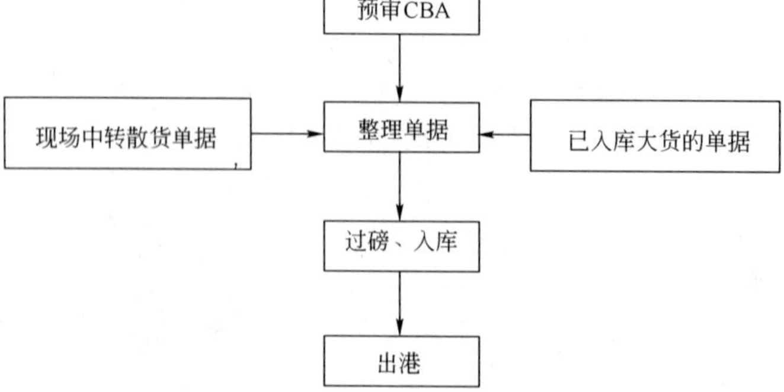

图 7-4 航空公司出港货物的操作流程图

航空公司出港货物的操作程序如下：

1. 预审 CBA(Cargo Booking Advance)

CBA 即国际货物订舱单。此单由国际吨控室开具，作为配载人员进行配载工作的依据，配载人员一般应严格按照 CBA 的要求配货。

(1)根据 CBA，了解旅客人数，货邮订舱情况，有无特殊货物。对经停的国际航班，需了解前后站的旅客人数、舱位利用情况等。

(2)估算本航班最大可利用货邮业载和舱位。

货邮业载＝商务业载－行李重量货邮舱位＝总货舱位－行李舱位　(7-1)

(3)预划平衡。根据订舱情况，旅客人数及前、后舱分布，对飞机做到心中有数，如有问题，可在预配货物时，及时调整。

(4)了解相关航线上待运货物情况，结合 CBA，及时发现有无超订情况，如有疑问，及时向吨控部门了解。

2. 整理单据

整理的单据主要包括三个方面的单据：已入库的大货的单据、现场收运的货物的单据、中转的散货的单据。

(1)已入库的大货的单据。

①检查入库通知单，交接清单(板箱号、高低板标识、重量及组装情况)是否清楚完整，运单是否和交接单一致。

②核对 CBA，做好货物实际到达情况记录，如果出现未订舱货物，应将运单放回原处。

(2)现场收运的货物的单据。

根据代理人提供的报关单、货物清单对运单进行审核，主要查看货物品名、件数、重量、运价及海关放行章，对化工产品要求提供化工部门非危险品证明。

(3)中转的散货的单据。

①整理运单，询问货物到达情况及所在仓库区位；

②寻找并清点货物，决定组装方式。

3. 过磅和入库

(1)检查货物板、箱组装情况，高度、收口等是否符合规定；

(2)将货物送至电子磅，记录重量，并悬挂吊牌；

(3)对装有轻泡货物的板箱，查看运单，做好体积记录；

(4)在电脑中输入板箱号码、航班日期等，将货物码放在货架上。

4. 出港

(1)制作平衡交接单。

配载工作全部完成后，制作平衡交接单。

①注明航班、日期、机型、起飞时间、板箱号、重量、总板箱号、总重量；

②鲜活、快件、邮件及特殊物品作出标识；

③标明高、中、低板；

④交接单一式四份，一份交平衡室，一份交外场，一份交内场出仓，一份交接后留底。

(2)制作舱单。

①对航班所配货物的运单整理核对；

②将运单和货物组装情况输入电脑；

③制作舱单。

舱单(Cargo Manifest)：

①每一架飞机所装载货物、邮件的清单；

②每一航班总申报单的附件；

③向出境国、入境国海关申报飞机所载货、邮情况的文件；

④承运人之间结算运费的依据之一。

转运舱单(Cargo Trans fer Manifest，TRM)：

①由交运承运人填写；

②承运人之间交接货物、文件的凭证；

③承运人之间结算运费的依据之一。

三、航空公司进港货物的操作程序

国际航空货物运输的进口业务流程是指从飞机到达目的地机场，承运人把货物卸下飞机直到交给收件人的物流、信息流的实现和控制管理的全过程。

国际航空货物运输的进口业务流程就其流程的环节主要包含两大部分：航空公司进港货物的操作程序和航空货物进口运输代理业务程序。航空公司进港货物的操作程序指的是从飞机到达目的地机场，承运人把货物卸下飞机直到交给代理人的整个操作流程，包括进港航班预报、办理货物海关监管、分单业务、核对运单和舱单、电脑输入、交接等，如图 7-5 所示。

1. 进港航班预报

填写航班预报记录本，以当日航班进港预报为依据，在航班预报册中逐项填写航班号、机号、预计到达时间。

预先了解货物情况，在每个航班到达之前，从查询部门拿取航班 FFM、CPM、LDM、SPC 等电报，了解到达航班的货物装机情况及特殊货物的处理情况。

2. 办理货物海关监管

业务袋收到后，首先检查业务袋的文件是否完备，业务袋中通常包括货运单、货邮舱单、邮件路单等运输文件。检查完后，将货运单送到海关办公室，由海关人员在货运单上加盖海关监管章。

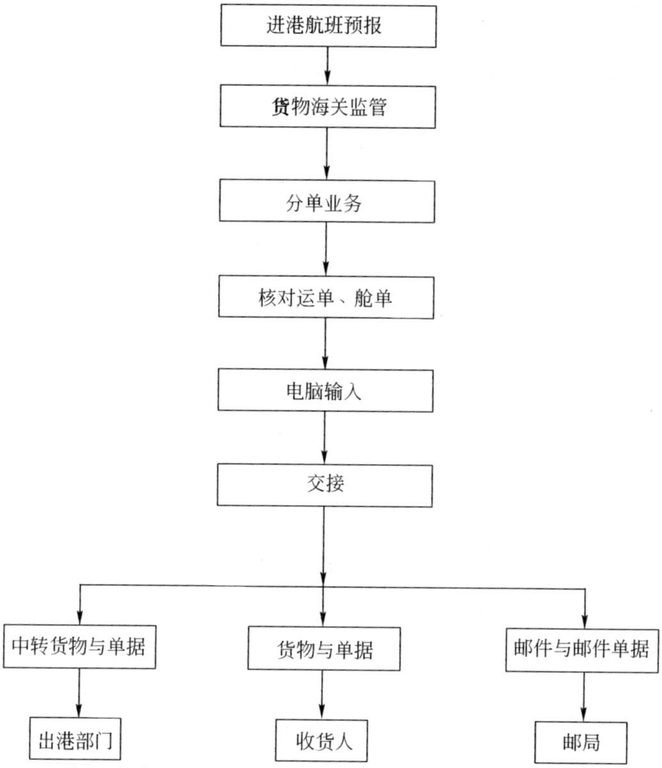

图 7-5 航空公司进港货物的操作流程图

3. 分单业务

在每份货运单的正本上加盖或书写到达航班的航班号和日期。

认真审核货运单，注意运单上所列目的港、代理公司、品名和运输保管注意事项。

联程货运单交中转部门。

4. 核对运单和舱单

若舱单上有分批货，则应把分批货的总件数标在运单号之后，并注明分批标志；把舱单上列出的特种货物、联程货物圈出。

根据分单情况，在整理出的舱单上标明每票运单的去向。

核对运单份数与舱单份数是否一致，做好多单、少单记录，将多单运单号码加在舱单上，多单运单交查询部门。

5. 电脑输入

根据标好的一套舱单，将航班号、日期、运单号、数量、重量、特种货物、代理商、分批货、不正常现象等信息输入电脑，打印出国际进口货物航班交接单。

6. 交接

(1)中转货物和中转运单、舱单交出港操作部门；

(2)邮件和邮件路单交邮局。

四、航空货物进口运输代理业务程序

航空货物进口运输代理业务程序，是指代理公司对于货物从入境到提取或转运整个流程的各个环节所需办理的手续及准备相关单证的全过程。包括代理预报、交接单货、理货与仓储、理单与到货通知、制单与报关、收费与发货、送货与转运等。

1. 代理预报

在国外发货之前，由国外代理公司将运单、航班、件数、重量、品名、实际收货人及其他地址、联系电话等内容通过传真或E—mail发给目的地代理公司，这一过程被称为预报。

到货预报的目的是使代理公司做好接货前的所有准备工作。

注意事项：

(1)注意中转航班，中转点航班的延误会使实际到达时间和预报时间出现差异；

(2)注意分批货物。从国外一次性运来的货物在国内中转时，由于国内载量的限制，往往采用分批的方式运输。

2. 交接单、货

航空货物入境时，与货物相关的单据(运单、发票、装箱单等)也随机到达，运输工具及货物处于海关监管之下。货物卸下后，将货物存入航空公司或机场的监管仓库，进行进口货物舱单录入，将舱单上总运单号、收货人、始发站、目的站、件数、重量、货物品名、航班号等信息通过电脑传输给海关留存，供报关用。同时，根据运单上的收货人及地址寄发取单、提货通知。若运单上收货人或通知人为某航空货运代理公司，则把运输单据及与之相关的货物交给该航空货运代理公司。

航空公司的地面代理人向货运代理公司交接的有：

(1)国际货物交接清单；

(2)总运单、随机文件；

(3)货物。

交接时要做到：

(1)单、单核对，即交接清单与总运单核对；

(2)单、货核对，即交接清单与货物核对。

核对后，出现问题的处理方式见表7-1。

交接单货问题处理方式 表7-1

总运单	清单	货物	处理方式
有	无	有	清单上加总运单号
有	无	无	总运单退回

续上表

总 运 单	清 单	货 物	处 理 方 式
无	有	有	总运单后补
无	有	无	清单上划去
有	有	无	总运单退回
无	无	有	货物退回

另外，还需注意分批货物，做好空运进口分批货物登记表。

航空货运代理公司在与航空公司办理交接手续时，应根据运单及交接清单核对实际货物，若存在有单无货或有货无单的情况，应在交接清单上注明，以便航空公司组织查询并通知入境地海关。

发现货物短缺，破损或其他异常情况，应向民航索要商务事故记录，作为实际收货人交涉索赔事宜的依据。

货运代理公司请航空公司开具商务事故证明情况的通常有：

(1)包装货物受损。

①纸箱开裂、破损、内中货物散落(含大包装损坏，散落为小包装，数量不详)；

②木箱开裂、破损，有明显受撞击迹象；

③纸箱、木箱未见开裂、破损，但其中液体漏出。

(2)裸装货物受损。

①无包装货物明显受损，如金属管、塑料管压扁、断裂、折弯；

②机器部件失落，仪表表面破裂等；

(3)木箱或精密仪器上防振、防倒置标志泛红。

(4)货物件数短缺。

部分货损不属运输责任，因为在实际操作中，部分货损是指整批货物或整件货物中极少或极小一部分受损，是航空运输较易发生的损失，故航空公司不一定愿意开具证明，即使开具了“有条件、有理由”证明，货主也难以向航空公司索赔，但可据以向保险公司提出索赔。对货损责任难以确定的货物，可暂将货物留存机场，商请货主单位一并到场处理。

3.理货与仓储

代理公司自航空公司接货后，即短途驳运进自己的监管仓库，组织理货及仓储。

(1)理货内容。

①逐一核对每票件数，再次检查货物破损情况，遇有异常，确属接货时未发现的问题，可向民航提出交涉(根据《华沙公约》第 26 条:“除非有相反的证据，如果收货人在收受货物时没有异议，就被认为货物已经完好地交付，并和运输凭证相符。”;又《华沙公约》(修正本)——《海牙议定书》中第 15 条:“关于损坏事件，收货人应于发现损

坏后立即向承运人提出异议……最迟应在收到货物后 14 天内提出。”）

②按大货、小货；重货、轻货；单票货、混载货；危险品、贵重品；冷冻、冷藏品；分别堆存、进仓。堆存时要注意货物箭头朝向，总运单、分运单标志朝向，注意重不压轻，大不压小。

③登记每票货储存区号，并输入电脑。

(2)仓储注意事项。

鉴于航空进口货物的贵重性、特殊性，其仓储要求较高，须注意以下几点：

①防雨淋、防受潮。货物不能置于露天，不能无垫托置于地上。

②防重压。纸箱、木箱均有叠高限制，纸箱受压变形，会危及箱中货物安全。

③防升温变质。生物制剂、化学试剂、针剂药品等部分特殊物品，有储存温度要求，要防止阳光暴晒。一般情况下：冷冻品置于－15～－20℃冷冻库（俗称低温库），冷藏品置放于 2～8℃冷藏库。

④防危险品危及人员及其他货品安全。空运进口仓库应设立独立的危险品库。易燃、易爆品、毒品、腐蚀品、放射品均应分库安全置放。以上货品一旦出现异常，均需及时通知消防安全部门处理。放射品出现异常时，还应请卫生检疫部门重新检测包装及发射剂量外泄情况，以便保证人员及其他物品安全。

⑤为防贵重品被盗，贵重品应设专库，由双人制约保管，防止出现被盗事故。

4. 理单与到货通知

(1)理单。

①集中托运，总运单项下拆单。

a. 将集中托运进口的每票总运单项下的分运单分理出来，审核与到货情况是否一致，并制成清单输入电脑；

b. 将集中托运总运单项下的发运清单输入海关电脑，以便实施按分运单分别报关、报验、提货。

②分类理单、编号。

a. 总运单是直单、单票混载，这两种情况一般无清单；

b. 票混载有分运清单，分运单件数之和应等于总运单上的件数；

c. 货物的种类有指定货物、非指定货物、单票、混载、总运单到付、分运单到付、银行货、危险品、冷冻冷藏货物等，随机文件中有分运单、发票、装箱单、危险品证明等；

d. 按照已标有仓位号的交接清单编号并输入电脑，内容有：总运单号、分运单号、发票号、合同号、航班、日期、货名、货物分类、贸易性质、实到件数、已到件数、实到重量、计费重量、仓位号、收货单位、代理人、本地货、外地货、预付、到付、币种、运费、金额等。

运单分类，一般有以下分类法：

a. 分航班号理单，便于区分进口方向；

b. 分进口代理理单，便于掌握、反馈信息，做好对代理的对口服务；

c. 分货主理单，指重要的经常有大批货物的货主，将其运单分类出来，便于联系客户，制单报关和送货、转运；

d. 分口岸、内地或区域理单，便于联系内地货运代理，便于集中转运；

e. 分运费到付、预付理单，便于安全收费；

f. 分寄发运单、自取运单客户理单。

分类理单的同时，须将各票总运单、分运单编上航空货运代理公司自己设定的编号，以便内部操作及客户查询。

③编配各类单证。

货运代理人将总运单、分运单与随机单证、国外代理人先期寄达的单证（发票装箱单、合同副本、装卸、运送指示等）、国内货主或经营到货单位预先交达的各类单证等进行编配。

其后，凡单证齐全、符合报关条件的即转入制单、报关程序。否则，即与货主联系，催齐单证，使之符合报关条件。

（2）到货通知。

货物到目的港后，货运代理人应从航空运输的时效出发，为减少货主仓储费，避免海关滞报金，尽早、尽快、尽妥地通知货主到货情况，提请货主配齐有关单证，尽快报关。

到货通知应向货主提供到达货物的以下内容：

①运单号、分运单号、货运代理公司编号；

②件数、重量、体积、品名、发货公司、发货地；

③运单、发票上已编注的合同号、随机已有单证数量及尚缺的报关单证；

④运费到付数额，货运代理公司地面服务收费标准；

⑤货运代理公司及仓库的地址（地理位置图），电话、传真、联系人；

⑥提示货主：海关关于超过十四天报关收取滞报金及超过三个月未报关货物上交海关处理的规定。

（3）正本运单处理。

电脑打制海关监管进口货物入仓清单一式五份分别提交检验检疫部门和海关，提交给海关的两份中，一份海关留存，另一份海关签字后收回存档。运单上一般需盖妥多个章：监管章（总运单）、代理公司分运单确认章（分运单）、检验检疫章、海关放行章等。

5. 制单与报关

（1）制单、报关、运输的形式。

除部分进口货存放民航监管仓库外，大部分进口货物存放于各货代公司自有的监管仓库。由于货主的需求不一，货物进口后的制单、报关、运输一般有以下几种形式：

①货运代理公司代办制单、报关、运输；

②货主自行办理制单、报关、运输；

③货运代理公司代办制单、报关后，货主自办运输；

④货主自行办理制单、报关后，委托货运代理公司运输；

⑤货主自办制单、委托货运代理公司报关和办理运输。

(2)进口制单。

制单指按海关要求，依据运单、发票、装箱单及证明货物合法进口的有关批准文件，制作“进口货物报关单”。

(3)进口报关。

进口报关是进口运输中关键的环节。报关程序中，还有许多环节，在向海关申报后，海关有初审、审单、征税、验放等主要工作环节。

①初审。

a.初审是海关在总体上对报关单证作粗略的审查；

b.审核报关单所填报的内容与原始单证是否相符，商品的归类编号是否正确，报关单的预录入是否有误等；

c.初审只对报关单证作形式上的审核，不作实质性的审查。

②审单。

a.审单是报关的中心环节，从形式上和内容上对报关单证进行全面的详细审核。

b.审核内容包括：报关单证是否齐全、准确；所报内容是否属实；有关的进口批文和证明是否有效；报关单所填报的货物名称、规格、型号、用途及金额与批准文件所批的是否一致；确定关税的征收与减免等。

c.如果报关单证不符合海关法的有关规定，海关不接受申报。

d.允许通关时，留存一套报关单据（报关单、运单、发票）作为海关备案。

③征税。

a.征税作为报关的一个重要内容是必不可少的。

b.根据报关单证所填报的货物名称、用途、规格、型号及构成材料等确定商品的归类编号及相应的税号和税率。

c.若商品的归类或税率难以确定，海关可先查看实物或实物图片及有关资料后再行确定征税。

d.若申报的价格过低或未注明价格，海关可以估价征税。

④验放。

a.货物放行的前提是：单证提供齐全，税款和有关费用已经全部结清，报关未超过规定期限，实际货物与报关单证所列一致。

b. 放行的标志：正本上或货运代理经海关认可的分运单上加盖放行章。

c. 放行货物的同时，将报关单据(报关单、运单、发票各份)及核销完的批文和证明全部留存海关。如果报关时已超过了海关法规定的报关期限，必须向海关缴纳滞报金。

d. 验放关员可要求货主开箱，查验货物。此时查货与征税时查货，其目的有所不同，征税关员查看实物主要是为了确定税率，验放关员查验实物是为了确定货物的物理性质、化学性质及货物的数量、规格、内容是否与报关单证所列完全一致，有无伪报、瞒报，走私等问题。

e. 除海关总署特准免验的货物外，所有货物都在海关查验范围之内。

(4)报关期限与滞报金。

①按海关法规定，进口货物报关期限为：自运输工具进境之日起的14日内，超过这一期限报关的，由海关征收滞报金。

②滞报金每天的征收标准为货物到岸价格的万分之五。

(5)货代公司对开验工作的实施。

海关对进出口货物实施开箱检验是项经常性的工作，占到货票数的一定比例。为此，货运代理公司必须配备一定人员和工具协助海关，对货物实施开箱检验工作。

客户自行报关的货物，一般由货主到货运代理的监管仓库借出货物，由代理公司派人陪同货主一并协助海关开验。开验后，代理公司须将已开验货物封存，运回监管仓库储存。

客户委托代理公司报关(含运输)的货物，代理公司须通知货主单位，由其派人前来或书面委托代办开验。开验后，代理公司须将已开验货物封装，运回监管仓库储存。

海关对大件货物，开箱后影响运输的货物实施开验时，货运代理公司及货主应如实将情况向海关说明，可申请海关派员到监管仓库开验，或直接到货主单位实施开验。

6. 收费与发货

(1)收费。

货运代理公司仓库在发放货物前，一般先将费用收妥。收费内容有：

①到付运费及垫付佣金；

②单证、报关费；

③仓储费(含冷藏、冷冻、危险品、贵重品特殊仓储费)；

④装卸、铲车费；

⑤航空公司到港仓储费；

⑥海关预录入动植检、卫检报验等代收代付费用；

⑦关税及垫付佣金。

除了每次结清提货的货主外,经常性的货主可与货运代理公司签订财务付费协议,实施先提货,后付款,按月结账的付费方法。

(2)发货。

办完报关、报验等进口手续后,货主须凭盖有海关放行章、检验检疫章(进口药品须有药品检验合格章)的进口提货单到所属监管仓库付费提货。

仓库发货时,须检验提货单据上各类报关、报验章是否齐全,并登记提货人的单位、姓名、身份证号以确保发货安全。

保管员发货时,须再次检查货物外包装情况,遇有破损、短缺,应向货主作出交待。

分批到达货,收回原提货单,出具分批到达提货单,待后续货物到达后即通知货主再次提取;航空公司责任的破损、短缺,应由航空公司签发商务记录;货运代理公司责任的破损、短缺,应由代理公司签发商务记录;遇有货代公司责任的破损事项,应尽可能商同货主、商检单位立即在仓库作商品检验,确定货损程度,要避免后面运输中加剧货损的发展。

发货时,应协助货主装车,尤其遇有货物超大超重,件数较多的情况,应指导货主(或提货人)合理安全装车,以提高运输效率,保障运输安全。

7.送货与转运

出于多种因素(或考虑便利,或考虑节省费用,或考虑运力所限),许多货主或国外发货人要求将进口到达货由货运代理人报关、垫税、提货后运输到直接收货人手中。货运代理公司在代理客户制单、报关、垫税、提货、运输的一揽服务中,由于工作熟练,衔接紧密,服务到位,因而受到货主的欢迎。

(1)送货上门业务。送货上门业务主要指进口清关后货物,直接运送至货主单位,运输工具一般为汽车。

(2)转运业务。转运业务主要指将进口清关后货物转运至内地的货运代理公司,运输方式主要为飞机、汽车、火车、水运、邮政。

办理转运业务,需由内地货运代理公司协助收回相关费用,同时口岸货代公司亦应支付一定比例的代理佣金给内地代理公司。

(3)进口货物转关及监管运输。进口货物转关,是指货物入境后不在进境地海关办理进口报关手续,而运往另一设关地点办理进口海关手续,在办理进口报关手续前,货物一直处于海关监管之下,转关运输亦称监管运输,意味此运输过程置于海关监管之中。

①转关条件。

进口货物办理转关运输必须具备下列条件:

a.指运地设有海关机构,或虽未设海关机构,但分管海关同意办理转关运输，即收货人所在地必须设有海关机构，或邻近地区设有分管该地区的海关机构；

b.向海关交验的进境运输单据上列明到达目的地为非首达口岸，需转关运输；

c.运输工具和货物符合海关监管要求，并具有加封条件和装置。海关规定，转关货物采用汽车运输时，必须使用封闭式的货柜车，由进境地海关加封，指运地海关启封；

d.转关运输的单位必须是经海关核准、认可的航空货运代理公司。一般运输企业，尤其是个体运输者，即使拥有货柜车，也不能办理转关运输。

办理转关运输还应遵守海关的其他有关规定，如：转关货物必须存放在海关同意的仓库、场所，并按海关规定办理收存、交付手续；转关货物未经海关许可，不得开拆、改装、调换、提取、交付；对海关加封的运输工具和货物，应当保持海关封志完整，不能擅自开启，必须负责将进境地海关签发的关封完整及时交指运地海关，并在海关规定的期限内办理进口手续。

②转关手续。

转关货物无论采用飞机运输、汽车运输、火车运输，转关申请人（或货运代理）均须首先向指运地海关申请“同意接收××运单项下进口货物转关运输至指运地”的关封。

办理进口货物转关运输手续时，应向进境地海关递交：

a.指运地海关同意转关运输的关封；

b.《转关运输申报单》；

c.国际段空运单、发票。

进境地海关审核货运单证同意转关运输后：

a.将货物运单号和指运地的地区代号输入电脑进行核销，并将部分单证留存；

b.将运单、发票、转关货物准单各一份装入关封内，填妥关封号加盖验讫章；

c.在运单正本上加盖放行章；

d.在海关配发给各代理公司的转关登记簿上登记，待以后收回回执核销；

e.采用汽车转关运输时，必须在海关颁发的货运代理监管运输车辆的“载运海关监管货物车辆登记簿”上登记、待销。

转关货物无论以后以何种方式运输，无论将货物监管运输至指运地民航监管仓库、货运代理公司监管仓库或收货人单位，等货物转关进入指运地海关监管之下，指运地海关应将“转关运输货物准单”回执联填妥、盖章后，寄还给入境地海关核销。货运代理公司再据以核销自己的转关登记簿上的有关项目，以完成整个转关运输程序。

五、航空进出口货物运输业务实例

1. 厦门空运出口流程

(1)发货人。

①提供货物资料:品名、件数、重量、箱规尺寸、目的港及目的港收货人名称、地址、电话、出货时间、发货人名称、电话、地址。

②应具备的报关资料:

a. 清单、合同、发票、手册、核销单、机电卡等。

b. 填写报关委托书并盖章及盖章空白信纸一份以备报关过程中备份需要,交由委托报关的货代或报关行进行处理;

c. 确认是否具有进出口权以及产品是否需要配额;

d. 根据贸易方式将上述文件或其他必备文件交由委托报关的货代或报关行进行处理。

③寻找货运代理:发货人可自由选择货运代理,但应从运价、服务及货代实力和售后服务等方面选择适合的代理公司。

④询价:向所选择的货运代理公司进行运价协商,航空运输价格等级分为:

M　　N　　+45　　+100　　+300　　+500　　+1 000

各航空公司因所具有的服务不同,给货运代理公司的运价也不同。一般来说,重量级别越大,价格就越优惠,也可申请更优惠的运价。

(2)货运代理公司。

①委托书:发货人与货运代理确定运输价格及服务条件后,货运代理将给发货人一份空白"货物托运委托书",发货人将如实填写此份托运书,并传真或交回货运代理。

②商检:货运代理将检查委托书内容是否齐全(不全或不规范的要补充),了解货物是否要做商检,并对需要做商检的货物进行协助办理。

③订舱:货运代理根据发货人的"委托书",向航空公司订舱(也可由发货人指定航空公司),同时向客户确认航班及相关信息。

④接货:

a. 发货人自送货:货运代理应传真货物进仓图给发货人,注明联系人、电话、送货地址、时间等,以便货物及时准确入仓。

b. 货运代理接货物:发货人需向货运代理提供具体接货地址、联系人、电话、时间等相关信息,以确保货物及时入仓。

⑤运输费用结算:双方在未接货物时应该确定:

预付:本地付费用;

到付:目的港客人付费用。

⑥注意事项:

a. 运输方式：有直达、空空转运、海空联运、陆空转运。

b. 运费组成：空运费（以货代和发货人协商运价为准）、报关费（150 元以内/票），单证费（100 元/票），燃油附加费及战争险（以航空公司收费为准，一般情况下为 1.0 元/千克），货站地面处理费（由厦门航空和南方航空公司承运的货物不收取此项费用，其他的为 0.5 元/千克），以及可能因货物不同而产生的其他杂费。

(3)机场/航空公司货站。

①理货：当货物送至相关的货站后，货运代理会根据航空公司的运单号码，制作主标签和分标签，贴在货物上，以便于起运港及目的港的货主、货代、货站、海关、航空公司、商检、及收货人识别。

②过磅：将贴好标签的货物交由货站过安全检查、过磅、丈量货物尺寸计算体积重量，之后货站将整单货物的实际重量以及体积重量写入"可收运书"，加盖"安检章"、"可收运章"及签名确认。

③打单：货运代理根据货站的"可收运书"将全部货物数据，打入航空公司的运单上。

④特殊处理：可能因货物的重要性、危险性及装运限制（如超大、超重等），货站将要求承运的航空公司代表进行审核，并签字说明，才可入仓。

⑤注意事项。

厦门航空货站：处理厦门航空公司及中国南方航空公司的货物，不收取地面处理费。

航空港货站：处理除上述两家航空以外的所有的航空公司的货物，收取地面处理费用为 0.5 元/千克。

两个货站的工作时间为：8:30～17:30。

(4)商检。

①单证：发货人必须出具清单、发票、合同、报检委托书（由报关行或货代提供）；

②向商检预约查验时间；

③检验：商检局将抽取货物样品或现场评定，作出审核结论；

④放行：检验合格之后，商检局将在"报检委托书"上作出认证；

⑤注意事项：商检根据各类货物的"商品编码"监管条件进行相应的操作；

⑥商检工作时间：08:30～12:00

13:30～17:30

(5)报关行。

①接单、送单：客户可自行选择报关行，也可委托货运代理公司进行报关，但无论如何，都需要将发货人所准备好的所有报关资料，连同货站的"可收运书"、航空公司的正本运单及时交给报关行，以便于及时报关，方便货物及早通关和运输。

②预录入：报关行将根据以上文件，整理并完善所有报关文件，将数据录入海关

系统，进行预先审核。

③申报：预录通过后，可进行正式申报程序，将所有单证交由海关审核。

④送单时间：根据航班时间，需在中午报关通过的货物单证最迟需要在上午10:00点前交接给报关行；需在下午报关通过的货物单证最迟在下午15:00点前交接给报关行。否则将加重报关行报关速度的负担，也可能导致货物不能进入预计航班，或因情况紧急而造成货站收取超时费用(0.5元/千克)。

⑤报关行工作时间：8:30～12:00

13:30～17:30

(6)海关。

①审单：海关将根据报关资料审核货物和单证；

②查验：抽查或者由货运代理自查(后果自负)；

③征税：海关根据货物的类别，按照国家法律的规定收取税收，并填写核销单(以便货物出口后，货主退税用)；

④放行：以上手续完备后，海关将对货物进行放行，在相关单证上加盖海关放行章，交给相关的报关行。

注意：厦门空运货物的通关时间一般情况下为半个工作日。

海关工作时间为：8:30～12:00

13:30～17:30

(7)航空公司。

①排舱：航空公司将已经被海关放行的货物根据货物尺寸、轻重编排装载表，交由货站进行货物装箱或预配；

②装机：货物经过装箱或预配后，进行装机工作，并按照装载舱单，通知转运港及目的港，以便货物的顺利中转及到达；

③注意事项：

$$\begin{aligned}\text{货物体积} &= \text{货物的长(厘米)}\times\text{宽(厘米)}\times\text{高(厘米)} \\ &= \text{立方厘米}\times\text{货物总件数} \qquad (7\text{-}2)\end{aligned}$$

$$\text{体积重量} = [\text{货物体积(立方厘米)} \div 6000\ \text{立方厘米}] \times \text{货物总件数} \qquad (7\text{-}3)$$

$$\text{实际重量} = \text{过磅后货物得到的物理重量} \qquad (7\text{-}4)$$

$$\text{计费重量} = \text{体积重量和实际重量相比其大者} \qquad (7\text{-}5)$$

重货：货物的实际重量大于体积重量；

泡货：货物的实际重量小于体积重量；

航空公司将按照计费重量向货运代理收取运费，货运代理也按照计费重量向客户收取运费，货站也向货代按计费重量收取地面处理费。

落货：

①由于旅客行李过多，造成货运舱位不够，导致已经排载的货物被临时落下；

②由于海关调查部门对某票货物有质疑,而造成货物不能运输;

③由于气候原因,飞机需要临时增加油料的载量,而导致飞机起飞及落地重量超载,而导致落下货物,控制载量;

④由于商业原因或者其他原因造成的航空公司或者货代及货主要求停运而造成落货。

(8)目的港。

①直达目的港:将由航空运单上所打出的收货人进行清关,并收取货物。

②非直达目的港:将由航空公司负责转运,将货物送至最终目的港,然后由运单上所显示的收货人进行清关,领取货物。

2.北京空运进口流程

(1)首都机场/航空公司货站。

①理货。货物到达后,货站将根据航空运单上的数据,整理并核对货物的完整性,对有破损、短缺的,将协助收货人向航空公司进行追查或索赔,对于分批到达的货物将跟踪直到货物全部收集完毕。

②通知。货站将通知航空运单上所显示的收货人领取提单报关(收货人可委托报关行进行清关)。

③查验。

a 海关将对进口货物进行审核,并对审核通过的货物给予放行;

b.需要做商检的货物需向商检局申报,查验合格后商检局将出具证明文件,由报关行或者货主/货代交入海关,再进行进口报关海关程序。

c.放行的货物将按国家法律征收相关的海关关税。

④取货。收货人将已通过海关的单证交给货站处理,并领取货物。

⑤结算。收货人将根据收费标准交付报关费用。根据货物的不同情况,会有不同的通关时间,货站一般情况下在收到货物 3 天内免费保管,超过此期限将产生地面处理费用(0.3 元/千克/天)。

(2)转关。

中国国际航空公司在天津有货运基地,有部分货物运单上标明目的地是天津的,实际是在北京转关操作。

(3)通关。

机场海关接受进口申报的时间和出口申报的时间相同,通关时间一般为两个工作日,但部分企业有《应急本》的除外,可在节假日进行进口申报,如果货物没有问题,通关时间也相应缩短为一个工作日。北京进口的空运货物,都要接受查验,相应的费用实报实销,进口报关费也要根据不同的货物收取不同的费用,一般为 300 元/票。

【小知识 7-2】 如何规避货物航空运输风险

1.投保货物航空运输险

为了规避货物的航空运输风险,避免因承运人因享受免责或责任限制而使货物毁灭、遗失、损坏造成的损失得不到足额赔偿,托运人可以为货物投保航空运输险。如果托运人已经为货物运输投保了保险金额不低于货物价值的航空运输险,保险公司将根据货物的实际损失情况,对保险货物查明由于保险合同规定的原因造成的损失后,向受益人支付不超过保险金额的赔偿金。然后,再由保险公司向承运人追偿。

2. 办理保价运输手续

为了在货物损失且应由承运人赔偿的情况下,使货物损失的价值得到足额赔偿,托运人可以为其托运的货物办理保价运输手续。即在交运货物时就货物在目的地交付时的利益(包括货物在起运地点的实际价值和到达目的地交付收货人时的期到利益),向承运人作出特别声明,并在航空运单"供运输使用的声明价值"栏中注明声明的金额,并支付规定的声明价值附加费,从而使声明价值附加成为托运人和承运人特别约定的赔偿责任金额。一旦货物发生应由承运人承担责任的毁灭、遗失、损坏或延误,承运人将根据实际损失情况,按照高于赔偿责任限额的托运人声明价值予以全额赔偿。

第三节 国际航空运价与运费

航空运价(Rates)是指承运人为运输货物对规定的重量单位(或体积)收取的费用。简单地说,就是机场与机场间的(Airport to Airport)空中费用,不包括承运人、代理人或机场收取的其他费用。而运费(Transportatiln Charges)则是根据适用运价计得的发货人或收货人应当支付的每批货物的运输费用。国际航空货物运输中与运费的有关各项规章制度、运费水平都是由国际航空运输协会(International Air Transport Association,IATA) 统一协调、制定的。

一、航空运输区划

在充分考虑了世界上各个不同国家、地区的社会经济、贸易发展水平后,国际航空运输协会将全球分成三个区域,简称为航协区(IATA Traffic Conference Areas)。每个航协区内又分成几个亚区,航空公司按区划费率收取国际航空运费。

由于航协区的划分主要从航空运输业务的角度考虑,依据的是不同地区,不同经济、社会及商业条件,因此和我们熟悉的世界行政区划有所不同。其中 :

一区(TC1):包括北美、中美、南美、格陵兰、百慕大和夏威夷群岛。

二区(TC2):由整个欧洲大陆(包括俄罗斯的欧洲部分)及毗邻岛屿,冰岛、亚速尔群岛,非洲大陆和毗邻岛屿,亚洲的伊朗及伊朗以西地区组成。本区也是和我们所熟知的政治地理区划差异最多的一个区,它主要有三个亚区:

①非洲区:含非洲大多数国家及地区,但非洲北部的摩洛哥、阿尔及利亚、突尼

斯、埃及和苏丹不包括在内。

②欧洲区：包括欧洲国家和摩洛哥、阿尔及利亚、突尼斯三个非洲国家和土耳其（既包括欧洲部分，也包括亚洲部分）。俄罗斯仅包括其欧洲部分。

③中东区：包括巴林、塞浦路斯、埃及、伊朗、伊拉克、以色列、约旦、科威特、黎巴嫩、阿曼、卡塔尔、沙特阿拉伯、苏丹、叙利亚、阿拉伯联合酋长国、也门等。

三区（TC3）：由整个亚洲大陆及毗邻岛屿（已包括在二区的部分除外），澳大利亚、新西兰及毗邻岛屿，太平洋岛屿（已包括在一区的部分除外）组成。其中：

南亚次大陆区：包括阿富汗、印度、巴基斯坦、斯里兰卡等南亚国家。

东南亚区：包括中国（含港、澳、台）、东南亚诸国、蒙古、俄罗斯亚洲部分及土库曼斯坦等独联体国家，密克罗尼西亚等群岛地区。

西南太平洋洲区：包括澳大利亚、新西兰、所罗门群岛等。

日本、朝鲜区：仅含日本和朝鲜。

二、计费重量（Chargeable Weight）

当实际计算一笔航空货物运输费用时，要考虑货物的计费重量，有关的运价和费用及货物声明价值。其中，计费重量是按实际重量和体积重量两者之中较高的一个计算。也就是在货物体积小、重量大时，以实际重量作为计费重量；在货物体积大、重量轻的情况下，就以货物的体积重量作为计费重量。除起码运费外，公布的运价都以公斤或磅为单位。

1. 实际重量

实际重量是指一批货物包括包装在内的实际总重量。凡重量大而体积相对小的货物称为重货（High Density Cargo），应该用实际重量作为计费重量。具体计算时，重量不足半公斤的按半公斤计；半公斤以上不足1公斤的按1公斤计；不足1磅的按1磅计算。

2. 体积重量

体积重量是针对货物体积大而重量相对小的轻泡货物（Low Density Cargo）所规定的。轻泡货物是指那些每6000立方厘米或每366立方英寸重量不足1千克或者每166立方英寸重量不足1磅的货物。

轻泡货物以它的体积重量（Volume Weight）作为计费重量，计算方法是：

(1)不考虑货物的几何形状，分别量出货物的最长、最宽、最高的部分，单位为厘米或英寸，测量数值的尾数四舍五入；

(2)将货物的长、宽、高相乘得出货物的体积；

(3)将体积折合成公斤或磅，即根据所使用不同的度量单位分别用体积值除以6 000立方厘米或366立方英寸或166立方英寸。

国际航空货物运输组织规定：在计算体积重量时，以7 000立方厘米折合为1公斤(我国民航规定以 6 000 立方厘米折合为 1 公斤)作为计算标准。如一批货物体积为 21 000 立方厘米,实际重量为 2 公斤,则其体积重量为 21 000÷7 000=3(公斤)。计费重量是按货物的实际毛重和体积重量两者中较高的一个计算,如上例中以 3 公斤计费。当一批货物由几件不同货物所组成,如在集中托运(Consolidation)的情况下,同一运单项下会有多件货物,其中有重货也有轻泡货,此时货物的计费重量就按照该批货物的总毛重或总体积重量中较高的一个计算。也就是首先计算这一整批货物总的实际毛重;其次,计算该批货物的总体积,并求出体积重量;最后,比较两个数值,并以高的作为该批货物的计费重量。

例如:一批货物的总毛重为 500 公斤,总体积为 3 817 800 立方公分,航空公司便要按 636.5 公斤计收运费。尾数不足 0.5 公斤的按 0.5 公斤计,超过 0.5 公斤的按 1 公斤计。

三、国际航空运价

IATA 运价可分为非公布直达运价和公布直达运价两种。非公布直达运价是指当货物的始发地至目的地之间无公布直达运价时所采用的运价,包括比例运价、分段相加运价等;公布直达运价是在 IATA 运价中直接能够查得到的运价,常用的包括普通货物运价、指定商品运价和等级货物运价和成组货物运价等。

根据航协的规定,运价的货币单位一般以当地货币单位为准,是一个机场到另一个机场的单一方向的基本运费,不包括其他诸如提货、报关、交接和仓储费用等额外费用。此外,还应注意航空运单中的运价是按出具运单之日所适用的运价。

1. 公布的直达航空运价

(1)普通货物运价(General Cargo Rate,缩写为 GCR)。

普通货物运价,又称一般货物运价,它是为一般货物制定的,仅适用于计收一般普通货物的运价。

一般普通货物运价,以 45 公斤作为重量划分点,分为 45 公斤(或 100 磅)以下的普通货物运价,运价类别代号为 N,和 45 公斤(或 100 磅)及 45 公斤(或 100 磅)以上的普通货物运价,运价类别代号为 Q。45 公斤以上的普通货物运价低于 45 公斤以下的普通货物运价。

例如:以北京—伦敦为例,普通货物运价的每公斤运费分别是:

45 公斤以下 37.25 元;

45 公斤以上 26.66 元;

300 公斤以上 24.30 元;

500 公斤以上 19.71 元;

1 000 公斤以上 18.10 元。

当一个较高的起码重量能提供较低运费时,则可使用较高的起码重量作为计费重量。这个原则也适用于等级货物运价。

例如：普通货物一件 285 公斤，从 BJS(北京)运至 LON(伦敦)，计算运费比较：

用 45 公斤以上运价算：26.66×285＝7 598.1(元)，而如果选择 300 公斤以上运价计算则：24.30×300＝7 290(元)，运费反而节省了 308.1 元。

【小案例 7-1】 Routing：BEIJING，CHINA(BJS)
to TOKYO，JAPAN(TYO)

Commodity：Sample

Gross Weight：25.2kgs

Dimensions：82cm×48cm×32cm

计算该票货物的航空运费。

公布运价如下：

	BEIJING	CN	BJS
	Y. RENMINBI	CNY	KGS
TOKYO	JP	M	230.00
		N	37.51
		45	28.13

解： Volume：82cm×48cm×32cm＝125 952cm^3

Volume Weight：125 952cm^3÷6 000cm^3/kg＝20.99kgs＝21.0kgs

Gross Weight：25.2kgs

Chargeable Weight：25.5kgs

Applicable Rate：GCR N 37.51 CNY/kg

Weight Charge：25.5×37.51＝CNY 956.51

(2)等级货物运价(Class Cargo Rate，缩写为 CCR)。

等级货物运价是指适用于规定地区或地区间指定等级的货物所适用的运价。等级货物运价是在普通货物运价的基础上增加或减少一定百分比而构成的。主要包括以下两类：

①等级运价加价，用“S”表示，适用商品包括：活动物、贵重物品、尸体、骨灰等。上述物品的运价是按 45 公斤以下的普通货物的运价的 200％计收。

②等级运价减价，用“R”表示，适用商品包括：报纸、杂志、书籍及出版物、作为货物托运的行李。这些物品的运价是按 45 公斤以下的普通货物运价的 50％计收。

(3)指定商品运价(Special Cargo Rate，缩写为 SCR)。

指定商品运价，是指为某些从指定始发地至指定目的地的某些指定商品而公布的运价。指定商品运价一般较普通货物运价低。目前，自中国出运的货物，采用 SCR 运价的货物主要为中国至日本、美国、加拿大或新加坡的食品、海产品、药品、纺织品等。指定商品运价是由参加国际航空协会的航空公司根据在一定航线上有经常性特种商品运输的发货人的要求，或者为促进某地区的某种货物的运输，向国际航空协会提出申请，经同意后制定的。

国际航空运输协会公布指定商品运价时将货物划分为以下类型：

0001—0999　食用动物和植物产品；

1000—1999　活动物和非食用动物及植物产品；

2000—2999　纺织品、纤维及其制品；

3000—3999　金属及其制品，但不包括机械、车辆和电器设备；

4000—4999　机械、车辆和电器设备；

5000—5999　非金属矿物质及其制品；

6000—6999　化工品及相关产品；

7000—7999　纸张、芦苇、橡胶和木材制品；

8000—8999　科学、精密仪器、器械及配件；

9000—9999　其他货物。

其中每一组又细分为 10 个小组，每个小组再细分，几乎所有的商品都有一个对应的组号，公布指定商品运价时只要指出本运价适用于哪一组货物就可以了。

承运人制定指定商品运价的初衷主要是使运价更具竞争力，吸引更多客户使用航空货运形式，使航空公司的运力得到更充分的利用，所以指定商品运价比普通货物运价要低；也因此适用指定商品运价的货物除了满足航线和货物种类的要求外，还必须达到承运人所规定的起码运量（如 100 公斤）。如果货量不足，而托运人又希望适用指定商品运价，那么货物的计费重量就要以所规定的最低运量（100 公斤）为准，该批货物的运费就是计费重量（在此是最低运量）与所适用的指定商品运价的乘积。

当使用等级运价或普通货物运价计算出的运费低于按指定商品运价计算出的运费时，则可使用等级运价或普通货物运价。但下列情况除外：

①如果在同一起码重量下指定商品运价高于等级运价或普通货物运价，就应该使用这个指定商品运价；

②如果等级运价高于普通货物运价，就应该使用这个等级运价。

(4)起码运费：(Minimum Charges，MC)。

起码运费是航空公司承运一批货物所能接受的最低运费，不论货物的重量或体积大小，在两点之间运输一批货物应收最低金额。起码运费的类别代号为 M。它是航空公司在考虑办理一批货物，即使是一笔很小的货物，所必须产生的固定费用而制定的，当货物运价少于起码运费时，就要收起码运费。

不同的国家和地区有不同的起码运费。中国民航的起码运费是按货物从始发港到目的港之间的普通货物运价 5 公斤运费为基础，或根据民航和其他国家航空公司洽谈同意的起码运费率征收的。

航空货运中除以上介绍的四种公布的直达运价外，还有一种特殊的运价，即成组货物运价（United consignment ULD，Unit Load Devices）适用于托盘或集装箱货物。

(5)公布的直达运价的使用。

①除起码运费外，公布的直达运价都以公斤或磅为单位；

②航空运费计算时，应首先适用指定商品运价，其次是等级货物运价，最后是普通货物运价；

③如按指定商品运价或等级货物运价或普通货物运价计算的货物运费总额低于所规定的起码运费时，按起码运费计收；

④承运货物的计费重量可以是货物的实际重量或者是体积重量，以高的为准；如果某一运价要求有最低运量，而无论货物的实际重量或者是体积重量都不能达到要求时，以最低运量为计费重量；

⑤公布的直达运价是一个机场至另一个机场的运价，而且只适用于单一方向；

⑥公布的直达运价仅指基本运费，不包含仓储等附加费；

⑦原则上，公布的直达运价与飞机飞行的路线无关，但可能因承运人选择的航路不同而受到影响；

⑧运价的货币单位一般以起运地当地货币单位为准，费率以承运人或其授权代理人签发空运单的时间为准。

2.非公布的直达航空运价

如果甲地至乙地没有可适用的公布的直达运价，则要选择比例运价或利用分段相加运价。

(1)比例运价（Construction Rate）。在运价手册上除公布的直达运价外还公布一种不能单独使用的附加数（Add-on Amounts）。当货物的始发地或目的地无公布的直达运价时，可采用比例运价与已知的公布的直达运价相加，构成非公布的直达运价。

在国际航空运输协会的运价手册中所列的比例运价包括：普通货物运价的比例运价、指定商品运价的比例运价、集装箱的比例运价。

需要注意的是，在利用比例运价时，普通货物运价的比例运价只能与普通货物运价相加，指定商品运价、集装设备的比例运价也只能与同类型的直达运价相加，不能混用。此外，可以用比例运价加直达运价，也可以用直达运价加比例运价，还可以在计算中使用两个比例运价，但这两个比例运价不可连续使用。

(2)分段相加运价（Combination of Rate）。所谓分段相加运价是指在两地间既没有直达运价也无法利用比例运价时可以在始发地与目的地之间选择合适的计算点，分别找到始发地至该点、该点至目的地的运价，两段运价相加组成全程的最低运价。

无论是比例运价还是分段相加运价，中间计算点的选择，也就是不同航线的选择将直接关系到计算出来的两地之间的运价，因此承运人允许发货人在正确使用的前提下，以不同计算结果中最低值作为该货适用的航空运价。

3. 运价的使用顺序

(1)如果有协议运价，则优先使用协议运价。

(2)在相同运价种类、相同航程、相同承运人条件下，公布直达运价应按下列顺序使用：

①优先使用指定商品运价。如果指定商品运价条件不完全满足，则可以使用等级货物运价和普通货物运价。

②其次使用等级货物运价。等级货物运价优先于普通货物运价使用。

如果货物可以按指定商品运价计费，但如果因其重量没有满足指定商品运价的最低重量要求，则用指定商品运价计费可以与采用普通货物运价计费结果相比较，取低者。如果该指定商品同时又属于附加的等级货物，则只允许采用附加的等级货物运价和指定商品运价的计费结果比较，取低者，不能与普通货物运价比较。

如果货物属于附减的等级货物，即书报杂志类、作为货物运输的行李，其等级货物计费则可以与普通货物运价计算的运费相比较，取低者。

③如果运输两点间无公布直达运价，则应使用非公布直达运价。

优先使用比例运价构成全程直达运价。

当两点间无比例运价时，使用分段相加办法组成全程最低运价。

四、声明价值费(Valuation Charges)

与海运或铁路运输的承运人相似，航空承运人也要求将自己对货方的责任限制在一定的范围内，以限制经营风险。按《华沙公约》规定，对由于承运人的失职而造成的货物损坏，丢失或错误等所承担的责任，其赔偿的金额为每公斤 20 美元或每磅 7.675英磅或相等的当地货币，如果货物的价值超过了上述值，即增加了承运人的责任，承运人要收取声明价值费。否则即使出现更多的损失，承运人对超出的部分也不承担赔偿责任。

货物的声明价值是针对整件货物而言，不允许对货物的某部分声明价值。声明价值费的收取依据货物的实际毛重，计算公式为：

$$声明价值费=(货物价值-货物毛重\times 20\text{ 美元/公斤})\times 声明价值费费率(通常为 0.5\%) \quad (7\text{-}6)$$

应该注意的是，根据中国民航各有关航空公司的规定，每批货物(即每份货运单)的声明价值不得超过 10 万美元或其等值货币(未声明价值的，按毛重每公斤 20 美元计算)。超过时，应分批交运(即分两份或多份货运单)；如货物不宜分开，必须经有关航空公司批准后方可收运。

大多数的航空公司在规定声明价值费率的同时，还要规定声明价值费的最低收费标准。如果根据上述公式计算出来的声明价值费低于航空公司的最低标准，则托运人要按照航空公司的最低标准缴纳声明价值费。

五、货到付款劳务费

货到付款是由承运人接受发货人的委托，在货物到达目的地后交给收货人的同时，代为收回运单上规定的金额，承运人则按货到付款金额收取规定的劳务费用。

六、航空运输业务中的其他费用

在实际操作中，除根据航空运价支付的空中运输费用外，根据货物种类及价格术语的不同，每票业务还须支付一些相关的其他费用，统称为杂费。一般来说，空运中的杂费主要包括：制单费、报关费 、仓储费、商检费、熏蒸费及短驳费等。如果是出口业务，还有过磅费，进口业务还包括分拨费。按照传统的做法，在特殊情况下空运杂费还应包括燃油附加费和战争险，不过现在各公司的报价一般都将其包含在运费之内。

七、付款要求

(1)根据不同的价格术语，国际航空运输货物的运费可以预付，也可以到付，但需注意：

①货物的运费和声明价值费，必须全部预付或全部到付；

②在运输始发站发生的其他费用，必须全部预付或全部到付；在运输途中发生的费用应到付，但某些费用，如政府所规定的固定费用和机场当局的一些税收，如始发站知道时，也可以预付；在目的地发生的其他费用只能全部到付；

③不能采取运费到付的货物。

a. 到达国国家的货币管理制度不允许从收货人处收取费用；

b. 承运人不允许运输费用到付；

c. 收货人是托运人本人或政府临时代理机构(除非货物是由有适当证书的政府机构托运)或自由受到限制的人；

d. 收货人所在地为机场、宾馆或其他临时性地址；

e. 对于无价样品，报纸和其他印刷品，新闻图片、影片和电视片、礼品、酒精、饮料、尸体、骨灰、活动物、易腐货物、私人用品及无商业价值的家具，以及本身商业价值低于运输费用的货物等。

(2)托运人可用下列付款方式向承运人或其代理人支付运费：人民币现金或中国人民银行国内支票，但是代理人不得接受托运人使用旅费证(MCO)或预付票款通知单(PTA)作为付款方式。

第四节　航空货物托运书与航空货运单

一、航空货物托运书

1. 托运书(Shippers Letter of Instruction)

航空货物托运书是托运人用于委托承运人或其代理人填开航空货运单的一种表单，表单上列有填制货运单所需各项内容，并应印有授权于承运人或其代理人代其在货运单上签字的文字说明。

在托运人发货时，托运人应事先填写由空运代理提供的有关航空公司的国际货物托运书并附有关的单证，作为托运人委托代理承办航空货运出口货物的依据和指示。空运代理审核托运书及其所附单证，并检查是否可以受理委托，必要时应向有关航空公司咨询，然后予以书面答复。

2. 航空托运书的填写

下面以中国国际航空公司的托运书（参见本章后附样 7-1 航空货物托运书)，说明托运书的缮制过程。在实际业务中，以下(1)～(19)项应由托运人如实填写，其他则由航空公司填写。

(1)托运人名称与地址(Shipper's Name，Address & Telephone No.)：填写托运人的全称、街名、门牌号、城市名称和国名、电话号码。在到付货款的情况下，如果此栏填写不正确，承运人则无法将从收货人处收取的货款交给托运人。

(2)收货人名称与地址 (Consignee's Name ，Address& Telephone No.)：填写收货人的全称、街名、门牌号、城市名称和国名、电话号码。由于空运单不能转让，所以此栏不得填写"To Order"字样。

(3)始发站(Airport of Departure)：填写始发机场的名称或所在城市全名。在该城市拥有几个机场的情况下，可让代理选择一个距托运人较近的机场，并写明该机场的名称。收货人账号必要时填写。

(4)到达站(Airport of Destination)：填写目的机场的名称。如果到达地有若干个机场，则应让代理选择对收货人最近或最方便的机场，如果到达地没有机场，应选择距目的地最近的机场。如果不知道机场名称时，可填写所在城市全名。

(5)操作注意事项和标记 (Handling Information and Other)：填写货物的包装方式、标志和号码，在运输、中转、装卸、储存时需要特别注意的事项，以及在货物不能交付收货人时托运人的处理办法等。

(6)件数(No. of Packages)：填入货物的总件数并注明包装方法，如为混合托运的货物，相同运价的填在一起，不同运价的要分列。

(7)实际毛重 (Gross Weight)：由承运人或其代理人填写货物总重量(kg) 。一批货物按不同运价计费时，应分列重量，相加后的总重量填写在本栏下面的格内。此栏目应由承运人或其代理人在称重后填入，如果托运人已经填上重量，承运人或其代理人必须进行复核。

(8)货物品名及数量 (Nature and Quantity of Goods)：对不同种类货物应详细填写货物的品名，货物中的每一项均须分开填写，并尽量填写详细，并须与所附单据相一致，包括与出口报关发票及进出口许可证上的品名相符。包装尺寸以厘米为单位，注明最大货物的长、宽、高。运输活体动物、个人物品、机械、弹药、战争物资、贵重物品、危险物品、汽车、灵柩、具有强烈气味的货物、湿货、鲜活易腐物品以及裸露的机器、钢材、铸件等货物时，应按有关 TACT RULES 2.3.3/7.3/8.3 的规定办理。对于危险品货物应注明专有名称及包装级别、件数等。

危险品应填写适用的准确名称及标贴的级别。

(9)申请的航班 (Flight/Date)：托运人可以指定运输货物的承运人、航线、航班。为保证制单承运人收运的货物可以被所有续运承运人接受，查阅 TACT RULES 8.1 双边联运协议。有关中转站的装卸和仓储条件，查阅 TACT RULES 7.30。

(10)航空运费及其他费用 (Charges)：托运人必须说明运费支付方式是预付(PP) 还是到付(CC)。

(11)供运输用声明价值 (Declared Value for Carriage)：填写托运人向承运人声明的货物价值，如果托运货物的价值未超过承运人法定限额时，本栏可不填或填入“NVD (No Value Declared)”。

(12)供海关用声明价值(Declared Value for Customs)：填入托运人向目的地海关申报货物的价值。这是由于国际货物运输要接受目的地海关的检查并按此金额征税。如果目的地海关无此要求，则可填入“NCV (No Castoms Value)”。

(13)保险金额(Amount of Insurance)：国内空运企业暂不代办保险业务，因此，本栏可不填。

(14)另请通知(Also Notify)：如果托运人还希望在货物到达的同时通知他人，可填入被通知人的全称，包括地址、电话号码等。

(15)所附文件 (Document to Accompany Air Waybill)：填入托运人随同货物带往目的地的有关文件。

(16)收货人账号 (Consignee's Account Number)：必要时填写。

(17)托运人账号 (Shipper's Account Number)：必要时填写。

(18)托运人或其代理人签字盖章 (Signature of Shipper or His Agent)：由托运人或其代理人签字盖章。

(19)日期 (Date)：填写托运货物日期。

二、航空货运单

航空货物运输主要是物流和信息流，其中航空货运单承载了货物的最主要的信息，它直接决定了货物运输的准确性，因此航空货运单填写的准确性十分重要。以下主要介绍航空货运单的填写。

1.航空货运单概述

(1)基本概念。

托运人托运航空货物必须填写航空货运单(Air Waybill,AWB)。航空公司承运货物必须出具航空货运单。

根据《华沙公约》第6条第(1)款和第(5)款规定，航空货运单应当由托运人填写，承运人根据托运人的要求填写航空货运单的，在没有相反证据的情况下，应当视为是代替委托人填写的。在航空货运业务的操作中，各航空公司承运的货物大量是通过其代理人收运的，某些特种货物由航空公司直接收运。因为填写航空货运单必须具有一定的专业知识，同时为了方便操作和对客户提供服务，托运人以托运书(Shipper's Letter of Instructions)或委托书的形式授权航空公司或其代理人代替填写航空货运单。在这种情况下，托运人正确、完整地填写托运书或委托书十分重要。航空公司或其代理人根据托运人的托运书或委托书代替托运人填写航空货运单。

对于代理人来说，在这种情况下他既是托运人的代理人又是有关航空公司的指定代理人(或称授权代理人)。

航空货运单既可用于单一种类的货物运输，也可用于不同种类货物的集合运输；既可用于单程货物运输，也可用于联程货物运输。

(2)航空货运单的分类。

①航空主运单(MAWB,Master Air Waybill)。凡由航空运输公司签发的航空运单就称为主运单。它是航空运输公司据以办理货物运输和交付的依据，是航空公司和托运人订立的运输合同，每一批航空运输的货物都有自己相对应的航空主运单。

②航空分运单(HAWB,House Air Waybill)。集中托运人在办理集中托运业务时签发的航空运单被称为航空分运单。

在集中托运的情况下，除了航空运输公司签发主运单外，集中托运人还要签发航空分运单。

航空分运单作为集中托运人与托运人之间的货物运输合同，合同双方分别为货主A、B和集中托运人；而航空主运单作为航空运输公司与集中托运人之间的货物运输合同，当事人则为集中托运人和航空运输公司。货主与航空运输公司没有直接的契约关系。

(3)航空货运单的构成。

我国国际航空货运单由一式十二联组成，包括三联正本，六联副本和三联额外副本。其中，正本3的托运人联，在货运单填制后，交给托运人作为托运货物及货物预付运费时交付运费的收据。同时，也是托运人与承运人之间签订的有法律效力的运输文件。

(4)航空货运单的用途。

航空货运单是托运人或其代理人所使用的最重要的货运文件，其作用归纳如下：

①是承运人与托运人之间缔结运输契约的凭证。

航空运单是发货人与航空承运人之间的运输合同。与海运提单不同，航空运单不仅证明航空运输合同的存在，而且航空运单本身就是发货人与航空运输承运人之间缔结的货物运输合同，在双方共同签署后产生效力，并在货物到达目的地交付给运单上所记载的收货人后失效。

②是承运人收运货物的证明文件。

航空货运单各联的分发如表7-2所示：

空运单的构成及其用途 表7-2

顺序	名称	颜色	用途
1	正本3	蓝	交托运人。作为承运人收到货物的证明，以及作为承托双方运输合同成立的证明
2	正本1	绿	交承运人财务部门。除了作为承运人财务部门的运费账单和发票外，还作为承托双方运输合同成立的证明
3	副本9	白	交代理人。供代理人留存
4	正本2	粉红	随货物交收货人
5	副本4	黄	交付联。收货人提货后应签字并交承运人留存，以证明已交妥货物
6	副本5	白	交目的地机场
7	副本6	白	交第三承运人
8	副本7	白	交第二承运人
9	副本8	白	交第一承运人
10	额外副本	白	供承运人使用
11	额外副本	白	供承运人使用
12	额外副本	白	供承运人使用

航空运单是承运人签发的已接收货物的证明。航空运单也是货物收据，在发货人将货物发运后，承运人或其代理人就会将其中一份交给发货人（即发货人联），作为已经接收货物的证明。除非另外注明，它是承运人收到货物并在良好条件下装运的证明。

③是运费结算凭证及运费收据。

航空运单是承运人据以核收运费的账单。航空运单分别记载着属于收货人负担的费用，属于应支付给承运人的费用和应支付给代理人的费用，并详细列明费用的种类。

④是承运人在货物运输组织的全过程中运输货物的依据。

航空运单是承运人内部业务的依据。航空运单随货同行，证明了货物的身份。运单上载包含有关该票货物发送、转运、交付的事项，承运人会据此对货物的运输作出相应安排。

航空运单的正本一式三份，每份都印有背面条款，其中一份交发货人，是承运人或其代理人接收货物的依据；第二份由承运人留存，作为记账凭证；最后一份随货同行，在货物到达目的地，交付给收货人时作为核收货物的依据。

⑤是国际进出口货物办理清关的证明文件。

出口时航空运单是报关单证之一。在货物到达目的地机场进行进口报关时，航空运单也通常是海关查验放行的基本单证。

⑥是保险证明。

如果承运人承办保险或发货人要求承运人代办保险，则航空运单也可用来作为保险证书。

(5)航空货运单的填开责任。

根据《华沙公约》、《海牙议定书》和承运人运输条件的条款规定，承运人的承运条件为托运人准备航空货运单。

托运人有责任填制航空货运单。规定明确指出，托运人应自行填制航空货运单，也可以要求承运人或承运人授权的代理人代为填制。托运人对货运单所填各项内容的正确性、完备性负责。由于货运单所填内容不准确、不完全，致使承运人或其他人遭受损失，托运人负有责任。托运人在航空货运单上的签字，证明其接受航空货运单正本背面的运输条件。

根据《中华人民共和国民用航空法》第 113 条和 114 条规定，托运人应当填写航空货运单正本一式三份，连同货物交给承运人。承运人有权要求托运人填写航空货运单，托运人有权要求承运人接受该航空货运单。托运人未能出示航空货运单，航空货运单不符合规定或航空货运单遗失，不影响运输合同的存在或者有效性。

(6)航空货运单的限制 。

一张货运单只能用于一个托运人在同一时间、同一地点托运的由承运人承运的、运往同一目的站、同一收货人的一件或多件货物。

货运单可以代表航空公司身份，该货运单由航空公司印制。货运单还可以不代表任何一个航空公司，因其不是航空公司印制的。

“不可转让”的意义。货运单的右上端印有“不可转让”(Not Negotiable)字样，其意义是指航空货运单仅作为货物航空运输的凭证，所有权属于出票航空公司，与可以转让的海运提单恰恰相反。因此，任何 IATA 成员都不允许印制可以转让的航空货运单，货运单上的“不可转让”字样不可被删去或篡改。

(7)航空货运单号码。

货运单号码是货运单不可缺少的重要组成部分，每本货运单都有一个号码，它直接确定航空货运单的所有人——出票航空公司，它是托运人、发货人或其代理人向承运人询问货物运输情况的重要依据，也是承运人在各个环节组织运输，如订舱、配载、查询货物时必不可少的依据。

2. 航空货运单的印刷条款

(1)概述。

货运单正本背面印刷了有关涉及航空货物运输的条款，它们是解决航空运输中发生争议时的依据，其中涉及索赔、保险、改变承运人等条款。

(2)航空货运单条款。

以下是航空货运单通常具有的条款：

①本契约中承运人是指承运或准备承运货运单上所载货物，或是为运输本票货物提供其他服务的单位。《华沙公约》是指 1929 年 10 月 12 日在华沙签署的《统一某些有关国际航空运输规则的公约》，或是指 1955 年 9 月 28 日在海牙签署的修订本。

②以下讲到的运输是指承运人责任受《华沙公约》限制的运输，是《华沙公约》所定义的国际运输。

③除受《华沙公约》制约之外，每个承运人的运输和提供的其他服务还受到以下限制：

a. 适用的法律(包括国家执行公约的法律)、政府的规定、命令、要求的限制；

b. 本契约提出的条款限制；

c. 承运人的运价、规则、运输条件、规定和航班表(不是指起飞，降落的时间)，也成为规定的一部分，并且可以在其任一办公室，任一提供定期航班服务的机场进行检查。对于美国、加拿大和其他地区间的运输，应采用美加与这些国家间使用的运价。

④第一承运人的名称见货运单的缩写，全程见该承运人的运价、运输条件、规章和时刻表，第一承运人的地址是货运单上的离港机场。双方同意的经停点(承运人必要时可以修改)是除了始发地、目的地以外货运单上的其他地点，或是承运人的航班表中规定的经停点。几个承运人共同完成一次运输。

⑤本契约所指运输应遵守《华沙公约》所制定的有关责任规定，除非此种运输不是公约中所指的“国际运输”。为了不与上述公约解释相矛盾，各承运人提供的运输和其他服务应遵守下列规定：

a. 适用的法律(包括履行公约的国家法律)政府规章、命令和要求；

b. 本契约的规定；

c. 承运人适用的运价、规则、运输条件、规章和班期时刻表为本契约的组成部分。

并可在承运人的任一办事处和他所经营的定期航班的机场内查到。美国或加拿大的某一地点与境外任一地点之间的运输，其适用运价应为这些国家之间的有效运价。

⑥第一承运人的名称在航空货运单正面上可用简称，其全称及简称见该承运人的运价手册、运输条件、规章和班期时刻表。第一承运人的地址是填写在航空货运单正面上的出发地点机场，约定的经停地点(必要时承运人可改变)是除始发地点和目的地点外，在航空货运单正面上所填列的地点或在承运人的班期时刻表内所列航路的经停地点。由几个承运人连续的运输，应视为一个单一运输。

⑦除非承运人的运价或运输条件中另有规定，在《华沙公约》不适用于该项运输时，承运人对货物损失、损坏或延误所负的责任以不超过每公斤 20.00 美元或其等值货币为限，除非托运人对贵重货物声明一个较高的价值并缴付了附加费。

⑧如货运单正面作为“供运输用声明价值”一栏中所填金额超过上述“声明”和本契约条款中所规定仍适用责任限额，并且托运人按照承运人的运价、运输条件或规章缴付了所规定的附加费，就是构成一个特别声明价值，在此情况下承运人的责任限额将为其所声明的价值。赔偿数额将依据实际损失的证明予以赔偿。

⑨如遇货物部分遗失，损坏或延误，在确定承运人的责任限额时，计算赔偿的重量只能是该件或其有关件若干的重量。

注意：除非另有规定，《美国联邦航空法》中所指“国际运输”修定为：如一批货物或其部分遗失、损坏、或延误，在确定承运人的责任限额的重量应为决定这批货物运费所用的重量(或部分货物遗失、损坏或延误按所占重量比例决定)。

⑩对承运人责任的任何免除或限制，应适用于并有利于承运人的代理人、受雇人和代表，以及承运人为运输而使用其飞机的所有人及其代理人、受雇人和代表。本条的规定是承运人在此作为代理人，代理上述所有人员。

⑪承运人为完成本契约的运输可做合理的安排。承运可改变承运人或飞机并无须事先通知改变运输方式，但应适当照顾托运人的利益。承运人有权选择路线或变更货运单航空货运单正面上所填列的路线。本款不适用于至/自美国的运输。

承运人为完成本契约的运输可做合理的安排，除了承运人的运价在美国可以适用外，承运可改变承运人或飞机并无须事先通知改变运输方式，承运人有权选择路线或变更货运单航空货运单正面上所填列的路线。本款适用于至/自美国的运输。

⑫依据本契约条件规定，货物在承运人或其代理人照管期内，由承运人负责。

⑬除未经托运人的书面同意，承运人将款项记入收货人的货方外，托运人保证按照承运人的运费规定、运输条件和有关规章、适用的法律(包括履行公约的国家法律)、政府规章、命令和要求交付应付的一切费用。如果托运货物全部未能交付，即使运费未曾

交付，对该批货物的索赔要求也应接受。

⑭货物到达通知应立即发给收货人或航空货运单正面所列的另请通知人，货物到达目的地点时，如事先收到托运人的其他指示，可按其指示交付货物，否则按收货人的指示办理。

⑮交付货物时，在下列情况下收货人有权向承运人提出异议，但必须用书面形式。

a. 货物的明显损坏，应在发现损坏时立即提出，最迟在收到货物后 14 天内提出；

b. 货物的其他损坏，自收到货物之日起 14 天内提出；

c. 货物延误，自其自由支配货物之日起 21 天内提出；

d. 货物没有交付，自填开货运单之日起 120 天内提出。

如对上述所述有异议，应以书面形式提出，交给货运单所属空运企业或给第一承运人，或给最后承运人，或给在运输中发生货物遗失、损坏或延误的承运人。

诉讼应在货物到达目的地之日起，或从飞机应该到达之日当日起，或从运输停止之日起 2 年内提出，否则即丧失承运人诉讼的权利。

⑯托运人应遵守一切有效法律和运输货物始发、到达、经停或飞越任何国家的政府规章，包括有关货物包装，运输或货物的交付，以及为了遵守上述法律和规章必须提供的各种必要资料和货运单的随附文件。对于托运人不遵守本条规定所造成的损失或费用，承运人对托运人不负责任。

⑰承运人的代理人、受雇人或代表均无权改变、修改或废止本契约的任一条款。

⑱在要求保险和已交付保险费，并且将保险金额在航空货运单正面写上，即证明该运单上所列货物已经保险，其申请保险数额为货运单正页上所列数额(赔偿金额以遗失和损坏的货物实际价值为限，但此金额不能超出所保险的金额)。该保险应符合保险合同的条款、条件和范围(某些风险除外)，保险合同可由填开货运单承运人办事处的有关当事人进行审核，此种保险的索赔须立即向承运人的办事处提出。

3. 货运单的填制

(1)填制货运单的要求。

运单要求用英文打字机或计算机，用英文大写字母打印，各栏内容必须准确、清楚、齐全，不得随意涂改。

货运单已填内容在运输过程中需要修改时，必须在修改项目的近处盖章注明修改货运单的空运企业名称、地址和日期。修改货运单时，应将所有剩余的各联一同修改。

货运单的各栏目中，有些栏目印有阴影。其中，有标题的阴影栏目仅供承运人填写。使用没有标题的阴影栏目一般不需填写，除非承运人特殊需要。

(2)货运单各项栏目的填写说明。

①货运单号码 (The Air Waybill Number)。货运单号码应清晰地印在货运单的左右上角及右下角(中性货运单需自行填制)；

包括航空公司的数字代号 Airline Code Number 和货运单序号及检验号 Serial Number。

注意:第八位数字是检验号,是前七数字对 7 取模的结果;

第四位数字与第五位数字之间应留有比其他数字之间较大的空间。

②始发站机场(Airport of Departure)。填制始发站机场的 IATA 三字代号(如果始发地机场名称不明确,可填制机场所在城市的 IATA 三字代号)。

③货运单所属承运人的名称及地址 (Issuing Carrier's Name and Address)。此处一般印有航空公司的标志、名称和地址。

④正本联说明 (Reference To Originals)。无须填写。

⑤契约条件 (Reference To Conditions of Contract)。一般情况下无须填写,除非承运人需要。

⑥托运人栏 (Shipper)。Shipper's Name and Address 托运人姓名和地址;填制托运人姓名(名称)、地址、国家(或国家两字代号)以及托运人的电话、传真、电传号码;Shipper's Account Number 托运人账号。此栏不需填写,除非承运人需要。

⑦收货人栏(Consignee)。Consignee's Name and Address 收货人姓名和地址;填制收货人姓名(名称)、地址、国家(或国家两字代号)及收货人的电话、传真、电话号码;Consignee's Account Number 收货人账号。此栏仅供承运人使用,一般不需填写,除非最后的承运人需要。

⑧填开货运单的承运人的代理人栏 (Issuing Carrier's Agent)。填制向承运人收取佣金的国际航协代理人的名称和所在机场或城市;根据货物代理机构管理规则,该佣金必须支付给目的站国家的一个国际航协代理人,则该国际航协代理人的名称和所在机场或城市必须填入本栏。填入"收取佣金代理人"(Commissionable Agent)字样。

a. Agent's IATA code (国际航协代号)。代理人在非货账结算区(Non—CASS Areas),打印国际航协 7 位数字代号,如 14—30288;代理人在货账结算区(CASS Areas),打印国际航协 7 位数字代号,后面是三位 CASS 地址代号,和一个冠以 10 位的 7 位数字代号检验位,如 34—41234/5671。

CASS—Cargo Accounts Settlement System:货物财务结算系统。

一些航空公司为便于内部系统管理,要求其代理人在此处填制相应的代码。

b. Account No(账号)。本栏一般不需填写,除非承运人需要。

⑨运输路线 (Routing)。

a. 始发站机场 Airport of Depature and Requested Routing。

第一承运人地址和所要求的运输路线,此栏填制与栏中一致的始发站机场名称,以及所要求的运输路线。

注意:此栏中应填制始发站机场或所在城市的全称。

b. 运输路线和目的站 Routing and Destination。

至第一承运人,To by First Carrier:

填制目的站机场或第一个转运点的 IATA 三字代号当该城市有多个机场,不知道机场名称时,可用城市代号;

由第一承运人,By First Carrier:

填制第一承运人的名称(全称与 IATA 两字代号皆可);

至(第二承运人),To(by Second Carrier):

填制目的站机场或第二个转运点的 IATA 三字代号(当该城市有多个机场,不知道机场名称时,可用城市代号);

由(第二承运人),by(Second Carrier) :

填制第二承运人的 IATA 两字代号;

至(第三承运人),To(by Third Carrier) :

填制目的站机场或第三转运点的 IATA 三字代号,(当该城市有多个机场,不知道机场名称时,可用城市代号);

由(第三承运人),by(Third Carrier) :

填制第三承运人的 IATA 两字代号。

c. 目的站机场 Airport of Destination 。

填制最后承运人的目的地机场全称。(如果该城市有多个机场,不知道机场名称时,可用城市全称)。

d. 航班 / 日期 Flight/date 。

仅供承运人用,本栏一般不需填写,除非参加运输各有关承运人需要。

⑩财务说明 (Accounting Information)。此栏填制有关财务说明事项。付款方式为现金支票或其他方式 ;用 MCO 付款时,只能用于作为货物运输的行李的运输,此栏应填制 MCO 号码,换取服务金额,以及旅客客票号码、航班、日期及航程 ;

注意:代理人不得接受托运人使用 MCO 作为付款方式。货物到达目的站无法交付收货人而需退运的,应将原始货运单号码填入新货运单的本栏内。

⑪货币(Currency)。填制始发国的 ISO(国际标准组织)的货币代号 。

除目的站"国家收费栏 "内的款项外货运单上所列明的金额均按上述货币支付。

⑫运费代号(CHGS code)(仅供承运人用)。本栏一般不需填写,仅供电子传送货运单信息时使用。

⑬运费 (Charges)。

a. WT /VAL 航空运费(根据货物计费重量乘以适用的运价收取的运费)和声明

的价值附加费的预付和到付；

b. Other(Charges at Origin)在始发站的其他费用预付和到付。

⑭供运输用声明价值 (Declared Value for carriage)。打印托运人向货物运输声明的价值金额；如果托运人没有声明价值，此栏必须打印“NVD”字样。

注意：NVD—No Value Declared 没有申明价值。

⑮供海关用声明价值（Declared Vadue for Customs）。打印货物及通关时所需的商业价值金额；如果货物没有商业价值，此栏必须打印“NCV”，字样。

注意：NGV——No Commocial Value 没有商业价值。

⑯保险的金额 (Amount of Insurance)。

如果承运人向托运人提供代办货物保险业务时，此栏打印托运人货物投保的金额；

如果承运人不提供此项服务或托运人不要求投保时此栏内必须打印“×××”符号。

⑰运输处理注意事项处填制相应的代码票航空公司注意事项(Handling information)。

a. 如果是危险货物，有两种情况，一种是需要附托运人危险品申报单的，则本栏内应打印“Dangerous Goods As Per Attached Shipper's Declaration”字样，对于要求装货机上的危险货物，还应加上“Cargo Aircraft Only”字样。另一种是属于不要求附危险品申报单的危险货物，则应打印“Shipper's Declaration not Reuired”字样。

b. 当一批货物中既有危险货物也有非危险货物时，应分别列明，危险货物必须列在第一项，此类货物不要求托运人附危险品申报单，且危险货物不是放射性物质且数量有限。

c. 其他注意事项尽可能使用“货物交换电报程序”(CARGO—IMP) 中的代号和简语，如：

货物上的标志、号码及包装方法；

货运单所附文件，如托运人的动物证明书“Shipper's Certification for Live Animal”，装箱单“Packing List”，发票“Invoice”等；

除收货人外，另请通知人的姓名、地址、国家及电话、电传或传真号码；

货物所需要的特殊处理规定；

海关规定等。

⑱货物运价细目 (Consignment Rating Details)。

一票货物中如含有两种或两种以上不同运价类别计费的货物应分别填写，每填写一项另起一行，如果含有危险品，则该危险货物应列在第一项。

a. 件数 / 运价组合点 No. of Pieces Rcp。

打印货物的件数；

如果使用非公布直达运价计算运费时，在件数的下面还应打印运价组合点城市的 IATA 三字代号。

b. 毛重 Gross Weight。适用于运价的货物实际毛重(以公斤为单位时可保留至小数后一位)。

c. 重量单位 kg/Lb。

(a)以公斤为单位用代号“K”；

(b)以磅为单位用代号 “L”。

d. 运价等级 Rate Class。

根据需要打印下列代号 ：

M——最低运费 Minimum Charge；

N——45 公斤以下(或 100 公斤以下)运价 Normal Rate；

Q——45 公斤以上运价 Quantity Rate；

C——指定商品运价 Specific Commodity Rate；

R——等级货物附减运价 Class Rate Reduction；

S——等级货物附加运价 Class Rate Surcharge；

U——集装化设备基本运费或运价 Unit load Device Basic Charge or Rate；

E——集装化设备附加运价 Unit load Device Additional Rate；

X—— 集装化设备附加说明 Unit load Device Additional Information；

Y——集装化设备折扣 Unit load Device Discount。

e. 商品品名编号 Commodity Item No. 。

使用指定商品运价时，此栏打印指定商品品名代号(打印位置应与运价代号 C，保持水平)；使用等级货物运价时，此栏打印附加或附减运价的比(百分比)；

如果是集装货物，打印集装货物运价等级。

f. 计费重量 Chargeable Weight。

打印与运价相应的货物计费重量 ；

如果是集装货物则：

(a)与运价代号 “U” 对应打印适合集装货物基本运费的运价点重量 ；

(b)与运价代号 “E” 对应打印超过使用基本运费的重量 ；

(c)与运价代号 “X” 对应打印集装器空重。

g. 运价 / 运费 Rate/Charge。

当使用最低运费时，此栏与运价代号 “M”对应打印最低运费；

打印与运价代号 “N”、“Q”、“C” 等相应的运价 ；

当货物为等级货物时，此栏与运价代号 “S”或“R” 对应打印附加或附减后的运价；

如果货物是集装货物则：

(a)与运价代号“U”对应打印集装货物的基本运费；

(b)与运价代号“E”对应打印超过基本运费的集装货物运价。

h. 总计。打印计费重量与适用运价相乘后的运费金额。

i. 货物品名和数量 Nature and Quantity of Goods。本栏应按要求打印，尽可能地清楚、简明，以便涉及到组织该批货物运输的所有工作人员能够一目了然。

(a)打印货物的品名(用英文大写字母)；

(b)当一票货物中含有危险货物时，应分列打印，危险货物应列在第一项；

(c)活动物运输，本栏内容应根据 IATA 活动物运输规定打印；

(d)对于集合货物，本栏应打印“Consolidation as Per Attached List”；

(e)打印货物的体积，用长×宽×高表示，如 DIMS:40cm× 30cm×20cm。

(f)可打印货物的产地国。

j. 总件数。打印各组货物的件数之和。

k. 总毛重。打印各组货物毛重之和。

l. 总计。打印各组货物运费之和。

m. 一般不需打印，除非承运人需要，此栏内可打印服务代号：

B——Service Shipment 公务货物 ；

C——Company Matierial 公司货物 ；

D——Door to Door Service 门对门服务 ；

J——Priority Service 优先服务 ；

P——Small Package Service 小件货服务 ；

T—— Charter 包机。

⑲其他费用（Other Charges）。

a. 打印始发站运输中发生的其他费用，按全部预付或全部到付；

b. 作为到付的其他费用，应视为“代垫付款”托运人应按代垫付款规定支付手续费，否则，对其他运费应办理到付业务；

c. 打印“其他费用”金额时，应冠以下列代号：

AC——Animal Container 动物容器租费；

AS——Assembly Service Fee 集中货物服务费；

AT——Attendant 押运员服务费；

AW——Air Waybill 货运单费；

BR——Bank Release 银行放行；

DB——Disbursement Fee 代垫付款手续费；

DF——Distribution Service 分发服务费；

FC——Charges Collect Fee 运费到付手续费；

GT——Government Tax 政府捐税；

HR——Human Remains 尸体、骨灰附加费；

IN——Insurance Premium 代办保险服务费；

LA——Live Animals 动物处理费；

MA——Miscellaneous——Due Agent 代理人收取的杂项费用；

MZ——Miscellaneous——Due Carrier 填开货运单的承运人收取的杂项费用；

PK——Packaging 包装服务费；

RA——Dangerous Goods Surcharge 危险品处理费；

SD——Surface Charge Destination 目的站地面运输费；

SI——Stop in Transit 中途停运费；

SO——Storage Origin 始发站保管费；

SR——Storage Destination 目的站保管费；

SU——Surface Charge 地面运输费；

TR——Transit 过境费；

TX——Taxes 捐税；

UH——ULD Handling 集装设备操作费。

d. 承运人收取的其他费用"C"表示；代理人收取的其他费用"A"表示。

例如：AWC 为承运人收取的货运单费；

AWA 为代理人收取的货运单费。

⑳预付（PREPAID)。

a. Weight Charge 预付运费。打印货物计费重量计得的货物运费。

b. Valuation Charge (Prepaid) 预付声明价值附加费。如果托运人向货物运输声明价值的话，此栏打印根据公式：

$$预付声明价值附加费=(声明价值-实际毛重\times最高赔偿额)\times 0.5\% \quad (7\text{-}7)$$

c. (Prepaid) Tax 预付税款。打印适用的税款。

d. Total Other Prepaid Charges 预付的其他费用总额。

Total (Prepaid) Charges Due Agent 预付由代理人收取的其他费用总额。打印由代理人收取的其他费用总额。

Total (Prepaid) Charges Due Carrier 预付由承运人收取的其他费用。打印由承运人收取的其他费用总额。

e. 无名称阴影栏目。本栏不需打印，除非承运人需要。

f. Total Prepaid 预付总计。打印有关预付款项之和。

㉑到付(Collect)。

a. Weight Charge 到付运费。打印按货物计费重量计得的货物航空运费。

b. (Prepaid) Valuation Charge 到付声明价值附加费。托运人向货物运输声明价值的话，此栏打印根据下面公式计算的声明价值附加费金额：

到付声明价值附加费 =（声明价值 − 实际毛重 × 最高赔偿额）× 0.5%　(7-8)

c. (Prepaid) Tax 到付税款。打印适用的税款。

d. Total Other Prepaid Charges 预付的其他费用总额。Total (Prepaid) Charges Due Agent 到付由代理人收取和其他费用总额。打印由代理人收取的其他费用总额。

Total (Prepaid) Charges Due Carrier 到付由承运人收取的其他费用。打印由承运人收取的其他费用总额。

e. 无名称阴影栏目。本栏不需打印，除非承运人需要。

f. Total Prepaid 预付总计。打印有关预付款项之和。

㉒托运人证明栏 (Shipper's Certification Box)。

打印托运人名称并令其在本栏内签字或盖章。

㉓承运人填写栏 (Carriers Execution Box)。

a. Executed on (Date) 填开日期。按日、月、年的顺序打印货运单的填开日期，(月份可用缩写) 如 06SEP2000。

b. At (Place) 填开地点。打印机场或城市的全称或缩写。

c. Signature of Issuing Carrier or Its Agent 填开货运单的承运人或其代理人签字。填开货运单的承运人或其代理人在本栏内签字。

㉔For Carrier's Use Only at Destination。仅供承运人在目的站使用本栏不需打印。

㉕用目的站国家货币付费（仅供承运人使用）。

a. Currency Conversion Rate 货币兑换比价。打印目的站国家货币代号，后面是兑换比率。

b. CC Charges in Destination Currency 用目的站国家货币付费。将到付总额，折算成目的站国家货币的金额，打印在本栏内。

c. Charges at Destination 在目的站的费用。最后承运人将目的站发生的费用金额包括利息等，(自然增长的) 打印在本栏。

d. Total Collect Charges 到付费用总额。

第五节　国际航空快递业务

一、航空快递

1. 航空快递的定义

航空快递 (Air Courier) 是指具有独立法人资格的企业将进出境货物或物品从

发件人（Consignor）所在地通过自身或代理网络运达收件人（Consignee）的一种快速运输方式，采用上述运输方式的进出境货物、物品叫快件。

快件业务从所发运快件的内容看主要分成快件文件和快件包裹两大类，快件文件以商务文件、资料等无商业价值的印刷品为主，但也包括银行单证、合同、照片、机票等。

快件包裹又叫小包裹服务，包裹是指一些贸易成交的小型样品、零配件返修及采用快件运送方式的一些进出口货物和物品。航空快递的业务性质和运输方式与普通航空货运有较多相近之处，可以视为航空货运的延续或发展。因而，国内许多航空货运代理公司都兼营快件业务，同时也有专门的快件公司从事国际航空快件业务。快件货物除了航空公司飞行承运之外，其全程运行必须置于快件公司的操作和控制之下。这样才能提高运送速率，减少差错，为跟踪查询提供条件，使快件运输较于普通空运在服务水准上有了质的提高。

2. 中国目前快递业务概况

我国改革开放以来，首先面临的是国际对外贸易、对外经济和文化等方面的交流。中外双方都急需把商业文件、银行票据、其他文件和小件包裹互相快速交流。国内、国外都急需使用这个已经诞生的新型运送方式，特别是国外用户极力鼓励国际快递公司进入中国。就是在这个背景下，国际快递公司 OCS 于 1979 年首先进入中国，并和中国对外贸易运输总公司达成了互为代理协议，这是第一家国际快递公司进入中国。第二家就是 DHL，它于 1980 年进入中国，也是与中国对外贸易运输总公司达成互为代理协议。由于业务发展迅速和合作良好，经过外经贸部批准，在 1986 年 12 月 1 日，中外运——敦豪国际航空快件有限公司正式成立，这标志着中国在国际快递业务招商引资方面有了突破性进展。注册资金 50 万美元，各家一半，合约 15 年。这是国际快递公司在中国成立的第一家合资公司。1984 年，美国联邦快递进入中国，它与外运合作，开展互为代理业务。1988 年 5 月 26 日，TNT 和中国对外贸易运输总公司成立了中国第二家合资国际快递公司，1996 年的 1 月 1 日和 6 月 18 日，中国对外贸易运输总公司又分别和 OCS 、UPS 成立了合资公司。即中外运——欧西爱斯公司和中外运北空——UPS 公司。1999 年 11 月 11 日，联邦快递和天津大田航空代理公司成立了大田联邦快递公司，为占领市场份额，更是在中国各大城市设立办事处，并在深圳、上海开设航班设置货物分拨中心。至此，世界五大国际快递公司都在中国成立了合资公司。时至今日，国内已有大大小小数千家速递公司参与竞争，快递市场呈现出激烈的竞争局面。

3. 世界六大快递公司简介

到现在为止，在全世界形成规模的，即能在 200 个国家和地区以上有网络并能作业的快递公司共有六家，即 FedEx、UPS、DHL、TNT、OCS 和依靠万国邮政联盟

为基础的各国邮局,即 EMS 。这六家的简要情况如下:

FedEx 是典型的美国公司,靠国内快递起家,美国的国内件 80% 以上由 FedEx 运作。现在它兼营国际快件,双管齐下。他现有员工约 143500 人,飞机 640 架和货车 45000 辆。它的业务重点在亚洲和美洲之间。2002 年 3 月 ,FedEx 荣获了由 Cargo News Asia 发起的在新加坡举行的第 16 届亚洲货运业颁发的四项大奖:北美洲最佳航空货运公司、最佳全货运公司、亚洲最佳公路运输公司和最佳物流管理公司。

UPS (United Parcel Service)联合包裹公司 ,1907 年 8 月 28 日在美国西雅图市成立。在第二次世界大战前后,主要是帮助商店做购物递送和宅急送,目前已成为美国国内最大的包裹投递商和全球最著名的包裹运送快递公司。2005 年营业收入为 426 亿美元,共递送 375 亿件包裹与文件。2006 年初,UPS 再度蝉联递送行业"美国最受尊敬的企业",并在《财富》杂志一项调查中荣获"全球最受尊敬的企业"。在过去 23 年间,UPS 已 22 次获得递送行业"美国最受尊敬的企业"称号。

DHL,起源于美国,几年前公司的构成分为三部分:美洲、亚洲和欧洲。现在公司被德国邮局收购,成为德国邮局控股的国际快递公司,总部设在布鲁塞尔。公司业务从一开始就是国际业务。目前在国际业务中仍占有领先地位,重点逐渐转向亚洲与欧洲之间。

TNT(Thomas National Transport)在 1946 年由澳大利亚人托马斯成立于悉尼,开始只限于国内业务 ,1997 年被荷兰邮局兼并,总部的名称叫 TPG(TNT Post Group),其快递业务仍叫 TNT。TPG 的业务分三部分:国际快递、邮件和物流。TNT 现有 36 架飞机、17200 辆车,以欧洲业务为主;TNT 的物流很发达,特别是有关汽车、轮胎、高科技的产品和易消耗品的物流方面,它现在是世界上的最大汽车物流供应商。

OCS(Overseas Courier Service) 日本新闻普及株式会社。1957 年由日本东京的几家主要报纸出版人组建而成,其业务是为这些报社的国外订户发送报纸,到了 70 年代以后才开始做文件、包裹的国际快递业务。总部设在日本东京,业务以亚洲为中心,是和中国在快递方面合作最早的公司。

EMS 依托万国邮政联盟。按照合约,各国邮局互为代理、互相投递来自不同国家和地区的快件,同时将自己收到的快件交到收件人手中,其业务也在不断地发展。

二、航空快递的特点

航空快件运输(尤其是包裹运输)与普通航空货物运输相比,其基本程序和需要办理的手续相同，所需的运输单据和报关单证也基本一样，都要向航空公司办理托运；都要与收、发货人及承运人办理单货交接手续；都要提供相应的报关单证向海关办理进、出口报关手续。航空快运业务与普通航空货运业务、国际邮政业务比较而言，具有以下几个特点：

1.快递公司有完善的快递网络

快递是以时间、递送质量区别其他运输方式的，它的高效运转只有建立在完善的网络上才能进行。这种网络要求无论始发地、中转地、到达地，都能以服务于网络这个目的进行，同时网络具有相当强的整合能力。

2.以收运文件和小包裹为主

以收运范围来看，航空快递以收运文件和小包裹为主。

文件包括银行票据、贸易合同、商务信函、装船单据、小件资料等，包裹包括机器上的小零件、小件样品、急用备件等。快运公司对收件有最大重量和最大体积的限制。

普通航空货运则以收运进出口贸易货物为主，并且规定每件货物的最小体积不得小于 5cm×10cm×20cm，每票货物的最小重量不得小于 0.5kg。

邮政业务则以运送私人信函为主要业务范围，要求货物的体积、重量较之航空快件为小。航空快件、普通航空货运、邮政国际业务三者业务范围之间有一定交叉，但又有自己相对的经营领域和服务范围，其主导业务是有明显区分的。

3.特殊的单据 POD

从运输和报关单来看，航空快递业务中有一种其他运输形式所没有的单据，即交付凭证（POD，Proof of Delivery）。POD 是航空快递中重要的单据，它由多联组成（各快运公司的 POD 不尽相同），一般有发货人联、随货同行联、财务结算联、收货人签收联等，其上印有编号及条形码。POD 类似于航空货运中的分运单，但比航空分运单的用途更为广泛。交付凭证一式四份。第一联留在始发地并用于出口报关；第二联贴附在货物表面，随货同行，收件人可以在此联签字表示收到货物（交付凭证由此得名），但通常快件的收件人在快递公司提供的送货纪录上签字，而将此联保留；第三联作为快递公司内部结算的依据；第四联作为发件凭证留存发件人处，同时该联印有背面条款，一旦产生争议时可作为判定当事各方权益，解决争议的依据。它具有：

(1)商务合同作用；

(2)分运单的作用；

(3)服务时效、服务水平记录作用；

(4)配合电脑检测、分类、分拨作用；

(5)结算作用。

4.流程环节全程控制

从服务层次来看,航空快递因设有专人负责,减少了内部交接环节,缩短了衔接时间,因而运送速度快于普通货运业务和邮递业务,这是快递业务有别于其他运输形式的最本质、最根本的一点。

5.高度的信息化控制

从服务质量来看,航空快件在整个运输过程中都处于电脑的监控之下,快件每经一个中转港或目的港,电脑都得输入其动态(提货、转运、报关等),派送货员将货交收货人时,让其在POD上签收(日期、姓名)后,电脑操作员将送货情况输入电脑,信息很快就能反馈到发货方。一旦查询,立时就能得到准确的回复。这种运输方式使收、发货人都感到安全、可靠。

普通的航空货物虽然在送交收货人时也让其在底单上签字,但这种底单主要是作为货物已交付货主的凭证存入档案,而不是作为回执反馈发货方。虽然有些航空货运代理公司也开始向发货方国外代理人反馈货物处理信息,但反馈信息的速度和准确度远不如航空快递业务。

邮政业务没有运送信息反馈,邮件丢失查找困难,被动查询时,按顺序一个邮局接一个邮局查询,一个邮局接一个邮局回复,信息返回缓慢。

当然,航空快递同样有自己的局限性。如快递服务所覆盖的范围就不如邮政运输广泛。国际邮政运输综合了各国的力量,可以这样说,有人烟的地方就有邮政运输的足迹,但航空快递毕竟是靠某个跨国公司的一己之力,所以各快递公司的运送网络只能包括那些商业发达、对外交流多的地区。

三、航空快递的主要分类

快递运输方式从大类上主要分为三种:国际快递、国内快递和同城快递。

1.国际快递

国际快递就是国与国之间的以商业文件和包裹为运送对象的一种快速运送方式。国际快递主要分为三类:门到门(Door to Door)、门到机场(Door to Airport)、专人派送(Courier on board)。

(1)门到门服务(Door to Door)。门到门的服务形式也是航空快递公司最常用的一种服务形式。

首先由发件人在需要时电话通知快递公司,快递公司接到通知后派人上门取件,然后将所有收到的快件集中到一起,根据其目的地分拣、整理、制单、报关、发往世界各地,到达目的地后,再由当地的分公司办理清关、提货手续,并送至收件人手中。在这期间,客户还可依靠快递公司的电脑网络随时对快件(主要指包裹)的位置进行查询,快件送达之后,也可以及时通过电脑网络将消息反馈给发件人。

(2)门到机场服务(Door to Airport)。与前一种服务方式相比,门到机场的服务指快件到达目的地机场后不是由快递公司去办理清关、提货手续并送达收件人的手中,而是由快递公司通知收件人自己去办理相关手续。采用这种方式的多是海关当局有特殊规定的货物或物品。

(3)专人派送(Courier on Board)。这种方式是指发件地快递公司指派专人携带快件在最短的时间内,采用最便捷的交通方式,将快件送到收件人手里。在一些比较特殊的情况下,为了确保货物安全和交货时间而采用这种方式。

比较起来,第一种方式最普遍、最简单、最方便。在日常业务中,如果有什么重要的文件或其他物品要尽快交到客户手中时,只需拨动电话,很快地快件公司的专业派送人员会上门取货,随之其他一切发运手续由快件公司办理。这对于发运一般的文件、成交样品等比较适合。第二种形式在时间上优于普通货运形式,同时又简化了发件人的手续,但需要收货人按自己的方式到机场办理清关、提货手续。第三种方式是一种特殊服务,一般很少采用,但用这种方式可以免去普通快件的出关、入关手续。

2.国内快递

国内快递是指主要在一个国家范围内进行经营快件的行为。我国很多快递公司的快件主要在中国国内进行运输,这就是国内快递。

3.同城快件

同城快件是指在特定城市内的经营。这是随着城市经济的发展,虽然在一个空间距离比较小的区域范围内,但由于各个公司的业务繁忙、人员紧张,如果采用本公司职员去递运文件,其成本比较高,外包方式交给同城快件,则可以很好地解决这个问题。但此时不一定使用航空运输。

【小知识 7-3】 航空邮件及航空快递运输技巧

(1)航空邮件的托运和承运双方要相互协作、密切配合,按公布的航班计划和邮件路单安全、迅速、准确地组织运输;

(2)航空邮件应当按种类使用完好的航空邮袋分袋封装,加挂“航空”标牌;

(3)承运人对接收的航空邮政信函应当优先组织运输;

(4)航空邮件内不得夹带危险品及国家限制运输的物品;

(5)航空邮件应当进行安全检查;

(6)根据航空邮件按运输时限的不同计收相应的运费;

(7)承运人运输邮件,仅对邮政企业承担责任;

(8)航空快递企业要以IATA规则为依据,使用专用标志、包装;

(9)航空快递企业应当安全、快速、准确、优质地为货主提供服务,并按规定收取相应的服务费。发生违约行为时应当承担相应的经济责任。

S 本章小结

本章比较全面地介绍了国际航空货运业务所涉及的基本理论和实务操作程序,内容包括航空货运方式的特点和发展、航空货运代理业、国际航空货运代理进出口业务流程、国际航空运价与运费的计算、航空货物托运书和货运单的缮制,以及国际航空快递业务的含义、特点及业务流程。

E 练习题

(一)单选题

1. 航空货运单是(　　)。

A. 可议付的单据　　B. 物权凭证

C. 货物收据和运输合同　　D. 提货凭证

2. 在航空运输中,如发生货损货差,根据《华沙公约》规定,最高赔偿为每公斤货物(　　)。

A. 15 美元　　B. 20 美元　　C. 30 美元　　D. 40 美元

3. 当一笔普通航空货物计费重量很小时,航空公司规定按(　　)计收运费。

A. 特种运价　　B. 声明价值费用　　C. 起码费用　　D. 指定运价

4. 航空公司与货运代理公司在进口货物交接时,出现清单有记录、有货物但没有主运单的情况,应采取(　　)方式处理。

A. 主运单退回　　B. 主运单后补

C. 货物退回　　D. 清单加主运单号

5. 由于航空货运单所填内容不准确、不完全,致使承运人或其他人遭受损失,(　　)负有责任。

A. 托运人　　B. 承运人

C. 代理人　　D. 机场服务人员

6. 航空运输的计费重量,以实际毛重表示时,计费重量的最小单位是(　　)千克。

A. 0.5　　B. 0.1　　C. 2　　D. 5

7. 在航空运输中,承运人交接货物、文件的凭证是(　　)。

A. 分运单　　B. 主运单　　C. 舱单　　D. 转运舱单

8. 我国国际航空货运单，代理人持有(　　)。

A. 正本 3　　B. 副本 6　　C. 副本 9　　D. 正本 1

(二)多选题

1. 托运人在航空货物发运后，可以对货运单上除(　　)外的其他各项作变动。

A. 运价　　B. 航空运费　　C. 声明价值　　D. 保险金额

2. 航空货运中，下面哪些货物必须预定舱位？(　　)

A. 活螃蟹　　B. 活鹦鹉　　C. 皮鞋　　D. 打火机

3. 经常用航空快递的方式运输的货物有(　　)。

A. 投标书　　B. 合同　　C. 海鲜　　D. 提单

4. 以下(　　)是世界性的快递公司。

A. TNT　　B. UPS　　C. DHL　　D. FEDEX

(三)判断题

1. 填写空运托运书时，若机场名称不明确，可填城市名称。(　　)

2. 航空主运单的发货人栏和收货人栏列明的是真正的托运人和收货人。(　　)

3. 填制航空货运单必须用英文大写字母。(　　)

4. 对于在航空货运单上所填货物的项目和声明的正确性，承运人应负责任。(　　)

5. 在航空运输中，承运人可根据需要改变运输方式或更换飞机，不需要事先通知货主或代理人。(　　)

(四)简答题

1. 简述航空货运单的用途。

2. 简述航空分运单与主运单的区别。

3. 简述直接运输与集中托运的限制。

4. 简述航空快递的特点。

(五)计算题

1. Routing：Beijing，CHINA(BJS)

to Tokyo，JAPAN(TYO)

Commodity：Moon Cake

Gross Weight ：1 Pieces ，5.8kgs

Dimensions ：1 Pieces 42cm×35cm×15cm

计算该票货物的航空运费。

公布运价如下：

B E I J I N G				C N
B	J			S
Y · R E N M I N B I	I			C N Y
K	G			S
TOKYO	JP			M
230				
			N	37.51
			45	28.13

2. Routing: Beijing, China (BJS) to Portland, USA (PDX)

Commodity: Fibres

Gross Weight: 22 Pieces, 70.5 kgs

Dimensions: 2 Pieces 82cm×68cm×52cm

计算该票货物的航空运费

公布运价如下：

Beijing	CN			BJS
Y. RENMINBI	CNY			kgs
Port Land	USA		M	420.00
			N	59.61
			45	45.68
			100	41.81
			300	38.79
		2 211	300	27.29
		2 211	1 500	25.49

【案例分析题】

一票航空运输的货物，从新加坡经北京中转到天津，运输的是机器设备，货运单号 555—89783442（Airport of destination：新加坡；Airport of destination：天津），3 件货物重 178 公斤，计费重量共 206 公斤，从新加坡运往北京采用的是飞机运输，再从北京转运天津时，使用卡车航班，但在高速公路上，不幸发生车祸，设备全部损坏。

请问：航空公司是否应赔偿？理由何在？如果赔偿，应赔偿多少？

【实训练习题】

1.实训项目名称:国际航空货运代理业务程序及各主要货运单证的填制

2.实训内容:国际航空货运业务流程及主要货运单证的填制方法

3.实训目的:熟练掌握国际航空货运的整个业务流程,熟练填制主要货运单证,为今后的实际工作打基础

4.实训资料:提供国际航空货运业务中所需的相关仿真单证

5.实训要求:要求学生分成若干小组,每组 4～6 人,小组分别代表托运人和承运人。托运人模拟托运时相关单证的填写和传递,承运人模拟如何接受和处理;做完一遍后可交换角色

6.实训方法:模拟训练,讨论交流

7.课时安排:2～4 学时

L 附样单证

附样 7-1

中国民用航空局
THE CIVIL AVIATION ADMINISTRATION OF CHINA
国际货物托运书
SHIPPER'S LETTER OF INSTRUCTION 货运单号码 NO. OF AIR WAYBILL

<table>
<tr><td rowspan="2">托运人姓名及地址
SHIPPER'S NAME AND ADDRESS
↓</td><td rowspan="2">托运人账号
SHIPPER'S ACCOUNT NUMBER</td><td colspan="2">供承运人用
FOR CARRIER USE ONLY</td></tr>
<tr><td>航班/日期
FLIGHT/DAY</td><td>航班/日期
FLIGHT/DAY</td></tr>
<tr><td rowspan="3">收货人姓名及地址
CONSIGNEE' S NAME AND ADDRESS
↓</td><td rowspan="3">收货人账号
CONSIGNEE'S ACCOUNT NUMBER</td><td></td><td></td></tr>
<tr><td colspan="2">已预留吨位
BOOKED</td></tr>
<tr><td colspan="2">运费
CHARGES</td></tr>
<tr><td colspan="2">代理人的名称和城市
Issuing Carrier's Agent Name and City</td><td colspan="2" rowspan="3">ALSO notify:</td></tr>
<tr><td colspan="2">始发站
AIRPORT OF DEPARTURE</td></tr>
<tr><td colspan="2">到达站
AIRPORT OF DESTINATION</td></tr>
</table>

<table>
<tr><td colspan="2">托运人声明的价值
SHIPPER'S DECLARED VALUE</td><td rowspan="2">保险金额
AMOUNT OF INSURANCE</td><td rowspan="2">所附文件
DOCUMENTS TO ACCOMPANY AIR WAYBILL</td></tr>
<tr><td>供运输用
FOR CARRIAGE</td><td>供海关用
FOR CUSTOMS</td></tr>
<tr><td colspan="4">处理情况(包括包装方式货物标志及号码等)
HANDLING INFORMATION(INCL. METHOD OF PACKING IDENTIFYING MARKS AND NUMBERS. ETC.)</td></tr>
</table>

件数 NO. OF PACKAGES	实际毛重(公斤) ACTUAL GROSS WEIGHT(KG.)	运价类别 RATE CLASS	收费重量 CHARGEABLE WEIGHT	费率 RATE/CHARGE	货物品名及数量(包括体积或尺寸) NATURE AND QUANTITY OF GOODS(INCL. DIMENSIONS OR VOLUME)

托运人证实以上所填全部属实并愿遵守承运人的一切载运章程

THI SHIPPER CERTIFIES THAT THE PARTICULARS ON THE PAGE HEREOF ARE CORRECT AND

托运人签字 AGREES TO COMDIT10NS OF CARRIAGE OF THE CARRIER 日期 经手人 日 期
SIGNATURE OF SHIPPER DATEAGENTDATE

附样 7-2

航空主运单

C05—

C05—

始发站 Airport of Departure		目的站 Airport of Destination	

不得转让 NOT NEGOTIABLE

航 空 货 运 单 AIR WAYBILL

天津市外企航空服务中心 中国 天津

印发人 Issued by

托运人姓名、地址、邮编、电话号码 Shipper's Name, Address, Postcode & Telephone No.

航空货运单一、二、三联为正本,并具有同等法律效力。

Copiesl, 2 and 3of this Air Waybill are originals and havethe same validity

收货人姓名、地址、邮编、电话号码 Consignee's Name, Address, Postcode & Telephone No.

结算注意事项 Accounting Information

填开货运单的代理人名称 Issuing Carrier's Agent Name

航线 Routing	到达站 To	第一承运人 By First Camier	到达站 To	承运人 By	到达站 To	承运人 By

航空/日期 Flight//Date	航班/日期 Flight/Date	运输声明价值 Declared Value for Caming	运输保险价值 Amount of Insurance

储运注意事项及其他 Handling Information and Others

件数 No. of Pcs. 运价点 RCP	毛重(千克) Cross Weight (kg)	运价种类 Rate Class	商品代号 Comm. Rem No.	计费重量(千克) Chargeable Weight(Kg)	费率 Rate/Kg	航空运费 Wight Charge	货物品名(包括馐、尺寸或体积) Description of Goods (incl. Packaging, Dimensions or Volume)

预付 Prepaid		到付 Colect
	航空运费 Weigh Change	
	声明价值附加费 Valuation Charge	
	地面运费 Surface Charge	
	其他费用 Other Charges	
	总额(人民币) Total(CNY)	

其他费用 Other Charges

托运人郑重声明:此航空货运单上所填货物品名和货物运输声明价值与实际交运货物品名和货物实际价值完全一致。并对所填航空货运单和所提供的与运输有关文件的真实性和准确性负责。

Shipper certifies that description of goods and declared value for carriage on the face hereof are consistend with actual description of goods and actual value of goods and that particulars on the face hereof ane correct

托运人或其代理人签字、盖章

Signature of Shipper or His Agent ---------------

填开日期 填开地点

Executed on(Date) At(Place)

填开人或其代理人签字、盖章

Signature of Issuing Carrier or lts Agent

付款方式 Form of Payment	

C05—

正本 3(托运人联)甲

ORIGINAL 3(FOR SHIPPER)A

附样 7-3

航 空 分 运 单

AIRPORT OF DEPARTURE	AIRPORT OF DESTINATION	MASTER AIR WAYBILL NUMBER	AIR WAYBILL NUMBER No. 322297

ROUTING AND DESTINATION							
TO	BY FIRST CARRIER		TO	BY		TO	BY

CONSIGNEE'S ACCOUNT NUMBER	CONSIGNEE'S NAME AND ADDRESS↓
ALSONOTIFY	
SHIPPER'S ACCOUNT NUMBER	SHIPPER'S NAME NAD ADDRESS↓

NOT NEGOTIABLE

AIR WAYBILL

(AIR CONSIGNMENT NOTE)

ISSUED BY

中国对外贸易运输总公司

China National Foreign Trade Transportation Corporation

Beijing, China.

Member of FIATA

Copies 1,2 and 3 of this Air Waybill are originals and have the same validity

It is agreed that the goods described herein are accepted in apparent good order and condition (except as noted) for carriage SUBJECT TO THE CONDITIONS OF CONTRACT ON THE REVERSE HEREOF, THE SHIPPER'S ATTENTION IS DRAWN TO THE NOTICE CONCERNINC CARRIERS' LIMITATION OF LIABILITY. Shipper may increase such limitation of liability by declaring a higher value for carriage and paying a supplemental charge if required.

EXECUTED ON ________ AT ________
(Date) (Place)

SIGNATURE OF ISSUING CARRIER OR ITS AGENT

CURRENCY	WTNAL PPD	WTNAL COLL	OTHER PPD	OTHER COLL	DECLARED VALUE FOR CARRIAGE	DECLARED VALUE FOR CUSTOMS	AMOUNT OF INSURANCE	INSURANCE. If Carrier offers insurance, and such insurance is requesied in accordance with conditions on reverse hereof. indicate amount to be insured in figures in box marked amount of insurance

NO. OF PACKAGES RCP	ACTUAL GROSS WEIGHT	Kg./ib'		RATECLASS COMMODITYITEM NO.	CHARGEABLEWEIGHT	RATE	WEIGHT CHARGE	NATURE AND QUANTITY OF GOODS (INCL. DIMENSIONS OR VOLUME)

SPECIAL HANDLING INFORMATION (INCLUDIUNG MARKS. NUMBERS AND METHOD OF PACKING)

PREPAID	WEIGHT CHARGE	OTHER CHARGES	TOTAL OTHER CHARGES
	VALUATION CHARGE		TOTAL PREPAID
COLLECT	WEIGHTCHARGE	OTHER CHARGES	TOTAL OTHER CHARGES
	VALUATION CHARGE		TOTAL COLLECT

The shipper Certifies that the particulars on the face here of are correct and agrees to the Conditions of Carriage of the carrier.

No. 322297

ORIGINAL 3(FOR SHIPPER)

附样 7-4 航空公司代号、名称(Airline Codes and Names)

AA 美利坚运载航空公司 American Airlines
AF 法国航空公司 Air France
AY 芬兰航空公司 Finnair
AZ 意大利航空公司 Alitalia
BA 英国航空公司 Britsh Airways
BI 文莱皇家航空公司 Royal Brunei Airlines
BR 长荣航空公司 E V A Air
CA 中国国际航空公司 Air China
CI 中华航空公司 China Airlines
CJ 中国北方航空公司 China Northern Airlines
CP 加拿大国际航空公司 Canadian Airlines International Ltd.
CV 卢森堡货运航空公司 Cargolux Airlines
CX 国泰航空公司 Cathay Pacific Airways
CZ 中国南方航空(集团)公司 China Southern Airlines
DL 三角航空公司 Delta Air Lines
EK 阿联酋航空公司 E mirates
FM 上海航空公司 Shanghai Airlines
GA 印度尼西亚航空公司 Graruda Indonesia
G8 长城航空公司 Great W all Airlines
GF 海湾航空公司 Gulf Air
HY 乌兹别克斯坦航空公司 Uzbekistan Airways
H4 海南航空股份有限公司 Hainan Airlines
IR 伊朗航空公司 Iran Air
JD 佳速航空公司 Japan Air System
JL 日本航空公司 Japan Airlines
JS 高丽航空公司 Air korea
KA 港龙航空公司 Dragon Air
KE 大韩航空公司 Korean Air
KL 荷兰皇家航空公司 Klmk-royal Dutch Airlines
KZ 日本货运航空公司 Nippon Cargo Airlines
LD 香港航空货运公司 Air Hongkong
LH 德国汉莎航空公司 Lufthansa German Airlines
LO 波兰航空公司 Polish Airlines

LY 以色列航空公司 EIAI Israel Airlines Ltd.
MF 厦门航空有限公司 Xiamen Airlines Ltd.
MH 马来西亚航空公司 Malaysia Airlines
MU 中国东方航空股份有限公司 China Eastern Airlines
NH 全日本空运株式会社 All Nippon Airways Co Ltd.
NW 美国西北航空公司 Northwest Airlines Ltd.
NZ 新西兰航空公司 Air New Zealand
OM 蒙古航空公司 Miat Mongolian Airlines
OS 奥地利航空公司 Austrian Airlines
OZ 韩亚航空公司 Asiana Airlines
PK 巴基斯坦航空公司 Pakistan International Airlines
PO 北极货运航空公司 Polar Air Cargo
QF 澳洲航空公司 Qantas Airways Ltd.
SA 南非航空公司 South African Airways
SC 山东航空公司 Shandong Airlines
SK 北欧航空公司 SAS (Scandinavian Airlines)
SQ 新加坡航空公司 Singapore Airlines
SR 瑞士航空公司 Swissair
SZ 中国西南航空公司 China Southwest Airlines
TG 美国国际航空公司 Thai Airways International Ltd.
TW 环球航空公司 Trans World Airlines
UA 美国联合航空公司 United Airlines Inc
UX 联合包裹服务公司 United Parcel Service
VN 越南航空公司 Vietnam Airlines
WH 中国西北航空公司 China Northwest Airlines
WU 武汉航空公司 Wuhan Airlines
X2 中国新华航空公司 China Xinhua Airlines
XO 新疆航空公司 Xinjiang Airlines
Z2 中原航空公司 Zhongyuan Airlines
2Z 长安航空公司 Chang'an Airlines
3Q 云南航空公司 Yunnan Airlines
3U 四川省航空公司 Sichuan Airlines
4G 深圳航空公司 Shenzhen Airlines
6U 乌克兰航空公司 Air Ukraine

第八章　国际多式联运代理实务

能力目标

1. 熟悉国际多式联运的主要业务及流程；
2. 掌握多式联运单证的缮制和流转程序；

知识目标

1. 掌握国际多式联运的概念，优越性及国际多式联运存在的问题，国际多式联运的基本方式和发展状况；

2. 掌握 OCP、MLB、IPI 运输含义、要求及其区别；

3. 掌握多式联运经营人的类型、必备条件及其责任、业务范围和经营方式；

4. 掌握国际多式联运的主要业务流程及海铁联运的一般程序；

5. 熟悉多式联运提单的种类、性质、内容、作用及多式联运单证的缮制和流转程序。

学习要求

结合全国国际货运代理从业资格考试和物流师职业资格考试的要求，重点掌握国际多式联运概念、特征及优越性；熟悉国际多式联运的基本组织形式；重点掌握国际多式联运主要业务及流程；理解国际多式联运经营人的责任、业务范围和经营方式；熟悉多式联运提单的种类、性质、内容、作用及多式联运单证的缮制和流转程序。

关键概念

国际多式联运　国际多式联运经营人　OCP　MLB　IPI　多式联运提单

第一节　国际多式联运概述

20世纪60年代末，美国首先试办多式联运业务，受到货主的欢迎。随后，国际多式联运在美、欧洲和远东地区开始被采用。20世纪70年代，国外国际多式联运得到快速的发展，进入了海陆空国际联运全面发展时期。20世纪80年代，国际多式联运开始逐步在发展中国家实行。目前，国际多式联运已成为一种重要的新型国际集装箱运输方式，受到国际航运界的普遍重视。现国际集装箱总运量中，采用国际多式联运方式来完成的运输约占10％～15％。在国际多式联运发展非常迅速的同时，由于国际多式联运是一种涉及多个国家并与国际接轨的运输组织方式，此项业务的开展和发展与参与此项运输业务的国内外各国的基本条件，基础设施，相关设备和法律等都密切相关。

一、国际多式联运的概念及特征

1. 国际多式联运的概念

国际多式联运(International Multimodal Transport 或 International Combined Transport，美国称为 International Intermeddle Transport)是以实现货物整体运输效益最优化为目的，在集装箱运输基础上产生和发展起来的一种综合性运输方式。

《联合国国际货物多式联运公约》和我国的《国际集装箱多式联运管理规则》中规定国际多式联运是指“按照多式联运合同，以至少两种不同的运输方式，由多式联运经营人将货物从一国境内接管货物的地点运至另一国境内指定地点交付的货物运输”。国际多式联运一般是以集装箱为运输单元，采用两种或两种以上的运输方式，将海运、陆运、空运等不同的运输方式有机地组合在一起，构成连续的、综合性的一体化国际间货物运输。通过一次托运、一次计费、一份单证、一次保险，将货物的全程运输作为一个完整的单一运输过程来安排，由各运输区段的承运人共同完成货物的全程运输。

2. 国际多式联运的特征

国际多式联运必须具有下列特点：

(1)必须是国际间的货物运输，这不仅是区别于国内货物运输，主要是涉及国际运输法规的使用问题；

(2)国际多式联运首先必须是至少两种及两种以上不同运输方式的连续运输；

(3)国际多式联运必须具有一份多式联运合同，该运输合同是多式联运经营人与委托人之间权利、义务、责任与豁免的合同关系和运输性质的确定，也是多式联运区别于一般货物运输方式的主要依据；

(4)必须使用一份全程多式联运单证，该单证应满足不同运输方式的需要，并按单一运费率计收全程运费；

(5)必须是一个多式联运经营人对货物运输的全程负责，该多式联运经营人不仅是订立多式联运合同的当事人，也是多式联运单证的签发人。当然，在多式联运经营人履行多式联运合同中所规定的运输责任的同时，可将全部或部分运输委托他人分承运人完成，并订立分运合同，但分运合同的承运人与托运人之间不存任何合同关系。

二、国际多式联运的优越性

国际多式联运是一种比较高级的运输组织方式，它集中了各种运输方式的优点和长处，组成连贯运输，达到简化货运环节、加速周转、减少货损货差、降低运输成本、实现合理运输的目的。国际多式联运是今后国际运输发展的方向，开展国际多式联运具有许多优越性，主要表现在以下几个方面。

1. 国际多式联运的手续简便、节省费用

国际多式联运把海、陆、空等多种运输方式结合起来，货物在运输过程中，无论距离多远，运输方式多复杂，以及货物在运输过程中的转运及装卸，一切运输事项均由多式联运经营人全程负责。而托运人只需办理一次托运、订立一份运输合同、一次支付费用、一次保险。如果货物在运输过程中发生货损货差，由多式联运经营人对全程运输负责，这使整个多式联运的托运和理赔手续都非常简便，并因此而节省人力和物力，降低了成本，节省了费用。

2. 国际多式联运运输安全可靠

在国际多式联运方式下，由于多式联运的整个过程均由多式联运经营人统一组织和管理，并且多式联运经营人与各个区段承运人一般采用包干费率。所以，在整个多式联运货物运输过程中，各个运输环节配合非常密切，衔接紧凑，中转迅速及时，中途停留时间短。同时，由于多式联运以集装箱为主体，货物在集装箱中进行运输和中转，在中转过程中，无须拆箱，从而可以减少中转途中由于拆箱而造成时间延误和货差货损。因此，国际多式联运在很大程度上提高了货物的运输质量，保证了货物安全、迅速、准确、及时地运抵目的地。

3. 国际多式联运可实现“门到门”运输

国际多式联运由两种或两种以上的运输方式组成，在国际多式联运中综合了多种运输方式的优点，组成了直达连贯运输，可以把货物从发货人的工厂或仓库直接运送到收货人的工厂和仓库，并可以运送到任何其他指定地点，完全实现“门到门”运输。

4. 及时结汇，利于资金周转，节省开支

由于多式联运可实行“门到门”运输，因此对货主来说，当货物在启运地装上第一程运输工具后，货主就可取得多式联运单据证明已经完成交货义务并到银行办理交单结汇等工作，这与过去货物从内地出发，需要到达港口装船后才能取得已装船提单进行收汇相比，多式联运提单取得提单的时间要比一般提单早。因此，发货方并可凭国际多式联运提单提前到银行办理收汇手续，这就有利于资金的周转，以便节省利息开支。

5. 国际多式联运提高了运输组织水平

国际多式联运由多种运输方式共同完成，并由统一的国际多式联运经营人对运输的全称负责，扩大了国际运输的经营范围，充分了发挥了各种单一运输方式的优势，但在国际多式联运开展之前，各种运输方式自成体系，经营范围也非常有限，不能充分发挥其优势，充分利用资源。所以国际多式联运的开展，实现了运输的合理化，改善了不同运输方式的运输协作，从而提高了运输的组织和管理水平。

三、国际多式联运的基本形式

在国际货物运输中，我们将运输分为了海运，空运和陆运三种单一的运输方式，而各种不同的运输方式都有自身的优点与不足。国际多式联运是采用两种或两种以上的运输方式来共同完成国际间货物运输的运输方式，因此国际多式联运的运输组织形式可综合利用各种运输方式的优点，充分体现社会化大生产大交通的特点，因而国际多式联运已经在世界各主要国家和地区得到广泛的推广和应用。根据其组合方式，其组织形式主要包括以下几种。

1. 海—陆联运

海陆联运是国际多式联运中的主要组织方式，是在运输过程中采用海运和陆运相结合的一种多式联运组织方式，也是远东/欧洲多式联运的主要组织形式之一。目前，组织和经营远东/欧洲海陆联运业务的主要有班轮公会的三联集团、北荷、丹麦的马士基等国际航运公司，以及非班轮公会的中国远洋运输公司、中国台湾长荣航运公司和德国那亚航运公司等。这种组织方式多以航运公司或国际货运服务经营者为主体，通过签发多式联运提单来完成。我国开展海陆联运主要是经内陆运输后，通过沿海港口换装海运船舶，或者是经海运后到达港口经内陆运输至目的地。距离海运港口近的货物经集装箱汽车运输的海陆联运，距离港口远的货物多采用铁海联运。海运与铁路、公路联运在多式联运中占绝对的主导地位。其中，大陆桥运输、小陆桥运输及微桥运输等陆桥运输即是最典型的海陆联运。

(1)陆桥运输。

在国际多式联运中，陆桥运输(Land Bridge Service)起着非常重要的作用。陆桥运输是指利用大陆桥，使大陆两端的集装箱海运航线与专用列车或卡车连接起来运输的一种方式。它是远东/欧洲国际多式联运的主要形式。我们现在所知的大陆桥运输，实际上是以铁路为主，以集装箱为媒介，将多种运输方式结合起来，实行一票到底的国际多式联运，目前主要的陆桥运输形式有西伯利亚大陆桥运输、美国的大陆桥运输、小陆桥运输和微桥运输。

(2)西伯利亚大陆桥(Siberian Land Bridge)。

西伯利亚大陆桥(SLB)是指采用多种运输方式将集装箱货物从启运国起运，途经西伯利亚，运至欧洲或中东地区(或反向)的一种联运方式。它使用国际标准集装箱，将货物由远东海运到俄罗斯东部港口，再经跨越欧亚大陆的西伯利亚铁路运至波罗的海沿岸，如爱沙尼亚的塔林或拉脱维亚的里加等港口，然后再采用铁路、公路或海运运到欧洲各地的国际多式联运的运输线路，是较为典型的一条过境多式联运线路。西伯利亚大陆桥运输包括海—铁，海—铁—海，海—铁—公和海—公—空等几种联运方式。

西伯利亚大陆桥是目前世界上最长的一条陆桥运输线，包括远东、日本至欧洲的大陆桥路线。该路线主要是将货物由日本和东南亚海运至俄罗斯太平洋港口，转西伯利亚铁路，横跨欧洲大陆，然后经海运、铁路和公路运至欧洲各国。它大大缩短了从日本、远东、东南亚及大洋洲到欧洲的运输距离。从远东经俄罗斯太平洋沿岸港口去欧洲的陆桥运输线全长 13 000 千米，而相应的全程水路运输距离(经苏伊士运河)约为 20 000 千米。因此，如果采用西伯利亚大陆桥运输，从日本横滨到欧洲鹿特丹，不仅可使运距缩短 1/3，运输时间也可节省 1/2，运输费用还可节省 20%～30%左右，因而对货主有很大的吸引力。

(3)北美大陆桥(North American Land Bridge)。

北美大陆桥是世界上历史最悠久、影响最大、服务范围最广的陆桥运输线。它是指利用北美的大铁路从远东到欧洲的“海—陆—海”联运。它主要包括加拿大大陆桥和美国大陆桥。加拿大大陆桥是从太平洋口岸的加拿大温哥华，在美国西雅图换装上桥，经美国、加拿大两大铁路横穿北美大陆(加拿大和美国)，运抵加拿大的大西洋口岸蒙特利尔的一条陆桥运输线路。而美国大陆桥有两条运输线路：一条是从西部太平洋沿岸至东部大西洋沿岸的铁路和公路运输线，全长 3 200 公里；另一条是从西部太平洋沿岸至东南部墨西哥湾沿岸的铁路和公路运输系统，全长约 500～1 000 公里。由于东部港口和铁路拥挤，货物到达后很难保证及时换装，因此该大陆桥节省时间的优越性难于体现，因此目前美国大陆桥运输基本处于停滞状态。

据统计，目前世界货运中从远东到北美东海岸的货物有大约 50%以上是采用双层列车进行运输的，因为采用北美大陆桥运输方式比采用全程水运方式通常要快

1～2 周。例如，集装箱货从日本东京到欧洲鹿特丹港，采用全程水运（经巴拿马运河或苏伊士运河）通常约需 5～6 周时间，而采用北美大陆桥运输仅需 3 周左右的时间。因此，由于它距离和运输时间上的优势，对许多货主也非常有吸引力 。

(4)其他陆桥运输形式。

由于目前美国大陆桥运输基本处于停顿状态，故而派生了许多其他陆桥运输方式，具有代表性的有北美小陆桥运输（Mini-land Bridge）和微型桥运输（Micro-land Bridge）两种运输形式。

小陆桥运输方式是海运与陆运（铁路或公路）联合运输与联合收费的一种运输方式，在运输组织方式上看与大陆桥运输并无太大的区别，只是比大陆桥运输（海—陆—海）缩短一段海上运输，成为海—陆或陆—海运输。北美小陆桥在缩短运输距离、节省运输时间上效果是显著的。目前，从远东到美国墨西哥湾地区的货运已有 70％以上采用此种方式运输。

微桥运输是比小陆桥更缩短一段的海陆联运，只利用部分陆桥，交货地点在内陆地区，没有通过整条陆桥，故又称为半路桥运输。近年来，这种运输发展非常迅速，进出美、加内陆城市的货物采用微桥运输既可节省运输时间，也可避免双重港口收费，从而节省费用。例如，往来于日本和美东内陆城市匹兹堡的集装箱货，可从日本海运至美国西海岸港口，如奥克兰等，然后通过铁路直接联运至匹兹堡，这样可完全避免进入美国东部的费城港，从而节省了在该港的港口支出。

2. 海—空联运

海空联运又被称为空桥运输（Airbridge Service）。在运输组织方式上，是将海运和空运相结合的一种多式联运组织方式，但由于航空运输与海运自身的局限性，海空联运很难离开陆运，所以准确地说，这种联运方式应称之为海—陆—空联运，采用这种多式联运运输方式，全程运输费用高于全程采用海运，但低于航空运输。同时，其运输时间也少于海运而多于空运。而且，在进行海空联运时，由于航空运输和海洋运输所采用的集装箱不同，故而不能如海陆联运在整个运输过程中使用同一集装箱，必须在中转时进入航空港将海运集装箱换成航空集装箱。

目前，国际海空联运已经开通和使用的多式联运路线有：

(1)远东—欧洲：目前，此航线一般以温哥华、西雅图、洛杉矶、香港、曼谷等为中转地，也有以旧金山、新加坡为中转地。

(2)远东—中近东、非洲、澳洲：这是以香港、曼谷为中转地。在特殊情况下，可以经马赛至非洲、经曼谷至印度、经香港至澳洲等，但是这些线路的货运量较小。

(3)远东—中南美：近年来，远东—中南美的货运发展迅速，因为此港口和内陆运输不稳定，所以对海空联运服务的需求巨大，连运输线主要以迈阿密、洛杉矶、温哥华为中转地。

总而言之，海空联运的优越性与运输距离远近密切相关，距离越远，优越性就越大，海空联运与完全采用海运相比，其运输时间更短。同直接采用空运相比，其费率更低。所以，海空联运使用于远距离的货物联运。例如，从远东出发将欧洲、中南美及非洲作为海空联运的主要市场是合适的。

3. 陆—空联运(Train—Air or Truck—Air，TA)

陆空联运在运输组织方式上，是将陆运和空运相结合的一种多式联运组织方式，采用这种多式联运运输方式，全程运输费用高于全程采用路运，但低于全程空运，但由于陆运中公路运输方式和航空运输方式两种运输费用都较高，所以陆空联运整体运输费用均偏高，而由于陆运和空运运输速度都比较快，运输时间短。所以，这种运输方式一般应用在不能进行海运及对时间要求比较严格的货物上。陆空联运这种联运方式包括陆—空联运(Train—Air or Truck—Air，TA)和陆—空—陆联运(Train—Air—Truck，TAT)两种。

四、美国陆桥运输业务

1. OCP运输

(1)OCP的含义。

OCP也被称之为内陆公共点或陆上公共点，是指使用两种运输方式将卸至美国西海岸港口的货物通过铁路转运抵美国的内陆公共点地区并享有优惠运价。

内陆公共点地区约占美国全国2/3的地区，是指从美国的南达科华州，内布拉斯加州，北达科他州，科罗拉多州，新墨西哥州起以东各州。所有经过西海岸转运至这些地区或反向的货物均称之为OCP地区货物，并享有OCP运输的优惠费率。在OCP条件下，发货人把货物运到收货人指定的西海岸港口后，由收货人委托中转商，即负责内陆运输的人持正本提单向船公司提货，并按OCP内陆运费，通过内陆运输运至收货人指定地点。故OCP运输条件对于发货人而言，其风险与责任终止于西海岸港口，而不承担西海岸至内陆公共点间的运输责任和风险，而对于收货人而言，则可以享受内陆转运的优惠运费率。

(2)OCP运输要求。

①如果要采用OCP运输，则在货物买卖合同和信用证中目的港一栏内必须注明OCP字样，提单签发时应与货物买卖合同和信用证相符。

②采用OCP运输，在进行订舱时应说明是OCP运输，并在货运单证中将卸货港和OCP的最后目的地同时列明。如卸货港为西雅图，目的地为芝加哥，则应在卸货港一栏内填写“Seattle OCP”，目的地一栏或备注栏填写“OCP Chicago”。

③在OCP运输下，收货人在收到货运单证10天内，必须申请进口保税运输，以保证将货物最终运抵交货地。如果不及时提出申请，货物由船舶运至美国西海岸港口后，即直接转入由港口当局经营和控制下的港区内的保税仓库，尽管在仓库内可以享有12个月的优惠费率，但仍产生各种费用。所以，收货人或其代理人应立即申请

办理交由铁路公司运之内路公共点的保税运输手续，以便在目的地结关提货。

④由于 OCP 运输可以享受优惠的运费率，所以为了防止在西海岸销售和使用的货物假借 OCP 名义，享受优惠条件，运往内陆公共点的货物收回人应在卸船 45 天内向铁路部门提供以下一项或多项证明单据，包括进口承运人提单，来自港口当局或收货人的具有适当日期的流向单证，美国海关保税运输进口登记，海关经纪人交货单等。

2. MLB 运输

(1)MLB 含义。

MLB (Mini Land Bridge)，即小陆桥运输，也就是在大陆桥的海—陆—海形式的基础上缩短了一段海上运输，形成海—陆或陆—海形式的国际多式联运。世界上最典型的小路桥即北美小路桥，它是通过远东和欧洲之间的海上集装箱运输和横贯美国东西的铁路，开展海陆或陆海国际多式联运。

(2)小陆桥运输的主要路线。

目前国际上小路桥运输的主要路线有：

①远东到美国西海岸转内地或反方向运输，即用海上运输方式将货物运至日本港口，在转运至美国西海岸港口，卸船后交由铁路部门运输至美国东海岸港口或墨西哥湾港口区域；

②欧洲至美国东海岸转内地或反方向运输；

③欧洲到美国湾墨西哥湾地区转内地或反向运输；

④澳大利亚到美国西海岸转内地或反方向运输。

在这四条小路桥运输路线中，第一条路线的运量最大，此小路桥运输线路以陆上铁路作为桥梁，把美国西海岸同东海岸和墨西哥湾连接起来进行运输或反向运输，避免了绕道巴拿马运河，缩短了运输时间，节省了船舶过河的费用，但并不稳定，加之货源不均衡，以致美国东海岸空箱积压现象较为严重。

(3)MLB 运输要求。

①在 MLB 运输下，提单中应同时列明卸货地和交货地，如在卸货栏和交货栏应分别填写“Long Beach”与“MLB Houston”；

②MLB 运输货物都是采用贸易术语 CIF 进行交易，发货人必须承担至最终交货地的责任和费用；

③MLB 运输货物，运费计收应按照承运人或多式联运经营人在 FMC 注册的运价收取运费，除非货方与承运人签署了服务合约，则按照合约规定，否则禁止任何形式的运费回扣。

3. IPI 运输

(1)IPI 含义。

IPI(Interior Point of Intermodal)称之为内陆点多式联运，它是指使用联运提单，经美国西海岸和美国沿海港口，利用集装箱拖车或铁路运输将货物运至美国内陆城市的一种多式联运。

由于IPI运输承运人向货方收取包括装运港至美国西海岸或东海岸的基本港口的运费加上由基本港口至内陆城市的运费在内的全程运费，并由一个或多个承运人提供或执行在起始点至目的地之间的连续运输。因此，有的船公司将之称为直达服务，也有的为了区别于大陆桥运输，小陆桥运输将其称为微桥运输或半陆桥运输。而实际上，IPI并不像大陆桥，小陆桥那样利用横贯美洲的铁路桥梁，所以微桥的称呼也有些牵强。

(2)IPI运输要求。

①OCP是货物运向美国西海岸港口，而IPI是货物运到最终目的地是内陆点。

②在IPI运输下，提单上也应同时注明卸货地和交货地，如在卸船港拦和交货地拦应分别填入“Long Beach”与“IPI Mamphs TN”。

OCP、MLB、IPI三种运输方式的区别参见图表8-1所示。

OCP、MLB、IPI三种运输方式的区别 表8-1

比较项目	OCP	MLB	IPI
货物成交价	卖方承担的责任，费用终止于美国西海岸港口	卖方承担的责任，费用终止于最终交易地	与MLB相同
提单签发	仅适用于海上区段的运输	适用于全程运输区段	适用于全程运输区段
运费计收	海陆区段分别计收运费	收取全程运费	收取全程运费
保险区段	海陆各区段分别投保	可全程投保	可全程投保
货物运抵区域	内陆公共点	美国东海岸和美国湾	内陆公共点
多式联运方式	不是多式联运方式	是多式联运方式	是多式联运方式

五、国际多式联运法规

1. 国际公约（1973、1980、1991年颁布的国际多式联运公约）

(1)《1973年多式联运单证统一规则》。

在国际公约适用于不同的单一运输方式，缺少专门适用于多式联运的国际公约的情况下，为了防止不同的多式联运单证向多样性发展，国际商会ICC于1973年制订了《国际多式联运单证统一规则》，并于1975年修改后颁布。该规则共11部分，19条，简称《国际商会298号出版物》。作为多式联运方式管理的民间规则，其适用不具有强制性。但是，在《联合国国际货物多式联运公约》尚未生效前，经常被国际货物多式联运合同的双方当事人协议选用，或作为多式联运提单的蓝本。

(2)《1980 年联合国国际货物多式联运公约》。

这个公约至今尚未吸引足够的国家批准而生效，但是，公约的规定已经显著影响了一些国家地区制定类似的法律法规。《联合国国际货物多式联运公约》是关于国际货物多式联运中的管理，经营人的赔偿责任及期间、法律管辖等的国际协议。它于 1980 年在联合国贸易和 发展会议全权代表会上通过，但至今未生效。我国也没有参加该公约。

(3)1991 年联合国国际贸易和发展会议，国际商会多式联运单证规则。

在期待《联合国国际货物多式联运公约》生效期间，UNCTAD 航运委员会根据 1986 年 11 月第 60 号决议，指示秘书处与权威机构和国际组织紧密合作，以《海牙规则》和《海牙—维斯比规则》和现有单证的基础，研究起草了《多式联运规则》，并于 1992 年 1 月 1 日生效。该规则是一项民间规则，共 13 条，供当事人自愿采纳。

2. 国内法规(《国际集装箱多式联运管理规则》)

我国为了加强国际集装箱多式联运的管理，促进通畅、经济、高效的国际集装箱多式联运的发展来满足对外贸易的需要，根据《中华人民共和国海商法》和《中华人民共和国铁路法》的有关规定，由我国交通部和铁道部经国务院批准于 1997 年 5 月联合发布了《国际集装箱多式联运管理规则》，该规则自 1997 年 10 月 1 日起生效。规则共 8 章 43 条，主要针对我国的集装箱多式联运，包括其主管部门、多式联运经营人和许可证及多式联运单据及其责任区间等内容。

第二节　国际多式联运基本条件与国际多式联运经营人

一、国际多式联运基本条件

国际多式联运是指通过托运人一次托运、一次计费、一张单证、一次保险，多式联运经营人与货物托运人签订一个多式联运合同，由多式联运经营人统一组织全程运输、统一理赔、全程负责，由各运输区段的实际承运人共同来完成货物的全程运输。故构成国际多式联运的基本条件有以下几个方面：

(1)发货人与多式联运经营人必须签订一份多式联运合同，该份合同是多式联运经营人与托运人之间权利、义务、责任与豁免的合同关系和运输性质的确定，货物在全程运输中无论使用多少种运输方式，作为负责全程运输的多式联运经营人必须与发货人订立多式联运合同。这也是多式联运区别于一般货物运输方式的主要依据。

(2)在国际多式联运中，由国际多式联运经营人根据自己经营的线路按照单一的费率收取货物的全程运费，签发一张多式联运提单，满足不同运输方式的需要。

(3)多式联运经营人必须承担和组织全程运输工作。多式联运经营人是订立多式联运合同的当事人和多式联运单证的签发人。虽然在多式联运经营人履行多式联运合同所规定的运输责任的同时，可将全部或部分运输委托他人(分承运人)完成，并订立分运合同。但分运合同的承运人与实际托运人之间不存在任何合同关系，多式联运经营人必须对全程运输负责。

(4)国际多式联运必须是国际间的货物运输，并且至少采用两种或两种以上的不同运输方式来完成运输工作。同时，多式联运还必须是不同运输方式下的连续运输。

(5)可实现"门到门"运输。国际多式联运综合了各种运输的特点，组成了直达连贯运输，可以把货物从发货人的内地工厂或仓库，直接运送到收货人的内地工厂或仓库，还可以运到收货人指定的任何适宜的地点，以实现"门到门"运输。

二、国际多式联运经营人

1. 国际多式联运经营人含义

《联合国国际货物多式联运公约》中规定："国际多式联运经营人是指其本人或通过其代理订立多式联运合同的任何人，他是当事人，而不是发货人的代理人或参加多式联运的承运人的代理人或代表，并且承担履行合同的责任。"

2. 多式联运经营人特征

(1)国际多式联运经营人必须是"本人"，而不是多式联运企业的代理人，必须是多式联运经营人与货主本人或货主代表签订多式联运合同，并对运输全程负责，在运输过程中，国际多式联运经营人享有承运人权利，但同时也承担承运人的义务和风险。

(2)国际多式联运经营人可以拥有运输工具，也可以没有运输工具。拥有运输工具并在多式联运中承担运输时，他既是契约承运人，又是实际承运人；而当没有工具运输时，国际多式联运经营人只是契约承运人。

(3)国际多式联运经营人具有双重身份，他与托运人或收货人签订国际多式联运合同，成为运输契约承运人 ，并对货物的运输全程负责，但同时他又可以以托运人的身份与负责实际运输的各区段运输承运人签订分运合同，当发生货差货损时，有权作为托运人向分承运人索赔。

3. 国际多式联运经营人的类型

国际多式联运经营人根据是否拥有运输船舶，可以分为无船国际多式联运经营人和以船舶运输为主的国际多式联运经营人两大类。

(1)无船国际多式联运经营人。定义无船国际多式联运经营人是根据是否拥有运输工具和场站设施。无船国际多式联运经营人又可分为：

①场站经营人型。这类国际多式联运经营人拥有货运站、堆场、仓库等场站设施，他与货主订立国际多式联运合同后，除了利用自己拥有的场站设施完成装卸、仓储服务外，还需要与相关的各种运输方式的承运人订立分合同，由这些承运人来完成货物运输。

②承运人型。这类国际多式联运经营人不拥有运输船舶，但却拥有汽车、火车或飞机等运输工具。他与货主订立国际多式联运合同后，除了利用自己拥有的运输工具完成某些区段的时机运输外，对于自己不拥有或不经营的运输区段则需要通过与相关的承运人订立分包合同来实现该区段的运输，与船舶运输为主的国际多式联运经营人一样，这类国际多式联运经营人既是契约承运人，又是某个或几个区段的实际承运人。

③代理人型。这类国际多式联运经营人不拥有任何运输工具和场站设施，需要通过与相关的承运人、场站经营人订立合同来履行他与货主订立的国际多式联运合同。

(2)以船舶运输为主的国际多式联运经营人。

这类国际多式联运经营人在利用自己拥有的传播提供港与港服务的同时，将他们的服务扩展到包括陆上运输甚至空运在内的门到门服务。在一般情况下，他们可能不拥有、也不从事公路、铁路、航空货物运输，而是通过与相关承运人订立分合同来安排相关的运输。此外，他们也可能不拥有、也不从事场站设施，而是与相关场站经营人订立装卸与仓储合同来安排相关的装卸与仓储服务。

4.国际多式联运经营人应具备的条件

国际多式联运从经营角度来看，其属于定期运输，所以在开展多式联运业务时，多式联运人至少应该有相对固定的国际多式联运线路和相应的价格。所以，为了确保国际多式联运业务的稳定性，作为国际多式联运经营人，必须具备下列基本条件：

(1)国际多式联运经营人必须具有国际运输相关的专业知识、技能和经验，并已取得从事国际多式联运资格的企业。

在我国，国家对从事国际多式联运的企业作了严格的审查和限制，我国外商独资企业不得从事国际多式联运业务；境外企业在未经交通部和铁道部共同批准前，也不得从事我国国际多式联运业务；中外合作企业的企业法人资格需要经交通部和铁道部共同批准，办理相应手续后才能经营国际多式联运业务。

(2)国际多式联运经营人必须具有与从事多式联运业务相适应的组织机构。

国际多式联运路线；具有各种运输方式，运输知识，经验和能力的专业队伍；能够实现运输全程控制先进的信息管理系统。这些都是从事国际多式联运业务的企业所必须建立的，同时，国际多式联运经营人还必须在自己所经营的各条联运路线上设有分支机构、代理人等构成的完整组织机构。

(3)多式联运经营人必须具有与经营业务相适应的资金能力。

根据《国际级集装箱多式联运管理规则》规定，设立国际集装箱多式联运经营业务的注册资金不低于1 000万元人民币，并具有良好的资信。而当多式联运经营人需要设立分支机构时，每增设经营性的分支机构需增加注册资金100万元人民币。

(4)国际多式联运人必须与所经营的国际多式联运路线有关的实际承运人、场站经营人之间存在长期的合作协议。

国际多式联运是由多种单一的运输方式组成，所以整个联运过程并不是某一个多式联运经营人或某一区段的实际承运人就能独立完成的。因此，为了确保国际多式联运业务的稳定性，国际多式联运经营人必须与其经营的国际多式联运线路与有关的实际承运人、场站经营人之间签署长期合作协议。通过这种长期协议，以便在实际操作中能够及时从这些实际承运人、场站经营人处获得订舱、仓储优先权和享受运杂费优惠。

(5)多式联运经营人拥有符合规定要求的国际多式联运单据。

作为多式联运经营人，必须具有签发符合规定的国际多式联运单据的能力。国际多式联运单据实行登记编号制度。凡在我国境内签发的国际多式联运单据，必须由国际多式联运经营人或其代理报交通部和铁道部登记，并在单据右上角注明许可证编号。多式联运经营人必须具有签发这种符合规定的国际多式联运单据的能力。

(6)国际多式联运经营人需具备经营国际多式联运线路的运价表。

国际多式联运是由国际多式联运经营人通过一次托运、一张单证、一次计费，将不同运输方式组成的综合性和一体化运输，它由各运输区段的承运人共同完成货物的全程运输，但由多式联运经营人全程负责。因此，国际多式联运人应制定全程运价表，并采用单一运费率制度，但目前，由于各个区段不同运输方式的运费，中转站费用和装运站包干费，目的地交货前的费用等随着不同的交货条件、运输方式和运输路线而变化，故而几乎目前所有的国际多式联运人都没有按单一运费率计收运费，但国际多式联运人应力争制定自己经营路线的运价表并对外公布。

5.国际多式联运经营人的业务范围与经营方式

(1)国际多式联运经营人的业务范围。

随着企业类型规模的不同，国际多式联运经营人的业务范围也有较大的差异。大型国际多式联运企业时间上已集代理人、经纪人、承运人、场站经营人、国际多式联运经营人、第三方物流经营人为一体，有能力向客户提供全方位的运输服务，而“代理型”的国际多式联运企业只能以代理人、经纪人、国际多式联运经营人身份从事咨询业务、货运代理业务、运输业务和国际多式联运业务。但无论何种类型的国际多式联运企业，在实际业务操作中通常都是以“混合身份”向客户提供服务。

(2)国际多式联运企业的经营方式。

国际多式联运是国际间货物通过两种或两种以上的运输方式的联合运输。根据前面讲过的国际多式联运经营人所必须具备的条件，作为国际多式联运经营人，必须在其经营的线路上有完整的网络机构来完成货物的交接、转运及交付等工作。那么，承担国际多式联运业务的经营人通常有以下两种经营方式：

①企业独立经营。

采用企业独立经营这种方式经营的国际多式联运经营人一般具有较强的实力和业务基础，通过在其经营的国际多式联运路线的两端和各中转站设立子公司或办事处，处理相关业务，如揽货、交接货、运输衔接、单据传递和处理等一系列工作。在此种经营方式下，除各区段的实际运输外的所有事物均由自己企业办理，该种经营方式下，国际多式联运企业工作效率高，利润也比较高。但这种经营方式一般是用于货源数量较大且较为稳定的多式联运路线。

②企业间联合经营。

企业间联合经营是指在其经营的路线上或两端国家的两家或几家类似企业进行联合经营，联合各方互为合作人，并分别在各自国内开展业务活动，并按照货物流向和运输区段划分双方应承担的工作。在本国，各联合企业自身是起运货物的总承运人，而其联合经营人是在整个运输路线和目的国的代理。在运输过程中，通过联合经营人之间的连接和配合，完成货物起运至交付货物为止的全部货物运输工作。企业间的联合经营可以互为代理，互付佣金直到双方分享利润、分摊亏损等不同形式，其紧密程度由企业联营时的协议确定。

企业间联合经营适用于经济实力不足或其经营的国际多式联运线路货源不大、开展多式联运业务初期的企业。这种经营方式投资少、见效快，建立线路准备工作较少，业务扩大较快，但是工作效率及利润相对较低。

6.国际多式联运经营人的责任形式

在国际多式联运货物的全程运输中，一般是由多式联运经营人、各区段的实际承运人共同完成，如果货物在运输过程中发生货损、货差或延误，应该由谁负责？是由多式联运经营人负责，还是由实际承运人负责？当在不同的区段以不同的方式发生时，是按照统一标准进行赔偿，还是依据损害发生的区段所适用的法律规定的标准进行赔偿？这些问题根据多式联运经营人的责任形式来解决。那国际多式联运经营人的责任形式分为哪些呢？

根据国际商会1975年修订的《联运单证统一规则》，多式联运经营人的责任形式主要有：

(1)网状责任制(Network Liability System)。

网状责任制(又称混合责任制)，是指在国际多式联运过程中，多式联运经营人对全程运输负责。但是各区段承运人在各区段运输中承担的责任并不相同，是以其承担运输的各个区段适用的公约和法律来规范，负责本区段货物运输的责任。如海上货运段按《海牙规则》处理，公路运输区段按《国际公路货物运输公约》处理，铁路运输区段按《国际铁路运输公约》处理，航空运输区段按《华沙公约》处理等。在不适用上述国际法时，则按发生货差货损区段的相应国内法规定处理。同时，赔偿限额也是按各区段的国际法或国内法的规定进行赔偿，当货物在运输过程中发生货差货损，则损失不论发生在哪一运输区段中，货物损失方可以向多式联运经营人索赔，也可以向货物损失区段的承运人索赔。当无法确定货运事故发生的区段时，一般则按海运法规或双方约定的赔偿责任形式来确定承运人的责任。

目前，国际上大多采用的就是网状责任制。但是从国际多式联运的发展来考虑，网状责任制并不理想，容易在责任轻重、赔偿限额高低等方面产生分歧。

(2)统一责任制 (Uniform Liability System)。

统一责任制也称之为同一责任制，是在国际多式联运过程中，由多式联运经营人按同样的责任内容对货主承担全程运输责任的制度。在统一责任制下，多式联运经营人对运输全程中货物的货差货损或延期交付负全部责任，无论事故发生在何种区段，责任是明显的、还是隐蔽的，均按一个统一原则由多式联运经营人统一按约定的限额进行赔偿。只有在多式联运经营人已尽了最大努力去挽救和避免损失的发生或确实证明是货主的故意行为过失等原因所造成的货物灭失或损坏的情况下，多式联运经营人可免责。统一责任制是一种科学、合理、手续简化的责任制度。但这种责任制对联运经营人来说责任负担较重，而且由于现阶段各种运输方式采用不同的责任基础和责任限额，因而目前多式联运经营人签发的提单均未能采用此种责任形式。

(3)责任分担制。

责任分担制也称为区段负责制，是对统一责任制的修正，其责任范围实行统一责任制，但是赔偿责任按各区段的法律规定办理。它是指多式联运经营人对货物运输全程负责，但对于发生货差货损的赔偿责任，多式联运经营人并不承担全程运输责任的赔偿，仅对自己完成的区段货物运输负责；各区段的运输责任由各个区段的承运人负责，各区段的责任原则按该区段使用的法律予以确定。但由于这种责任形式与多式联运的基本特征不符。所以，当多式联运经营人签发全程多式联运单，并且声明采用这种责任形式时，也可能会被法院判定此种约定无效而要求多式联运经营人承担全程运输的责任。

(4)修正统一责任制(Modified Uniform Liability System)。

修正统一责任制是介于统一责任制与网状责任制之间的责任制，也称混合责任制。它是在责任基础方面与统一责任制相同，而在赔偿限额方面与网状责任制相同，《联合国国际货物多式联运公约》基本上采用这种责任制。公约规定："多式联运经营人对货损的处理，不管是否能够确定造成货损的实际运输区段，都将适用于本公约的规定。对于货损发生于某一特定区段，而该区段适用的国际公约或强制性国家法律规定的赔偿责任限额高于本公约规定的赔偿责任时，则应按照该区段适用的国际公约或强制性国家法律规定的赔偿责任限额予以赔偿。”

但在目前，由于各个单一运输方式国际公约和国内法对承运人的责任基础和赔偿责任的规定并不统一，相互之间存在较大的差距。所以，该公约至今仍未生效。

第三节　国际多式联运的主要业务与程序

一、多式联运主要业务流程

国际多式联运经营人在经营国际多式联运业务时，由于目前国际运输多采用集装箱运输，故我们以集装箱多式联运为例，介绍多式联运的主要业务及流程，其业务和流程大致可分为：接受托运申请并、订立多式联运合同；提取空箱到指定地点装货；出口报关；货物装箱并接收货物；订舱并安排货物的运送；办理保险；签发多式联运提单；通关；货物交付；货物事故处理 。其具体流程和操作如下：

1. 委托并签订多式联运合同

多式联运经营人根据自身经营的国际多式联运线路和自身的运输情况，确定是否接受托运人提出的托运申请，如果接受申请，则与托运人签订多式联运合同，并根据双方就货物交接方式、时间、地点、付费方式等协议内容填写场站收据(必须是海关能接受的)，并由多式联运经营人对其进行编号，多式联运经营人编号后留下货物托运联，将其他联交还给发货人或其代理人，证明多式联运经营人已接受托运申请，联运合同已经订立并开始执行。

2. 提取空箱，托运人到指定地点装货

在国际多式联运中，如果托运人需要使用集装箱，则集装箱一般应该由多式联运经营人提供。那么，对于多式联运经营人来说，其集装箱的来源可能是：

(1)多式联运经营人自己购置并在实际业务中使用的集装箱；

(2)由多式联运经营人向专业租箱公司进行租赁，这种租箱公司一般与多式联运经营人有长期的合作关系，其租箱地一般在发货地，而还箱地一般在货运的目的地；

(3)由多式联运经营人与其运输线路上某一分运人订立分合同并获得分运人集装箱的使用权，这种分运人一般自己拥有集装箱，为海上区段的实际承运人。

在实际操作中，如果是整箱货，由合同双方协议由发货人自行装箱，则由多式联运经营人签发提箱单或者由租箱公司或分运人签发提箱单交给发货人或其代理人，由发货人或为其代理人在规定的日期到指定地点提箱，并做好装箱准备；如果是拼箱货，则由多式联运经营人将所有空箱调至接收货物的集装箱货运站，做好装箱准备。

3. 出口报关

如果多式联运是从内陆地区开始，应在附近的内陆地区海关报关；如果是从港口开始，则在相应的港口报关。出口报关事宜一般由发货人或其代理人办理，也可委托多式联运经营人代为办理(这种情况下加收报关手续费，并有发货人负责海关派员所产生的全部费用)。

4. 货物装箱并接收货物

此流程和海运有很大不同，它是先报关，然后在海关人员监管下装箱。

如果协议规定由发货人自行装箱，则发货人或其代理人在办理完的海关报关后，在海关派员到装箱地点监督下进行装货，并办理相关加封事宜。如需要理货，还应请理货人员现场理货并与之共同制作装箱单。而对于这种由货主自行装箱的货物，多式联运经营人则只需要在双方协议规定的地点接收货物即可。

如果是拼装货物，发货人应负责将货物运至指定的集装箱货运站，国际多式联运经营人在指定的货运站接收货物，验收货物后，代表多式联运经营人接受货物的人应在堆场收据正本上签字并将其交给发货人或其代理人。并由货运站按照多式联运经营人的要求装箱。

在国际多式联运中，装箱工作无论由谁负责，装箱人均需要制作装箱单，并办理海关监装与加封事宜。

5. 订舱并组织安排货物的运送

经营人在合同订立之后，便根据托运人的托运要求和目的地开始制订该批货物的运输线路、运输方式等运输计划内容，确定各区段实际承运人，并与选定的各区段承运人签订分运合同，分运合同的订立可以直接通过多式联运经营人的分支机构或代表人与分运承运人签订，也可以委托前一区段的实际承运人签订，向后一区段承运人订舱并安排运输。同时，多式联运经营人还必须确定各区段间运输的衔接时间和地点。

6. 办理保险

保险办理可以是全程保险，也可以分段保险。

在国际多式联运中，由于采用多种运输方式共同完成运输，且运输距离比较长，风险比较大，所以应对整个运输过程及运输货物进行投保以转移风险。

在托运货物方面，应由发货人办理货物运输险，也可委托多式联运经营人帮助办理并承担相应的费用，对货物的运输保险投保，可以进行全程投保，也可以分段投保。而对于多式联运经营人而言，由于其对运输全程负责并提供集装箱，故应办理货物责任险及集装箱保险。

7. 签发多式联运提单

多式联运经营人在收取托运人的货物后，应该向发货人签发多式联运提单，提单上注明货物的名称、数量等相关内容，证明多式联运经营人已经接管货物并开始对货物负责。同时,根据双方订立合同的议定内容向发货人收取全部应付费用。多式联运经营人在签发提单后,及时组织和协调各区段承运人进行货物的运输、衔接工作,并及时处理与货物相关的各种单据、文件等信息。

8.办理通关及结关手续

在国际多式联运的全程运输中,货物的通关手续及结关手续非常重要。

货物的通关主要包括集装箱进口国的通关手续、进口国内陆的保税手续等内容。如果在货物的多式联运过程中还需要通过第三国,则应该要办理第三国的国家海关和内陆保税等手续,由于在运输过程中产生的各种通关保税费用均由发货人或收货人承担,一般由多式联运经营人代为办理,也可以由多式联运经营人委托各区段的实际承运人作为多式联运经营人的代表进行办理。

货物的结关手续主要在交货地办理。如果货物交货地在目的港口,则结关手续在港口所在的海关进行;如果交货地在目的国内陆地区,则货物在进入该国口岸时,在当地口岸办理保税运输手续,由当地海关加封后继续运输至内陆交货地,并在内陆交货地当地海关办理结关手续。

9.货物交付

货物在运抵目的地后,由国际多式联运经营人在当地的分支机构或其代理人向收货人发出通知,收货人在规定的时间内凭多式联运提单到指定地点提货。同时,多式联运经营人按照合同收取收货人全部应付费用,并收回多式联运提单,签发提货单。提货单的签发,证明了持单人的提货权,提货人在指定堆场凭提货单提取货物。提货后负责将集装箱运回指定堆场,此时,整个多式联运合同完成。

10.货运事故处理

如果货物在多式联运的全程运输中,发生了货差货损及延误所造成的损失等事故时,无论造成损失的区段是何种区段,发货人或收货人均有权向国际多式联运经营人提出索赔,由多式联运承运人根据双方合同及多式联运提单条款确定责任形式并进行处理和赔偿,如果货物也已经向保险公司投保,则需要由受损人和多式联运经营人共同协商并向保险公司进行索赔,要求保险公司进行赔偿。

二、海铁联运的进出口业务程序

国际海铁联运涉及海运和铁路运输的处理,两种运输方式所涉及的企业、部门、单证等都非常多而且复杂,因此其流程也比较复杂,而其中主要业务均由国际多式联运经营人协调和组织。故我们按照国际多式联运经营人角度来了解海铁联运的进出口程序。

1.以CIF贸易术语为例,海铁联运出口的具体程序

(1)委托并签订多式联运合同。由内地托运人向多式联运经营人提出托运申请,由多式联运经营人结合自己的经营路线及经营状况,决定是否接受申请,一旦接受申

请，立刻签订多式联运合同。

(2)编制用箱计划，向铁路部门、船公司订车、订舱。在合同订立后，由国际多式联运经营人应根据运输任务，编制计划，向铁路部门申报订车计划，同时及时向船公司订舱，并通知托运人安排货物运送适宜。

(3)提取空箱。在实际操作中，除货主自备集装箱外，大多由多式联运经营人提供。因此，多式联运经营人根据自身集装箱来源及实际装箱地点情况，确定提箱方式及地点并及时通知托运人，确定提取集装箱的方式有：

①如在集装箱转运点备有空箱并在装箱点进行货物的装箱，则通知仓库备箱；

②如在集装箱装运点装货，但装箱点无箱，则需要安排汽车或火车运空箱至装箱点；

③如在其他地方装货，则需要由多式联运经营人办理申请调箱，提箱并安排汽车或火车送至货主生产地等事宜，以便货主装箱。但货主必须承担由此产生的费用。

(4)货主安排货物运至装货点。在货主接到多式联运经营人的装货通知后，由货主自行或委托代理安排将货物按时送至装箱地点，准备装货，并承担运送货物产生的费用。

(5)申请火车车皮，办理货物装车。多式联运经营人根据铁路部门多火车皮的配给，在相应的时间办理集装箱铁路运输事宜。

(6)报关报检。托运人向多式联运经营人交付委托书，货物买卖合同和发票等相关报关单证，由多式联运经营人在内地口岸海关办理转关运输手续，在取得海关批准后，将海关关封交付铁路部门。

(7)签发多式联运提单。在铁路部门审核通过后，多式联运经营人通知托运人在固定时间将货物交付铁路部门并装上铁路集装专列后，由多式联运经营人签发多式联运提单并交付给托运人，同时收取按照协议或合同规定的所有应付费用。

(8)传递货运信息和邮寄相关单证(多式联运经营人向中转地代理邮寄)。在货物转交铁路部门后，多式联运经营人应及时将于货物有关的相关单证，如铁路运单正本等单据转交中转港的多式联运经营人或其代理人，关注集装箱铁路运输的各种动态信息并及时通知中转地代理，以便其及时了解货物运输情况并做好接货准备。

(9)办理中转手续(通关及上船等)。中转地的多式联运经营人或其代理在收到内地多式联运经营人提供的单证和信息后，及时办理通关手续，并根据收到的运单和信息制作一系列出口单证，如场站收据、提单等，并及时办理海关手续并取得海防放行单证并送交码头，准备接货和装船。

(10)货交船公司，船公司签发提单，交给多式联运经营人。当货物运抵海港以后，由中转地多式联运经营人或其代理根据订舱情况组织货物装船。当货物装船后，由海运承运人签发海运提单并交付中转地多式联运经营人或其代理，以便多式联运经营人在目的港的分支机构或代理凭此提取货物。

(11)传递货运信息和邮寄相关单证(多式联运经营人向目的地代理邮寄,提货)。货物装船后,中转地多式联运经营人或其代理应及时向目的港的多式联运经营人或其代理人传送提单等相关单据,以便当地多式联运经营人凭此提取货物。同时,将货运情况通知给起运地多式联运经营人和目的港多式联运经营人,以便其能及时准确地掌握和了解货物的运输情况等信息。

(12)提取货物(凭多式联运提单)。多式联运经营人目的港分支机构或其代理人凭正本海运提单从海运区段承运人或其代理处提取货物,并通知收货人提取货物,根据收货人交付的正本多式联运提单签发提货单让收货人提货,同时根据合同规定收取收货人的全部应付费用。

2.集装箱海铁多式联运进口程序

以FOB贸易术语为例,集装箱海铁多式联运进口程序为:

(1)委托、订立多式联运合同。进口方即收货人在内地口岸向当地多式联运经营人或其代理人提出申请并进行订舱,国际多式联运经营人根据订舱情况和自身情况决定是否接受申请,如果接受申请,则及时签订多式联运合同。

(2)多式联运经营人向船公司订舱并向铁路部门申请车皮。多式联运经营人当与进口人签订合同后,应根据收货人提供的信息分别向船公司进行订舱并同时向铁路部门申请火车车皮 。

(3)收货人通知托运人准备集装箱装船事宜。收货人根据从多式联运经营人处得到的指示和信息,及时通知托运人安排货物并按时交至多式联运经营人在托运地的分支机构或代理人所指定的交货地点准备装船。

(4)签发多式联运提单。托运地的多式联运经营人或代理人在收到托运人交付的货物后签发多式联运提单交付给托运人以便托运人交单结汇,同时将货物交由海运承运人装船并有海运承运人签发海运提单。

(5)传递与货运信息相关的单证。多式联运经营人在托运地的分支机构或代理人在货物装船后,应及时将多式联运提单副本、海运提单等传递给多式联运经营人中转港分支机构或其代理人,并同时向有关方传递相关船舶动态信息。

(6)办理货物在中转港的海关转关手续及货运单据的制作。多式联运经营人中转港经营人或其代理人根据接收到的提单和相关信息等单证制作铁路运单,并办理相关海关转关手续,将海关放行单等单证交至码头,以及及时接货并装上集装箱班列。

(7)货交铁路,铁路部门签发运单。中转港多式联运经营人或其代理将货物转上指定火车后,铁路部门签发铁路运单交付给多式联运经营人或其代理人。

(8)传递货运信息及相关单证。中转港多式联运经营人或其代理人在转运货物取得运单后,应及时将运单等相关单证转交过目的地的多式联运经营人或其代理人,以便目的地经营人能及时接货。同时,中转港多式联运经营人或其代理人还应将铁路集装箱班列的动态情况告知多式联运经营人,以便多式联运经营人及时准确地掌握和了解货物情况。

(9)办理海关手续,提取货物并交付货物。目的地的国际多式联运经营人的分支机构或其代理在当地海关进行报关,并加盖海关放行章,持加盖海关放行章的运单,于规定时间去指定地点提取货物并同时通知收货人即进口人,进口人持本国际多式联运提单提取货物并缴纳所有应付费用。

第四节 国际多式联运提单

一、多式联运提单概述

1. 多式联运提单定义

多式联运提单(MT B/L)指货物需由海上、内河、铁路、公路、航空等其中两种或多种运输方式进行联合运输,由第一程承运人所签发的多式联运单据,证明多式联运合同的执行及多式联运经营人接管货物并按合同条款交付货物的单据。我们在实践中一般将这种单据称为多式联运提单。

2. 多式联运提单的性质

(1)国际货物多式联运合同履行的证明。多式联运提单实际上就是国际多式联运单据,只是在习惯上称之为多式联运提单,但多式联运提单和单一运输方式中使用的运单又是不同的,它不是运输合同,而只能是合同的证明。多式联运合同是在托运人提出托运申请后,由多式联运经营人根据自己的情况考虑,如果表示接受后即签订;而多式联运提单是在多式联运经营人在托运人交付货物时,应托运人的要求而签发。因此,签发多式联运提单只是在履行合同中的一个环节,多式联运提单的签发证明了多式联运经营人对多式联运合同的履行,只是合同的一个证明。

(2)多式联运经营人接管货物的收据和证明。多式联运提单是在多式联运经营人在托运人交付货物时,应托运人的要求而签发的,证明提单上记载的货物,已经从发货人手中转移至多式联运经营人的有效控制之下,并承诺运送该批货物。因此,多式联运提单对于将货物交给多式联运经营人运输的托运人,多式联运提单具有收据的功能;而同时也证明多式联运经营人开始对单据上载明的货物负责。

(3)是收货人或多式联运经营人交付货物的凭证。由多式联运经营人签发的多式联运提单,是收货人在目的地提货的凭证,在目的地提货时,收货人必须出示多式联运提单才能换取提货单或收货记录。而多式联运经营人也只能将货物交付给多式联运提单的持有人,放货时必须收回提单。提单是交付货物的凭证,对于多式联运经营人来说,如果无提单放货将会承担巨大的风险,而当签发的多式联运提单正本不止一份时,只要多式联运经营然按照其中一份完成交货义务,则其余提单自动作废。

(4)货物的物权凭证。对于以合法手段取得国际多式联运提单的多式联运提单持有人,它具有物权凭证的功能,谁拥有提单,在法律上就表明谁拥有提单上所记载的货物。提单持有人有权在目的地向多式联运经营人出示提单并提取货物,而多式联运经营人只要出于善意,凭提单发货,即使提单持有人不是真正的货主,经营人也无责任。提单持有人虽然不直接占有货物,但可以用它来结汇、流通买卖和抵押等,如发货人可用它来结汇,收货人可在目的港要求经营人交货,用背书或转让提单方式处理货物,多式联运提单也可以作为有价证券办理抵押等。一般来讲,在法律上,提单的转让即代表货物所有权转移 。

3. 多式联运提单的种类

多式联运提单的分类与海运提单按照是否可转移分类一致,按照是否可转让分为可转让和不可转让提单两大类。其中,可转让提单又分为指示提单和不记名提单,而不可转让提单则是记名提单。

(1)指示提单。指示提单是指在提单的收货人抬头写上注明"凭×××指示"的多式联运提单,这种指示提单如果需要转让,一定需要指示人经过背书后才能转让;如果没有指示人的背书,则除了指示人以外任何人都没有提货的权力。

(2)不记名提单。不记名提单就是在提单收货人抬头处不写明具体收货人或"由×××指示",又称为空白提单,通常用"to the bearer"来表示货交来人或提单持有人,此种提单不需要背书就能转让,流通性极强。同时,由于不需要背书就能转让,也给货运双方带来极大的风险。

(3)记名提单。记名提单是在提单收货人抬头上具体写明收货人姓名或公司名称,这种提单不能转让。因此,它没有了流通性,在实践中运用非常少。

4. 多式联运提单与联运提单的区别

多式联运提单又称之为联合运输提单,简称 CT B/L ,而联运提单简称 Through B/L。在实际操作中,很多运输企业都将两种单据看成一种。而实际上,多式联运提单和联运提单存在很大的区别,主要表现在:

(1)多式联运提单和联合运输提单这两种单据适用的运输方式的组成存在不同:多式联运提单是由两种或两种以上的运输方式组成;而联合运输提单是由海运与其他运输方式组成,而且联合运输第一程必须是海运。

(2)两种提单的签发人不同:多式联运提单的签发人是多式联运经营人;而联运提单是由船公司或其代理人签发。

(3)提单签发人的责任也不同:多式联运提单签发人对整个运输过程中所有各个运程负责;而联运提单签发人只对第一运程负责,在后续运程中,提单签发人只是托运人的代理。

二、多式联运提单

1. 多式联运提单内容

国际多式联运提单所包含的内容大体上和海运提单一致，但也有不同的地方，同时还有一些海运提单中没有包括的内容。根据《国际多式联运公约》，多式联运经营人在签发多式联运提单时应在提单内载明下列事项：

(1)货物的品类、识别货物所必需的主要标志：包件数、货物的毛重或其他方式表示的数量等，如有危险货物，其属于何种危险品，其危险特性应明确声明，所有这些事项均由发货人提供；

(2)货物的外表表面状况；

(3)多式联运经营人的名称和主要营业所；

(4)发货人、收货人(必要时可有通知人)名称；

(5)多式联运经营人接管货物的日期和地点；

(6)多式联运最终目的地、交付货物的地点；

(7)多式联运合同中协议的交付货物时间、交货的地点和期限；

(8)表示该多式联运提单为可转让或不可转让的声明；

(9)多式联运提单签发的日期和地点；

(10)多式联运经营人或其授权人在多式联运提单上的签字；

(11)经双方协议的有关运费支付的说明，包括应由发货人支付的运费及货币，或由收货人支付的其他说明；

(12)有关多式联运运输方式、运输路线及转运地点的说明；

(13)有关声明。

2. 多式联运提单的签发

多式联运提单签发的时间和地点。多式联运提单一般是由多式联运经营人在收到货物后签发。由于联运的货物主要是集装箱货物，多式联运经营人接受货物的地点不同，可能是集装箱码头或内陆堆场、集装箱货运站和发货人的工厂或仓库，故签发提单的时间地点也分为以下三类：

①在码头或内陆港堆场收货后签发提单。此种提单的签发是由托运人自行装箱、报关和加封等并运至多式联运经营人指定的码头或堆场，由多式联运经营人代表或委托人进行收货，收货后签发正本场站收据交付给发货人，后由发货人持正本场站收据至多式联运经营人处换取提单。多式联运经营人凭正本场站收据收取全部应收费用后签发提单。

②在集装箱货运站收货后签发提单。在此处签发提单，是由多式联运经营人在指定的货运站或堆场接受货物，提单的签发时间一般是在货物交接入库后，由多式联运经营人签发，此处签发提单多是用于拼箱货，提单的签发意味着托运人应负责货物

报关，并把货物运至指定的集装箱货运站准备装货。多式联运经营人负责装箱、制作装箱单和联系海关加封等。

③在发货人工厂或仓库收货后签发提单。在该处签发提单，是由发货人自行负责货物报关、装箱、制作装箱单、联系海关监装和加封，托运人向多式联运经营人交货时应为外表状况良好、铅封完整的整箱货物，多式联运经营人在集装箱货物转上起运运输工具后签发提单，并自行负责从托运人处至码头堆场或内陆港场站的运输及后续整个多式联运过程。

综上所述，由于多式联运经营人接受货物地点不同，所以提单签发的时间、地点及联运经营人承担的责任也有较大区别。签发提单的日期，一般应是提单签发时的日期。如果应发货人要求填写其他日期(如提前则称为倒签提单)，多式联运经营人要承担较大风险。

3. 多式联运经营人在签发多式联运提单应注意的事项

(1)签发提单时应注明是不可转让还是可装让提单。如签发不可转让提单，应列明收货人姓名或公司名称；如签发可转让多式联运提单，应在收货人栏列明向持票人交付或“按×××指示”交付；

(2)提单上填写的通知人一般是在最终目的地的收货人代表或代理人；

(3)提单签发时必须注明本套提单的正本数量；

(4)当应发货人或收货人要求签发提单副本时，必须注明“不可转让副本”字样；

(5)签发一套一份以上的正本可转让提单时，各正本提单具有同样的法律效力，多式联运经营人必须在提单条款中注明如已按其中一份正本提单交货，则其余提单自动失效；

(6)多式联运提单应由多式联运经营人或经其他授权人签字；

(7)如果多式联运经营人或其代表在接受货物时，对货物的实际情况和提单中所注明的货物的种类、标志、数量或重量、包件数等有怀疑，但又无适当方法进行核对，检查时，可以在提单中作出保留，注明不符之处和怀疑根据；

(8)经发货人同意，可以保存《国际多式联运公约》规定的多式联运提单应列明的事项，签发不可转让提单。

三、多式联运提单的流转程序

在国际多式联运过程中，多式联运提单的流转非常重要。在实际业务中，大多由多式联运经营人或其代理人签发全程多式联运提单，各区段实际承运人签发各区段货物运输的货运单据，多是联运经营人主要充当全面控制和发布必要指示和重要信息的作用。以下我们以一程公路、二程海运和三程铁路运输的多式联运方式为例说明多式联运提单和各区段运输单证的流转程序。

(1)多式联运经营人在起运地收到货物后签发全程多式联运提单,其中将正本交付给托运人,若干份副本由多式联运经营人用于保存和送交目的地多式联运负责人。

(2)多式联运经营人在起运地将货物交给一程运输,即公路运输承运人,由该区段的实际承运人开出公路运单,该公路运单以该区段多式联运经营人为托运人,以第二程多式联运经营人、代理或负责人为收货人,并在运单上注明全程多式联运提单的号码。收到运单后,该区段多式联运经营人应尽快将运单等转交给第二程多式联运经营人、代理或负责人以便其在当地凭此提货并进行转运。

(3)第二程多式联运经营人在收到运单后,凭运单按时到公路区段承运人处提取货物并交付给第二程实际承运人,即海运承运人。当海运承运人收到货物后,签发海运记名提单,该提单以多式联运经营人或第二程多式联运经营人为托运人,第三程多式联运经营人、代理或负责人为收货人,或签发海运指示提单,以多式联运经营人或第二程多式联运经营人为托运人,通知方为第三程多式联运经营人或代理。提单上同样要注明多式联运提单号。第二程多式联运经营人取得提单后及时将正本提单、舱单等转交第三程多式联运经营人或其代理人以便提货,同时,及时告知多式联运承运人并提供提单副本及船舶离港报告,以便多式联运经营人及时、准确掌握货物动向和进展,并向第三程代理发出必要指示。

(4)第三程多式联运经营人或代理人在收到提单后,按时至指定地点出示提单提货,并交付第三程实际承运人,即铁路区段实际承运人。铁路部门收货后签发铁路运单,该运单以第三程多式联运经营人或多式联运经营人为托运人,以多式联运经营人在目的地的代理或分支机构为收货人,并在铁路运单上注明多式联运提单号码。第三程多式联运经营人或代理人在取得铁路运单后及时将相关单据转交给多式联运经营人在目的地的代理或分支机构,并及时将铁路运单副本等相关单据和信息转交给多式联运经营人。

(5)多式联运经营人在目的地的代理人或分支机构在收到铁路运单等相关单据后,及时到指定地点提取货物并向收货人发出到货通知,收货人在付款赎单后取得正本多式联运提单并据此向目的地多式联运经营人代理或分支机构提货,在经过多式联运经营人对多式联运提单的认真核对后,收取全部应收费用并将货物交付给收货人。

【小知识 8-1】 多式联运单证与多式联运合同

多式联运单证是指证明多式联运合同及证明多式联运经营人接管货物并负责按照合同条款交付货物的单证。多式联运合同是指多式联运经营人凭其收取运费,负责完成或组织完成货物运输的国际多式联运合同。

S 本章小结

本章初步介绍了国际多式联运的发展现状；国际多式联运经营人的资格、业务范围和经营方式，理解了国际多式联运的概念、特点及优越性；介绍了国际多式联运各种组织形式，以及 OCP、MLB、IPI 运输含义、要求及区别；并通过贸易术语对国际海铁联运的进出口程序作了具体的介绍；还介绍了多式联运提单的定义、种类、作用和内容，以及多式联运单证的缮制和流转程序。建议学生自学国际多式联运的相关国际惯例和法律法规，并了解国际多式联运合同的订立和签发。

E 练习题

(一)单选题

1. 多式联运人对货物承担责任是(　　)。

A. 对货物运输全程负责　　B. 对自己运输区段负责

C. 对第三方承担责任　　D. 对实际承运人运输区段负责

2. 国际多式联运通常是以(　　)为运输单元的。

A. 轮船　　B. 卡车　　C. 火车　　D. 集装箱

3. 国际多式联运方式是指(　　)。

A. 同一种运输方式之间　　B. 不同运输方式之间

C. 必须是公路与海运之间　　D. 必须是铁路与公路之间

4. 在国际多式联运中，如果需要集装箱，则集装箱一般由(　　)提供。

A. 集装箱堆场　　B. 集装箱公司

C. 船公司　　D. 多式联运经营人

5. 在国际多式联运的运输组织形式中，其中是主要组织形式的是(　　)。

A. 海空联运　　B. 陆陆联运　　C. 陆桥运输　　D. 海陆联运

6. 在目前的国际多式联运业务的经营人责任形式中，国际上多采用的是(　　)。

A. 统一责任制　　B. 分散责任制

C. 网状责任制　　D. 分级责任制

7. 一般的国际货运公约对货物提出的诉讼时效通常为(　　)。

A. 4 年　　B. 3 年　　C. 2 年　　D. 1 年

(二)多选题

1. 目前国际海空联运线主要有(　　)。

A. 远东—欧洲　　B. 远东—中南美

C. 远东—亚洲　　D. 远东—南美

E. 远东—中近东、非洲、澳洲

2. 国际多式联运中，多式联运单据其记载事项主要起到的证明作用包括(　　)。

A. 有关运输情况的记载　　B. 有关货物状况的记载

C. 当事人本身的记载　　D. 有关各国背景的记载

E. 有关法律约束方面的记载

3. 国际多式联运的特征有(　　)。

A. 全程运输必须使用国际多式联运单据

B. 必须订立国际多式联运合同

C. 多式联运经营人对全程运输负责

D. 必须是国际间的货物运输

E. 全程运输必须使用两种或两种以上不同的运输方式

4. 在目前的国际多式联运业务中，多式联运的经营人责任形式主要有(　　)。

A. 责任分担制　　B. 统一责任制

C. 分级责任制　　D. 网状责任制

E. 统一修正责任制

5. 多式联运是(　　)的组合。

A. 不同运输方式　　B. 多种运输方式

C. 公、铁运输方式　　D. 公、海运输方式

E. 海、海运输方式

(三)判断题

1. 多式联运经营人对货物承担的责任期限是自己的运输区段。(　　)

2. 国际多式联运完成货物运输签发的提单是联运提单。(　　)

3. 提货单的签发表明收货人有权提货。(　　)

4. 所谓赔偿责任限制是指多式联运经营人对每一件或每一货损单位负责赔偿的最高限额。(　　)

5. 多式联运提单是运输合同证明。(　　)

(四)简答题

1. 国际铁路货物联运的基本条件是什么？

2. 国际多式联运的应具备的条件。

3. 国际多式联运的优点有哪些？

【实训练习题】

1. 实训项目名称：国际多式联运单据所产生的后果

2. 实训内容：案例分析

某公司将10台流水线分别交由多式联运经营人B进行运输。B公司接货后签

发多式联运提单，后B公司安排将货物从该公司所在地运至上海，由仓储公司进行货物装箱，装上A公司船舶运至利物浦。货物由上海运至利物浦全程由A公司开具海运提单，但收货人在利物浦收货时发现箱损，并由利物浦公正机构出具检验报告，报告证明箱损是由箱内机床加固，绑扎不牢所致，而且机床也因此受到一定程度的损坏，由此而造成了损失。对于这一事故，各当事人观点不一。

B公司认为：(1)货损并非多式联运提单的签发而导致；

(2)由利物浦公证机关证明货损由装箱原因导致，理应由装箱人承担损失责任。

A公司认为：(1)A公司承担海运，但损失不是由海运过失导致，汉堡公证机构已经证明；

(2)A公司签发的提单与实际托运人和收货人不存在提单关系。

仓储公司认为：(1)装箱时的装箱证明书可以证明装箱人并无过失；

(2)经过常规加固，绑扎后造成的箱损除非有第三方的原因；

(3)仓储公司与实际托运人，收货人及A公司均不存在合同关系。

试分析：(1)仓储公司与A公司之间是否存在合同关系？

(2)B公司在本案中是否应付相应的责任？应负什么责任？

3.实训目的：熟悉国际货运单据内容及性质

4.实训资料：国际多式联运提单和其他单据

5.实训要求：要求学生分成若干小组，每组4～6人，以组为单位进行讨论，形成各组意见并进行交流

6.实训方法：课堂分析，讨论交流，精彩分析

7.课时安排：2学时

L 附样单证

附样 8-1　国际多式联运合同范本

多式联运合同范本

甲　　方：　　（托运人）
法定代表人：
法定地址：　　邮编：　　传真：
经办人：　　联系电话：
银行账户：
乙　　方：　　（承运人）
法定代表人：
法定地址：　　邮编：
经办人：　　联系电话：　　传真：
银行账户：

甲乙双方经过友好协商，就办理甲方货物多式联运事宜达成如下合同：

1. 甲方应保证如实提供货物名称、种类、包装、件数、重量、尺码等货物状况，由于甲方虚报给乙方或者第三方造成损失的，甲方应承担损失。

2. 托运货物为特种货或者危险货时，甲方有义务向乙方做详细说明。未作说明或

者说明不清的，由此造成乙方的损失由甲方承担。

3. 甲方应按双方商定的费率在交付货物________天之内将运费和相关费用付至乙方账户。甲方若未按约定支付费用，乙方有权滞留提单或者留置货物，进而依法处理货物以补偿损失。

4. 由于甲方的原因（如未及时付清运费及其他费用而被乙方留置货物或滞留单据或提供单据迟延而造成货物运输延迟）所产生的损失由甲方自行承担。

5. 对于逾期支付的款项，甲方应按每日万分之五的比例向乙方支付违约金。

6. 乙方应按约定将甲方委托的货物承运到指定地点，并应甲方的要求，签发联运提单。

7. 乙方自接货开始至交货为止，负责全程运输，对全程运输中乙方及其代理或者区段承运人的故意或者过失行为而给甲方造成的损失负赔偿责任。

8. 货物的灭失或者损坏发生于多式联运的某一区段，乙方的责任和赔偿限额，应该适用该区段的法律规定。如果不能确定损坏发生区段的，应当使用调整海运区段的法律规定，不论是根据国际公约还是根据国内法。

9. 乙方在运输甲方货物的过程中应尽心尽责，对于因乙方的过失而导致甲方遭受的损失和发生的费用承担责任，以上损失不包括货物因延迟等原因造成的经济损失。在任何情况下，乙方的赔偿都不应超出每件××元人民币或每公斤××元人民币的损失。在任何情况下，乙方的赔偿责任都不应超出每件××元人民币或每公斤××元人民币的责任限额，两者以较低的限额为准。

10. 乙方对下列原因所造成的货物灭失和损坏不负责任：

(1)货物的自然特性和固有缺陷；

(2)天灾，包括自然灾害，例如但不限于雷电、台风、地震、洪水等，以及意外事故，例如但不限于火灾、爆炸、由于偶然因素造成的运输工具的碰撞等；

(3)抢劫、盗窃等认为因素造成的货物灭失或者损坏；

(4)罢工、停工或者乙方雇佣的工人劳动受到限制；

(5)战争或者武装冲突；

(6)海关、商检、承运人行使检查权所引起的货物损耗；

(7)货物由甲方或者代理人装箱、计数或者封箱的，或者装于甲方的自备箱中；

(8)甲方的过失造成的货物灭失或者损坏；

(9)检疫限制或者司法扣押；

(10)非由于乙方或者乙方的受雇人、代理人的过失造成的其他原因导致的货物灭失或者损坏，对于第(7)项免除责任以外的原因，乙方不负举证责任。

本合同项下发生的任何纠纷或者争议，应提交中国海事仲裁委员会，根据该会的仲裁规则进行仲裁。仲裁裁决是终局的，对双方都有约束力。

本合同经双方协商一致可以进行修改和补充，修改及补充的内容经双方签字盖章后，视为本合同的一部分。

本合同的订立、效力、解释、履行、争议的解决均适用中华人民共和国法律。合同双方可以依据《中华人民共和国合同法》的有关规定解除合同。

本合同从甲乙双方签字盖章之日起生效，合同有效期为________天，合同期满之日前，甲乙双方可以协商将合同延长________天。合同期满前，如果双方中任何一方欲终止合同，应提前________天，以书面的形式通知另一方。

本合同正本一式________份。

甲方：　　　　　　　　　　　　　　　　　　　　乙方：

签字盖章　　　　　　　　　　　　　　　　　　签字盖章

年　月　日

第九章　国际货运货损事故处理

能力目标

1. 掌握国际海运、陆运、空运和多式联运中货损事故处理的程序、方法和要求；

2. 明确作为货运代理从业人员在处理国际海运、陆运、空运和多式联运事故时应具备的知识技能和综合业务素质。

知识目标

1. 熟练掌握国际货运中货损货差发生的原因及对其的处理；

2. 掌握在国际货物运输发生货损后，受损方的索赔，索赔人资格、索赔对象、索赔需要的单据和索赔一般程序要求等；

3. 掌握货运公司理赔的依据和理赔程序要求等内容。

学习要求

结合全国国际货运代理从业资格考试和物流师职业资格考试的要求，要求掌握国际货运事故处理的程序和方法，熟悉索赔需要的单据和索赔程序要求，货运公司理赔的依据和理赔程序要求，明确货代人员在货运货损事故处理中应具备的知识技能和综合业务素质。

关键概念

索赔　理赔　代位追偿权　重理单　货物赔偿担保书　运费更改通知书　商务记录

第一节　海运货损事故处理

客观地说，海上风险存在于货物运输过程中涉及的很多环节，因此这些海上货物运输货损事故的发生在所难免。虽然可根据有关合同条款、法律、公约等规定，对所发生的货损事故进行处理。但是在实际处理过程中，受损方与责任方之间往往会发生争议，故处理货损事故首先要明确两个以下关系：

（1）国际贸易与国际货物运输的关系。国际运输索赔程序与贸易索赔程序是分开的。货运代理在处理索赔时经常会收到托运人以“收货人在收到货后，发现货损，货物延误故拒付托运部分或全部的货款，或取消今后的订单等”为由，向货运代理提出部分或全部的贸易损失，这实质上是一种贸易风险的转嫁，货运代理应该要求托运人用运“国际贸易法”的法律来保护其自身的利益。即使托运人或收货人合法享有向对方提起贸易索赔的权利，也不应该将运输索赔的解决作为解决贸易问题的前提，并以此向货运代理提出非索赔范围内的要求。两者本不适用同一法律范畴，托运人在货物运输中的权利并不影响有关贸易法规定中的权利的，两者可以同时进行，或先行处理贸易索赔。

（2）运费的收取与索赔的关系。运费是托运人托运货物时应当支付给承运人或承运代理人的费用，这是事前的行为与责任；而索赔是在货物运输过程中，或货物到达目的地后的事后的行为与权利的要求，托运人将受到国际货物运输中有关规定的合理保护，若托运人以索赔未成未解决为由，拒付货运代理运费是没有依据的。

只有对上述关系加以明确，才能够对国际物流中的货损事故进行公正的处理。

一、海运过程中常见的货损事故成因及认定

海运货损事故主要是指就海上货物运输过程中货物的灭失或损坏。可能的货损事故成因归纳起来有以下九种：

（1）未装船前已受损或已存在了潜伏的致损因素；

（2）装卸作业中受损；

（3）受载场所条件不符合要求；

（4）船上积载不当；

（5）装船后与航途中及卸船前的期间保管不当；

（6）自然灾害；

（7）其他事故殃及；

（8）盗窃；

（9）其他。

在实际业务操作中，可能出现问题的环节主要分为陆运到场地、货物在场地装箱、海上运输途中及货物到港后四个阶段，但很大程度上海运货损事故是在最终目的地收货人收货时或收货后才被发现。

当收货人提货时，如发现所提取的货物数量不足、外表状况或货物的品质与提单上记载的情况不符，则应根据提单条款的规定，将货物短缺或损坏的事实有效取证，以此表明提出索赔的要求，如果货物的短缺或残损不明显，也必须是在提取货物后的规定时间(一般规定为3天)内，向承运人或其代理人提出索赔通知。

凡船舶在海上遭遇恶劣气候的情况下，为明确货损原因和程度，应该核实航海日志、航方的海事声明或海事报告等有关资料和单证。货运事故发生后，收货人与承运人之间未能通过协商对事故的性质和程度取得一致意见时，则应在共同同意的基础上，指定检验人对所有应检验的项目进行检验，检验人签发的检验报告是确定货损责任的依据。

二、海上货运事故索赔

海上货运事故索赔主要是指就海运货损事故发生后，货物利益方对承运人提出索赔的行为。海上货运事故发生的原因是复杂的，所以货运事故发生后，首先需要找出事故发生的原因，存在多个原因时，则根据近因原则，确定事故责任人。对由承运人原因造成的事故，还需要考虑哪些责任是他必须承担的，哪些责任是他可以免责的。对发生的货物灭失或损坏，还需要确定损坏程度，对有争议的事故还需要委托公证人进行公正检验。因此，索赔时，受损害方应当根据有关法律规定，按照一定的程序，提供证据，证明事故原因、事故责任和损失的数额。

1. 索赔人

索赔人应当是遭受损害的货物所有人。由于国际贸易中货物流转程序的复杂性，索赔人可能包括下列不同身份：

(1)收货人。

国际海上货物事故索赔人主要是收货人。托运人在将货物装船后，取得了承运人签发的已装船提单，然后将该提单转让给买方，即收货人，使收货人成为货物的所有人，包括可转让提单的最终买受人。根据有关法律规定，提单在转让给收货人后，即构成承运人与提单持有人之间的运输合同。所以在发生由承运人责任造成的货运事故时，收货人就有权依据提单合同向承运人提出索赔。实际上，货运事故索赔最多的是由收货人提出的。

(2)托运人。

托运人向承运人的索赔事项包括在货物交给承运人接管后到货物装船时发生的货物灭失或损坏，以及在运输途中发生的承运人责任货运事故。托运人的索赔权利来自两个方面：

①托运人作为承租人与承运人签订的租船合同。在发生货物灭失或损坏时，托运人可以依照租船合同索赔损失。

②提单合同。当托运人没有转让提单，例如对寄售的货物，托运人欲控制货物并自己控制提单，或者当买方拒收货物，或银行议付时出现不付点，提单被退回托运人，托运人再次成为提单持有人时，在发生货运既是缔约方又是提单所有人时，通常托运人应当根据运输合同的规定进行索赔，因为此时提单等于没有转让。

(3)其他提单持有人。

除上述托运人和收货人外，其他提单持有人也可以成为货运事故的索赔人。例如，银行或因议付和提单，或因融资成为提单质押权人，作为提单持有人向承运人主张货物时，如果提单货物发生灭失或损坏，银行就有权作为提单项下货物的占有权人或质押权人依据提单合同向承运人索赔损失。

(4)无船承运人。

在国际多式联运形式下，无船承运人以承运人身份接受托运人托运后，在以托运人身份与实际承运人签订运输合同。当发生实际承运人责任的货运事故时，无船承运人即可依据运输合同向实际承运人索赔，作为其向实际托运人或收货人赔偿后的追偿。

(5)货物保险人。

在发生海上货物事故后，货物被保险人常常直接向保险人提出索赔，然后将货物的索赔权，即代位求偿权，让渡给保险人。保险人在取得代位求偿权后，即有权向承运人索赔。

2.索赔程序

货运事故索赔应按照一定的程序进行，具体来说主要包括以下环节：

(1)及时发出损坏通知。

根据有关国际公约和各国法律或合同的规定，在发生海上货物运输事故时，收货人或其他货物索赔人应在规定的时间内向承运人发出货运事故通知书，声明保留货运事故索赔权。如货物索赔人未向承运人发出货物事故通知，货运事故的举证责任就由承运人转到收货人。如果收货人不能举证证明承运人过失，则会在索赔中败诉。

货物索赔人发出货运事故通知是有时间限制的。根据《中华人民共和国海商法》第 81 条第 2 款规定："货物灭失或损坏情况非显而易见的，收货人应当在货物交付的次日起连续 7 日内，集装箱货物交付的次日起连续 15 日内提交上述书面通知，否则，按照前款规定处理。货物交付时，收货人已经会同承运人对货物进行联合检查或检验的，无须就所查明的灭失或损坏的情况提交书面报告。"

法律规定事故通知的目的是为了防止收货人不合理延长货物索赔时间，从而保护承运人。并且，如果收货人不作出通知，举证责任将转到索赔人。因为在《海牙规律》制度下，发生了货物灭失或损坏，首先假设承运人有责任，承运人如欲免责，需负举证责任，举证证明货运事故系由承运人可以免责的原因导致的。如果索赔人拖延通知，将不利于承运人举证。但是否作出事故通知与承运人可否免责无关，也就是说，即使索赔人没有作出事故通知，并不影响其索赔权。如果收货人能够举证证明货运事故是由承运人责任造成的，承运人仍应负责赔偿；反之，即使收货人作出了事故通知，也并不说明承运人对货物事故有责任。如果承运人能够举证证明货运事故系由其可免责原因造成的，则承运人无须对货运事故承担责任。但由于海上货物运输的复杂性，不论谁负责举证，举证都是一件困难的事情。因此，收货人为保留承运人的举证责任，还是应该按照法律规定及时发出事故通知。

(2)准备索赔文件。

通常，收货人在提出索赔时应出具以下文件：

①索赔函。索赔函是货物索赔人向承运人提出货物索赔的正式文件，该文件无固定格式，但应包括以下主要内容：

a.索赔人的名称、地址；

b.船名；

c.装卸港口名称和船舶抵达货港的日期；

d.提单号码及提单中的货物描述；

e.货物灭失或损坏的情况；

f.索赔日期、索赔金额及索赔理由。

应当注意的是，索赔人按照法律规定向承运人提出的货运事故通知并不表示已经向承运人提出索赔，只有索赔人向承运人提出索赔申请书时，才表明索赔的正式开始。

②提单。提单是海上货物索赔中的重要依据。提单作为货物证据，表明承运人收到货物的数量和外表情况；提单作为运输合同，表明了承运人应当承担的责任义务，是处理索赔的重要法律性依据。

③卸货报告、理货报告、货物溢卸、短卸报告、货物残损单等卸货单证。上述各种单证是对船舶卸下货物的原始记录，由船方和理货人或装卸公司共同作出并会签。如果卸下的货物与提单或船舶载货清单(Export Cargo Manifest)不符，会在此类报告中作出记录，此类单证是货物灭失或损坏的原始记录，所以是货物索赔时的重要依据。

④货物残损公证检验报告、重理单。当收货人和船方对货物的损坏程度、数量、损坏原因无法作出正确判断或存在争议时，往往需要双方共同指定公正检验机构对残损货物进行检验，确定损坏程度、数量、价值，以及导致货物残损的原因等，并出具“货物残损检验证书”(Inspection Certificate for Damage and Shortage)。当船货双方对卸货数量发生争议时，可以对所卸货物重新理货，并出具重理报告。这两种报告也是货物索赔最直接的原始依据。

⑤商业发票、装箱单、重量单等。商业发票是由贸易合同中的卖方开给买方的商业票据。它记载了货物的单价和货物总值，是索赔时计算索赔金额的直接原始依据。如果发票中记载的是货物 CIF 价值，索赔金额应当按此价值计算；如果发票是以 FOB、CFR 开具的，计算时还应加上运费或保险费，但索赔人应提供运费或保险费收据，以资证明。装箱单或重量单通常是商业发票的随附单证，用以证明提单项下货物品种和数量的详细情况，因此是提单中货物记载的辅助性证明。

除上述单证外，凡是能够确定货运事故的原因、损失程度、损失金额、货运事故责任的任何文件都应当准备齐全，与上述单证一起提供。

另外，根据《中华人民共和国合同法》的相关规定，索赔人提出的索赔金额除了货物本身损失外，还可以包括因货物灭失或损害所丧失的合理合同利益。提供索赔证据时，应当包括与合同利益有关的证据。

3. 索赔权利的保全

(1)海事请求保全的概念及目的。

海事请求保全是指对海事请求具有管辖权的法院根据海事请求人的申请，为使其海事权利得以保障，对被申请人的财产或行为所采取的民事强制措施。这些强制性措施通常包括：强迫被申请人提供可信赖的担保，如书面担保、财产担保，扣押义务人的船舶，要求义务人实施某种作为或不作为等。

采取保全措施的目的是保证海事请求人民事权利的顺利实现。例如，在卸货港发生重大货运事故，金额巨大，此时如果不对卸货船舶采取海事请求保全，该轮一旦离去，收货人索赔可能就非常困难。即使案件得到了胜诉判决，也可能因为义务人经济能力有限(如金额过大，或义务人经济困难)，或者根本就很难找到(如皮包公司)而无法实现请求人的索赔权利。如果可以依法对当时船舶或有关船舶依法扣押，就可以获得索赔权利的保障，有利于案件的解决。所以，海事请求保全是海事请求人实现其索赔权利的重要的和行之有效的措施，是货物索赔人保全自己的权利，顺利实现索赔的一种手段。保全措施本身不是索赔行为，它只是日后成功取得赔偿的一种保障措施。

(2)海上货物运输索赔权利保全的形式。

海上货物运输索赔权利保全是海事请求保全的重要内容之一。根据相关法律和业内惯常做法，对海上运输货物索赔的权利保全可采取担保书和扣押船舶两种形式。

① 货物赔偿担保书。

货物赔偿担保书(Letter of Guarantee, Letter of Undertaking)，或赔偿担保函(Letter of Indemnity, LOI)，是指承运人就其承运货物的灭失或损坏，向收货人提供保证的将按照仲裁机构的裁决或法院的判决作出赔偿的书面文件，担保人一般为银行、船东互保协会、船舶保险人等。当然，具有足够经济力的大公司出具的保函也是可以接受的。

担保书应当具有以下主要内容：受益人、担保责任范围、担保金额、赔偿支付条件、时间和地点及有效期等。

②扣押船舶。

扣押船舶是海事请求保全的最主要、最典型的形式。船舶不同于一般财产，作为海上运输工具，船舶具有名称、国籍等拟人化的特征。因此，扣押船舶是民事诉讼中的特别海事诉讼制度。国际海事委员会制定的《52年扣船公约》及《中华人民共和国海事诉讼特别程序法》都对扣船的有关问题作出了特别规定。

③海事证据保全。

海事证据保全是指海事法院根据海事请求人的申请，对有关海事请求的证据予以提取、保存或者封存的强制措施。

船舶上的航海日志、轮机日志、电台日志或其他文字记录通常是在发生货物灭失或损坏事故时确定承运人责任的重要证据。但是船舶的流动性强，对船舶上保存的这些证据如果不能及时提取，极可能被篡改、销毁或在船舶离港后很难找到。因此，对船存的海事证据依法进行保全，对保障海事请求人权益非常重要。

海事请求人应当在起诉前向保全地海事法院提出书面申请，说明所需保全的证据、该证据与海事请求的关系，以及申请理由。采取海事证据保全应当符合下列条件：

a. 请求人必须是海事请求的当事人；

b. 请求保全的证据对该海事请求具有证明作用；

c. 被请求人是与请求保全的证据有关的人；

d. 情况紧急，不立即采取证据保全就会使该海事请求的证据灭失或难以取得。

4. 索赔权利的转让

如果货物已由保险人承保，并且保险人根据保险合同已对出险货物向货物所有人作出了赔偿，根据保险的法律原则，货物所有人应当将其对承运人的索赔权利转让给保险人。保险人在取得代位追偿权后，可以直接向承运人进行索赔。

货物所有人在收到保险人赔偿后，应当向保险人签署"收款及权益转让书"（Receipt and Subrogation Form），供保险人凭之向承运人索赔。

被保险人在向保险人索赔前不得损害保险人的利益，并应积极协助保险人向责任方索赔。如果因被保险人的不当作为或不作为导致了保险人索赔权利的丧失或损害，保险人有权向被保险人追偿损失。所以，被保险人有义务维护保险人对第三人的索赔权。

保险人在取得代位追偿权后，即可以被保险人的名义向承运人主张赔偿。如果获得的赔偿额大于其向被保险人支付的赔偿额，超出部分应当退还给被保险人。

三、索赔的受理与审核

索赔的受理与审核系承运人的一项理赔工作。一般来说，国内提赔人往往是通过国外代理提出索赔，由运输货物的承运人受理，承运人在国外的代理无权处理，除非经承运人委托或授权。

1. 分清责任

承运人在处理索赔时，首先应分清发生货损的原因和应承担的责任范围。当受损方承运人提出某项具体索赔时，承运人可根据提单中有关承运人的免责条款解除责任。因此，在索赔和理赔过程中，往往会发生举证和反举证。原则上，受损方要想获得赔偿，必须予以举证，而责任方企图免除责任或减少责任，则必须予以反举证和举证，反举证是分清货损责任的重要手段，有时在一个案件中会多次进行，直到最终确定责任。

2. 审核

审核是处理货损事故仔细且重要的工作，在从事理赔工作时主要审核的内容有：

(1)索赔的提出是否在规定的期限内，如果期限已过，提赔人是否已要求展期；

(2)提出索赔所出具的单证是否齐全；

(3)单证之间有关内容是否相符，如船名、航次、提单号、货名、品种、检验日期等；

(4)货损是否发生在承运人的责任期限内；

(5)船方有无海事声明或海事报告；

(6)船方是否已在有关单证上签字确认；

(7) 装卸港的理货计数量是否准确。

3. 承运人免责或减少责任应出具的主要单证

承运人对所发生的货损欲解除责任，或意图证明自己并无过失行为，则应出具有关单证以证明对所发生的货损不承担或少承担责任。除前述的收货单、理货计数单、货物溢短单、货物残损单、过驳清单、卸货报告等货运单证外，承运人还应提供：

(1)积载检验报告；

(2)舱口检验报告；

(3)海事声明或海事报告；

(4)卸货事故报告。

4. 索赔金的支付

通过举证与反举证，虽然已明确了责任，但在赔偿金额上未取得一致意见时，则应根据法院判决或协议支付一定的索赔金。关于确定损失金额的标准，《海牙规则》并没有作出规定，但在实际业务中大多以货物的 CIF 价作为确定赔偿金额的标准。

四、海运货损事故处理中的注意事项

1. 有关保函问题

目前，很多租约都规定船东要签发清洁提单。因此，在有瑕疵的货物上船的情况下，船方往往同意收取托运人保函，签发清洁提单。这种做法尽管在实践中很常见，但仍属违法。船东在赔偿了收货人后，如果托运人不主动履行其在保函中所承诺的义务，则保函难以起到保护船东的作用。依据中国法律此类保函是欺诈的产物，不具法律效力，其他国家法律基本类同。

因此，如果有可能，船员应拒收有瑕疵货物，争取换货。若有瑕疵的货物已经装上船，应尽量正确地签发提单。如果托运人/租家不同意船方有关货物存在瑕疵的判断，坚持要求船方签发清洁提单，则不能使用通常格式的保函，应签署如下有关货物缺陷的协议，或可使船东处于较有利地位。如有任何疑问，应实时请示公司。关于货物缺陷的协议参见本章附样 9-1。

2. 有关提单的问题

(1)提单应如实批注。对于装前即已存在的货损，如船方在大副收据上做了批注，却没有在提单上加批注，船方不但要面临收货人的索赔，承担赔偿责任，更为严重的是，船方将无法从保赔协会获得补偿，实践中一定要审谨处理。提单应与大副收据内容一致，如与托运人有争议，则托运人须正确出具保函。

(2)提单应正确签发。当船长根据租约授权租家或其代理签发提单时，应按照公司推荐的格式签发，避免采纳租家提供的格式，以防止给船方造成损失。

3. 有关现场处理应注意的问题

(1)谨慎应对各种上船人员。

发生货损后，会有各种身份的人登船，包括船方代理、租家代理、货方代理、P&I Club 的通代、检验人、货方的检验人等，船长一定要清楚地了解每个上船人的身份，然后区别对待。而对于非代表船方利益的人员，船长应不告知其任何情况，亦不要允许其接触船上任何文件及设备等。

【小案例 9-1】 现场处理引发的争议

某轮出现了很严重的货损，船方请了 CCIC(中国进出口商品检验总公司)，收货人请了 CCIB(长城保险经纪有限公司)，后来船长和这两家检验人及货主签署了一份协议，该协议规定“货损情况以 CCIB 检验为准”，就是这份协议使得 CCIB 对船东极为不利的检验为法院所接受，也使得公司所请的 CCIC 的报告不能起到应有的作用。这份协议的内容明显对船东不利，船长根本不用，也没有义务去签署，或至少船长在签署前应向公司保险部报告这件事情。又如，某轮将钢管装在甲板上，在航行途中部分钢管被风浪打到海里，按提单条款，除非船方有“Gross Negligence”，否则，船方对甲板货损坏不负责。但船长对收货人检验人员讲他不懂钢管在甲板上的绑扎，这就构成了船方的“Gross Negligence”，使得船方本来能进行抗辩的案子一下子变得毫无希望了。船长的本意或许并非如此，但这一言词一旦记入检验报告，则后果非常严重。

由于船员不负责任导致船舶不适航，不但船东要承担所有货损，且无法享受责任限制，而且保赔协会亦不予补偿。船员在现场处理争议时，应保持清醒，对没有把握的问题，不要试图作过多的解释，而应交由专业人员，如公司理赔人员、保赔协会人员及检验师等应对。

(2)正确详细记录。

在处理货损货差索赔时，为免除船方责任，通常需证明船东已刻尽职字使船舶在开航前及当时适航，且尽到了妥善照管货物的义务。船上正确详细的记录是重要证据。例如，对船上设备的检查记录、天气报告、海况照片、通风测温记录等。

第二节　陆运事故的处理

一、国际公路运输事故的处理

1. 货损事故责任的确定

公路承运人对自货物承运时起至交付货物期间内所发生的货物灭失、损害系由于装卸、运输、保管及交接过程中发生运输延误、灭失、损坏、错运等负赔偿责任。

货损事故的责任范围：

(1)货损：货损是每时货物磨损、破裂、湿损、变形、污损、腐烂等；

(2)货差：货差是指货物发生短少、失落、错装、错卸、交接差错等；

(3)有货无票：货物存在而运单及其他票据未能随货同行，或已遗失；

(4)运输过失：因误装、误卸，办理承运手续过程中的过失，或漏装、过失等；

(5)运输延误：已接受承运的货物由于始发站未及时运出，或中途发生变故等原因，致使货物未能如期到达。

造成货损货差的其他原因，还有破包、散捆、票据编制过失等。

对下列原因造成的货损事故，公路承运人不承担赔偿责任：

(1)由于自然灾害发生的货物遗失或损坏；

(2)包装完整，但内容业已短少；

(3)由于货物的自然特性所致；

(4)根据卫生机关、公安、税务机关有关规定处理的货物；

(5)由托运人自行保管，照料所引起货物损害；

(6)货物未过磅发生数量短少；

(7)承托双方订有协议，并对货损有特别规定者。

2. 货损事故记录的编制

(1)事故发生后，由发现事故的运送站或就近前往现场编制商务记录，如系重大事故，在有条件时还应通知货主一起前往现场调查，分析责任原因；

(2)如发现货物被盗，应尽可能保持现场，并由负责记录的业务人员或司机根据发现的情况会同有关人员做好现场记录；

(3)对于在运输途中发生的货运事故，司机或押运人应将事故发生的实际情况如实报告车站，并会同当地有关人员提供足够的证明，由车站编制一式三份的商务事故记录；

(4)如货损事故发生于货物到达站，则应根据当时情况，会同司机、业务人员、装卸人员编制商务记录。

3. 货损事故的赔偿

受损方在提出赔偿要求时，首先应办妥赔偿处理手续，具体做法如下：

(1)向货物的发站或到站提出赔偿申请书；

(2)提出赔偿的申请人必须持有有关票据，如行李票、运单、货票、提货联等；

(3)在得到责任方给予赔偿的签章后，赔偿申请人还应填写《赔偿要求书》，连同有关货物的价格票证，如发票、保单、货物清单等，送交责任方。

在计算货损货差的金额时，主要有三种情况：

(1)发货前的损失，应按到达地当天同一品类货物的计划价或出厂价计算，已收取的运费也应予以退还；

(2)到达后的损失，应按货物运到当天同一品类货物的调拨价计算赔偿；

(3)对价值较高的货物，则应按一般商品调拨价计算赔偿。

二、国际铁路运输事故的处理

在铁路货物运输中，凡涉及铁路与发货人、收货人之间，或参加运送铁路间、铁路内部各单位间发生货损、货差时，应在事故发生当日编制记录，作为分析事故原因、确定责任的原始证明和处理赔偿的依据。

1. 货损事故记录的编制

货运事故记录分商务记录、普通记录、技术记录三种。

(1)商务记录。

商务记录是指在货物运送过程中对发生的货损、货差或其他不正常情况的如实记载，是具体分析事故原因、责任和请求赔偿的基本文件。在商务记录中，应确切地记载货物的状态、发现运送状态不良的当时情况及发生货物损坏的原因。记录中应列举事实，不应包括关于责任问题和发生损失原因的任何判断。同时，对商务记录各栏应逐项填记，不准划销。

遇有下列情况之一，应编制商务记录：

①发现货物的名称、重量、件数等同运单和运行报单中所记载的事项不符；

②货物发生全部或部分灭失可损害，或包装破损；

③有货无票或有票无货；

④由国境站开启装有危险货物的车辆时。

商务记录必须在发现事故的当日编制，并按每票货物分别编制。如果运送同一发货人的同一种类的货物时，准许在到达站对数批货物编制一份商务记录。

接受商务记录的铁路部门，如对记录有异议，则应从收到记录之日起45天内，将异议通知编制商务记录的人。超过这一期限则被认为记录业已接受。

(2)普通记录与技术记录。

货物运送过程中，发现编制商务记录情况以外的情况时，如有必要，车站应编制普通记录，普通记录不作为赔偿的依据。当查明货损原因系车辆状况不良所致时，除编制商务记录外，还应按货损情况编制有关车辆状态的技术记录，并随附于商务记录内。

2. 货运事故的处理与赔偿

(1)赔偿请求的提出与受理：发货人、收货人均有权根据运输合同提出赔偿要求。赔偿请求应附有相应根据并注明款额，按每批货物以书面形式由发货人向发送路、收货人向到达路提出。由全权代理代表发货人或收货人提出赔偿请求时，应有发货人或收货人的委托书证明这种赔偿请求权，委托书应符合受理赔偿请求铁路所属国的法令和规章。自赔偿请求提出之日起，铁路必须在180天内审查此项请求，并对赔偿请求人给予答复。

(2)索赔的依据及随附文件。

①货物全部灭失，由发货人提出赔偿时，发货人应出具运单副本；由收货人提出时，应同时出具运单副本或运单正本和货物到达通知单及铁路方在到站交给收货人的商务记录；

②货物部分灭失或质变、毁损时，收货人、发货人均可提出索赔，同时应出具运单正本和货物到达通知单及铁路到达站给收货人的商务记录；

③货物发生运输延误时，应由收货人提出赔偿，并提交运单正本和货物到达通知单；

④承运人多收运送费用，发货人可按其已付的款额向承运人追回多收部分的费用，但同时应出具运单副本或发送路国内规定的其他文件；如由收货人提出追回多收费用的要求，则应以其支付的运费为基础，同时出具运单正本和货物到达通知单。

在提出索赔的赔偿请求书上，除应附有运单或运单副本外，在适当情况下还需附商务记录，以及能证明货物灭失、损坏和货物价值的文件。

(3)索赔请求时效。

凡根据运输合同向铁路部门提出索赔，以及铁路对发货人、收货人关于支付运费、罚款的赔偿要求应在9个月内提出，有关货物运输延误的赔偿，则应在2个月内提出。上述时效的计算方法如下：

①关于货物损坏或部分灭失及运输延误的赔偿，自货物交付之日或应付之日起计算；

②关于货物全部灭失的赔偿，自货物按期运到后60天内提出；

③关于补充支付运费、杂费、罚款的要求，或关于退还此项款额的赔偿要求，则应

自付款之日起计算；如未付款时，从货物交付之日起计算；

④关于支付变卖货物的货款要求，则自变卖货物之日起计算。

第三节　空运货损事故处理

一、空运货物的不正常运输概述

货物不正常运输，是指货物在收运及运输过程中由于各方面工作的差错及不规范的操作而造成的货物不正常状况，如多装、少装、多收、少收货物，货物变质，货物损坏等。

【小知识 9-1】　空运货物货损种类和代号

——Found Cargo	FDCA	多收货物
——Missing Cargo	MSCA	少收货物
——Found AWB	FDAW	多收货运单
——Missing AWB	MSAW	少收货运单
——Short Shipped	SSPD	漏(少)装
——Off Loaded	OFLD	卸下，拉货
——Over Carried	OVCD	漏卸(运过境)
——Mislabeled Cargo		贴错标签货物
——Missing Label		标签脱落
——Damage		破损

二、空运货损货差及其处理方式

在国际航空货物运输中，航空货物运输所承运的货物，承运方应该承担当货物由托运方交承运方起，直至承运方将货物交收货方为止的责任，这一段时间也称为承运责任期间。在这期间货物由于因装卸、运送、保管、交付过程不妥善等，而发生货物损坏或丢失事故，称之为货损货差。

1. 货损

(1)货损的形式。

①破损：货物的外部或内部已经变形，具有明显的变形特点，因而使货物的价值可能或已经遭受了损失，如破裂、损坏。

②内损：货物外部包装完好，但是内装货物受损，这种在未拆开外部包装时不容易发现，只有在收货人提取货物后或交海关时才能发现。

(2)承运人对货损的处理方法。

承运人根据发现货物破损的时间分别对破损货物进行不同的处理方法，具体处理方法参见表9-1所示。

货物破损处理方法 表9-1

发现时间	货物破损处理方法
收运时	拒绝收运
出港操作时	破损(内物未损坏)，加固包装，继续运输
	严重破损(内物损坏)，停止运输，通知发货人或始发站，征求处理意见
交接中转货物时	轻微破损，在TRM的备注栏内说明破损情况
	严重破损，拒绝转运
进港操作时	填开不正常运输记录
	通知货物装机站和始发站

2. 货差

(1)货差的原因。

在国际货运中，货差主要是指航空货物在运输过程中发生了货物短少等情况。造成货差的主要原因是在运输过程中，由于承运人的疏忽发生了遗漏或在运输过程中遭遇了盗窃及发货人自身原因造成的货物差额。

(2)空运货损货差的处理。

①航空货物运输中，如果发生货损货差，首先追查责任方，确定是代理责任还是承运人责任，不论是哪方责任一般均按《华沙公约》中国际空运的相关条款进行处理和赔偿，也就是按航空总运单、分运单背面条款进行赔偿，一般根据货物计费重量，最高赔偿额为每公斤20美元，其余部分由货主向保险公司提赔(即货物在出运前办理了保险)的方法进行处理。

②在运输交接货物时，发现货物外包装有破损或件数短少时，应在接货同时，取得民航货运的商务记录，届时凭此向航空公司提出索赔。

③空运货物在目的地卸离飞机后，如有残损或短少，收货人或其代理人必须在48小时内向飞机承运人提出异议，否则承运人则视为已经按照合同履行完交货义务。

④索赔及诉讼都必须在其相应的时效以内，如果超过索赔及诉讼时效后才提出，则相关部门不予受理。

三、无人提取的货物及其处理方式

1. 无人提取货物定义

当货物到达目的地14天后，由于下列原因造成的无人提取时，称为无人提取的货物：

(1)收货人对货物通知不予答复；

(2)货运单所列地址无此收货人或收货人地址不详。

(3)收货人拒绝支付有关款项;

(4)收货人拒绝提货;

(5)出现一些其他影响正常提货的问题。

2. 无人提取货物的处理

(1)无人提取货物的通知。

对于无人提取的货物,目的站通常发出无法交付货物通知单(IRP—Notice of Non—delivery)。无法交付货物通知单应交给始发站的出票航空公司或当地的代理人,由其通知货物托运人,出票承运人的财务部门应保留 IRP 的副本。

(2)到付运费的收取。

①由货物运输的目的站填开货物运费变更通知单 CCA,并向始发站结算此次运输产生的所有费用;

②始发站收到目的站填开的航空货物运费变更通知单后,由始发站负责向货物托运人收取到付运费和目的站产生的其他所有费用;

③目的站根据托运人的要求对货物进行变更运输的处理或其他交货处理,但由其产生的费用由托运人承担。

四、变更运输及其处理

变更运输是指托运人在货物发运后,除了对货运单上所注明的申明价值和保险金额不能做相应的变更以外,可以对货运单的其他各项内容,如货物运费支付方式、收货人、目的站及退运等内容作出修改。在托运人要求进行变更时,应出示货运单正本并保证支付由此而产生的费用,而对于托运人的要求,航空公司即承运人在收货人还未提货或还未要求索取货运单和货物,或者拒绝提货和无法交付货物的前提下应予以满足,但托运人的更改要求不应损害承运人及其他托运人的利益,当承运人对于托运人的要求难以达到时,承运人应及时通知托运人作其他处理。

1. 变更运输的范围

(1)运输方面。

①对收货人的更改;

②对目的站的更改;

③要求在运输途中的任何经停站停止货物运输;

④在货物起运前,在运输的始发站将货物撤回;

⑤对于已经起运的货物,要求承运人继续将货物运回始发机场;

⑥对于已经起运的货物,要求从中途或目的站退运。

(2) 费用方面。

①托运人对于垫付款金额的更改;

②更改运费的支付方式，将运费预付改为运费到付，或者是将运费到付改为运费预付。

2. 变更运输的处理方式

(1)货物发运前。

如果货物托运人在货物起运前要求始发站退货时，承运人应向托运人收回货运单正本，收取已发生的费用(如地面运输费、托运手续费等)后，将货物及已付款项退还托运人。

如在货物发运前，托运人要求更改垫付款金额或付款方式时，应收回原货运单，并根据对于垫付款金额和付款方式的更改情况向托运人补收或返回运费差额，在此项更改中，托运人必须按照有关航空公司的收费标准向承运人支付变更运输手续费和货运单费。

(2)货物发运后和提取前。

在货物发运后、提取前，如果托运人要求变更垫付款金额或付款方式时，则应填写货物运费更改通知单CCA——Cargo Charges Correction Advice，并根据托运人要求变更内容的不同情况对托运人进行补收或退回运费差额，托运人必须按照航空公司有关计费标准向承运人支付变更运输手续费。

如果托运人要求变更运输(如中途停运、改变收货人等)时，由于改变运输意味运费发生变化，所以除应根据以上有关规定，航空公司还应及时与有关承运人进行联系办理。进行此种变更时，托运人必须承担由于对货运变更所引起的货物运费的变化，对已支付的运费进行多退少补，同时还必须承担由于变更运输所产生的变更运输手续费。

3. 更改货运单

(1)对现有货运单的修改。

由于货物运输的变更所引起的货运单上各项内容的更改，应该在全部货运单中同时进行，对于货运单内容的修改，应尽量与原内容相近，同时，还必须在货运单上注明修改企业的IATA代号及修改地代号。

(2)填开新货运单。

当一票货物由于无人提取而退运货根据托运人要求进行转运时，承运人应填开新货运单，并且原货运单号在新货运单的Accounting Information一栏中注明，而所有本该向收货人收取而没有收取的费用，按运费到付处理，填在新开的货运单的Other Charges一栏。

4. 运费更改通知书(CCA——Cargo Charges Correction advice)

当货物运费发生变化时，无论是由何种原因造成，都应通知相关部门和有关承运人，并填制货物运费更改通知书。

(1)当货物已经起运，并远离始发站后，如果需要更改运费的付款方式或具体数额时，由货物运输有关的承运人填开 CCA，任何与货物运输有关的承运人都可填开 CCA；

(2)在填开 CCA 之前，有关的承运人必须确认货物尚未交付给收货人，才能进行 CCA 的填制；

(3)对于 CCA 的填制，要求所要更改的运费必须超过 5 美元时，才能填开，如果所更改的运费低于 5 美元，则没有必要填开 CCA；

(4)CCA 由相关承运人填开以后，必须及时将副本传送给始发站和目的站及相关财务部门结算部门。同时，填开承运人还必须进行留存，所以填开 CCA 至少要一式四份。

(5)CCA 由填制 CCA 的企业交第一承运人，再由第一承运人转交第二承运人并以此类推。

货物运费更改通知书样本样式如本章后附样 9-2 所示。

五、空运货运索赔

在国际货物运输中，各种运输方式都有向对应的国际运输公约或各国共同认可和执行的法律法规，国际上空运货物索赔主要的法律依据是华沙体制中的《华沙公约》和《海牙议定书》和各国国内所执行的法律法规，空运货物的索赔必须遵守《华沙公约》或《海牙议定书》的有关规定。

1. 索赔人

索赔人是指在国际货物索赔中，具有索赔权力的合法索赔人。在空运货运索赔中，合法索赔人包括有：

(1)在航空货运单上列明的收货人或托运人；

(2)持有货运单上托运人或收货人签署的权益转让书的人员。如托运货物的主托运人和主收货人、受索赔人委托的律师、承保货物的保险公司和其他有关的单位；

(3)具有向航空公司索赔权力的托运人，收货人必须是航空货运主运单上的填写的托运人或收货人，而对于分运单上的托运人，收货人或其他客户则没有向航空公司索赔的权利，其索赔对象应该是主运单上的托运人或收货人；

(4)对于已经到达目的站的货物，如果货物为被收货人提取，则托运人还具有索赔的权力，一旦货物被收货人提取，则托运人不能进行索赔，除非托运人具有收货人的权益转让书。

在国际航空货物运输实际操作中，如果接到索赔要求的承运人不属于实际受理索赔的承运人时，应当及时将索赔要求转交有关的实际受理索赔承运人，并及时通知索赔人。

2. 索赔的时间和地点

(1)索赔的时间。

①如果货物损坏或短缺是属于明显可见的，则索赔人应从发现货损货差时起立即提出，最迟延迟到收到货物起14天内提出；

②如果由于承运人的原因所造成的货物运输延误而造成的货物损失，则索赔人应在货物由收货人提取和支配货物起21天内；

③如果是由于承运人原因而造成的货物毁灭或遗失，则索赔人提出索赔要求的时限为自填开货运单之日起120天内；

④如果托运人和收货人对于运输货物有任何异议，均按上述规定期限，由索赔人向承运人以书面形式提出，除承运人有欺诈行为外，有权提取货物的人如果在规定时限内没有提出异议，将会丧失获得赔偿的权利；

⑤对于提出索赔的货物，货运单的法律有效期为2年，超过法定索赔期限收货人或托运人未提出赔偿要求，则视为自动放弃索赔权利。

(2)索赔的地点。

在国际航空货运的索赔中，索赔人索赔的地点根据索赔人所在的位置或货差货损实际发生的地点，可以由索赔人在货物的始发站、目的站或发生货差货损的中间站，以书面的形式向承运人(可以是承运人中的第一承运人，当事承运人或最后承运人)或其代理进行索赔。而承运人对于索赔人的索赔要求，应当在2个月内进行处理，处理地点一般为货运到达站。

3.索赔需要的文件

在货损的索赔中，索赔人必须提供一系列相关的索赔单据，其中主要包括的单据有：

(1)索赔人的正式索赔函2份；

(2)货物舱单(由航空公司提供的复印件)；

(3)货物托运时的货物商业发票、装箱清单和其他必要资料；

(4)商检证明(货物损害后由商检等中介机构所做的鉴定报告)；

(5)由航空承运人签发的货运单正本或副本；

(6)货损发生后，由相关的机构填制的货物运输事故鉴定，详细客观的反映货损情况；

(7)在整个运输过程中，发生运输事故的记录；

(8)来往电传等文件。

六、赔偿规定

在国际航空货物运输中，对于货运损失的赔偿主要根据《华沙公约》和《海牙议定书》来确定其赔偿额度和限额，其主要规定如下：

(1)如果货物在托运时没有办理声明价值的，则在发生货损后，由承运人按照实际损失的价值进行赔偿，但赔偿最高限额为毛重每公斤人民币20元。

(2)如果货物在托运时,已向承运人办理货物声明价值的货物,则发生货损后,承运人按托运时声明的价值进行赔偿;如承运人能够证明托运人的声明价值高于《1601民用航空规章货物》中对货物价值的规定时,则发生了货损后,承运人仍按照实际损失进行赔偿。如果承运人在运输货物时,超过了货物运输合同中双方所约定的到达期限而造成的损失,承运人应当按照运输合同的约定进行赔偿。

(3)如货物的一部分或者货物中任何物件发生遗失、损坏或者延误,用以决定承运人责任限额的重量,仅为该件或者数件的总重量。如货物的一部分或者货物中任何物件发生遗失、损失或者延误,以致影响同一份货运单所列的另一包装件或者其他包装件的价值时,在确定责任限额时,另一包装件的总重量也应当考虑在内。

(4)对于内损货物,如无确实的证据证明货损是由于承运人的过错造成的,则承运人不承担责任。但对于外包装破损或有盗窃痕迹的货物损失,则承运人应负责赔偿。

七、理赔程序

托运人或收货人发现货物有丢失、短缺、变质、污染、损坏或延误到达情况,收货人应当场向承运人提出,承运人应当按规定填写运输事故记录并由双方签字或盖章。如有索赔要求,收货人或托运人应当于签发事故记录的次日起,按法定时限向承运人或其代理人提出索赔要求。向承运人提出赔偿要求时应当填写货物索赔单,并随附货运单、运输事故记录和能证明货物内容、价格的凭证或其他有效证明。现将理赔程序归纳如下。

1. 出具货物运输事故签证

当航空地面代理人在卸货时发现货物破损,即由航空公司或航空公司地面代理人填写《货物运输事故签证》,这份签证由航空公司的货运部门签完后,再由收货人签字,其中一份由航空公司留存,另一份由收货人留存,这份签证主要是在目的站货物出现问题的一个证明。

对于《货物运输事故签证》的填写,必须做到对内装货物损失程度的准确、客观描述,所以不能出现“短少”、“大概”等模糊的字眼。为了确定货物的具体受损程度,在填开《货物运输事故签证》时,航空公司地面代理人和收货人可以共同开箱进行检查。在开箱检查时,货损又可能会出现两种情况,一是外包装破损,内装物完好;另一种是外包装破损,内装物破损。在第二种情况下,又会出现由于货主没有按照航空货物包装的要求来进行包装,而导致的货物受损,这种情况就需要货主和承运人共同承担责任。

2. 索赔人出具索赔申请书

在当收货人发现货物由于运输不当或不正常造成了货物的损失而向承运人提出索赔时,必须按照公约所规定的时限提出索赔要求,并首先向航空公司提出索赔申请书。在索赔申请书中列明货物起运地与目的地，或运单号，承运人名称，发生货损的内容及损失，索赔金额等。索赔申请书样式见以下范例所示。

索赔申请书范例

中国国际航空公司货运部：

本公司在提取来自巴黎的一票货，运单号为 333-1234567，1 件共 500 公斤，CA368/09APR 承运。该货在目的地交付时发生严重的外包装破损（详见贵公司开具的事故鉴定书）。

现本着实事求是，维护双方共同利益的原则，我公司向贵公司提出以下处理意见和索赔申请。

该货物价值 8000 美金，请给予原价赔偿。参见托运人出具的受损货物价值证明。

请贵公司予以尽快办理为盼，谢谢合作！

随附：运单、装箱单、发票、事故记录等。

××货运代理公司

×年×月×日

3. 由航空公司审核所有的资料和文件

当航空公司接到索赔人提出的索赔申请书后，由航空公司审核所有的资料和文件，并进一步进行以下调查和审核工作：

（1）航空公司调查该批损失货物是否已办理保险，如货物办理保险，在保险公司进行全额赔偿后，由保险公司在向承运人提出，进行追索赔偿，则承运人只做限额赔偿；

（2）如果货物发生了遗失，航空公司则查看来往电传以确定丢失的货物及其数量；如果货物损坏，则查看记录，确定货物损坏是全部损坏还是部分损坏；

（3）在目的站进行理赔时，航空公司及时了解始发站是否有收到索赔函，避免在始发站和目的站的双重索赔；

（4）在对事故的调查和审核完成以后，由航空公司填写国际货物索赔报告。

4. 填写国际货物索赔单

航空公司在对货物损失和相关资料文件的审核和调查完成以后填写国际货物索赔报告，并由航空公司填写航空货物索赔单，由索赔人签字盖章，表明航空公司正式认可索赔的有关事项。

5. 货物索赔审批单

在航空公司进行货物的理赔时，由于各航空货物的不同和索赔的金额不同，需要各级领导审批。

6. 责任解除协议书

在航空公司对货物损失进行赔偿以后，在索赔人收到相关的赔偿时，由双方共同签署责任解除协议书，证明索赔人在收到赔偿后放弃诉讼权及进一步的索赔权。

第四节　国际多式联运的事故处理

在国际多式联运全程过程中，不仅要使用两种或两种以上的运输工具来完成各区段的运输，而且要完成各区段不同运输方式之间的衔接、换装工作。因此，发生货损、货差等货运事故的可能性要比单一运输方式下大得多。

一、多式联运中的主要事故种类

国际多式联运中的主要事故有：货物破、擦损，水渍损，汗渍损，污损，盗损，气温变化引起的腐烂变质，冻结或解冻损及其他原因引起的货物全损和灭失。

二、多式联运中货损事故处理的主要特点

由于多式联运在运输组织、实际运输过程等方面与传统的分段运输有较大区别，多式联运的事故处理与传统的分段运输相比有一些新的特点。

1. 索赔与理赔的多重性

根据多式联运合同，多式联运经营人承担货物全程运输任务，对全程运输过程中发生的货物损害负责；而多式联运经营人为了完成全程运输任务，就需要与各区段的实际承运人建立分运合同，并与各区段衔接点的代理订立代理合同，以实现各区段的运输。在货方投保全程运输险和多式联运经营人投保运输责任险的情况下，货损事故处理中索赔和理赔的次数还会增加，如货方已投保全程货物运输险，则多式联运经营人根据合同向受损人承担责任后，向保险人索赔，保险人理赔后，再根据分运合同向责任人索赔。

2. 多式联运经营人采用的责任形式对货损事故的影响

在统一责任制下，多式联运经营人要对运输全程负责；各区段的实际承运人要对自己承担的区段负责，无论事故发生在哪一个区段，都按统一规定的限额进行赔偿，这会造成在能够确知货损事故发生区段和实际理赔额相同的赔偿。特别是事故发生在海运区段，而事故原因又符合海运公约的免责规定时，甚至得不到任何赔偿的局面，造成不应有的损失。在网状责任制下，多式联运经营人对全程运输负责，各区段的实际承运人都按事故发生区段适用的国际公约或地区法律规定和限额进行赔偿。这样，多式联运经营人对货物的赔偿与实际承运人向多式联运经营人的赔偿都可以按相同的责任基础和责任限额进行。

3. 多式联运中对隐藏损害的处理

集装箱货物多式联运是由多种运输方式、多个实际承运人共同完成一票货物的全程运输，该运输过程中发生的货物灭失、损害有两种情况：一种能够确定货损发生的运输区段及责任人，另一种则不能确定，即为隐藏损害。无论发生哪一种损害，根据合同联运经营人均应承担责任，但在隐藏损害发生，多式联运经营人对货方赔偿后，由于不能确定货损事故发生区段和实际责任人，可能会造成多式联运经营人独自承担赔偿责任的局面。因此，对隐藏损害的处理也成为多式联运事故处理的一个特点。

为了避免隐藏损害造成的联运经营人独自承担赔偿责任的情况，可采取的处理方式有以下两种：(1)联运经营人按统一责任制规定的限额对货方赔偿后，不再追究责任人，而由参加多式联运的所有实际承运人共同承担这些赔偿数额。这种做法很难被各实际承运人接受，所以很少在实际中使用。(2)假定该事故发生在海运阶段，这种做法一般要与联运经营人投保运输责任险相结合。多式联运经营人按统一责任标准或网状标准向货方赔偿后，可从保险人处得到进一步的赔偿。而能否从保险人处得到进一步的赔偿，则是另外的事情。这种做法目前已得到各方面的认可，并应用于实际隐藏损害赔偿的处理。

三、国际多式联运中的索赔

1. 根据货损原因确定索赔对象

受损人在索赔时应首先根据货损造成的原因及有关合同情况确定实际责任人，并向其提出索赔。如果货物在目的地交货后，收货人发现箱内所装货物与贸易合同规定有差距，如数量不足，货物的品种、质量、规格与合同规定不符，由于货物外包装不牢或装箱不当使货物受损，或未在合同规定的装运期内交货等情况，则收货人可以凭有关部门、机构出具的鉴定书向发货人提出索赔。如果在目的地交货时，货物数量少于提单或装箱单上记载的数量；或货物的灭失或损害是由于多式联运经营人免责范围以外的责任造成的，收货人或其他人有权提出索赔，可以凭有关部门、机构出具的证明，向多式联运经营人或向实际承运人索赔。对于投保的货物在保险人责任期间内发生的属于承保责任范围，保险人应予赔偿货物的一切灭失、损害，受损方均可凭有关证明、文件和保险合同向保险公司提出索赔。

2. 索赔时应具备的单证

索赔时索赔方必须具备索赔申请书、运输合同及合同证明(运单或提单)、货物残损单及货物溢短单(理货单、重理单等)、货物残损检验证明书、索赔清单等单证和文件。另外，还应出具商业发票、损害修复用单、装箱单、拆箱单、卸货报告等其他可作为破损事故处理和明确责任方、责任程度的一切商务、运输单证，受损方为保护自己的利益，应妥善保管、处理和使用这些单证、文件。在发生保险索赔时，应出具保险合同等有关单据。

3. 索赔金额必须合理

(1)索赔金额应以货损的实际程度、数量及货物价格等因素为基础计算；

(2)必须考虑责任方在合同及相关法规中规定的责任限额，该限额是多式联运经营人和实际承运人对货损赔偿的最高限额；

(3)必须考虑责任方在双方合同及有关法规中的免责规定，符合免责规定的损害一般不能得到赔偿。

4. 索赔与诉讼必须在规定的时限内提出

根据国际多式联运公约，有关多式联运的任何诉讼，如果在 2 年期间没有提出，即失去时效。时效时间自多式联运经营人交付货物之日起次日开始计算。在货物交付之日后 6 个月内，或货物应交付之日后 6 个月仍未交付的情况下，如果没有提出书面索赔通知，则诉讼在此期限届满后即失去时效。接到索赔要求的人可于以上的时效期内随时向索赔人提出书面声明以延长时效期间，这种期间可用一次声明或多次声明再度延长。

5. 诉讼与仲裁应在规定的地点提出

各种方式运输公约对提出诉讼和仲裁的货方地点都有明确规定。如果某法院根据所在国家法律规定有权处理多式联运诉讼，且下列地点之一是在其管辖范围，则原告可选择这些地点的任一法院提起诉讼，包括被告的重要营业所或经常居所所在地，或订立多式联运合同的地点，或按合同规定接管多式联运货物的地点或交付货物的地点，或多式联运合同中为此目的所指定并在多式联运单据中载明的任何其他地点。

四、国际多式联运的理赔

当国际多式联运发生货损事故后，受损人提出索赔，而由实际责任人受理，非实际责任人无权受理所损人的索赔，应及时转交实际责任人并通知索赔人。责任人进行理赔的一般程序为：

(1)确定货损发生的原因及造成的损失，并确定需要承担责任的范围。

(2)审核。审核内容包括货损是否发生在承运人应负责任的责任期间；索赔是否在合同与有关法律法规规定的期限内提出；提出索赔所出具的单证是否齐全，举证是否合理；单证间的关系是否一致；各区段责任方是否在各单证上签字确认；各区段、各中转地点衔接过程中理货计数是否准确；各实际承运人、仓储人、代理人、装卸机构等是否有事故报告、海事声明等内容。

(3)根据多式联运合同或分运合同和相应的法律法规及国际惯例等中的免责条款提出证明进行免责和减少责任。

(4)根据调查计算货损金额，并结合索赔人提出的索赔要求确定赔偿金额，确定后由责任方与索赔方取得一致并进行赔偿支付。

(5)赔偿后根据具体造成货损的原因，对直接造成货损的相关部门和承运人进行追索，如果进行了货物保险和多式联运责任保险的投保，还可向保险公司要求赔偿。

五、多式联运经营人的赔偿责任限制

多式联运经营人的赔偿责任限制指在多式联运经营人和实际承运人在掌管货物期间对货物灭失、损害及延误而造成的货方损失进行赔偿的最高限额规定。该限额由多式联运合同中双方达成一致所采用的责任形式和责任基础来决定。在现行的不同方式的法规中，限额规定的形式一般分为两种：一是单一赔偿标准形式，就是只规定单位重量（毛重每公斤）货物赔偿限额。二是双重赔偿标准，不但规定单位重量货物的赔偿限额，也规定每一货损单位（每件或每一基本运输单元）的赔偿限额。《国际多式联运公约》是一双重标准与单一赔偿标准相结合的方式来规定多式联运经营人的赔偿限额，其适用的情况和赔偿标准为：

(1)在国际多式联运中，如果是采用了海（水）—陆联运，即包括海运或内河运输与陆运组成的多式联运，多是联运经营人对每一货损单位的赔偿限额是毛重每公斤2.75特别提款权（S. D. R）；对每一件货物的赔偿限额为920个特别提款权（S. D. R），两者较高者为准。

(2)在国际多式联运中，联运方式只要不包括海运或内河运输，即是采用的公—铁联运，铁—公联运或公—空联运，则多式联运经营人的赔偿限额按发生的货物损坏或灭失每公斤不超过8.33S. D. R来计算。

(3)对于由于延迟交货所造成的损失，多式联运经营人的责任限额为延迟交付货物运费的2.5倍，但不超过多式联运合同所规定的全部应付运费的总额。

(4)对于多式联运经营人而言，当货物的灭失、损坏和延迟交付等同时发生时，其赔偿限额以货物全部灭失时应负的责任为限。

【小知识9-2】 有关国际公约或法律责任限额及折算成SDR数值

公约或法律名称		货币单位	毛重每公斤	件/单位	备注
海牙规则		英镑		100	除《国际货约》和《国际公路货运合同公约》外，所称的金法郎均指含90.00%的黄金65.5毫克的金法郎。采用英镑和金法郎都无法及解决通
蒙特利尔议定书		S. D. R	17		
		金法郎	250		
我国海商法		S. D. R	2	666.67	
华沙公约		金法郎	250		
我国民航法		S. D. R	17		
国际多式联运公约	包含水运	S. D. R	2.75	920	
		金法郎	41.25	13750	
	不含水运	S. D. R	8.33		
		金法郎	124		

续上表

公约或法律名称	货币单位	毛重每公斤	件/单位	备注
79 维斯比规则	S. D. R	2	666.67	货膨胀和价格浮动过大而难以兑换结算，只有用 SDR 价格波动比较平稳
	金法郎	30	1000	
汉堡规则	S. D. R	2.5	835	
	金法郎	37.5	12500	
国际公路货运公约	S. D. R	16.66		
	金法郎	50		
国际铁路货物联运公约	S. D. R	6.33		
	金法郎	25		

S 本章小结

本章初步介绍了国际海运、陆运、空运和多式联运货损事故产生的原因和事故的确定。介绍了国际货运事故索赔的一般程序和具体要求、索赔所需单证、权益转让及索赔权利保全措施等；承运人或其代理受理索赔的依据、理赔程序和具体要求。为了更好地掌握本章内容，建议自学国际及我国政府关于国际货运货损事故处理的相关法律法规。

E 练习题

(一)单选题

1. 对于 CCA 的填制，要求所要更改的运费必须超过(　　)时，才能填制。

A. 5 美元　　B. 10 美元　　C. 15 美元　　D. 20 美元

2. 如果货物损坏或短缺是属于明显可见的，则索赔人应从发现货损货差时起立即提出并最迟延迟到收到货物起(　　)内提出。

A. 10 天　　B. 12 天　　C. 14 天　　D. 16 天

3. 空运货差货损按照(　　)规则进行处理。

A.《华沙公约》　　B.《海牙规则》　　C.《维斯比规则》　　D. 都有

4. 接受商务记录的铁路部门，如对记录有异议，则应从收到记录之日起(　　)内，将异议通知编制商务记录的人。

A. 60 天　　B. 45 天　　C. 30 天　　D. 90 天

5. 铁路运输时，一旦货物发生全部灭失，由发货人提出赔偿时，发货人应出具(　　)。

A. 运单副本　　B. 提单　　C. 装货单　　D. 装箱单

6. 如果货物是由于包装不牢或唛头不清造成灭失或损坏，收货人应凭有关部门、机构出具的鉴定证书向(　　)提出索赔。

A. 发货人(卖方)　　B. 承运人　　C. 保险公司　　D. 货运代理

(二)多选题

1. 货损的形式有(　　)。

A. 破损　　B. 内损　　C. 全损　　D. 部分损失

2. 索赔人可能是(　　)。

A. 托运人　　B. 收货人　　C. 承运人　　D. 保险公司

3. 货物的不正常运输包括(　　)。

A. 多装　　B. 少装　　C. 货物变质　　D. 货损

4. 在国际航空货运的索赔中，索赔人索赔的地点根据索赔人所在的位置或货损货差实际发生的地点确定(　　)。

A. 始发站　　B. 目的站　　C. 中间站　　D. 任何地方

5. 确定或证明责任方负有实际赔偿责任的文件通常有(　　)。

A. 卸货记录　　B. 检验报告

C. 交货记录　　D. 残损记录

E. 合同责任条款等

6. 索赔时应提交的单证有(　　)。

A. 索赔申请书　　B. 提单

C. 货物残损检验证书　　D. 货物残损单

E. 索赔清单

7. 由于(　　)造成的货损事故，公路承运人不承担赔偿责任。

A. 交接差错　　B. 运输延误

C. 由于自然灾害发生的货物遗失或损坏　　D. 包装完整，但内容已短少

E. 由于货物的自然特性所致

(三)判断题

1. 如果货物在托运时没有办理声明价值的，则在发生货损后，由承运人按照实际损失的价值进行赔偿，但赔偿最高限额为毛重每公斤人民币 20 元。(　　)

2. 如果由于承运人的原因所造成的货物运输延误而造成的货物损失，则索赔人应在货物由收货人提取和支配货物起 21 天内提出。(　　)

3. 货物一旦发生灭失或损坏，通常由发货人向承运人或其代理人提出索赔。(　　)

4. 对于提出索赔的货物，货运单的法律有效期为两年。(　　)

5. 如受损方认为通过正常途径不能取得担保，则可采取扣船措施，即在责任方(承运人)未提供担保前，向法院或有关当局申请扣押船舶，不准船舶离港。(　　)

6. 运送同一发货人和同一收货人的同一种类的货物，不能在到达站对数批货物

编制一份商务记录。(　　)

7. 即使收货人在接受货物时未提出书面通知,以后也可根据货运单证上的批注,或检验人的检验证书,作为相反的证据提出索赔。(　　)

(四)简答题

1. 怎样理解货运事故中的权益转让?

2. 国际多式联运中货损事故处理的主要特点是什么?

3. 简述国际海运事故的索赔与理赔的一般程序和要求。

4. 简述国际空运事故的索赔与理赔的一般程序和要求。

【案例分析题】

上海一家公司出口 5 个 20 英尺集装箱的羽绒服去美国。提单上记载:CY－CY 运输条款(堆场至堆场交接),SLAC(由货主自行装载并计数)。该批货箱通过货运代理向船公司订舱,货主要求在订舱托运单上指示:“不准配装甲板,应装载舱内。”收货人在进口国家码头堆场提箱时对箱体外表状况,关封状况未提出任何异议。但在拆箱时,却发现有 3 个集装箱中部分羽绒服水渍,经商检认定水渍系海水所致。

试分析:收货人应向保险公司还是向发货人提出赔偿?请说明理由。

【实训练习题】

1. 实训项目名称:索赔申请书的制作及赔偿责任的划分

2. 实训内容:案例分析

3. 实训目的:掌握索赔申请书的制作并分清赔偿责任,有针对性的提出索赔

4. 实训资料:

一票从澳大利亚经北京中转至上海的货物,一程航班 XY830/05FEB02,二程航班 XY951/08FEB02,货运单号 666-3721684,1 件 260 公斤,品名:尼龙粉。收货人:上海××贸易公司。索赔原因:内物丢失 16 公斤。

请根据本案例制作一份索赔申请书。

5. 实训要求:要求学生分成若干小组,每组 4～6 人,以组为单位进行索赔模拟

6. 实训方法:课堂分角色扮演,讨论交流

7. 课时安排:1 学时

L 附样单证

附样 9-1

货物缺陷协议书

鉴于贵公司之船舶 M. V.　　　航次　　　船方认为所承运货物有如下缺陷：

1.

2.

3.

4.

托运人不能同意船方所述如上的缺陷。因船方和托运人不能就是否存在上述缺陷达成一致，为了双方业务的顺利进展，现双方同意搁置对货物缺陷是否存在的争议，承运人签发清洁提单，托运人保证如在卸港发生货物索赔，且托运人不能证明该索赔并非由船东上述认为的货物存在之缺陷而引起，那么托运人一经要求应立即赔偿船东、该轮经营人、船东之姊妹船东、其代理、租家等由该索赔而遭受的任何损失，包括但不限于对索赔人的赔偿、为抗辩该索赔而产生的所有费用(律师费、仲裁员费、对方律师及仲裁员费、差旅费等)。船东、该轮经营人等应尽最大努力抗辩收货人等的索赔。托运人无条件接受船东、该轮经营人等处理收货人索赔的结果，放弃或不享有抗辩船东、该轮经营人等处理案件不当的权利。

双方与协议有关的一切争议，由中国海事仲裁委员会根据中国法律和该委员会的仲裁规则仲裁。

托运人签署盖章：　　　　　　　　船长/船东代表签署盖章：

日期：　　　　　　　　　　　　　日期：

附样 9-2 货物运费更改通知书

中国国际航空公司

AIR CHINA CARGO CHARGES CORRECTION ADVICE(CCA)

Recipient or issuing, carrier's agent name and city.	Recipint's or agent's code	Date of issue:
		Place of issue:
		Number:
To 1	Flight No.	Date
To 1	Flight No.	Date

Will transfer station please fill in lines 2 or 3 as appropriate and re-forward this form immediately to next carrier the slip below must only be filled in and returned to issuing carrier by the delivering carrier

AWB NO.	FORM	TO	DATE

AIB WAYBILL CHARGES HAVE BEEN CORRECTED/ADDED AS FOLLOES.

Currency	CNY	Revised /corrected charges		Original /incorrect charges		Remarks and reason for issuing advice.
Weight charge Valuation charge						In case of non — delivery enter all charges due at destination for collection from shipper.
Other charges due carrier						
Other charges due carrier						
Total						

CC 1:

2:

Please correct your document accordingly and confirm action taken by returning to us, duly signed, the slip below. Thank you .

Yours faithfully.

____

____

Signature

to:

from:____________________(airline)

at:____________________(statior)

date:____________________

We herewith confirm having corrected our documents and takes the necessary action as per your instructions.

Ref. AWB No:

ref, CCB No:

carrier's stamp ____________________

signature ____________________

附录　国际货运代理业相关的法律法规及文件

中华人民共和国国际货物运输代理业管理规定

第一章　总　　则

第一条　为了规范国际货物运输代理行为，保障进出口货物收货人、发货人和国际货物运输代理企业的合法权益，促进对外贸易的发展，制定本规定。

第二条　本规定所称国际货物运输代理业，是指接受进出口货物收货人、发货人的委托，以委托人的名义或者以自己的名义，为委托人办理国际货物运输及相关业务并 收取服务报酬的行业。

第三条　国际货物运输代理企业必须依法取得中华人民共和国企业法人资格。

第四条　国务院对外贸易经济合作主管部门负责对全国的国际货物运输代理业实施监督管理。

省、自治区、直辖市和经济特区的人民政府对外经济贸易主管部门（以下简称地方对外贸易主管部门）依照本规定，在国务院对外贸易经济合作主管部门授权的范围内，负责对本行政区域内的国际货物运输代理业实施监督管理。

第五条　对国际货物运输代理业实施监督管理，应当遵循下列原则：

（一）适应对外贸易发展的需要，促进国际货物运输代理业的合理布局；

（二）保护公平竞争，促进国际货物运输代理业服务质量的提高。

第六条　从事国际货物运输代理业务的企业，应当遵守中华人民共和国的法律、行政法规，接受有关行业主管机关依照有关法律、行政法规规定实施的监督管理。

第二章　设 立 条 件

第七条　设立国际货物运输代理企业，根据其行业特点，应当具备下列条件：

（一）有与其从事的国际货物运输代理业务相适应的专业人员；

（二）有固定的营业场所和必要的营业设施；

（三）有稳定的进出口货源市场。

第八条 国际货物运输代理企业的注册资本最低限额应当符合下列要求：

(一)经营海上国际货物运输代理业务的，注册资本最低限额为500万元人民币；

(二)经营航空国际货物运输代理业务的，注册资本最低限额为300万元人民币；

(三)经营陆路国际货物运输代理业务或者国际快递业务的，注册资本最低限额为200万元人民币。

经营前款两项以上业务的，注册资本最低限额为其中最高一项的限额。

国际货物运输代理企业每设立一个从事国际货物运输代理业务的分支机构，应当增加注册资本50万元。

第三章 审批程序

第九条 申请设立国际货物运输代理企业，申请人应当向拟设立国际货物运输代理企业所在地的地方对外贸易主管部门提出申请，由地方对外贸易主管部门提出意见后，转报国务院对外贸易经济合作主管部门审查批准。

国务院部门在北京的直属企业申请在北京设立国际货物运输代理企业的，可以直接向国务院对外贸易经济合作主管部门提出申请，由国务院对外贸易经济合作主管部门审查批准。

第十条 申请设立国际货物运输代理企业，应当报送下列文件：

(一)申请书；

(二)企业章程草案；

(三)负责人和主要业务人员的姓名、职务和身份证明；

(四)资信证明和营业设施情况；

(五)国务院对外贸易经济合作主管部门规定的其他文件。

第十一条 地方对外贸易主管部门应当自收到申请设立国际货物运输代理企业的申请书和其他文件之日起45天内提出意见，并转报国务院对外贸易经济合作主管部门 。

国务院对外贸易经济合作主管部门应当自收到申请设立国际货物运输代理企业的申请书和其他文件之日起45天内决定批准或者不批准；对批准设立的国际货物运输代理企业，颁发批准证书。

第十二条 国际货物运输代理企业应当凭国务院对外贸易经济合作主管部门颁发的批准证书，依照有关法律、行政法规的规定，办理企业登记、税务登记手续。

第十三条 申请人自收到批准证书之日起180天内无正当理由未开始营业的，国务院对外贸易经济合作主管部门应当撤销批准证书。

第十四条 批准证书的有效期为3年。

国际货物运输代理企业在批准证书有效期届满时，需要继续从事国际货物运输代理业务的，应当在批准证书有效期届满的30天前向国务院对外贸易经济合作主管部门申请换领批准证书。

国际货物运输代理企业未依照前款规定申请换领批准证书的，其从事国际货物运输代理业务的资格自批准证书有效期届满时自动丧失。

第十五条 国际货物运输代理企业终止营业，应当依照本规定第九条规定的设立申请批准程序，报告所在地的地方对外贸易主管部门或者国务院对外贸易经济合作主管部门并缴销批准证书。

第十六条 国际货物运输代理企业申请设立从事国际货物运输代理业务的分支机构，应当依照本章规定的程序办理。

第四章 业　　务

第十七条 国际货物运输代理企业可以接受委托，代为办理下列部分或者全部业务：

（一）订舱、仓储；

（二）货物的监装、监卸，集装箱拼装拆箱；

（三）国际多式联运；

（四）国际快递，私人信函除外；

（五）报关、报检、报验、保险；

（六）缮制有关单证，交付运费，结算，交付杂费；

（七）其他国际货物运输代理业务。

国际货物运输代理企业应当在批准的业务经营范围内，从事经营活动。从事前款有关业务，依照有关法律、行政法规的规定，需经有关主管机关注册的，还应当向有关主管机关注册。

国际货物运输代理企业之间也可以相互委托办理本条第一款规定的业务。

第十八条 国际货物运输代理企业应当遵循安全、迅速、准确、节省、方便的经营方针，为进出口货物的收货人、发货人提供服务。

第十九条 国际货物运输代理企业，必须依照国家有关规定确定收费标准，并在其营业地点予以公布。

第二十条 国际货物运输代理企业从事国际货物运输代理业务，必须使用经税务机关核准的发票。

第二十一条 国际货物运输代理企业应当于每年 3 月底前，向其所在地的地方对外贸易主管部门报送上一年度的经营情况资料。

第二十二条 国际货物运输代理企业不得有下列行为：

（一）以不正当竞争手段从事经营活动；

（二）出借、出租或者转让批准证书和有关国际货物运输代理业务单证。

第五章　罚　　则

第二十三条　国际货物运输代理企业违反本规定第十九条、第二十一条规定的，由国务院对外贸易经济合作主管部门予以警告并责令限期改正；未在限期内改正的，可以撤销其批准证书。

第二十四条　国际货物运输代理企业违反本规定第十七条第二款、第二十条、第二十二条规定的，由国务院对外贸易经济合作主管部门予以警告、责令停业整顿直至撤销其批准证书；工商行政管理、海关、税务等有关主管机关并可依照有关法律、行政法规的规定予以处罚。

第二十五条　违反本规定的规定，擅自从事本规定第十七条规定的国际货物运输代理业务的，由国务院对外贸易经济合作主管部门取缔非法经营活动，并由工商行政管理机关依照有关法律、行政法规的规定予以处罚。

第二十六条　违反本规定，构成犯罪的，依法追究刑事责任。

第六章　附　　则

第二十七条　国际货物运输代理企业可以依法设立国际货物运输代理业协会，协会依照其章程对会员进行协调指导，提供服务。

第二十八条　本规定自发布之日起施行。

中华人民共和国国际货物运输代理业管理规定实施细则

第一章　总　　则

第一条　为维护国际货运代理市场秩序，加强对国际货运代理业的监督管理，促进我国国际货运代理业的健康发展，经国务院批准、根据原外经贸部1995年6月29日发布的《中华人民共和国国际货物运输代理业管理规定》(以下简称《规定》)制定本细则。

第二条　国际货物运输代理企业(以下简称国际货运代理企业)可以作为进出口货物收货人、发货人的代理人，也可以作为独立经营人，从事国际货运代理业务。

国际货运代理企业作为代理人从事国际货运代理业务，是指国际货运代理企业接受进出口货物收货人、发货人或其代理人的委托，以委托人名义或者以自己的名义办理有关业务，收取代理费或佣金的行为。

国际货运代理企业作为独立经营人从事国际货运代理业务，是指国际货运代理企业接受进出口货物收货人、发货人或其代理人的委托，签发运输单证、履行运输合同并收取运费以及服务费的行为。

第三条　国际货运代理企业的名称、标志应当符合国家有关规定，与其业务相符合，并能表明行业特点，其名称应当含有“货运代理”、“运输服务”、“集运”或“物流”等相关字样。

第四条　《规定》第四条第二款中“授权的范围”是指省、自治区、直辖市、经济特区、计划单列市人民政府商务主管部门在商务部的授权下，负责对本行政区域内国际货运代理业实施监督管理(商务部和地方商务主管部门以下统称行业主管部门)，该授权范围包括：对企业经营国际货运代理业务项目申请的初审、国际货运代理企业的年审和换证审查、业务统计、业务人员培训、指导地方行业协会开展工作以及会同地方有关行政管理部门规范货运代理企业经营行为、治理货运代理市场经营秩序等工作。

国务院部门直属企业和异地企业在计划单列市(不含经济特区)设立的国际货运代理子公司、分支机构及非营业性办事机构，根据前款的授权范围，接受省商务主管部门的监督管理。

任何其他单位，未经商务部授权，不得从事国际货运代理业的审批或管理工作。

第五条　商务部负责对国际货运代理企业人员的业务培训并对培训机构的资格进行审查。未经批准的单位不得从事国际货运代理企业人员的资格培训。培训机构的设立条件及培训内容、培训教材等由商务部另行规定。

从事国际货运代理业务的人员接受前款规定的培训，经考试合格后，取得国际货物运输代理资格证书。

第二章　设 立 条 件

第六条　申请设立国际货代企业可由企业法人、自然人或其他经济组织组成。与进出口贸易或国际货物运输有关、并拥有稳定货源的企业法人应当为大股东，且应在国际货代企业中控股。企业法人以外的股东不得在国际货代企业中控股。

第七条　国际货运代理企业应当依据取得中华人民共和国企业法人资格。企业组织形式为有限责任公司或股份有限公司。禁止具有行政垄断职能的单位申请投资经营国际货运代理业务。承运人及其他可能对国际货运代理行业构成不公平竞争的企业不得申请经营国际货运代理业务。

第八条　《规定》第七条规定的营业条件包括：

（一）具有至少 5 名从事国际货运代理业务 3 年以上的业务人员，其资格由业务人员原所在企业证明；或者，取得外经贸部根据本细则第五条颁发的资格证书；

（二）有固定的营业场所，自有房屋、场地须提供产权证明；租赁房屋、场地，须提供租赁契约；

（三）有必要的营业设施，包括一定数量的电话、传真、计算机、短途运输工具、装卸设备、包装设备等；

（四）有稳定的进出口货源市场，是指在本地区进出口货物运量较大，货运代理行业具备进一步发展的条件和潜力，并且申报企业可以揽收到足够的货源。

第九条　企业申请的国际货运代理业务经营范围中如包括国际多式联运业务，除应当具备《规定》第七条及本细则第六条、第七条、第八条中的条件外，还应当具备下列条件：

（一）从事本细则第三十二条中有关业务 3 年以上；

（二）具有相应的国内、外代理网络；

（三）拥有在商务部登记备案的国际货运代理提单。

第十条　国际货运代理企业每申请设立一个分支机构，应当相应增加注册资本 50 万元人民币。如果企业注册资本已超过《规定》中的最低限额（海运 500 万元，空运 300 万元，陆运、快递 200 万元），则超过部分可作为设立分支机构的增加资本。

第十一条　《规定》及本细则中所称分支机构是指分公司。

第三章　审批登记程序

第十二条　经营国际货运代理业务，必须取得商务部颁发的《中华人民共和国国际货物运输代理企业批准证书》（以下简称批准证书）。

申请经营国际货运代理业务的单位应当报送下列文件：

(一)申请书,包括投资者名称、申请资格说明、申请的业务项目;

(二)可行性研究报告,包括基本情况、资格说明、现有条件、市场分析、业务预测、组建方案、经济预算及发展预算等;

(三)投资者的企业法人营业执照(影印件);

(四)董事会、股东会或股东大会决议;

(五)企业章程(或草案);

(六)主要业务人员情况(包括学历、所学专业、业务简历、资格证书);

(七)资信证明(会计师事务所出具的各投资者的验资报告);

(八)投资者出资协议;

(九)法定代表人简历;

(十)国际货运代理提单(运单)样式;

(十一)企业名称预先核准函(影印件,工商行政管理部门出具);

(十二)国际货运代理企业申请表1(附表1);

(十三)交易条款。

以上文件除(三)、(十一)项外,均须提交正本,并加盖公章。

第十三条 行业主管部门应当对申请项目进行审核,该审核包括:

(一)项目设立的必要性;

(二)申请文件的真实性和完整性;

(三)申请人资格;

(四)申请人信誉;

(五)业务人员资格。

第十四条 地方商务主管部门对申请项目进行审核后,应将初审意见(包括建议批准的经营范围、经营地域、投资者出资比例等)及全部申请文件按照《规定》第十一条第一款的时间要求,报商务部审批。

第十五条 有下列情形之一的,商务部驳回申请,并说明理由:

(一)文件不齐;

(二)申报程序不符合要求;

(三)商务部已经通知暂停受理经营国际货运代理业务的申请。

第十六条 有下列情形之一的,商务部经过调查核实后,给予不批准批复:

(一)申请人不具备从事国际货运代理业务的资格;

(二)申请人自申报之日前5年内非法从事代理经营活动,受到国家行政管理部门的处罚;

(三)申请人故意隐瞒、谎报申报情况;

(四)其他不符合《规定》第五条有关原则的情况。

第十七条 申请人收到商务部同意的批复的,应当于批复之日起60天内持修改后的企业章程(正本),凭地方商务主管部门介绍信到外经贸部领取批准证书。

第十八条　企业成立并经营国际货运代理业务1年后,可申请扩大经营范围或经营地域。地方商务主管部门经过审查后,按《规定》第十一条规定的程序向商务部报批。

企业成立并经营国际货运代理业务1年后,在形成一定经营规模的条件下,可申请设立子公司或分支机构,并由该企业持其所在地地方商务主管部门的意见(国务院部门在京直属企业持商务部的征求意见函),向拟设立子公司或分支机构的地方商务主管部门(不含计划单列市)进行申报,后者按照本细则第十四条的规定向商务部报批。子公司或分支机构的经营范围不得超出其母公司或总公司。

国际货运代理企业设立非营业性的办事机构,必须报该办机构所在地行业主管部门备案并接受管理。

第十九条　企业根据本细则第十八条第一款、第二款提出的申请,除报送本细则第十二条中有关文件外,还应当报送下列文件:

(一)原国际货运代理业务批复(影印件);

(二)批准证书(影印件);

(三)营业执照(影印件);

(四)国际货运代理企业申请表2(附表2);

(五)经营情况报告(含网络建设情况);

(六)子公司法定代表人或分支机构负责人简历;

(七)上一年度年审登记表。

第二十条　企业申请设立分支机构,申请人收到同意的批复后,应当于批复之日起90天内持总公司根据本细则第十条规定增资后具有法律效力的验资报告及修改后的企业章程(正本),凭分支机构所在地地方对外贸易主管部门介绍信到商务部领取批准证书。

第二十一条　申请人逾期不办理领证手续或者自领取批准证书之日起超过180天无正当理由未开始营业的,除申请延期获准外,其国际货运代理业务经营资格自动丧失。

第二十二条　商务部可以根据国际货运代理业行业发展、布局等情况,决定在一定期限内停止受理经营国际货物运输代理业务的申请或者采取限制性措施。

商务部依照前款规定作出的决定,应当予以公告。

第二十三条　国际货运代理企业发生以下变更,必须报商务部审批,并换领批准证书:

(一)企业名称;

(二)企业类型;

(三)股权关系;

(四)注册资本减少;

(五)经营范围;

(六)经营地域。

发生以下变更,在报商务部备案后,直接换领批准证书:

(一)通讯地址或营业场所;

(二)法定代表人;

(三)注册资本增加;

(四)隶属部门。

第二十四条 国际货运代理企业应当持批准证书向工商、海关部门办理注册登记手续。

任何未取得批准证书的单位,不得在工商营业执照上使用“国际货运代理业务”或与其意思相同或相近的字样。

第四章 年审和换证

第二十五条 商务部对国际货运代理企业实行年审、换证制度。

第二十六条 商务部负责国务院部门在京直属企业的年审及全国国际货运代理企业的换证工作。地方商务主管部门负责本行政区域内国际货运代理企业(含国务院部门直属企业及异地企业设立的子公司、分支机构)的年审工作。

第二十七条 国际货运代理企业于每年3月底前向其所在地地方商务主管部门(国务院部门在京直属企业直接向商务部)报送年审登记表、验资报告及营业执照(影印件),申请办理年审。

年审工作的重点是审查企业的经营及遵守执行《规定》和其他有关法律、法规、规章情况。企业年审合格后,由行业主管部门在其批准证书上加盖年审合格章。

第二十八条 批准证书的有效期为3年。

企业必须在批准证书有效期届满的60天前,向地方商务主管部门申请换证。企业申请换领批准证书应当报送下列文件:

(一)申请换证登记表;

(二)批准证书(正本);

(三)营业执照(影印件)。

第二十九条 企业连续三年年审合格,地方商务主管部门应当于批准证书有效期届满的30天前报送商务部,申请换领批准证书。

第三十条 行业主管部门在国际货运代理企业申请换证时应当对其经营资格及经营情况进行审核,有下列情形之一的,不予换发批准证书:

(一)不符合本细则第二十七条规定;

(二)不按时办理换证手续;

(三)私自进行股权转让;

（四）擅自变更企业名称、营业场所、注册资本等主要事项而不按有关规定办理报备手续。

第三十一条　企业因自身原因逾期未申请换领批准证书，其从事国际货运代理业务的资格自批准证书有效期届满时自动丧失。商务部将对上述情况予以公布。工商行政管理部门对上述企业予以注销或责令其办理经营范围变更手续。

丧失国际货运代理业务经营资格的企业如欲继续从事该项业务，应当依照有关规定程序重新申报。

第五章　业务管理

第三十二条　国际货运代理企业可以作为代理人或者独立经营人从事经营活动。其经营范围包括：

（一）揽货、订舱（含租船、包机、包舱）、托运、仓储、包装；

（二）货物的监装、监卸、集装箱装拆箱、分拨、中转及相关的短途运输服务；

（三）报关、报检、报验、保险；

（四）缮制签发有关单证、交付运费、结算及交付杂费；

（五）国际展品、私人物品及过境货物运输代理；

（六）国际多式联运、集运（含集装箱拼箱）；

（七）国际快递（不含私人信函）；

（八）咨询及其他国际货运代理业务。

第三十三条　国际货运代理企业应当按照批准证书和营业执照所列明的经营范围和经营地域从事经营活动。

第三十四条　商务部根据行业发展情况，可委托行业协会参照国际惯例制订国际货运代理标准交易条款，国际货运代理企业无须商务部同意即可引用。国际货运代理企业也可自己制订交易条款，但必须在商务部备案后方可使用。

第三十五条　国际货运代理企业应当向行业主管部门报送业务统计，并对统计数字的真实性负责。业务统计的编报办法由商务部另行规定。

第三十六条　国际货运代理企业作为代理人接受委托办理有关业务，应当与进出口收货人、发货人签订书面委托协议。双方发生业务纠纷，应当以所签书面协议作为解决争议的依据。

国际货运代理企业作为独立经营人，从事本细则第三十二条中有关业务，应当向货主签发运输单证。与货主发生业务纠纷，应当以所签运输单证作为解决争议的依据；与实际承运人发生业务纠纷，应当以其与实际承运人所签运输合同作为解决争议的依据。

第三十七条　国际货运代理企业使用的国际货运代理提单实行登记编号制度。凡在我国境内签发的国际货运代理提单必须由国际货运代理企业报商务部登记，并在单据上注明批准编号。

国际货运代理企业应当加强对国际货运代理提单的管理工作。禁止出借。如遇遗失、版本修改等情况应当及时向商务部报备。

国际货运代理提单的转让依照下列规定执行：

（一）记名提单：不得转让；

（二）指示提单：经过记名背书或者空白背书转让；

（三）不记名提单：无须背书，即可转让。

国际货运代理提单实行责任保险制度，须到经中国人民银行批准开业的保险公司投保责任保险。

第三十八条 国际货运代理企业作为独立经营人，负责履行或组织履行国际多式联运合同时，其责任期间自接收货物时起至交付货物时止。其承担责任的基础、责任限额、免责条件以及丧失责任限制的前提依照有关法律规定确定。

第三十九条 国际货运代理企业应当使用批准证书上的企业名称和企业编号从事国际货运代理业务，并在主要办公文具及单证上印制企业名称及企业编号。

第四十条 国际货运代理企业不得将规定范围内的注册资本挪作他用。

第四十一条 国际货运代理企业不得将国际货运代理经营权转让或变相转让；不得允许其他单位、个人以该国际货运代理企业或其营业部名义从事国际货运代理业务；不得与不具有国际货运代理业务经营权的单位订立任何协议而使之可以单独或与之共同经营国际货运代理业务，收取代理费、佣金或者获得其他利益。

第四十二条 国际货运代理企业作为代理人，可向货主收取代理费，并可从承运人处取得佣金。国际货运代理企业不得以任何形式与货主分享佣金。

国际货运代理企业作为独立经营人，从事本细则第三十二条中有关业务，应当依照有关运价本向货主收取费用。此种情况下，不得从实际承运人处接受佣金。

第四十三条 外国企业（包括香港、澳门、台湾地区企业，以下同）驻华代表机构只能从事非直接经营性活动，代表该企业进行其经营范围内的业务联络、产品介绍、市场调研、技术交流等业务活动。

第四十四条 国际货运代理企业应当凭批准证书向税务机关领购发票，并按照税务机关的规定使用发票。

第四十五条 国际货运代理企业不得以发布虚假广告、分享佣金、退返回扣或其他不正当竞争手段从事经营活动。

第六章 罚 则

第四十六条 国际货运代理企业违反《规定》第十九条、第二十一条，以及本细则第二十三条第二款、第三十四条、第三十五条规定的，商务部授权地方商务主管部门予以警告并责令限期改正；未在限期内改正的，地方商务主管部门可以建议商务部撤销其批准证书。

第四十七条　国际货运代理企业违反《规定》第十七条第二款、第二十条、第二十二条及本细则第十八条第三款、第二十三条第一款、第二十四条、第二十七条、第三十三条、第三十六条、第三十七条、第三十九条、第四十条、第四十一条、第四十二条、第四十三条、第四十四条、第四十五条规定的，地方商务主管部门经外经贸部授权，可视情节予以警告、责令停业整顿等处罚，情节严重者，可以建议商务部撤销其批准证书。

受到撤销经营批准证书处罚的企业应当到工商行政管理部门进行相应的变更或注销登记。该企业5年内不得再次提出经营国际货运代理业务的申请。

受到停业整顿处罚的企业恢复开展业务应当具备下列条件：

(一)进行整顿；

(二)主要责任人受到处理或处分；

(三)符合行业主管部门要求的其他条件。

行业主管部门在收到企业恢复开展业务的申请及相关书面材料后应当进行审查，决定是否同意其恢复开展业务。

第四十八条　对违反《规定》和本细则的规定擅自从事国际货运代理业务的单位，由行业主管部门取缔其非法经营活动，并由工商行政管理机关依照有关法律、行政法规的规定予以处罚，行业主管部门对此应予以公告。地方商务主管部门公告后应当报商务部备案。该单位5年之内不得独立或者参与申请经营国际货运代理业务。

第七章　附　　则

第四十九条　国际货运代理企业可根据自愿原则，依法成立国际货运代理协会(以下简称行业协会)。

第五十条　行业协会是以服务会员为目的的非营利性民间社团组织，在行业主管部门的监督和指导下根据协会章程开展活动。其宗旨是推动会员企业间加强横向联系、交流信息、增进相互间协作，鼓励和监督会员企业依法经营、规范竞争，依法代表本行业利益，维护会员的合法权益，协助政府有关部门加强行业管理，促进行业的健康有序发展。

第五十一条　行业协会根据本细则第三十四条的规定制定国际货运代理标准交易条款，报商务部批准后，供本行业企业使用。

第五十二条　外商投资国际货运代理企业适用《规定》及本细则，但外商投资企业有关法律、法规、规章另有规定的，从其规定。

第五十三条　本细则由商务部负责解释。

第五十四条　本细则自发布之日起施行。

中华人民共和国海商法(节选)

第四章　海上货物运输合同

第一节　一 般 规 定

第四十一条　海上货物运输合同,是指承运人收取运费,负责将托运人托运的货物经海路由一港运至另一港的合同。

第四十二条　本章下列用语的含义:

(一)"承运人",是指本人或者委托他人以本人名义与托运人订立海上货物运输合同的人。

(二)"实际承运人",是指接受承运人委托,从事货物运输或者部分运输的人,包括接受转委托从事此项运输的其他人。

(三)"托运人",是指:

1.本人或者委托他人以本人名义或者委托他人为本人与承运人订立海上货物运输合同的人。

2.本人或者委托他人以本人名义或者委托他人为本人将货物交给与海上货物运输合同有关的承运人的人。

(四)"收货人",是指有权提取货物的人。

(五)"货物",包括活动物和由托运人提供的用于集装货物的集装箱、货盘或者类似的装运器具。

第四十三条　承运人或者托运人可以要求书面确认海上货物运输合同的成立。但是,航次租船合同应当书面订立。电报、电传和传真具有书面效力。

第四十四条　海上货物运输合同和作为合同凭证的提单或者其他运输单证中的条款,违反本章规定的,无效。此类条款的无效,不影响该合同和提单或者他运输单证中其他条款的效力。将货物的保险利益转让给承运人的条款或者类似条款,无效。

第四十五条　本法第四十四条的规定不影响承运人在本章规定的承运人责任和义务之外,增加其责任和义务。

第二节　承运人的责任

第四十六条　承运人对集装箱装运的货物的责任期间,是指从装货港接收货物时起至卸货港交付货物时止,货物处于承运人掌管之下的全部期间。承运人非集装箱装运的货物的责任期间,是指从货物装上船时起至卸下船时止,货物处于承运人掌管之下的全部期间。在承运人的责任期间,货物发生灭失或者损坏,除本节另有规定外,承运人应当负赔偿责任。

前款规定,不影响承运人就非集装箱装运的货物,在装船前和卸船后所承担的责任，达成任何协议。

第四十七条　承运人在船舶开航前和开航当时，应当谨慎处理，使船舶处于适航状态，妥善配备船员、装备船舶和配备供应品，并使货舱、冷藏舱、冷气和其他载货处所适于并能安全收受、载运和保管货物。

第四十八条　承运人应当妥善地、谨慎地装载、搬移、积载、运输、保管、照料和卸载所运货物。

第四十九条　承运人应当按照约定的或者习惯的或者地理上的航线将货物运往卸货港。

船舶在海上为救助或者企图救助人命或者财产而发生的绕航或者其他合理绕航，不属于违反前款规定的行为。

第五十条　货物未能在明确约定的时间内，在约定的卸货港交付的，为迟延交付。

除依照本章规定承运人不负赔偿责任的情形外，由于承运人的过失，致使货物因迟延交付而灭失或者损坏的，承运人应当负赔偿责任。

除依照本章规定承运人不负赔偿责任的情形外，由于承运人的过失，致使货物因迟延交付而遭受经济损失的，即使货物没有灭失或者损坏，承运人仍然应当负赔偿责任。

承运人未能在本条第一款规定的时间届满六十日内交付货物，有权对货物灭失提出赔偿请求的人可以认为货物已经灭失。

第五十一条　在责任期间货物发生的灭失或者损坏是由于下列原因之一造成的，承运人不负赔偿责任：

（一）船长、船员、引航员或者承运人的其他受雇人在驾驶船舶或者管理船舶中的过失；

（二）火灾，但是由于承运人本人的过失所造成的除外；

（三）天灾，海上或者其他可航水域的危险或者意外事故；

（四）战争或者武装冲突；

（五）政府或者主管部门的行为、检疫限制或者司法扣押；

（六）罢工、停工或者劳动受到限制；

（七）在海上救助或者企图救助人命或者财产；

（八）托运人、货物所有人或者他们的代理人的行为；

（九）货物的自然特性或者固有缺陷；

（十）货物包装不良或者标志欠缺、不清；

（十一）经谨慎处理仍未发现的船舶潜在缺陷；

（十二）非由于承运人或者承运人的受雇人、代理人的过失造成的其他原因。

承运人依照前款规定免除赔偿责任的，除第（二）项规定的原因外，应当负举证责任。

第五十二条 因运输活动物固有的特殊风险造成活动物灭失或者损害的，承运人不负赔偿责任。但是，承运人应当证明业已履行托运人关于运输活动物特别要求，并证明根据实际情况，灭失或者损害是由于此种固有的特殊风险造成的。

第五十三条 承运人在舱面上装载货物，应当同托运人达成协议，或者符合航运惯例，或者符合有关法律、行政法规的规定。

承运人依照前款规定将货物装载在舱面上，对由于此种装载的特殊风险造成的货物灭失或者损坏，不负赔偿责任。

承运人违反本条第一款规定将货物装载在舱面上，致使货物遭受灭失或者损坏的，应当负赔偿责任。

第五十四条 货物的灭失、损坏或者迟延交付是由于承运人或者承运人的受雇人、代理人的不能免除赔偿责任的原因和其他原因共同造成的，承运人仅在不能免除赔偿责任的范围内负赔偿责任；但是，承运人对其他原因造成的灭失、损坏或者迟延交付应当负举证责任。

第五十五条 货物灭失的赔偿额，按照货物的实际价值计算；货物损坏的赔偿额，按照货物受损前后实际价值的差额或者货物的修复费用计算。

货物的实际价值，按照货物装船时的价值加保险费加运费计算。

前款规定的货物实际价值，赔偿时应当减去因货物灭失或者损坏而少付或者免付的有关费用。

第五十六条 承运人对货物的灭失或者损坏的赔偿限额，按照货物件数或者其他货运单位数计算，每件或者每个其他货运单位为666.67计算单位，或按照货物毛重计算，每公斤为2计算单位，以二者中赔偿限额较高的为准。但是，托运人在货物装运前已经申报其性质和价值，并在提单中载明的，或者承运人与托运人已经另行约定高于本条规定的赔偿限额的除外。

货物用集装箱、货盘或者类似装运器具集装的，提单中载明装在此类装运器具中的货物件数或者其他货运单位数，视为前款所指的货物件数或者其他货运单位数；未载明的，每一装运器具视为一件或者一个单位。

装运器具不属于承运人所有或者非由承运人提供的，装运器具本身应当视为一件或者一个单位。

第五十七条 承运人对货物因迟延交付造成经济损失的赔偿限额，为所迟延交付的货物的运费数额。货物的灭失或者损坏和迟延交付同时发生的，承运人赔偿责任限额适用本法第五十六条第一款规定的限额。

第五十八条 就海上货物运输合同所涉及的货物灭失、损坏或者迟延交付对承运人提起的任何诉讼，不论海事请求人是否为合同的一方，也不论是根据合同还是根据侵权行为提起的，均适用本章关于承运人的抗辩理由和限制赔偿责任的规定。

前款诉讼是对承运人的受雇人或者代理人提起的，经承运人的受雇人或者代理人证明，其行为是在受雇或者受委托的范围之内的，适用前款规定。

第五十九条　经证明，货物的灭失、损坏或者迟延交付是由于承运人的故意或者明知可能造成损失而轻率地作为或者不作为造成的，承运人不得援用本法五十六条或者第五十七条限制赔偿责任的规定。

经证明，货物的灭失、损坏或者迟延交付是由于承运人的受雇人、代理人的故意或者明知可能造成损失而轻率地作为或者不作为造成的，承运人的受雇人或者代理人不得援用本法第五十六条或者第五十七条限制赔偿责任的规定。

第六十条　承运人将货物运输或者部分运输委托给实际承运人履行的，承运人仍然应当依照本章规定对全部运输负责。对实际承运人承担的运输，承运人当对实际承运人的行为或者实际承运人的受雇人、代理人在受雇或者受委托的范围内的行为负责。

虽有前款规定，在海上运输合同中明确约定合同所包括的特定的部分运输由承运人以外的指定的实际承运人履行的，合同可以同时约定，货物在指定的实际承运人掌管期间发生的灭失、损坏或者迟延交付，承运人不负赔偿责任。

第六十一条　本章对承运人责任的规定，适用于实际承运人。对实际承运人的受雇人、代理人提起诉讼的，适用本法第五十八条第二款和第五十九条第二的规定。

第六十二条　承运人承担本章未规定的义务或者放弃本章赋予的权利的任何特别协议，经实际承运人书面明确同意的，对实际承运人发生效力；实际承运人是否同意，不影响此项特别协议对承运人的效力。

第六十三条　承运人与实际承运人都负有赔偿责任的，应当在此项责任范围内负连带责任。

第六十四条　就货物的灭失或者损坏分别向承运人、实际承运人以及他们的受雇人、代理人提出赔偿请求的，赔偿总额不超过本法第五十六条规定的限额。

第六十五条　本法第六十条至第六十四条的规定，不影响承运人和实际承运人之间相互追偿。

第三节　托运人的责任

第六十六条　托运人托运货物，应当妥善包装，并向承运人保证，货物装船时所提供货物的品名、标志、包数或者件数、重量或者体积的正确性；由于包装不良或者上述资料不正确，对承运人造成损失的，托运人应当负赔偿责任。

承运人依照前款规定享有的受偿权利，不影响其根据货物运输合同对托运人以外的人所承担的责任。

第六十七条　托运人应当及时向港口、海关、检疫、检验和其他主管机关办理货物运输所需要的各项手续，并将已办理各项手续的单证送交承运人；因办各项手续的有关单证送交不及时、不完备或者不正确，使承运人的利益受到损害的，托运人应当负赔偿责任。

第六十八条 托运人托运危险货物，应当依照有关海上危险货物运输的规定，妥善包装，作出危险品标志和标签，并将其正式名称和性质以及应当采取的防危害措施书面通知承运人；托运人未通知或者通知有误的，承运人可以在任何时间、任何地点根据情况需要将货物卸下、销毁或者使之不能为害，而不负赔偿责任。托运人对承运人因运输此类货物所受到的损害，应当负赔偿责任。

承运人知道危险货物的性质并已同意装运的，仍然可以在该项货物对于船舶、人员或者其他货物构成实际危险时，将货物卸下、销毁或者使之不能为害，而不负赔偿责任。但是，本款规定不影响共同海损的分摊。

第六十九条 托运人应当按照约定向承运人支付运费。

托运人与承运人可以约定运费由收货人支付；但是，此项约定应当在运输单证中载明。

第七十条 托运人对承运人、实际承运人所遭受的损失或者船舶所遭受的损坏，不负赔偿责任；但是，此种损失或者损坏是由于托运人或者托运人的受雇、代理人的过失造成的除外。

托运人的受雇人、代理人对承运人、实际承运人所遭受的损失或者船舶所遭受的损坏，不负赔偿责任；但是，这种损失或者损坏是由于托运人的受雇人、代理人的过失造成的除外。

第四节 运输单证

第七十一条 提单，是指用以证明海上货物运输合同和货物已经由承运人接收或者装船，以及承运人保证据以交付货物的单证。提单中载明的向记名人交货物，或者按照指示人的指示交付货物，或者向提单持有人交付货物的条款，构成承运人据以交付货物的保证。

第七十二条 货物由承运人接收或者装船后，应托运人的要求，承运人应当签发提单。

提单可以由承运人授权的人签发。提单由载货船舶的船长签发的，视为代表承运人签发。

第七十三条 提单内容，包括下列各项：

（一）货物的品名、标志、包数或者件数、重量或者体积，以及运输危险货物时对危险性质的说明；

（二）承运人的名称和主营业所；

（三）船舶名称；

（四）托运人的名称；

（五）收货人的名称；

（六）装货港和在装货港接收货物的日期；

（七）卸货港；

（八）多式联运提单增列接收货物地点和交付货物地点；

（九）提单的签发日期、地点和份数；

（十）运费的支付；

（十一）承运人或者其代表的签字。

提单缺少前款规定的一项或者几项的，不影响提单的性质；但是，提单应当符合本法第七十一条的规定。

第七十四条　货物装船前，承运人已经应托运人的要求签发收货待运提单或者其他单证的，货物装船完毕，托运人可以将收货待运提单或者其他单证退还承运人，以换取已装船提单；承运人也可以在收货待运提单上加注承运船舶的船名和装船日期，加注后的收货待运提单视为已装船提单。

第七十五条　承运人或者代其签发提单的人，知道或者有合理的根据怀疑提单记载的货物的品名、标志、包数或者件数、重量或者体积与实际接收的货物符合，在签发已装船提单的情况下怀疑与已装船的货物不符，或者没有适当的方法核对提单记载的，可以在提单上批注，说明不符之处、怀疑的根据或者说明无法核对。

第七十六条　承运人或者代其签发提单的人未在提单上批注货物表面状况的，视为货物的表面状况良好。

第七十七条　除依照本法第七十五条的规定作出保留外，承运人或者代其签发提单的人签发的提单，是承运人已经按照提单所载状况收到货物或者货物已装船的初步证据；承运人向善意受让提单的包括收货人在内的第三人提出的与提单所载状况不同的证据，不予承认。

第七十八条　承运人同收货人、提单持有人之间的权利、义务关系，依据提单的规定确定。

收货人、提单持有人不承担在装货港发生的滞期费、亏舱费和其他与装货有关的费用，但是提单中明确说明上述费用由收货人、提单持有人承担的除外。

第七十九条　提单的转让，依照下列规定执行：

（一）记名提单：不得转让；

（二）指示提单：经过记名背书或者空白背书转让；

（三）不记名提单：无须背书，即可转让。

第八十条　承运人签发提单以外的单证用以证明收到待运货物的，此项单证即为订立海上货物运输合同和承运人接收该单证中所列货物的初步证据。

承运人签发的此类单证不得转让。

第五节　货物交付

第八十一条　承运人向收货人交付货物时，收货人未将货物灭失或者损坏的情况书面通知承运人的，此项交付视为承运人已经按照运输单证的记载交付以货物状况良好的初步证据。

货物灭失或者损坏的情况非显而易见的，在货物交付的次日起连续七日内，集装箱货物交付的次日起连续十五日内，收货人未提交书面通知的，适用前款规定。

货物交付时，收货人已经会同承运人对货物进行联合检查或者检验的，无须就所查明的灭失或者损坏的情况提交书面通知。

第八十二条 承运人自向收货人交付货物的次日起连续六十日内，未收到收货人就货物因迟延交付造成经济损失而提交的书面通知的，不负赔偿责任。

第八十三条 收货人在目的港提取货物前或者承运人在目的港交付货物前，可以要求检验机构对货物状况进行检验；要求检验的一方应当支付检验费用，是有权向造成货物损失的责任方追偿。

第八十四条 承运人和收货人对本法第八十一条和第八十三条规定的检验，应当相互提供合理的便利条件。

第八十五条 货物由实际承运人交付的，收货人依照本法第八十一条的规定向实际承运人提交的书面通知，与向承运人提交书面通知具有同等效力；向承运人提交的书面通知，与向实际承运人提交书面通知具有同等效力。

第八十六条 在卸货港无人提取货物或者收货人迟延、拒绝提取货物的，船长可以将货物卸在仓库或者其他适当场所，由此产生的费用和风险由收货人承担。

第八十七条 应当向承运人支付的运费、共同海损分摊、滞期费和承运人为货物垫付的必要费用以及应当向承运人支付的其他费用没有付清，又没有提供当担保的，承运人可以在合理的限度内留置其货物。

第八十八条 承运人根据本法第八十七条规定留置的货物，自船舶抵达卸货港的次日起满六十日无人提取的，承运人可以申请法院裁定拍卖；货物易腐烂质或者货物的保管费用可能超过其价值的，可以申请提前拍卖。

拍卖所得价款，用于清偿保管、拍卖货物的费用和运费以及应当向承运人支付的其他有关费用；不足的金额，承运人有权向托运人追偿；剩余的金额，退还托运人；无法退还、自拍卖之日起满一年又无人领取的，上缴国库。

第六节 合同的解除

第八十九条 船舶在装货港开航前，托运人可以要求解除合同。但是，除合同另有约定外，托运人应当向承运人支付约定运费的一半；货物已经装船的，应当负担装货、卸货和其他与此有关的费用。

第九十条 船舶在装货港开航前，因不可抗力或者其他不能归责于承运人和托运人的原因致使合同不能履行的，双方均可以解除合同，并互相不负赔偿责任。除合同另有约定外，运费已经支付的，承运人应当将运费退还给托运人；货物已经装船的，托运人应当承担装卸费用；已经签发提单的，托运人应当将提单退还承运人。

第九十一条 因不可抗力或者其他不能归责于承运人和托运人的原因致使船舶

不能在合同约定的目的港卸货的，除合同另有约定外，船长有权将货物在目的港邻近的安全港口或者地点卸载，视为已经履行合同。

船长决定将货物卸载的，应当及时通知托运人或者收货人，并考虑托运人或者收货人的利益。

第七节　航次租船合同的特别规定

第九十二条　航次租船合同，是指船舶出租人向承租人提供船舶或者船舶的部分舱位，装运约定的货物，从一港运至另一港，由承租人支付约定运费的合同。

第九十三条　航次租船合同的内容，主要包括出租人和承租人的名称、船名、船籍、载货重量、容积、货名、装货港和目的港、受载期限、装卸期限、运、滞期费、速遣费以及其他有关事项。

第九十四条　本法第四十七条和第四十九条的规定，适用于航次租船合同的出租人。

本章其他有关合同当事人之间的权利、义务的规定，仅在航次租船合同没有约定或者没有不同约定时，适用于航次租船合同的出租人和承租人。

第九十五条　对按照航次租船合同运输的货物签发的提单，提单持有人不是承租人的，承运人与该提单持有人之间的权利、义务关系适用提单的约定。但提单中载明适用航次租船合同条款的，适用该航次租船合同的条款。

第九十六条　出租人应当提供约定的船舶；经承租人同意，可以更换船舶。但是，提供的船舶或者更换的船舶不符合合同约定的，承租人有权拒绝或者解除合同。

因出租人过失未提供约定的船舶致使承租人遭受损失的，出租人应当负赔偿责任。

第九十七条　出租人在约定的受载期限内未能提供船舶的，承租人有权解除合同。但是，出租人将船舶延误情况和船舶预期抵达装货港的日期通知承租人，承租人应当自收到通知时起四十八小时内，将是否解除合同的决定通知出租人。

因出租人过失延误提供船舶致使承租人遭受损失的，出租人应当负赔偿责任。

第九十八条　航次租船合同的装货、卸货期限及其计算办法，超过装货、卸货期限后的滞期费和提前完成装货、卸货的速遣费，由双方约定。

第九十九条　承租人可以将其租用的船舶转租；转租后，原合同约定的权利和义务不受影响。

第一百条　承租人应当提供约定的货物；经出租人同意，可以更换货物。但是，更换的货物对出租人不利的，出租人有权拒绝或者解除合同。

因未提供约定的货物致使出租人遭受损失的，承租人应当负赔偿责任。

第一百零一条　出租人应当在合同约定的卸货港卸货。合同订有承租人选择卸货港条款的，在承租人未按照合同约定及时通知确定的卸货港时，船长可以约定的选卸港中自行选定一港卸货。承租人未按照合同约定及时通知确定的卸货港，致使出租人遭受损失的，应当负赔偿责任。出租人未按照合同约定，擅自选定港口卸货致使承租人遭受损失的，应当负赔偿责任。

第八节　多式联运合同的特别规定

第一百零二条　本法所称多式联运合同，是指多式联运经营人以两种以上的不同运输方式，其中一种是海上运输方式，负责将货物从接收地运至目的地交收货人，并收取全程运费的合同。

前款所称多式联运经营人，是指本人或者委托他人以本人名义与托运人订立多式联运合同的人。

第一百零三条　多式联运经营人对多式联运货物的责任期间，自接收货物时起至交付货物时止。

第一百零四条　多式联运经营人负责履行或者组织履行多式联运合同，并对全程运输负责。

多式联运经营人与参加多式联运的各区段承运人，可以就多式联运合同的各区段运输，另以合同约定相互之间的责任。但是，此项合同不得影响多式联运经营人对全程运输所承担的责任。

第一百零五条　货物的灭失或者损坏发生于多式联运的某一运输区段的，多式联运经营人的赔偿责任和责任限额，适用调整该区段运输方式的有关法律规。

第一百零六条　货物的灭失或者损坏发生的运输区段不能确定的，多式联运经营人应当依照本章关于承运人赔偿责任和责任限额的规定负赔偿责任。

第六章　船舶租用合同

第一节　一 般 规 定

第一百二十七条　本章关于出租人和承租人之间权利、义务的规定，仅在船舶租用合同有约定或者没有不同约定时适用。

第一百二十八条　船舶租用合同，包括定期租船合同和光船租赁合同，均应当书面订立。

第二节　定期租船合同

第一百二十九条　定期租船合同，是指船舶出租人向承租人提供约定的由出租人配备船员的船舶，由承租人在约定的期间内按照约定的用途使用，并支付租金的合同。

第一百三十条　定期租船合同的内容，主要包括出租人和承租人的名称、船名、船籍、船级、吨位、容积、船速、燃料消耗、航区、用途、租船期间、交和还船的时间和地点以及条件、租金及其支付，以及其他有关事项。

第一百三十一条　出租人应当按照合同约定的时间交付船舶。

出租人违反前款规定的，承租人有权解除合同。出租人将船舶延误情况和船舶预期抵达交船港的日期通知承租人的，承租人应当自接到通知时起四十八小时内，将解除合同或者继续租用船舶的决定通知出租人。

因出租人过失延误提供船舶致使承租人遭受损失的，出租人应当负赔偿责任。

第一百三十二条　出租人交付船舶时，应当做到谨慎处理，使船舶适航。交付的船舶应当适于约定的用途。

出租人违反前款规定的，承租人有权解除合同，并有权要求赔偿因此遭受的损失。

第一百三十三条　船舶在租期内不符合约定的适航状态或者其他状态，出租人应当采取可能采取的合理措施，使之尽快恢复。

船舶不符合约定的适航状态或者其他状态而不能正常营运连续满二十四小时的，对因此而损失的营运时间，承租人不付租金，但是上述状态是由承租人造成的除外。

第一百三十四条　承租人应当保证船舶在约定航区内的安全港口或者地点之间从事约定的海上运输。

承租人违反前款规定的，出租人有权解除合同，并有权要求赔偿因此遭受的损失。

第一百三十五条　承租人应当保证船舶用于运输约定的合法的货物。

承租人将船舶用于运输活动物或者危险货物的，应当事先征得出租人的同意。

承租人违反本条第一款或者第二款的规定致使出租人遭受损失的，应当负赔偿责任。

第一百三十六条　承租人有权就船舶的营运向船长发出指示，但是不得违反定期租船合同的约定。

第一百三十七条　承租人可以将租用的船舶转租，但是应当将转租的情况及时通知出租人。租用的船舶转租后，原租船合同约定的权利和义务不受影响。

第一百三十八条　船舶所有人转让已经租出的船舶的所有权，定期租船合同约定的当事人的权利和义务不受影响，但是应当及时通知承租人。船舶所有权转让后，原租船合同由受让人和承租人继续履行。

第一百三十九条　在合同期间，船舶进行海难救助的，承租人有权获得扣除救助费用、损失赔偿、船员应得部分以及其他费用后的救助款项的一半。

第一百四十条　承租人应当按照合同约定支付租金。承租人未按照合同约定支付租金的，出租人有权解除合同，并有权要求赔偿因此遭受的损失。

第一百四十一条　承租人未向出租人支付租金或者合同约定的其他款项的，出租人对船上属于承租人的货物和财产以及转租船舶的收入有留置权。

第一百四十二条　承租人向出租人交还船舶时，该船舶应当具有与出租人交船时相同的良好状态，但是船舶本身的自然磨损除外。

船舶未能保持与交船时相同的良好状态的，承租人应当负责修复或者给予赔偿。

第一百四十三条　经合理计算，完成最后航次的日期约为合同约定的还船日期，但可能超过合同约定的还船日期的，承租人有权超期用船以完成该航次。期期间，承租人应当按照合同约定的租金率支付租金；市场的租金率高于合同约定的租金率的，承租人应当按照市场租金率支付租金。

第三节　光船租赁合同

第一百四十四条　光船租赁合同，是指船舶出租人向承租人提供不配备船员的船舶，在约定的期间内由承租人占有、使用和营运，并向出租人支付租金的合同。

第一百四十五条　光船租赁合同的内容，主要包括出租人和承租人的名称、船名、船籍、船级、吨位、容积、航区、用途、租船期间、交船和还船的时间地点以及条件、船舶检验、船舶的保养维修、租金及其支付、船舶保险、合同解除的时间和条件，以及其他有关事项。

第一百四十六条　出租人应当在合同约定的港口或者地点，按照合同约定的时间，向承租人交付船舶以及船舶证书。交船时，出租人应当作到谨慎处理，船舶适航。交付的船舶应当适于合同约定的用途。

出租人违反前款规定的，承租人有权解除合同，并有权要求赔偿因此遭受的损失。

第一百四十七条　在光船租赁期间，承租人负责船舶的保养、维修。

第一百四十八条　在光船租赁期间，承租人应当按照合同约定的船舶价值，以出租人同意的保险方式为船舶进行保险，并负担保险费用。

第一百四十九条　在光船租赁期间，因承租人对船舶占有、使用和营运的原因使出租人的利益受到影响或者遭受损失的，承租人应当负责消除影响或者赔损失。

因船舶所有权争议或者出租人所负的债务致使船舶被扣押的，出租人应当保证承租人的利益不受影响；致使承租人遭受损失的，出租人应当负赔偿责任。

第一百五十条　在光船租赁期间，未经出租人书面同意，承租人不得转让合同的权利和义务或者以光船租赁的方式将船舶进行转租。

第一百五十一条　未经承租人事先书面同意，出租人不得在光船租赁期间对船舶设定抵押权。

出租人违反前款规定，致使承租人遭受损失的，应当负赔偿责任。

第一百五十二条　承租人应当按照合同约定支付租金。承租人未按照合同约定的时间支付租金连续超过七日的，出租人有权解除合同，并有权要求赔偿因此遭受的损失。

船舶发生灭失或者失踪的，租金应当自船舶灭失或者得知其最后消息之日起停止支付，预付租金应当按照比例退还。

第一百五十三条　本法第一百三十四条、第一百三十五条第一款、第一百四十二条和第一百四十三条的规定，适用于光船租赁合同。

第一百五十四条　订有租购条款的光船租赁合同，承租人按照合同约定向出租人付清租购费时，船舶所有权即归于承租人。

联合国国际货物多式联运公约

本公约各缔约国，

确认：

(a)国际多式联运是促进世界贸易有条不紊地扩展的途径之一；

(b)有必要鼓励发展通畅、经济、高效率的多式联运，使能满足有关贸易的要求；

(c)需要为所有国家的利益保证国际多式联运有条不紊地发展，并有必要考虑到过境国家的特殊问题；

(d)需要决定有关国际货物多式联运合同的若干规则，包括关于多式联运经营人赔偿责任的公正条款；

(e)有必要使本公约不影响有关管理运输业务的任何国际公约或国家法律的实施；

(f)每个国家有权在国家一级管理多式联运经营人和多式联运业务；

(g)有必要照顾发展中国家的特殊利益和问题，例如：引进新技术，发展中国家的承运人和经营人参加多式联运，这样做的经济效果，尽量利用当地的劳动人和保险；

(h)有必要保证多式联运服务的提供者和使用者之间的利益均衡；

(i)有必要简化海关手续，同时适当考虑到过境国家的问题。

同意下列基本原则：

(a)在国际多式联运中，发达国家和发展中国家之间的利益应当保持均衡，发达国家和发展中国家的活动应当得到公平分配；

(b)在引进新的货物多式联运的技术之前和之后，多式联运经营人、托运人、托运人组织和各国主管当局应就运输条件进行协商；

(c)托运人有权自由选择多式联运或分段运输；

(d)本公约规定的多式联运经营人的赔偿责任应根据推定过失或疏忽原则。决定为此目的缔结本公约，并协议如下：

第一部分　总　　则

第一条　定义

本公约内：

(1)“国际多式联运”是指按照多式联运合同，以至少两种不同的运输方式，由多式联运经营人将货物从一国境内接管货物的地点运到另一国境内指定交付货物的地点。为履行单一方式运输合同而进行的该合同所规定的货物接送业务，不应视为国际多式联运。

(2)“多式联运经营人”是指其本人或通过其代表订立多式联运合同的任何人，他是事主，而不是发货人的代理人或代表或参加多式联运的承运人的代表人或代表，并且负有履行合同的责任。

(3)“多式联运合同”是指多式联运经营人凭之收取运费、负责完成或组织完成国际多式联运的合同。

(4)“多式联运单据”是指证明多式联运合同以及证明多式联运经营人接管货物并负责按照合同条款交付货物的单据。

(5)“发货人”是指其本人或以其名义或其代表同多式联运经营人订立多式联运合同的任何人，或指其本人或以其名义或其代表按照多式联运合同将货物实际交给多式联运经营人的任何人。

(6)“收货人”是指有权提取货物的人。

(7)“货物”包括由发货人提供的任何集装箱、货盘或类似的装运工具或包装。

(8)“国际公约”是指各国之间用书面签订并受国际法制约的国际协定。

(9)“强制性国家法律”是指任何有关货物运输的成文法，其规定不得用合同条款加以改变而不利于发货人。

(10)“书面”包括电报或电传。

第二条　适用范围

本公约的各项规定适用于两国境内各地之间的所有多式联运合同，如果：

(一)多式联运合同规定的多式联运经营人接管货物的地点是在一个缔约国境内；或

(二)多式联运合同规定的多式联运经营人交付货物的地点是在一个缔约国境内。

第三条　强制适用

(1)根据第二条受本公约制约的多式联运合同一经签订，本公约各项规定即应对这种合同强制适用。

(2)本公约的任何规定不得影响发货人选择多式联运或分段运输的权利。

第四条　多式联运的管理

(1)本公约不得影响任何有关运输业务管理的国际公约或国家法律的适用，或与之相抵触。

(2)本公约不得影响各国在国家一级管理多式联运业务和多式联运经营人的权利，包括就下列事项采取措施的权利：多式联运经营人、托运人、托运人组织以及各国主管当局之间就运输条件进行协商，特别是在引用新技术开始新的运输业务之前进行协商；颁发多式联运经营人的许可证；参加运输；为了本国的经济和商业利益而采取一切其他措施。

(3)多式联运经营人应遵守其营业所在国所适用的法律和本公约的规定。

第二部分　单　　据

第五条　多式联运单据的签发

(1)多式联运经营人接管货物时,应签发一项多式联运单据,该单据应依发货人的选择,或为可转让单据或为不可转让单据。

(2)多式联运单据应由多式联运经营人或经他授权的人签字。

(3)多式联运单据上的签字,如不违背签发多式联运单据所在国的法律,可以是手签、手签笔迹的复印、打透花字、盖章、符号、或用任何其他机械或电子仪器打出。

(4)经发货人同意,可以用任何机械或其他保存第八条所规定的多式联运单据应列明的事项的方式,签发不可转让的多式联运单据。在这种情况下,多式联运经营人在接管货物后,应交给发货人一份可以阅读的单据,载有用此种方式记录的所有事项,就本公约而言,这份单据应视为多式联运单据。

第六条　可转让的多式联运单据

(一)多式联运单据以可转让的方式签发时:

(1)应列明按指示或向持票人交付;

(2)如列明按指示交付,须经背书后转让;

(3)如列明向持票人交付,无须背书即可转让;

(4)如签发一套一份以上的正本,应注明正本份数;

(5)如签发任何副本,每份副本均应注明"不可转让副本"字样。

(二)只有交出可转让多式联运单据,并在必要时经正式背书,才能向多式联运经营人或其代表提取货物。

(三)如签发一套一份以上的可转让多式联运单据正本,而多式联运经营人或其代表已正当地按照其中一份正本交货,该多式联运经营人便已履行其交货责任。

第七条　不可转让的多式联运单据

(一)多式联运单据以不可转让的方式签发时,应指明记名的收货人。

(二)多式联运经营人将货物交给此种不可转让的多式联运单据所指明的记名收货人或经收货人通常以书面正式指定的其他人后,该多式联运经营人即已履行其交货责任。

第八条　多式联运单据的内容

(一)多式联运单据应当载明下列事项:

(1)货物品类、识别货物所必需的主要标志、如属危险货物,其危险特性的明确声明、包数或件数、货物的毛重或其他方式表示的数量等,所有这些事项均由发货人提供;

(2)货物外表状况;

(3)多式联运经营人的名称和主要营业所;

(4)发货人名称;

(5)如经发货人指定收货人,收货人的名称;

(6)多式联运经营人接管货物的地点和日期;

(7)交货地点;

(8)如经双方明确协议,在交付地点交货的日期或期间;

(9)表示该多式联运单据为可转让或不可转让的声明;

(10)多式联运单据的签发地点和日期;

(11)多式联运经营人或经其授权的人的签字;

(12)如经双方明确协议,每种运输方式的运费;或者应由收货人支付的运费,包括用以支付的货币;或者关于运费出收货人支付的其他说明;

(13)如在签发多式联运单据时已经确知,预期经过的路线、运输方式和转运地点;

(14)第二十八条第(3)款所指的声明;

(15)如不违背签发多式联运单据所在国的法律,双方同意列入多式联运单据的任何其他事项。

(二)多式联运单据缺少本条第(1)款所指事项中的一项或数项,并不影响该单据作为多式联运单据的法律性质,但该单据必须符合第一条第(4)款所规定的要求。

第九条　多式联运单据中的保留

(一)如果多式联运经营人或其代表知道、或有合理的根据怀疑多式联运单据所列货物的品类、主要标志、包数或件数、重量或数量等事项没有准确地表明实际接管货物的状况,或无适当方法进行核对,则该多式联运经营人或其代表应在多式联运单据上作出保留,注明不符之处、怀疑的根据、或无适当核对方法。

(二)如果多式联运经营人或其代表未在多式联运单据上对货物的外表状况加以批注,则应视为他已在多式联运单据上注明货物的外表状况良好。

第十条　多式联运单据的证据效力

如果已对第九条准允保留的事项作出保留,则除其保留的部分之外:

(一)多式联运单据应是该单据所载明的货物由多式联运经营人接管的初步证据;

(二)如果多式联运单据以可转让方式签发,而且已转让给正当地信赖该单据所载明的货物状况的、包括收货人在内的第三方,则多式联运经营人提出的反证不予接受。

第十一条　有意谎报或漏报的赔偿责任

如果多式联运经营人意图诈骗,在多式联运单据上列入有关货物的不实资料,或漏列第八条第(一)款(1)项或(2)项或第九条规定应载明的任何资料,则该联运人不得享有本公约规定的赔偿责任限制,而须负责赔偿包括收货人在内的第三方因信赖该多式联运单据所载明的货物状况行事而遭受的任何损失、损坏或费用。

第十二条　发货人的保证

（一）多式联运经营人接管货物时，发货人应视为已向多式联运经营人保证，他在多式联运单据中所提供的货物品类、标志、件数、重量和数量，如属危险货物，其危险性等事项，概属准确无误。

（二）发货人必须赔偿多式联运经营人因本条第1款所指各事项的不准确或不当而造成的损失。即使发货人已将多式联运单据转让，仍须负赔偿责任。多式联运经营人取得这种赔偿的权利，并不限制他按照多式联运合同对发货人以外的其他任何人应负的赔偿责任。

第十三条　其他单据

多式联运单据的签发，并不排除于必要时按照适用的国际公约或国家法律签发同国际多式联运所涉及的运输或其他服务有关的其他单据。但签发此种其他单据不得影响多式联运单据的法律性质。

第三部分　多式联运经营人的赔偿责任

第十四条　责任期间

（一）本公约所规定的多式联运经营人对于货物的责任期间，自其接管货物之时起到交付货物时为止。

（二）就本条而言，自多式联运经营人从下列各方接管货物之时起：

(a)发货人或其代表；或者

(b)如果收货人不向多式联运经营人提取货物，则按照多式联运合同或按照交货地点适用的法律或特定行业惯例，将货物置于收货人支配之下；或者

(c)将货物交给根据交货地点适用的法律或规章必须向其交付的当局或其他第三方；在上述期间，货物视为在多式联运经营人掌管之下。

（三）本条第1款和第2款所指的多式联运经营人，包括他的受雇人、代理人或为履行多式联运合同而使用其服务的任何其他人；所指的发货人和收货人；也包括他们的受雇人或代理人。

第十五条　多式联运经营人为他的受雇人、代理人和其他人所负的赔偿责任

除按第二十一条的规定外，多式联运经营人应对他的受雇人或代理人在其受雇范围内行事时的行为或不行为负赔偿责任，或对他为履行多式联运合同而使用其服务的任何其他人在履行合同的范围内行事时的行为或不行为负赔偿责任，一如他本人的行为或不行为。

第十六条　赔偿责任的基础

（一）多式联运经营人对于货物的灭失、损坏和延迟交付所引起的损失，如果造成灭失、损坏或延迟交货的事故发生于第十四条所规定的货物由其掌管期间，应负赔偿责任，除非多式联运经营人证明其本人、受雇人或代理人或第十五条所指的任何其他人为避免事故的发生及其后果已采取一切所能合理要求的措施。

（二）如果货物未在明确议定的时间内交付，或者如无此种协议，未在按照具体情况对一个勤奋的多式联运经营人所能合理要求的时间内交付，即为延迟交货。

（三）如果货物未在按照本条第2款确定的交货日期届满后连续九十日内交付，索赔人即可认为这批货物业已灭失。

第十七条 同时发生的原因

如果货物的灭失、损坏或延迟交付是由于多式联运经营人、其受雇人或代理人或第十五条所指的任何其他人的过失或疏忽与另一原因结合而产生，多式联运经营人仅对灭失、损坏或延迟交货可以归之于此种过失或疏忽的限度内负赔偿责任，但多式联运经营人必须证明不属于此种过失或疏忽的灭失、损坏或延迟交货的部分。

第十八条 赔偿责任限制

（一）如果多式联运经营人根据第十六条对货物的灭失或损坏造成的损失负赔偿责任，其赔偿责任按灭失或损坏的货物的每包或其他货运单位计不得超过920记账单位，或按毛重每公斤计不得超过2.75记账单位，以较高者为准。

（二）根据本条第（一）款计算较高限额时，适用下列规则：

(1)如果货物是用集装箱、货盘或类似的装运工具集装，经多式联运单据列明装在这种装运工具中的包数或货运单位数应视为计算限额的包数或货运单位数。否则，这种装运工具中的货物应视为一个货运单位。

(2)如果装运工具本身灭失或损坏，而该装运工具并非为多式联运经营人所有或提供，则应视为一个单独的货运单位。

（三）虽有本条第（一）款和第（二）款的规定，国际多式联运如果根据合同不包括海上或内河运输，则多式联运经营人的赔偿责任按灭失或损坏货物毛重每公斤不得超过8.33记账单位。

（四）多式联运经营人根据第十六条的规定对延迟交货造成损失所负的赔偿责任限额，相当于对延迟交付的货物应付运费的两倍半，但不得超过多式联运合同规定的应付运费的总额。

（五）根据本条第（一）款和第（四）款或第（三）款和第（四）款的规定，多式联运经营人赔偿责任的总和不得超过本条第（一）款或第（三）款所确定的货物全部灭失的赔偿责任限额。

（六）经多式联运经营人和发货人之间协议，多式联运单据中可规定超过本条第（一）款、第（三）款和第（四）款所定的赔偿限额。

（七）“记账单位”是指第三十一条所述的记账单位。

第十九条 确知货损发生阶段

如果货物的灭失或损坏发生于多式联运的某一特定阶段，而对这一段适用的一项国际公约或强制性国家法律规定的赔偿限额高于适用第十八条第（一）款至第（三）款所得出的赔偿限额，则多式联运经营人对这种灭失或损坏的赔偿限额，应按照该公约或强制性国家法律予以确定。

第二十条　非合同赔偿责任

（一）本公约规定的辩护理由和赔偿责任限制，应适用于因货物灭失、损坏或延迟交付造成损失而对多式联运经营人提起的任何诉讼，不论这种诉讼是根据合同、侵权行为或其他。

（二）如果由于货物灭失、损坏或延迟交付造成损失而对多式联运经营人的受雇人或代理人、或对联运人为履行多式联运合同而使用其服务的其他人提起诉讼，该受雇人或代理人如能证明他是在受雇范围内行事，则该受雇人、代理人或其他人应有权援用多式联运经营人按本公约有权援用的辩护理由和赔偿责任限制。

（三）除按第二十一条的规定外，向多式联运经营人、受雇人、代理人或为履行多式联运合同而使用其服务的其他人取得的赔偿总额，不得超过本公约所规定的赔偿限额。

第二十一条　赔偿责任限制权利的丧失

（一）如经证明，货物的灭失、损坏或延迟交付是由于多式联运经营人有意造成或明知可能造成而毫不在意的行为或不行为所引起，则多式联运经营人无权享受本公约所规定的赔偿责任限制的利益。

（二）虽有第二十条第（二）款的规定，如经证明，货物的灭失、损坏或延迟交付是由于多式联运经营人的受雇人或代理人或为履行多式联运合同而使用其服务的其他人有意造成或明知可能造成而毫不在意的行为或不行为所引起，则该受雇人、代理人或其他人无权享受本公约所规定的赔偿责任限制的利益。

第四部分　发货人的赔偿责任

第二十二条　通则

如果多式联运经营人遭受的损失是由于发货人的过失或疏忽、或者他的受雇人或代理人在其受雇范围内行事时的过失或疏忽所造成，发货人对这种损失应负赔偿责任。

如果损失是由于发货人的受雇人或代理人本身的过失或疏忽所造成，该受雇人或代理人对这种损失应负赔偿责任。

第二十三条　危险货物的特殊规则

（一）发货人应以合适的方式在危险货物上加明危险标志或标签。

（二）发货人将危险货物交给多式联运经营人或其任何代表时，应告知货物的危险特性，必要时并告知应采取的预防措施。如果未经发货人告知而多式联运经营人又无从得知货物的危险特性，则：

（1）发货人对多式联运经营人由于载运这类货物而遭受的一切损失应负赔偿责任。

(2)视情况需要,可随时将货物卸下,销毁或使其无害而无须给予赔偿。

(三)任何人如果在多式联运期间接管货物时已得知货物的危险特性,则不得配用本条第(二)款的规定。

(四)如果本条第(二)款(2)项的规定不适用或不得援用,而危险货物对生命或财产造成实际危险,可视情况需要将货物卸下、销毁或使其无害,除有分摊共同海损的义务、或根据第十六条的规定多式联运经营人应负赔偿责任之外,无须给予赔偿。

第五部分　索赔和诉讼

第二十四条　灭失、损坏或延迟交货的通知

(一)除非收货人不迟于在货物交给他的次一工作日,将说明此种灭失或损坏的一般性质的灭失或损坏书面通知送交多式联运经营人,否则,此种货物的交付即为多式联运经营人交付多式联运单据所载明的货物的初步证据。

(二)在灭失或损坏不明显时,如果在货物交付收货人之日后连续六日内未提出书面通知,则本条第(一)款的规定相应适用。

(三)如果货物的状况在交付收货人时已经当事各方或其授权在交货地的代表联合调查或检验,则无须就调查或检验所证实的灭失或损坏送交书面通知。

(四)遇有任何实际的或料想会发生的灭失或损坏时,多式联运经营人和收货人必须为检验和清点货物相互提供一切合理的便利。

(五)除非在货物交付收货人之日后连续六十日内,或者在收货人得到通知,货物已按照第十四条第(二)款(2)(b)或(c)项的规定交付之日后连续六十日内,向多式联运经营人送交书面通知,否则对延迟交货所造成的损失无须给予赔偿。

(六)除非多式联运经营人不迟于在灭失或损坏发生后连续九十日内,或在按照第十四条第(二)款(2)项的规定交付货物后连续九十日内,以其较迟者为准,将说明此种灭失或损坏的一般性质的灭失或损坏书面通知送交发货人,否则,未送交这种通知即为多式联运经营人未由于发货人、其受雇人或代理人的过失或疏忽而遭受任何灭失或损失的初步证据。

(七)如果本条第(二)款、第(五)款和第(六)款中规定的通知期限最后一日在交货地点不是工作日,则该期限应延长至次一工作日为止。

(八)就本条而言,向多式联运经营人的代表、包括他在交货地点使用其服务的人、或者向发货人的代表送交通知,应分别视为向多式联运经营人或发货人送交通知。

第二十五条　诉讼时效

(一)根据本公约有关国际多式联运的任何诉讼,如果在两年期间内没有提起诉讼或交付仲裁,即失去时效。但是,如果在货物交付之日后六个月内,或于货物未交付时,在应当交付之日后六个月内,没有提出书面索赔通知,说明索赔的性质和主要事项,则诉讼在此期限届满后即失去时效。

(二)时效期间自多式联运经营人交付货物或部分货物之日的次一日起算,如货物未交付,则自货物应当交付的最后一日的次一日起算。

(三)接到索赔要求的人可于时效期间内随时向索赔人提出书面声明,延长时效期间。此种期间可用另一次声明或多次声明,再度延长。

(四)除非一项适用的国际公约另有相反规定,根据本公约负有赔偿责任的人即使在上述各款规定的时效期间届满后,仍可在起诉地国家法律所许可的限期内提起诉讼,要求追偿,而此项所许可的限期,自提起此项追偿诉讼的人已清偿索赔要求或接到对其本人的诉讼传票之日起算,不得少于九十日。

第二十六条　管辖

(一)原告可在他选择的法院根据本公约提起有关国际多式联运的诉讼,如果该法院按其所在国法律规定有权管辖,而且下列地点之一是在其管辖范围之内:

(1)被告主要营业所,或者,如无主要营业所,被告的经常居所;或者

(2)订立多式联运合同的地点,而且合同是通过被告在该地的营业所、分支或代理机构订立;或者

(3)接管国际多式联运货物的地点或交付货物的地点;或者

(4)多式联运合同中为此目的所指定并在多式联运单据中载明的任何其他地点。

(二)根据本公约有关国际多式联运的任何诉讼程序均不得在本条第1款所没有规定的地点进行。本条各款并不妨碍各缔约国采取临时性或保护性措施的管辖权。

(三)虽有本条上述各项规定,如果当事双方在索赔发生之后达成协议,指定原告可以提起诉讼的地点,则该项协议有效。

(1)如果已根据本条各项规定提起诉讼,或者对于该诉讼已作出判决,原当事人之间不得就同一理由提起新的诉讼,除非第一次诉讼的判决不能在提起新诉讼的国家中执行。

(2)就本条而言,凡为使判决得以执行而采取措施,或者在同一国内将一项诉讼转移到另一法院,都不得视为提起新诉讼。

第二十七条　仲裁

(一)除按本条各项规定外,当事各方可用书面载明的协议,规定将根据本公约发生的有关国际多式联运的任何争议交付仲裁。

(二)仲裁应依索赔人的选择,在下列地点之一提起:

(1)下列各地所在国中任一地点:

(a)被告的主要营业所,或者,如无主要营业所,被告的经营居所;或者

(b)订立多式联运合同的地点,而且合同是通过被告在该地的营业所、分支或代理机构订立;或者

(c)接管国际多式联运货物的地点或交付货物的地点;或者

(2)仲裁条款或协议中为此目的所指定的任何其他地点。

（三）仲裁员或仲裁法庭应适用本公约的各项规定。

（四）本条第（二）款和第（三）款的规定应视为每项仲裁条款或协议的一部分，仲裁条款或协议中与之相抵触的任何规定，概属无效。

（五）当事双方在有关国际多式联运的索赔发生之后订立的仲裁协议，其效力不受本条规定的影响。

第六部分　补 充 规 定

第二十八条　合同条款

（一）多式联运合同或多式联运单据内的任何条款，如果直接或间接背离本公约的规定，概属无效。此种条款的无效不影响以该条款构成其一部分的该合同或单据的其他规定的效力。将货物的保险利益让与多式联运经营人的条款或任何类似条款，概属无效。

（二）虽有本条第（一）款的规定，经发货人同意，多式联运经营人仍可增加其按照本公约所负的责任和义务。

（三）多式联运单据应载有一项声明，说明国际多式联运必须遵守本公约的规定，背离本公约而使发货人或收货人受到损害的任何规定，概属无效。

（四）如果有关货物索赔人由于根据本条而无效的条款，或由于漏载本条第（三）款所指的声明而遭受损失，多式联运经营人必须按照本公约的规定，就货物的灭失、损坏或延迟交付，给予索赔人以必要的赔偿。此外，多式联运经营人并须就索赔人为了行使其权利而引起的费用，给付赔偿，但援用下述规定所引起的诉讼费用，则应按照提起诉讼地国家的法律决定。

第二十九条　共同海损

（一）本公约不得妨碍多式联运合同或国家法律中有关共同海损理算规定的适用。

（二）除第二十五条外，本公约中有关多式联运经营人对货物的灭失或损坏应负赔偿责任的规定，也确定收货人是否可以拒绝共同海损的分摊，以及确定多式联运经营人对收货人已作的此种分摊或已支付的救助费用的赔偿责任。

第三十条　其他公约

（一）本公约不改变国际公约及其修正案或国家法律为限制海运船舶和内河船舶所有人的赔偿责任而规定的权利或义务，这些国际公约为：1924 年 8 月 25 日《统一关于海运船舶所有人赔偿责任限制的某些规则的布鲁塞尔国际公约》；1957 年 10 月 10 日《关于海运船舶所有人赔偿责任限制的布鲁塞尔国际公约》；1976 年 11 月 19 日《伦敦海事索赔责任限制公约》；以及 1973 年 3 月 1 日《关于内河船舶所有人赔偿责任限制的日内瓦公约》。

（二）如果发生争议的当事双方，其主要营业所均在其他国际公约的缔约国境内，则本公约第二十六和第二十七条的规定不得妨碍适用各该其他国际公约有关这两条所述事项的强制性规定。但是，本款不影响本公约第二十七条第(3)款的适用。

(三)根据本公约的规定，对核事故引起的损害不负赔偿责任，如果根据下列公约或国家法律核装置经营人应对此种损害负责：

(1)经1964年1月28日补充议定书修正的1960年7月29日《关于核能领域第三者赔偿责任的巴黎公约》，或1963年5月21日《关于核损害民事赔偿责任的维也纳公约》，或这些公约的修正案，或

(2)国家法律中关于核损害赔偿责任的规定，如果这种法律在所有方面都和《巴黎公约》或《维也纳公约》同样有利于可能遭受核损害的人。

(四)货物运输，例如按照1956年5月19日《关于国际公路货物运输合同的日内瓦公约》第二条的规定进行，或按照1970年2月7日《伯尔尼国际铁路货物运输公约》第二条的规定进行，而上述公约的缔约国必须对这种货物运输适用这种公约，则就本公约第一条第(一)款的含义而言，对这种运输公约的缔约国不应视为国际多式联运。

第三十一条　记账单位或货币单位及折算

(一)本公约第十八条所述的记账单位是国际货币基金组织所规定的特别提款权。第十八条所述数额应按照一国货币在判决日或裁决日或当事方协议的日期的价值，折算成该国货币。凡属国际货币基金组织成员的缔约国，其以特别提款权表示的本国货币的价值，应按照国际货币基金组织在上述日期对其业务和交易采用的现行定值方法计算，非属国际货币基金组织成员的缔约国，其以特别提款权表示的本国货币的价值，应按该国确定的方法计算。

(二)但是，凡不是国际货币基金组织成员而其本国法律又不准适用本条第(一)款规定的国家，可在签字、批准、接受、认可或加入时，或在其后任何时间，声明本公约规定的赔偿限额在该国领土适用时，应规定如下：关于第十八条第(一)款所规定的限额，按货物的每包或其他货运单位计不超过13750货币单位，或按毛重每公斤计不超过41.25货币单位；关于第十八条第(三)款所规定的限额，不超过124货币单位。

(三)本条第(2)款所述的货币单位相等于纯度为千分之九百的黄金65.5毫克。本条第(2)款所述数额应按照有关国家的法律折算成该国货币。

(四)按本条第(一)款最后一项的规定进行计算，和按本条第(三)款的规定进行折算，以一缔约国的本国货币表示第十八条所述数额时，其实际价值应尽可能与第十八条所述记账单位表示的实际价值相等。

(五)缔约国在签字时，或在交存其批准书、接受书、认可书或加入书时，或按本条第(二)款的规定作出选择时，以及在计算方法或折算结果有改变时，应将按本条第(一)款最后一句所确定的计算方法或按本条第(三)款所得的折算结果，相应地通知保管人。

第七部分 海 关 事 项

第三十二条 海关过境

(1)各缔约国应核准使用国际多式联运的海关过境手续。

(2)除按国家法律规章和政府间协定的规定外,国际多式联运货物的海关过境应依照本公约附条的第一条至第六条所载的规则和原则。

(3)缔约国在制定有关多式联运货物的海关过境手续的法律或规章时,应考虑到本公约附件的第一条至第六条。

国际集装箱多式联运管理规则

第一章　总　　则

第一条　为了加强国际集装箱多式联运的管理，促进通畅、经济、高效的国际集装箱多式联运的发展，满足对外贸易发展的需要，根据《中华人民共和国海商法》、《中华人民共和国铁路法》和中华人民共和国交通部、铁道部（以下简称交通部、铁道部）有关规定，制定本规则。

第二条　本规则适用于水路、公路、铁路的国际集装箱多式联运。

第三条　交通部、铁道部是我国国际集装箱多式联运的主管部门。

各省、自治区、直辖市交通主管部门根据本规则管理本地区的国际集装箱多式联运。

铁路部门按系统管理国际集装箱多式联运。

第四条　本规则下列用语的定义：

（一）“国际集装箱”，是指符合国际标准化组织规定的技术标准的集装箱。

（二）“国际集装箱多式联运（以下简称多式联运）”，是指按照国际集装箱多式联运合同，以至少两种不同的运输方式，由多式联运经营人将国际集装箱从一国境内接管的地点运至另一国境内指定交付的地点。

（三）“国际集装箱多式联运合同（以下简称多式联运合同）”，是指多式联运经营人凭以收取运费、负责完成或组织完成国际多式联运的合同。

（四）“国际集装箱多式联运单据（以下简称多式联运单据）”，是指证明多式联运合同以及证明多式联运经营人接管集装箱货物（以下简称货物）并负责按合同条款交付货物的单据。该单据包括双方确认的取代纸张单据的电子数据交换信息。

（五）“国际集装箱多式联运经营人（以下简称多式联运经营人）”，是指本人或者委托他人以本人名义与托运人订立一项多式联运合同并以承运人身份承担完成此项合同责任的人。

（六）“区段运输承运人”，是指与多式联运经营人签订区段运输合同，完成此项多式联运中的某区段运输的人，不管他是否与多式联运经营人属于同一人。

（七）“托运人”，是指本人或委托他人以本人的名义与多式联运经营人订立多式联运合同，将货物交给多式联运经营人。

（八）“收货人”，是指有权从多式联运经营人处接收货物的人。

（九）“迟延交付”，是指货物未在明确约定的时间内交付。

（十）“计算单位”，是指国际货币基金组织规定的特别提款权（SDR）。

第二章　多式联运的管理

第五条　申请经营多式联运业务的企业应符合下列条件：

（一）具有中华人民共和国企业法人资格。

（二）具有与从事多式联运业务相适应的组织机构、固定的营业场所、必要的经营设施和相应的专业管理人员。

（三）该企业具有3年以上国际货物运输或代理经历，有相应的国内、外代理。

（四）注册资金不低于人民币1000万元，并有良好的资信。增设经营性的分支机构时，每增设一个分支机构增加注册资金人民币100万元。

（五）符合国家法律、法规规定的其他条件。

第六条　多式联运经营人的审批。

（一）铁路系统以外的企业申请经营多式联运业务，应上报至省、自治区、直辖市交通主管部门，并抄报所在地市（设区市）以上的交通主管部门。省、自治区、直辖市交通主管部门自收到全部申请文件起30日内提出意见后转报交通部。国务院部门在京直属企业申请经营多式联运业务，可直接向交通部、铁道部申报。铁路系统的企业申请经营多式联运业务，由企业所在地的铁路局向铁道部直接申报。在收到上述转、申报文件后60日内，交通部、铁道部共同审核发出批准文件或不批准的通知，并按两部共同商定的工作程序办理。

（二）已批准经营多式联运业务的企业凭批准文件到省、自治区、直辖市交通主管部门领取经营许可证，国务院部门在京直属企业到接受申请单位领取经营许可证，铁路系统的企业到铁道部领取经营许可证。

（三）申请经营多式联运业务的企业，应提交下列文件：

1.申请报告；

2.企业章程、业务章程；

3.经营多式联运业务的可行性研究报告；

4.多式联运单据样本；

5.国内、外代理机构企业名称、地址和协议；

6.资信证明；

7.企业法人营业执照副本及批准文件；

8.法定代表人的个人简历和身份证明；

9.5名以上业务人员的国家承认、相关专业中级以上的职称资格证书和任职证书；

10.该企业3年以上国际货物运输或代理经历的证明；

11.主管部门要求的其他文件。

（四）经交通部、铁道部共同审批同意后，凭批准文件、经营许可证，按照有关法律、法规的规定向工商、海关、银行、税务部门办理相应手续。

第七条　申请成立多式联运企业应符合第五条(一)、(二)、(四)、(五)项的规定，其主要投资者应具有3年以上国际货物运输或代理经历，有相应的国内、外代理。审批程序按第六条的规定办理。

第八条　经营许可证的有效期为3年。有效期届满，需继续从事多式联运业务的，应在有效期满30日前向原发证主管部门申领换证。如不申请换证，其多式联运业务资格在期满后自动丧失。

交通部、铁道部及省、自治区、直辖市交通主管部门对多式联运经营人的经营行为随时进行监督检查。省、自治区、直辖市交通主管部门对多式联运经营人的资格条件和多式联运单据进行年审，铁路系统的年审由铁道部执行，国务院部门在京直属企业的年审由交通部、铁道部共同执行。

第九条　多式联运企业设立经营性分支机构应向有关部门提出申请，提交申请报告、可行性研究报告，并具有与分支机构经营相适应的组织机构、固定营业场所、必要的经营设施、相应的管理人员、流动资金，审批程序按第六条的规定办理。

第十条　要求停止多式联运业务的企业必须向发放经营许可证的单位提出申请，上报交通部，铁道部，经审批同意后，收回经营许可证，并凭批准文件向工商、海关、银行、税务部门办理相应手续。

第十一条　中外合资企业、中外合作企业申请经营多式联运业务，需经交通部、铁道部共同批准后，按照有关法律、行政法规的规定到有关部门办理相应手续；其申领经营许可证、换证、停业均按本章有关规定办理。

外商独资企业不得从事多式联运业务，法律、行政法规另有规定的除外。

未经交通部、铁道部共同批准，境外企业不得从事我国国际集装箱多式联运业务。

第十二条　从事多式联运业务的企业使用的多式联运单据应符合第三章规定的要求。多式联运单据实行登记编号制度。凡在我国境内签发的多式联运单据必须由多式联运经营人或其代理人报交通部、铁道部登记，并在单据右上角注明许可证编号。

第十三条　多式联运经营人使用电子计算机传递运输信息、数据时，其传送代码、报文格式应符合国内规定适应国际标准的EDI标准，参加多式联运的区段运输承运人应按多式联运经营人的要求提供集装箱的动态信息及有关资料。

第三章　多式联运单据

第十四条　多式联运单据的内容。

(一)多式联运单据应当载明下列事项：

1.货物名称、种类、件数、重量、尺寸、外表状况、包装形式；

2.集装箱箱号、箱型、数量、封志号；

3.危险货物、冷冻货物等特种货物应载明其特性、注意事项；

4.多式联运经营人名称和主营业所；

5.托运人名称；

6.多式联运单据表明的收货人；

7.接受货物的日期、地点；

8.交付货物的地点和约定的日期；

9.多式联运经营人或其授权人的签字及单据的签发日期、地点；

10.交接方式，运费的交付，约定的运达期限，货物中转地点；

11.在不违背我国有关法律、法规的前提下，双方同意列入的其他事项。

(二)多式联运单据缺少本条第一款所指事项中的一项或数项，并不影响该单据作为多式联运单据的法律效力，但是应当能证明具有第四条第(四)项的规定内容。

第十五条 多式联运经营人接收货物时，应由本人或其授权的人签发多式联运单据。多式联运单据上的签字，可以是手签、盖章或双方确认的电子数据。

签发一份以上正本多式联运单据时，应注明正本份数。副本单据应注明不可转让。

第十六条 多式联运单据的转让依照下列规定执行：

(一)记名单据：不得转让；

(二)指示单据：经过记名背书或者空白背书转让；

(三)不记名单据：无须背书，即可转让。

第四章 托运人责任

第十七条 托运人将货物交给多式联运经营人，所提供货物的名称、种类、包装、件数、重量、尺寸、标志等应准确无误，如系特殊货物还应说明其性质和注意事项。

第十八条 由于下列原因所致造成货物灭失、损坏或对多式联运经营人造成损失，托运人应自行负责或承担赔偿责任：

(一)箱体、封志完好，货物由托运人装箱、计数、施封或货物装载于托运人的自备箱内；

(二)货物品质不良或外包装完好而内装货物短损、变质；

(三)运输标志不清，包装不良。

第十九条 由于托运人的过失和疏忽对多式联运经营人或第三方造成损失，即使托运人已将多式联运单据转让，仍应承担赔偿责任。

多式联运经营人依照第十七条与前款规定取得这种赔偿权利，不影响其根据多式联运合同对托运人以外的任何人应负的赔偿责任。

第二十条 托运人托运危险货物，应当依照该种货物运输的有关规定执行，并妥善包装，粘贴或拴挂危险货物标志和标签，将其正式名称和性质以及应采取的安全防护措施书面通知多式联运经营人；由于未通知或通知有误的，多式联运经营人可以根据情况将货物卸下、销毁或者采取相应的处理手段，而不负赔偿责任。托运人对多式联运经营人因运输该种货物所受到的损失，应当负赔偿责任。

多式联运经营人知道危险货物的性质并已同意装运的，在发现该种货物对于运输工具、人员或者其他货物构成实际危险时，仍然可将货物卸下、销毁或者使之不能发生危害。多式联运经营人的责任适用于所发生区段的有关法律、法规。

第五章　多式联运经营人的责任

第二十一条　多式联运经营人签发多式联运单据后，即表明多式联运经营人已收到货物，对货物承担多式联运责任，并按多式联运单据载明的交接方式，办理交接手续。

第二十二条　多式联运经营人对货物的责任期间：自接收货物时起至交付货物时止。

接收是指货物已交给多式联运经营人运送，并由其接管。

交付是指按多式联运合同将货物交给收货人或根据交付地适用的法律或贸易做法将货物置于收货人的支配下或必须交给的当局、第三方。

第二十三条　多式联运经营人在接收货物时，已知道或有合理的根据怀疑托运人陈述或多式联运单据上所列货物内容与实际接收货物的状况不符，但无适当方法进行核对时，多式联运经营人有权在多式联运单据上作出保留、注明不符之处、怀疑的根据或无适当核对方法的说明。

多式联运经营人未在多式联运单据上对货物或集装箱的外表状况加以批注，则应视为他已收到外表状况良好的货物或集装箱。

第二十四条　除依照第二十三条的规定作出保留外，多式联运经营人签发的多式联运单据，是多式联运经营人已经按照多式联运单据所载状况收到货物的初步证据。

第二十五条　多式联运经营人有义务按多式联运单据中收货人的地址通知收货人货物已抵达目的地。

第二十六条　收货人按多式联运单据载明的交接方式接收货物，在提货单证上签收。多式联运经营人收回正本多式联运单据后，多式联运经营人责任即告终止。

第二十七条　货物的灭失、损坏或迟延交付发生在多式联运经营人责任期间内，多式联运经营人应依法承担赔偿责任。

货物在明确约定的交货日期届满后，连续 60 日仍未交付，收货人则可认为该批货物已灭失。

货物的灭失、损坏或迟延交付发生于多式联运的某一区段的，多式联运经营人的赔偿责任和责任限额，适用该运输区段的有关法律、法规。

货物的灭失、损坏不能确定所发生的区段时，多式联运经营人承担赔偿责任的赔偿责任限制为:多式联运全程中包括海运的适用于《中华人民共和国海商法》,多式联运全程中不包括海运的适用有关法律、法规的规定。

第二十八条 货物的迟延交付不能确定所发生的区段时,多式联运经营人对迟延交付承担的赔偿责任限制,在多式联运全程中包括海运段的,以不超过多式联运合同计收的运费数额为限。

货物的灭失或损坏和迟延交付同时发生的,多式联运经营人的赔偿责任限额按货物的灭失或损坏处理。

第二十九条 因货物灭失、损坏或迟延交付造成损失而对多式联运经营人提起的任何诉讼,不论这种诉讼是根据合同还是侵权行为或其他理由提起的,均适用第二十七条、第二十八条规定的赔偿责任限制。

第三十条 由于货物灭失、损坏或迟延交付造成损失而对多式联运经营人的受雇人提起诉讼,该受雇人如能证明其是在受雇范围内行事,则该受雇人有权援用多式联运经营人的辩护理由和赔偿责任限制。

第三十一条 如能证明货物的灭失、损坏或迟延交付是多式联运经营人有意造成或明知有可能造成而毫不在意的行为或不行为所致,多式联运经营人则无权享受第二十七条和第二十八条所规定的赔偿责任限制。

第三十二条 多式联运经营人可以与有关各方签订协议,具体商定相互之间的责任、权利和义务及有关业务安排等事项,但不得影响多式联运经营人对多式联运全程运输承担的责任,法律、法规另有规定者除外。

第六章 书面通知、诉讼

第三十三条 书面索赔通知提出时效。

(一)多式联运经营人向收货人交付货物时,收货人未将货物灭失或者损坏的情况书面通知多式联运经营人的,此项交付视为多式联运经营人已经按照多式联运单据的记载交付以及货物状况良好的初步证据。

货物灭失或者损坏的情况非显而易见的,整箱货物交付的次日起连续 15 日内,货物拆箱交付的次日起连续 7 日内,收货人未提交书面通知的,适用前款规定。

(二)货物交付时,收货人已经会同多式联运经营人对货物的状况进行联合调查或检验,无须就查明的灭失或损坏的情况提交书面通知。

(三)多式联运经营人自向收货人交付货物的次日起连续 60 日内,未收到收货人就货物因迟延交付造成经济损失而提交书面通知的,不负赔偿责任。

(四)本条有关书面通知提出时间,并不妨碍在所确定货物灭失、损坏发生区段法规所适用的书面通知提出的时效。

第三十四条 诉讼时效

(一)多式联运全程包括海运段的,对多式联运经营人诉讼时效期间为 1 年。

多式联运全程未包括海运段的，按民法通则的规定，对多式联运经营人的诉讼时效期间 2 年。

（二）时效时间从多式联运经营人交付或应当交付货物的次日起计算。

（三）本条诉讼时效的规定不妨碍索赔人在能确定货物发生灭失、损坏区段时，根据该区段法规所规定的有权提起的诉讼时效。

（四）多式联运经营人对第三人提起追偿要求的时效期限为 90 日，自追偿的请求人解决原赔偿请求之日起或者收到受理对其本人提起诉讼的法院的起诉副本之日起计算。

第七章　罚　　则

第三十五条　擅自经营多式联运业务，一经查获，处以非法收入 2 倍的罚款，最高不超过 3 万元。

虽经批准从事多式联运业务，但以后又不具备多式联运经营人资格的企业开展多式联运业务，视情节轻重处以 2 万～3 万元罚款。

第三十六条　多式联运经营人未在多式联运单据上印制许可证编号，一经查获，令其改正，应在 15 日内按要求申报登记，并在单据右上角注明许可证编号之后方可经营多式联运业务。限期内不改正者，视情节轻重处以 1 万～3 万元罚款。

不按第四十一条规定报送统计报表的给予警告，并限制补报；限期不报的，处以 2000～1 万元罚款。

第三十七条　处罚由省、自治区、直辖市交通主管部门执行；铁路系统的处罚由铁道部执行；国务院部门在京直属企业的处罚由交通部、铁道部共同执行。法律、法规另有规定者除外。

第八章　附　　则

第三十八条　国内水运和国际海运视为两种不同运输方式。

第三十九条　非国际标准集装箱多式联运可参照本规则执行。

第四十条　多式联运单据推荐格式见附表一。

第四十一条　多式联运经营人应在每年 1 月底前将上年的经营情况报告当地省、自治区、直辖市交通主管部门和交通部、铁道部。铁路系统的同时报告所在地铁路局。报告内容为：

（一）多式联运运量（统计表见附表二）；

（二）经营情况及存在问题；

（三）多式联运经营人的基本情况说明（包括拥有的设备、设施、运力）。

第四十二条　本规则由交通部、铁道部共同负责解释。

第四十三条　本规则自 1997 年 10 月 1 日起施行。

练习题参考答案

第一章　参考答案

(一)1. 居间人、代理人、当事人　2. 物流方向　3. 国家工商行政管理部门、商务部、商务部委托机构　4. FIATA　5. 当事人

(二)1. A　2. A　3. D　4. A　5. A

(三)1. 错　2. 对　3. 对　4. 对　5. 错

(四)略

【案例分析题】 根据国际货运代理协会 FIATA，关于货运代理的谨慎责任之规定，货运代理应恪尽职责采取合理措施，否则需承担相应责任。本案中造成货物灭失的原因与货运代理所选择的承运人有直接的关系。由于其未尽合理而谨慎职责，在把货物交给承运人掌管之前，甚至没有尽到最低限度的谨慎，即检验承运人的证书，考查承运人的背景，致使货物灭失。因而他应对选择承运人的过失负责，承担由此给货主造成的货物灭失的责任。

第二章　参考答案

(一)1. A　2. D　3. A　4. A

(二)1. ABC　2. ABD　3. ABCD　4. ABCD

(三)1. 错　2. 对　3. 错

(四)略

【案例分析题】 分析此案，造成这一损失的原因有两个方面：一方面，货运代理有过失，将集装箱错交给拖车公司；另一方面，拖车公司的司机也有责任，即当收到集装箱时，未仔细核对发现问题。因此，双方各承担一半损失。而国际货运代理根据其投保的责任险条款，该错交货物所引起的损失属责任险承保范围，因此，在扣除免赔额(如有)后可以从保险公司获得应有的赔偿。

第三章　参考答案

(一)1. D　2. C　3. A　4. C　5. A

(二)1. ABCD　2. ABC　3. ABDE　4. ABC　5. ABCD

(三)1. 错　　2. 对　　3. 对　　4. 错　　5. 错

(四)略

【案例分析题】　(1)属单独海损，应由保险公司承担损失。途中烧毁的化肥属于单独海损，依 CFR 术语，风险由 A 公司即买方承担；而 A 公司购买了水渍险，赔偿范围包含单独海损，因此由保险公司承担。

(2)属共同海损，应由 A 公司与船公司分别承担。因船舶和货物遭到了共同危险，船长为了共同安全，有意又合理地造成了化肥的湿毁。

(3)可以。因为承运人迟延装船，又倒签提单，须对迟延交付负责。

第四章　参 考 答 案

(一)1. IMCO　2. 整箱、拼箱　3. 期租、程租、活期　4. 租船人、运费、船东　5. 准备就绪通知书

(二)1. A　2. B　3. B　4. C　5. C　6. D　7. C　8. D　9. B　10. A

(三)1. 对　2. 错　3. 对　4. 错　5. 对　6. 错　7. 对　8. 对　9. 错　10. 对

(四)略

(五)1. 答案 1：基本运价＝(1850＋100)×2＝3900　USD

货币贬值附加费＝(1850＋100)×10％＝390USD

燃油附加费＝(1850＋100)×(5％＋5％×10％)×2＝214.5USD

总额＝3900＋390＋214.5＝4504.5USD

答案 2：基本运价＝(1850＋100)×2＝3900USD

货币贬值附加费＝(1850＋100)×10％＝390USD

燃油附加费＝(1850＋100)×5％×2＝195USD

总额＝3900＋390＋195＝4485USD

2. 解：(1)Freight Ton 为 20.0

Freight＝(80.0＋3.0)×20.0＝USD1660.0

(2)可选用 1 个 TEU，

Freight＝(1＋10％＋10％)×1100＝USD1320.0

(3)因为(1)大于(2)，所以应选择改用集装箱运输。

【案例分析题】　1.(1)不适用，因为是承运人的货运站代表承运人收货并装箱的，除非货运站代表货主装箱、计数。

(2)是，提单在承运人与收货人之间是绝对证据，收货人有权以承运人未按提单记载数量交货而提出赔偿要求。

(3)20 箱

2. 原告所主张的货物留置权是因船舶滞期而引起的。租船合同中订有留置权条款，被告虽不是租船合同的当事一方，但被告所持的收取该轮载运货物的凭证，是租船合同项下签发的提单，而该提单条款中附有“所有其他条款和除外事项依据租船合同”的“合并条

款”，所以，租船合同中的滞期条款对提单持有人，即本案中的被告具有约束力，被告应向原告支付该项滞期费。原告为了保全其请求权的行使，申请留置在船货物是正当的。

第五章 参考答案

（一）1. 托运人、承运人　2. 倒签　3. 记名、不记名、指示　4. 承运人、承运人的代理人、船长　5. 收货单

（二）1. A　2. B　3. B　4. C　5. B

（三）1. 对　2. 错　3. 对　4. 对　5. 对

（四）略

【案例分析题】 1. 这是一个典型的托运人（卖方）与承运人一起隐瞒装船货物不清洁的事实，承运人凭保函发清洁提单的案件。承运人提单上对货物的不良包装加以批注，从而导致丧失了公约或法律赋予的可能免除责任的权利；也没有履行其应尽的义务，对本该加批注的不作任何批注。这不仅造成了对收货人的损害，使受蒙蔽的买方持付款赎回不清洁货物，同时也给承运人自己带来了风险。卖方在货物装船时就提供了一部分包装破碎的货物，这本身就是一种违约行为；不仅如此，还同承运人一起隐瞒事实真相，从而构成对买方的欺骗。如果买方获悉这一真相后，不仅可以起诉承运人，还可以卖方严重违约甚至以欺诈为由撤销买卖合同，要求退回货款，同时要求卖方给予损害赔偿。因此，以保函换清洁提单的做法实不可取。

2. 一审上海海事法院认定，被告未提供完整的美国 1936 年海上运输法律文本无从依据，故本案适用于中国海商法，根据《中华人民共和国海商法》第 17 条规定，提单无论是记名或不记名都是物权凭证，承运人必须凭正本提单放货，现原告正本提单在手，被告已将货物放掉，属于严重侵权行为，判决被告赔偿原告全部货款和利息损失。被告不服，立即上诉上海市高级人民法院，要求终审法院依据美国法律改判此案。在法庭的要求下，上诉方提供了完整的美国 1936 年海上运输法文本，通过研读这份完整的法律文本发现，此法只适用于往来美国港口的运输业务，此案并未涉及美国港口，故终审判决：驳回上诉，维持原判。

第六章 参考答案

（一）1. A　2. A　3. D　4. C　5. D　6. A

（二）1. ABC　2. BCD　3. ACD　4. ABC　5. ABD

（三）1. 对　2. 对　3. 对　4. 对　5. 错

（四）略

第七章 参考答案

（一）1. C　2. B　3. C　4. B　5. A　6. A　7. D　8. C

（二）1. CD　2. ABD　3. ABD　4. ABCD

(三)1. 错　2. 错　3. 对　4. 错　5. 对

(四)略

(五)计算题

1. 解：Volume：42×35×15CM＝22050cm^3

Volume Weight：22050cm^3÷6000cm^3/kg＝3.68kgs＝4.0kgs

Gross Weight：5.8kgs

Applicable Rate：GCR N 37.51CNY/KG

Chargeable Weight：6.0kgs

Weight charge：6.0×37.51＝CNY225.06＜ M＝CNY230.00

Weight charge：CNY230.00

2. 解：Volume：82×68×52cm×2＝579904cbm

Volume Weight：579904CBM/6000(CBM/kg)＝96.65kgs＝97.0kgs

Gross Weight：22×70.5kgs＝1551kgs

Applicable Rate：SCR2211/Q150025.49CNY/kg

Weight Charge：1551×25.49＝CNY39534.99

答：该票货物的航空运费为人民币 39534.99 元。

【案例分析题】 (1)航空公司应该赔偿。

(2)此批货物属于国际运输，根据《华沙公约》第 18 条第 1 款"对于交运的行李或货物因毁灭、遗失或损坏而产生的损失，如果造成这种损失的事故发生在航空运输期间，承运人应负责任"。航空运输，包括行李或货物在承运人保管的期间，不论在航空站内、在航空器上或在航空站外降停的任何地点。"此票货物的损害虽然是在公路上发生的，但是在承运人的保管期间。

航空公司应赔偿 USD20×178＝USD3560

第八章　参 考 答 案

(一)1. A　2. D　3. B　4. D　5. C　6. C　7. C

(二)1. ABE　2. ABE　3. ABCDE　4. BDE　5. ABCD

(三)1. 错　2. 错　3. 对　4. 对　5. 对

(四)略

第九章　参 考 答 案

(一)1. A　2. C　3. A　4. B　5. A　6. A

(二)1. AB　2. ABCD　3. ABCD　4. ABC　5. ABCD　6. ABCDE　7. CDE

(三)1. 对　2. 对　3. 错　4. 对　5. 对　6. 错　7. 对

(四)略

【案例分析题】 略

参考文献及网站

[1] 杨运涛. 国际货运代理法律指南[M]. 北京:人民交通出版社,2002.6.

[2] 姚大伟. 国际货运代理实务[M]. 北京:中国对外经济贸易出版社,2002.3.

[3] 姚大伟. 全国国际货运代理资格考试模拟试题集[M]. 北京:中国商务出版社,2005.8.

[4] 孙家庆. 国际货运代理[M]. 大连:东北财经大学出版社,2003.10.

[5] 胡美芬,王义源. 远洋运输业务[M]. 北京:人民交通出版社,2006.7.

[6] 杨志刚,孙明,吴文一. 国际货运代理实务、法规与案例[M]. 北京:人民交通出版社,2006.7.

[7] 刘树密. 国际货运代理[M]. 南京:东南大学出版社,2004.7.

[8] 郑光贵. 国际贸易理论与实务[M]. 辽宁:东北财经大学出版社,2006.5.

[9] 杨长春. 国际货物运输方式的选择与应用[M]. 北京:对外经济贸易大学出版社,2006.

[10] 顾丽亚. 国际货运代理与报关实务[M]. 北京:电子工业出版社,2004.8.

[11] 张炳达. 国际货运代理实务[M]. 上海:立信会计出版社,2006.7.

[12] 王学锋,殷明,郑丙贵. 国际海上货物运输[M]. 上海:同济大学出版社,2006.3.

[13] 蒋晓荣,何志华. 国际货运与保险实务[M]. 北京:北京大学出版社,2006.6.

[14] 杨茅甄. 集装箱运输实务[M]. 北京:高等教育出版社,2004.12.

[15] 中国国际货运代理协会. 国际多式联运与现代物流理论与实务[M]. 北京:中国商务出版社,2005.4.

[16] 中国国际货运代理协会. 国际航空货运代理理论与实务[M]. 北京:中国对外经济贸易出版社,2003.4.

[17] 中国国际货运代理协会. 国际货运代理理论与实务[M]. 北京:气象出版社,2001.7.

[18] 中国国际货运代理协会. 国际货运代理资格考试应试指导及大纲[M]. 北京:中国商务出版社,2005.4.

[19] 国际货运代理协会. 国际货运基础知识[M]. 北京:中国对外贸易出版社,2003.

[20] 国际货运代理协会. 国际多式联运与现代物流理论与实务[M]. 北京:中国对外贸易出版社,2003.

[21] 刘鸣华. 国际货运代理人的法律地位和责任的探讨[J]. 引进与咨询,2003(3):11-13.

[22] 余丙南. 国际货运代理人的法律地位探析[J]. 对外经贸实务,2005(8):37-40.

[23] 孟于群. 防止或减少国际货运代理的责任风险[J]. 现代物流,2006.24-28.

[24] www.jctrans.com.

[25] www.wtojob.com.

[26] www.eastpass.com.

图书在版编目(CIP)数据

国际货运代理实务/何柳主编.—北京:人民交通出版社,2007.8

ISBN 978-7-114-06803-4

I. 国… II. 何… III. 国际运输:货物运输—代理(经济) IV. F511.41

中国版本图书馆 CIP 数据核字(2007)第 138297 号

Guoji Huoyun Daili Shiwu

书　　名:国际货运代理实务
著 作 者:何　柳
责任编辑:陈志敏　高　培
出版发行:人民交通出版社股份有限公司
地　　址:(100011) 北京市朝阳区安定门外外馆斜街 3 号
网　　址:http://www.ccpress.com.cn
销售电话:(010) 59757973
总 经 销:人民交通出版社股份有限公司发行部
经　　销:各地新华书店
印　　刷:北京市密东印刷有限公司
开　　本:720×960　1/16
印　　张:29
字　　数:539 千
版　　次:2007 年 9 月　第 1 版
印　　次:2015 年 7 月　第 5 次印刷
书　　号:ISBN 978-7-114-06803-4
定　　价:35.00 元